Forum Geschichte

10

Baden-Württemberg

Imperien im Wandel:
China, Russland und die Türkei

Herausgegeben von
Hans-Joachim Cornelißen und Andreas Zodel

Cornelsen

Impressum

Forum Geschichte

Band 10 wurde erarbeitet von:
Dr. Kerstin Arnold, Hans-Joachim Cornelißen, Bettina Fischer, Martin Grohmann,
Maximilian Müller, Andreas Zodel

mit Beiträgen von Christin Möller

Redaktion: Dr. Silke Möller, David Renger, Friederike Terpitz
Beratung: Claudia Tatsch
Bildassistenz: Martha Altenstein
Grafiken: Wolfgang Binder, Magdeburg; Carlos Borrell Eiköter, Berlin; Elisabeth Galas, Bad Breisig;
Erfurth Kluger Infografik GbR, Berlin; Hans Wunderlich, Berlin
Karten: Carlos Borrell Eiköter, Berlin
Technische Umsetzung: Arnold & Domnick, Leipzig
Gestaltung der Icons: Stan Hema, Berlin 2017/2018
Layoutkonzept und Umschlaggestaltung: Ungermeyer – grafische Angelegenheiten, Berlin
Umschlagbild: Straßenverkäufer in Beijing (China), Foto, 2016. dpa Picture-Alliance/AP/Ng Han Guan

Das Lehrwerk enthält Fremdtexte, die aus didaktischen Gründen gekürzt wurden; sie sind in den Quellenangaben
mit * gekennzeichnet. Fremdtexte, die gekürzt und bearbeitet wurden, sind mit ** gekennzeichnet.

www.cornelsen.de

1. Auflage, 1. Druck 2020

Alle Drucke dieser Auflage sind inhaltlich unverändert
und können im Unterricht nebeneinander verwendet werden.

© 2020 Cornelsen Verlag GmbH, Berlin

Druck: Mohn Media Mohndruck, Gütersloh

ISBN 978-3-06-064326-4 (Schülerbuch)

ISBN 978-3-06-065225-9 (E-Book)

Franz-Josef-Land
(Russland)

Russland

n-
l
and
and
Weiß-
russland

Ukraine
Mol.
m.

Kasachstan

Mongolei

Nord-
korea

Süd-
korea

Japan

Pazifischer
Ozean

ul
z.

Georgien
Ar. As.

Usbe-
kistan

Kirgisistan

Türkei

Turk-
menistan

Tadschikistan

China

Syr.
Zyp. Lib.
Isr.
Jd.

Irak

Iran

Afgha-
nistan

Pakistan

Ku. Ba.
Kt.
VAE.

Nepal

Bhutan

Taiwan

Ägypten

Saudi-
Arabien

Oman

Indien

Bangla-
desch

Myan-
mar

Laos

Vietnam

Sudan

Eritrea

Jemen

Dschibuti

Thai-
land

Kam-
bodscha

Philippinen

Mikronesien

Süd-
sudan

R.

Äthiopien

Somalia

Sri
Lanka

Malediven

Brunei

Malaysia

Palau

mo-
sche
ublik
ngo

Uganda
Ru.
Bu.

Kenia

Seychellen

Indonesien

Papua-
Neuguinea

Tansania

Komoren

Ost-
Timor

Salo-
monen

Sambia

Malawi

Indischer
Ozean

Sim-
babwe

Mosam-
bik

Mada-
gaskar

Mauritius

Réunion
(Frankreich)

Australien

Neu-
kaledonien
(Frankreich)

ots-
a

Swasiland
Lesotho

dafrika

Kerguelen
(Frankreich)

Neuseeland

Abkürzungen in Asien:
Ar.   = Armenien
As.   = Aserbaidschan
Ba.   = Bahrain
Isr.   = Israel
Jd.   = Jordanien
Kt.   = Katar
Ku.   = Kuwait
Lib.   = Libanon
Syr.   = Syrien
VAE. = Vereinigte Arabische Emirate

Abkürzungen in Afrika:
ÄGu. = Äquatorial Guinea
Be.   = Benin
Bu.   = Burundi
Ru.   = Ruanda
To.   = Togo
ZAR. = Zentralafrikanische Republik

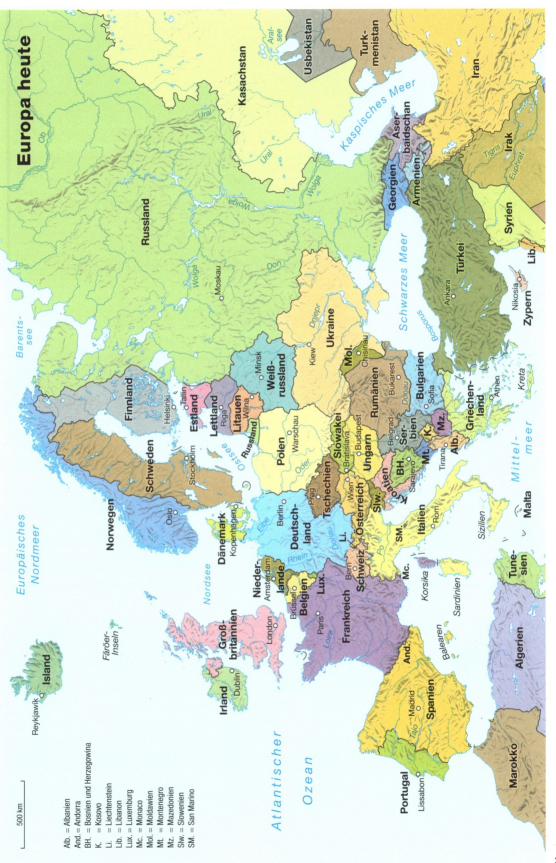

Europa heute

Atlantischer Ozean

Europäisches Nordmeer

Barents-see

Island
Reykjavik

Norwegen
Oslo

Schweden
Stockholm

Finnland
Helsinki

Nordsee

Färöer-Inseln

Irland
Dublin

Groß-britannien
London

Dänemark
Kopenhagen

Ostsee

Russland

Estland
Tallin

Lettland
Riga

Litauen
Wilna

Weiß-russland
Minsk

Russland
Moskau

Ural

Ural

Ob

Wolga

Wolga

Kasachstan

Usbekistan

Aral-see

Turk-menistan

Iran

Nieder-lande
Amsterdam

Belgien
Brüssel

Lux.

Deutsch-land
Berlin

Elbe

Rhein

Polen
Warschau

Oder

Ukraine
Kiew

Dnjepr

Don

Schwarzes Meer

Georgien

Aser-baidschan

Armenien

Kaspisches Meer

Irak

Tigris

Euphrat

Syrien

Lib.

Frankreich
Paris

Loire

Schweiz
Bern

Li.

Österreich
Wien

Tschechien
Prag

Slowakei
Bratislava

Ungarn
Budapest

Donau

Mol.
Chisinau

Rumänien
Bukarest

Donau

Bulgarien
Sofia

Türkei
Ankara

Zypern
Nikosia

Mittel-meer

Griechen-land
Athen

Kreta

Bosporus

Ser-bien
Belgrad

K.

Mz.

Alb.
Tirana

Mt.

BH.
Sarajevo

Kr.

Slw.

Zagreb

Mc.

Italien
Rom

Po

SM.

Korsika

Sardinien

Sizilien

Malta

Tune-sien

Marokko

Algerien

Spanien
Madrid

And.

Balearen

Tajo

Portugal
Lissabon

Alb. = Albanien
And. = Andorra
BH. = Bosnien und Herzegowina
K. = Kosovo
Li. = Liechtenstein
Lib. = Libanon
Lux. = Luxemburg
Mc. = Monaco
Mol. = Moldawien
Mt. = Montenegro
Mz. = Mazedonien
Slw. = Slowenien
SM. = San Marino

500 km

Karte 2

Operatoren – So löst du die Arbeitsaufträge in diesem Buch:

(Fortsetzung auf der hinteren Umschlagklappe)

Arbeitsauftrag = Operator (alphabetisch) Anforderungsbereich **AFB**	Das tust du:	Tipps und Formulierungsvorschläge:
analysieren **II**	Du untersuchst einen historischen Sachverhalt oder eine Quelle, indem du gezielt Fragen stellst und Materialien auswertest.	**Tipp:** Nutze die Methodentabellen im Buch, z. B. Historische Gemälde analysieren, S. 37 Fachtexte vergleichen, S. 117
begründen **II**	Du führst Argumente und Quellenzitate an, die deine Aussage untermauern. Wenn du eine Aussage oder das Handeln einer anderen Person begründen sollst, führst du Motive und passende Quellenzitate der Person an.	*Die Aussage in Zeile xy zeigt, dass ...* *Seine politische Einstellung änderte sich, weil ...*
beschreiben **I**	Du gibst Sachverhalte (z. B. Situation, Entwicklung, Konflikt) oder den Inhalt eines Materials (z. B. Bild, Text, Karte) mit eigenen Worten schlüssig wieder.	*Der Konflikt begann mit...* *Es zeigt .../In der Mitte sieht man ... Mir fällt auf, ... Hier wird deutlich ...*
beurteilen **III**	Du schätzt die Aussagen, Maßnahmen oder Vorschläge einer Person/Personengruppe in ihrem historischen Zusammenhang ein. Berücksichtige dafür die unterschiedlichen Sichtweisen und den Kenntnisstand der Personen. So kannst du ein begründetes „**Sachurteil**" formulieren.	*Die eigentliche Absicht des Redners war es, ...* *Diese Sichtweise führte dazu, dass, ...* *Diese Entscheidung hatte negative Folgen: ...*
bewerten **III**	Du bildest dir zu einem historischen Sachverhalt oder Ereignis aus dem Blickwinkel heutiger Maßstäbe und Werte eine eigene Meinung. So kannst du ein begründetes „**Werturteil**" formulieren.	*Aus meiner Sicht ...* *Nach heutigen Maßstäben ...* *Aus heutigem demokratischem Blickwinkel ...* *Andere sind möglicherweise der Ansicht, dass ...*
charakterisieren **II**	Du bestimmst einen historischen Sachverhalt oder eine Situation in ihren Grundzügen und nennst die typischen Merkmale.	*Ein typisches Kennzeichen für ...* *Allgemeine Merkmale waren ...*
darstellen **II**	Du verdeutlichst einen historischen Sachverhalt oder ein historisches Ereignis und zeigst dessen Zusammenhänge auf.	*Es ging um die Frage ...* *Daraus entwickelte sich ...* *Die Folgen waren ...*

1 Ehemalige Imperien und ihre gegenwärtigen Herausforderungen in historischer Perspektive

2 Das Russländische Reich und die Sowjetunion

3 China – ein Imperium im Wandel

4 Vom Osmanischen Reich zur modernen Türkei

5 Ehemalige Imperien und die Europäische Integration im Vergleich

Anhang

Umschlag

So arbeitest du erfolgreich mit Forum Geschichte

Hier bekommst du einige Hinweise, damit du dich in diesem Buch gut zurechtfindest: Wie die Kapitel aufgebaut sind, was die unterschiedlichen Farben bedeuten oder welche Texte, Materialien und Aufgaben es gibt.

Fragen stellen und sich orientieren

Jedes Kapitel beginnt mit der **Auftaktseite**. Sie zeigt, worum es in dem Kapitel geht.

Auf den **Orientierungsseiten** erfährst du mehr: Zunächst gibt dir die „Orientierung im Raum" einen räumlichen Überblick und erklärt geographische, politische und historische Besonderheiten. Die „Orientierung in der Zeit" gibt dir dann den Zeitabschnitt an, mit dem du dich beschäftigen wirst. Der Text führt dich in das Kapitelthema ein.

Ein Thema untersuchen

Auf den **Themenseiten** erklärt dir ein kurzer Text unterhalb der Überschrift (= Moderationstext), um welches Thema es auf den Seiten geht. Der Schulbuchtext (= Darstellungstext), die Abbildungen, die blau unterlegten „Quellentexte" oder Begriffserklärungen helfen dir, ein geschichtliches Thema zu untersuchen. Die Arbeitsaufträge sind vielfältig: Oft kannst du eine Aufgabe auswählen oder du findest Hinweise zu Partner- oder Gruppenarbeit.

Differenzierung: Unterschiedliche Lernwege auswählen

Wähle-aus-Seiten

Historische Fragen lassen sich auf verschiedene Weise beantworten. Auf den orangefarbenen **Wähle-aus-Seiten** kannst du dich für ein Material entscheiden: Traust du dir zu, eine längere Textquelle zu bearbeiten? Oder arbeitest du lieber mit Bildquellen? Interessieren dich Zahlen und Statistiken? Wähle aus, was zu dir passt! Bei einer abschließenden **Aufgabe für alle** könnt ihr trotz unterschiedlicher Lösungswege zu einem gemeinsamen Ergebnis kommen.

---

2 Wähle eine Aufgabe aus:

a) Gestalte mithilfe des Darstellungstextes ein kurzes Erklärvideo zu den Auswirkungen des europäischen Imperialismus im Nahen und Mittleren Osten

b) Stelle mithilfe des Darstellungstextes die Auswirkungen des europäischen Imperialismus im Nahen und Mittleren Osten grafisch dar.

Auf vielen Seiten siehst du **„Wähle-aus-Aufgaben"**. Wie der Name schon sagt, darfst du hier **a**, **b**, oder **c** auswählen. Die Aufgaben sind unterschiedlich, aber sie beziehen sich auf eine gemeinsame Frage.

1 Vergleiche mithilfe des Darstellungstextes und M4–M6 die Seereisen des Zheng He mit denen des Kolumbus.
Tipp: Entwickle zunächst eigene Vergleichskriterien für die Reisen von Zheng He und Kolumbus.

Zusatzaufgaben

Zu S. 60–63:

In einem Lied von 1938 heißt es:
Stalin, Freund, Genosse!
In den weiten, wunderschönen Landen,
Aus der freien Arbeit froh, beschwingt, –
Ist der Freiheit hellstes Lied erstanden,
Das vom großen Freund der Menschheit singt:
Stalin führte uns zu Glück und Frieden –
Unbeirrbar wie der Sonne Flug.
Langes Leben sei dir noch beschieden,
Stalin, Freund, Genosse, treu und klug! …
Alle Wüsten werden wir bezwingen,
Alle Not der Welt durch eigne Kraft!
Und die allerschönsten Lieder klingen,
Wo der Mensch auf freier Erde schafft!

Text: A. Surkow (Deutsch von Alexander Ott), zit. nach http://jeroerungsport.de/lied/stalin-freund-genosse/ (Abruf: 5. 12. 2019). ©

„Lang lebe Stalin, Großer Architekt des Kommunismus", Propagandabild Stalins, 1930er Jahre

1 Arbeite aus M2 die Eigenschaften heraus, die Stalin zugeschrieben werden.   **2** Analysiere M3. Vergleiche die Bildaussage mit M2.

Wenn du schneller bist als die anderen und dich für weitere Aspekte eines Themas interessierst, findest du **Zusatzaufgaben** im Anhang. Du kannst sie entweder mit den Informationen der Doppelseite oder mit anderen Materialien lösen.

Bei manchen Aufgaben findest du **Tipps** zur Lösung. Nutze sie, wenn du möchtest.

Mit Methoden arbeiten

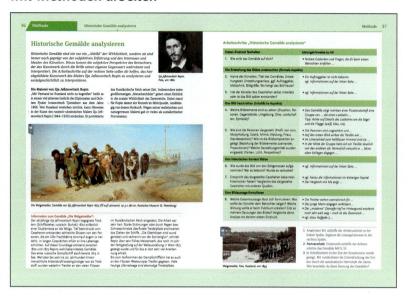

Auf den **Methodenseiten** lernst du schriftliche Quellen und Bildquellen fachgerecht auszuwerten und unterschiedliche Arbeitstechniken richtig anzuwenden. In der grünen Tabelle stehen links die Arbeitsschritte, nach denen du vorgehst. In der rechten Spalte gibt es Lösungshinweise zu dem Beispiel auf der Seite.

Fenster nach Westen: Ausblick und Vergleich zum westlichen Europa

Auf den **Fenster-zum-Westen-Seiten** kannst du die Beziehungen der drei Räume China, Russland und Türkei zum westlichen Europa untersuchen.

Z. B. Warum kam es zum ersten „Opiumkrieg" und welche Folgen hatte er für Chinas Verhältnis zum Westen? Welche Bedeutung hatte die imperialistische Politik der europäischen Staaten für das Osmanische Reich?

Wiederholen und die eigenen Kompetenzen prüfen

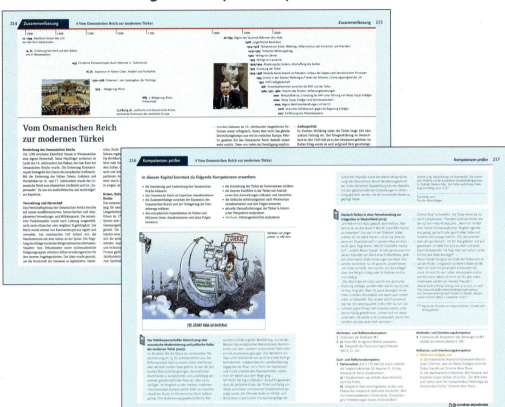

Auf der **Zusammenfassungsseite** am Schluss des Kapitels fasst ein Text den Inhalt noch einmal zusammen. Die Zeitleiste hilft dir, die wichtigsten Daten zu wiederholen. Wenn du wissen möchtest, was du im Kapitel gelernt hast, solltest du die Aufgaben auf der Seite **Kompetenzen prüfen** lösen. Falls du mit einzelnen Aufgaben Schwierigkeiten hast, liest du im Kapitel noch einmal nach. Lösungshilfen findest du im Anhang.

Hilfen im Anhang und im Umschlag

Der **Anhang** unterstützt dich bei der Arbeit. Hier findest du:

- Themenvorschläge für eine GFS in Geschichte
- Zusatzaufgaben
- Lösungshinweise zu den Seiten „Kompetenzen prüfen"
- ein Lexikon mit Erklärungen schwieriger Begriffe, die im Text mit einem Sternchen versehen sind
- ein Register zum schnellen Nachschlagen
- eine Übersicht über alle Fachmethoden
- Tipps für Referate und Unterrichtsmethoden (z. B. Kurzreferat, Lernplakat)

In den **Umschlagklappen** stehen die „Operatoren", die in den Arbeitsaufträgen verwendet werden.

Dein Online-Angebot

Das Online-Angebot zu diesem Buch fndest du mithilfe der Webcodes, die auf den Schulbuchseiten abgedruckt sind.

Ein **Webcode** sieht so aus:

📄 ▶ **cornelsen.de/webcodes**
➕ 🔊 *Code: rawasi*
Selbsteinschätzungsbogen

So geht es:

1. Gehe auf die Seite www.cornelsen.de/webcodes
2. Gib dort den Webcode ein, der auf der Schulbuchseite abgedruckt ist, und du findest z. B. Selbsteinschätzungsbögen und weiterführende Linksammlungen.

1
Ehemalige Imperien und ihre gegenwärtigen Herausforderungen in historischer Perspektive

Blick auf den Kreml im Zentrum von Moskau. Seit dem Mittelalter bildet diese Anlage am Fluss Moskwa das historische und gegenwärtige Machtzentrum des Russländischen Imperiums. Das Bild unten links zeigt den Eingang zum Kaiserpalast in Beijing, bis 1911 Residenz der chinesischen Kaiser. Über der Pforte hängt ein Bild des Gründers der Volksrepublik China, Mao Zedong. Im Bild unten rechts blickt man über den Topkapı-Palast in Istanbul auf eine moderne Bosporus-Brücke. Von hier aus beherrschten die Sultane das Osmanische Reich.

Schildere deine Eindrücke zu den Bildern. Überlege, warum sich neben Regierungsgebäuden auch Kirchen und Moscheen darauf befinden.

Luftansicht des von roten Mauern umgebenen Kreml mit seinen Kirchen und dem Präsidentenpalast (links). Rechts der Rote Platz mit dem Lenin-Mausoleum an der Kremlmauer und der Basilius Kathedrale, Foto 2019.
Kleine Bilder: Der Eingang zum Kaiserpalast in Beijing am Platz des Himmlischen Friedens (links) sowie der Topkapı-Palast und eine der modernen Bosporus-Brücken in Istanbul (rechts).

| 500 v. Chr. | 300 v. Chr. | 100 v. Chr. | 100 n. Chr. | 300 | 500 | 700 |

China: „Zeit der streitenden Reiche" 480–222 v. Chr., erstes Kaiserreich 221 v. Chr., über 100 Kaiser in unterschiedlichen Herrscherdynastien von 221 v. Chr. bis 1911, Republik China 1912–1949, Volksrepublik China und Fortsetzung der Republik China auf Taiwan seit 1949

Ehemalige Imperien und ihre gegenwärtigen Herausforderungen in historischer Perspektive

Nach dem Ende des Kalten Krieges zwischen den USA und der Sowjetunion veränderte sich in den 1990er Jahren die internationale Staatenwelt. Seit dem Zusammenbruch der Sowjetunion sahen sich die USA als alleinige Führungsmacht. Dieser Anspruch zeigte sich auch im Kampf gegen den Terrorismus* nach den Anschlägen in den USA 2001. Supranationale* Organisationen wie die Vereinten Nationen (UN) üben verstärkt Aufgaben der Vermittlung bei Konflikten sowie der Friedenssicherung aus. China stieg infolge seiner Wirtschaftskraft zu einer neuen Supermacht* auf. Russland beansprucht ebenfalls eine Führungsrolle in der Welt. Die Türkei strebt die Position einer Regionalmacht im Nahen Osten an. Alle drei verweisen dabei u.a. auch auf ihre imperiale Vergangenheit.

Diese imperiale Vergangenheit beeinflusst aber nicht nur das politische Selbstverständnis von Russland, China und der Türkei. Zahlreiche Probleme der drei Staaten in der Gegenwart haben historische Wurzeln. Das sind zum Beispiel Konflikte mit ethnischen Minderheiten bzw. mit früheren Territorien (Russland: Ukraine; China: Tibet, Xinjiang/Uiguren). Außerdem begegnen alle drei Staaten Forderungen nach mehr Demokratie* und Menschenrechten* zum Teil mit repressiven Maßnahmen und einer zunehmend autoritären Ausrichtung der Regierung. Für die kommende Generation besteht die größte Herausforderung in der globalen Bewältigung der ökologischen Krise – ohne die Beteiligung der riesigen Flächenstaaten Russland und China werden sich die Klimaziele weltweit nicht erreichen lassen.

In diesem Kapitel untersuchst du folgende Fragen:
- Welche Bedeutung haben Russland, China und die Türkei heutzutage: regional, global und für unsere Lebenswelt?
- Was unterscheidet Imperien von Nationalstaaten?
- Welche Fragen ergeben sich aus der imperialen Vergangenheit für die heutigen Länder Russland, China und die Türkei?

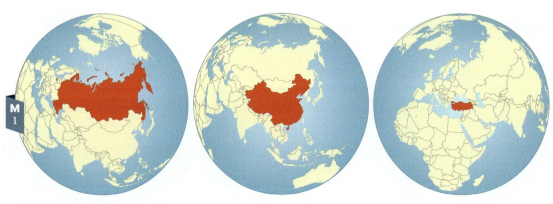

M 1

Die drei Räume Russland, China und die Türkei

900 1100 1300 1500 1700 1900 2100

Russland: Kiewer Rus 882–1240, Mongolenherrschaft 1240–1380, Aufstieg des Großfürstentums Moskau 1380–1547, Russländisches Zarentum 1547–1917, Sowjetunion 1917–1991, Russländische Föderation seit 1992

Osmanischer Staat: ca. 1300–1922, **Türkei:** seit 1923

M2 **Die deutsche Staatsministerin Cornelia Pieper in einem Interview, 12. 4. 2012:**
Russland ist unser Rohstoffpartner Nr. 1.
https://www.auswaertiges-amt.de/de/newsroom/120312-stm-p-d-rus-rohstoffpartnerschaft/249610 (Abruf: 11. Oktober 2019)

M3 **James Kirchick, US-Politologe, 30. 3. 2017:**
Russland ist aggressiv, Europa apathisch – und USA abwesend.
https://www.atlantik-bruecke.org/russland-ist-aggressiv-europa-apathisch-und-usa-abwesend/ (Abruf: 11. Oktober 2019)

M5 **Stein Ringen, Politologe, 2016:**
Die chinesische „Kontrollokratie" ... kann es sich sogar leisten, in der Anwendung der Gewalt sparsam zu sein. Nichtsdestotrotz ist die Drohung der Gewalt allgegenwärtig.
Zit. nach Kai Strittmatter, Die Neuerfindung der Diktatur, München (Piper) 2018, S. 275.

M7 **Georg Fahrion, Journalist, 19. 3. 2018:**
Wie innovativ China ist, wird immer noch unterschätzt.
https://www.capital.de/wirtschaft-politik/wie-innovativ-china-ist-wird-immer-noch-unterschaetzt/2 (Abruf: 11. Oktober 2019)

M9 **Bundeszentrale für politische Bildung, 2019:**
Für demokratische Debatten und einen fairen Wahlkampf gab es im Vorfeld der Kommunalwahlen 2019 kaum Raum ... Das internationale Institut Freedom House diagnostizierte eine Aushebelung der Rechtsstaatlichkeit und illegitime Restriktionen für Medien- und Versammlungsfreiheit und stufte so die Türkei von „teilweise frei" auf „unfrei" herab.
https://www.bpb.de/internationales/europa/tuerkei/ 289481/kommunalwahlen-2019 (Abruf: 11. Oktober 2019)

M4 **Andreas Heinemann-Grüder, Politologe, Bundeszentrale für politische Bildung, 2019:**
In der eigenen Wahrnehmung hat Russland eine führende Rolle in der Welt. Aber ist das tatsächlich so? Kann das Land weltweiten Einfluss geltend machen oder ist sein Großmachtanspruch nur historisches Relikt?
http://www.bpb.de/internationales/europa/russland/ 47969/grossmacht?p=all (Abruf: 11. Oktober 2019)

M6 **Bundeszentrale für politische Bildung, Dossier China, 2009:**
Manche sehen im Erfolg Chinas die Chance auf eine multipolare und gerechtere Weltordnung. Andere befürchten, dass mit China ein undemokratischer, nicht-liberaler Staat den Aufstieg schafft und damit Werte wie Menschenrechte und Demokratie untergräbt.
https://www.bpb.de/internationales/asien/china/ (Abruf: 11. Oktober 2019)

M8 **Hasan Gökkaya, Journalist, 23. 6. 2019:**
Die Türkei ist ein Beispiel dafür, dass Demokratien nicht so leicht sterben.
https://www.zeit.de/politik/ausland/2019-06/tuerkei-ekrem-imamoglu-istanbul-wahl-erdogan (Abruf: 11. Oktober 2019)

M10 **Spiegel online, Thema Türkei, 2019:**
Durch seine strategische Lage kommt dem Land hinsichtlich vieler globaler Herausforderungen wie der Flüchtlingskrise oder der Terror-Bekämpfung eine wachsende Bedeutung zu.
https://www.spiegel.de/thema/tuerkei/ (Abruf: 11. Oktober 2019)

1 **Partnerarbeit:** Lest die Textschnipsel M2 bis M10 und formuliert auf Grundlage eures Vorwissens jeweils eine erste Einschätzung: „Stimme zu/nicht zu, weil ..."

2 Schreibt eigene Zettel: „Russland/China/die Türkei ist für mich ..." Vergleicht sie bei einem Gallery Walk und sprecht über eure Einschätzungen.

Kooperieren mit digitalen Medien

Digitale Geräte wie Tablets oder Notebooks ermöglichen es nicht nur zu recherchieren, sondern auch als Gruppe zusammenzuarbeiten: im gleichen Dokument und zur gleichen Zeit. Die Ideen und Beiträge von einzelnen Gruppenmitgliedern können sofort und fortlaufend für alle gepostet werden.
Jeder kann alle Posts lesen und je nach Einstellung der App auch bearbeiten. Arbeitsprozesse und Arbeitsergebnisse sind so für alle Gruppenteilnehmer transparent. Die Kooperierenden können in einem Raum sein, müssen es aber nicht. Zeitgleiches und zeitversetztes Arbeiten, Beitragen und Kommunizieren sind möglich.

Die digitale Kooperation geschieht entweder in digitalen „Dokumenten" oder auf „Wänden" (Boards). Manche Apps oder Programme sind eher wie Textverarbeitungen angelegt wie z. B. ZUMpad. Auch kommerzielle Anbieter
5 von Textverarbeitungen bieten diese Möglichkeit an. Sie sind aber anmelde- und meist kostenpflichtig. Andere Apps sind eher grafisch als „Pinnwände" ausgerichtet wie z. B. Padlet oder Scrumblr. Sie erlauben dann das „Anheften" von „Notizzetteln", die fest in Reihen ange-
10 ordnet, vom Nutzer frei bewegt oder zusätzlich mit Linien verbunden werden können. Je nach Aufgabe und Vereinbarung sind einfache Sammlungen von Informationen bis hin zu inhaltlich komplexen Ausarbeitungen mit multimedialer Unterstützung (Links, Bilder, Töne,
15 Filme) möglich.

Bei der Auswahl der Apps sind Kosten, Anbieter und die Datensicherheit zu bedenken. Informiert euch, welche Anbieter, Apps und Tools (z. B. auch Onlinefestplatten oder Clouddienste) zur Verwendung in der Schule erlaubt sind.
20 Privat kennt ihr längst „Online-Besprechungen" mit Freunden, die ihr digital sehen und hören könnt. Für die Online-Gruppenarbeit gibt es (oft teure) Konferenz-Apps. Eure Arbeitsergebnisse müssen aber für alle sicht- und beeinflussbar gepostet werden.
25 Bedenkt, dass ihr in allen digitalen Medien Datenspuren hinterlasst und ihr identifizierbar seid. Der gesamte Arbeitsprozess und alle früheren Formulierungen können bei schriftlichen Kooperationstools nachvollzogen und dem Schreiber zugeordnet werden – auch von den Lehrern.

Die Bildschirme verändern sich für alle gleich und gleichzeitig.

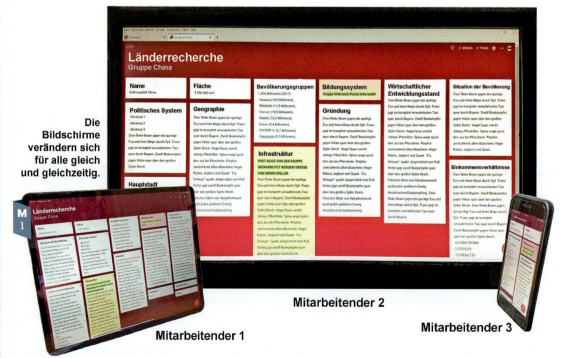

Informationen können gleichzeitig oder zeitversetzt auf vernetzten digitalen Tafeln, PCs, Tablets, Notebooks und Handys eingegeben und für alle angezeigt werden. Kooperatives schriftliches Arbeiten in Gruppen von verschiedenen Orten aus wird auf diese Weise möglich.

Arbeitsschritte „Kooperieren mit digitalen Medien"

Vorbereitung in der Klasse

1. App für die digitale Kooperation aussuchen (z. B. Padlet).

2. „Dokument" oder „Board" anlegen und per QR-Code oder Link allen zugänglich machen.

3. Gemeinsam erkenntnisleitendes Interesse festlegen: Was soll gesucht, gesammelt, bearbeitet, erforscht, untersucht, herausgefunden werden? – Fragen im Dokument/Board sammeln.

4. Fragen thematisch clustern. Arbeits- bzw. Untersuchungsfelder bestimmen und Arbeitsgruppen zuordnen.

Arbeit in den Gruppen

5. Rollen, Aufgaben, Zuständigkeiten, konkretes Vorgehen in den Gruppen absprechen. Zeitplan erstellen!

6. Alle arbeiten in ihren Gruppen zu den jeweils vereinbarten Aufgaben und Arbeitsfeldern.

7. Die Ergebnisse werden im vereinbarten Dokument/Board der Gruppe oder der Klasse gepostet.

8. Die verbale Gruppenarbeit kann im Klassenzimmer stattfinden, aber auch digital von anderen Orten aus: über die eingebettete Chatfunktion schriftlich oder über Konferenz-Apps mündlich und mit Bild.

Auswertung in den Gruppen

9. Die geposteten Arbeitsergebnisse werden (sofort oder nacheinander) allen zugänglich gemacht.

10. Präsentation und Auswertung mittels digitaler Medien: z. B. synchrones Schreibgespräch mit ZUMpad.

11. Präsentation und Auswertung im Klassenzimmer: Besprechung des projizierten Dokuments/Boards.

12. Reflexion der Methode und des Medieneinsatzes.

Alle Aufgaben können (müssen aber nicht) kooperativ in digitalen Medien (Padlet, Scrumblr) bearbeitet werden. Die Arbeit kann auch als Hausaufgabe zu Hause begonnen oder nach dem Unterricht dort fortgeführt werden.

Gruppenarbeit:

1 Notiert euch relevant erscheinende und interessierende Aspekte für die Ländersteckbriefe.

2 Erstellt in Gruppen aktuelle Ländersteckbriefe über Russland, China und die Türkei. Verteilt die zu recherchierenden Länder und Aspekte und postet jeweils die Ergebnisse auf einem digitalen Board. Stellt alle digitalen Postings allen Gruppenmitgliedern (Klasse/Kurs) digital zur Verfügung.

3 Beurteilt die regionale Bedeutung Russlands, Chinas und der Türkei. Macht eure Urteilsmaßstäbe transparent.

4 Vergleicht eure Arbeitsergebnisse mit euren persönlichen Einschätzungen, die ihr beim Gallery Walk (S. 13, Aufgabe 2) zum Ausdruck gebracht habt. Postet eure Erkenntnisse in einem ZUMpad-Dokument.

5 Vergleicht die drei Länder und beurteilt ihre Bedeutung in einer globalisierten Welt. Macht eure Urteilskriterien und -perspektiven transparent.

6 Erörtert die Bedeutung dieser drei Länder für eure Lebenswelt heute.

7 Tauscht euch über eure Erfahrungen mit digitaler Kooperation aus: Erwägt Chancen und Risiken.

Nationalstaaten und Imperien

Das menschliche Zusammenleben braucht eine Ordnung. Wer die Macht hat, eine Ordnung durchzusetzen und sie aufrechtzuerhalten, der herrscht. Das kann eine Einzelperson, eine Gruppe oder ein Staat sein. Wichtige Herrschaftsformen in der Geschichte sind der Nationalstaat und das Imperium.
- *Wie unterscheiden sich Nationalstaaten und Imperien?*
- *Welche Formen zwischenstaatlicher Beziehungen existierten bisher?*

Herrschaftsformen in der Geschichte

In der Geschichte finden sich viele unterschiedliche Formen der Herrschaftsausübung und deren Organisation. Das Spektrum reicht von Stammesverbänden in der Vor- und Frühgeschichte über antike Stadtstaaten und Impe-
5 rien bis hin zu neuzeitlichen Nationalstaaten und supranationalen (überstaatlichen) Bündnissen. Eine Variante der Herrschaftsorganisation soll in diesem Schuljahr am Beispiel von Russland, China und dem Osmanischen Reich im Vordergrund stehen: das Imperium. Kurz gesagt
10 ist ein Imperium (von lat. Befehlsgewalt) die räumlich weit ausgreifende Machtausübung einer Gruppe (Elitegruppe, Stamm, Ethnie, Nation) über andere Gruppen.

Nationalstaaten

Seit der Französischen Revolution von 1789 war der
15 Nationalstaat als Einheit von Staat und Nation das Ziel der nationalen Bewegungen in Europa*. Dieses Ziel wurde im Verlauf des 19. Jahrhunderts in zahlreichen Staaten verwirklicht. Ein Nationalstaat ist ein Staat auf einem fest umgrenzten Territorium, in dem sich der überwie-
20 gende Teil der Bevölkerung als einheitliche Nation fühlt und sich als Staatsvolk zu diesem Staat bekennt. Mit der Beseitigung der Monarchien setzte sich die Idee der Volkssouveränität durch und es entstanden vor allem im 20. Jahrhundert demokratische Nationalstaaten. Um-
25 stritten waren aber immer wieder die Zugehörigkeitskriterien zur Nation und damit zum Staatsvolk: Kultur, Sprache, Religion, Herkunft, Geschichte, Recht und politische Überzeugung? Die nationalstaatliche Integration führte oft zur Entstehung von Minderheiten. In diesem
30 Kontext kam es zu Diskriminierungen und in Ausnahmefällen sogar zu gewaltsamen Verfolgungen.

Imperien

Ein Imperium ist nach dem Historiker Jürgen Osterhammel ein Herrschaftsverband mit einer Machtzentrale, in
35 der die wichtigsten Entscheidungen getroffen werden, und anderen Gebieten, die sich um den Kern gruppieren (Zentrum-Peripherie-Struktur). Das Imperium entsteht durch Eroberungen oder andere Besitzergreifungen, die später als rechtmäßig betrachtet werden. Es erstreckt

40 sich über große Räume mit beweglichen Grenzen und umfasst Millionen Menschen verschiedener Ethnien*. Daraus folgen auch eine kulturelle Vielfalt und das Fehlen einer verbindenden Wertegemeinschaft. Das Imperium liefert zwar aus dem Zentrum eine integrierende Herr-
45 schaftslegitimation (z. B. eine religiös begründete Zivilisierungsmission eines auserwählten und von der Welt losgelösten Herrschers), lässt aber lokale Traditionen zu, solange die zentrale Herrschaft nicht bedroht ist. Ein Imperium ist also ein Herrschaftsverband, der aus mehreren
50 Gesellschaften besteht. Diese können jeweils unterschiedlich verwaltet werden. Über die Zugehörigkeit und über den jeweiligen Anteil an der politischen und wirtschaftlichen Macht entscheidet das Herrschaftszentrum. Imperien können in ihrer konkreten Form sehr unter-
55 schiedlich sein und unterliegen dem Wandel der Zeit.

Bei der Beschäftigung mit Russland, China und dem Osmanischen Reich könnt ihr folgende **Vergleichskriterien für Imperien** anwenden:

1. Herrschaft: Wer herrscht im Rahmen welcher Herrschaftsform? (z. B. Herrscher, Familie, Gruppe(n)/Eliten; z. B. Monarchie, Republik, Diktatur)

2. Legitimation und Akzeptanz der Herrschaft: Wie wird die Herrschaft, wie das Imperium legitimiert? Verhältnis von Herrschenden/Beherrschten – Formen der Loyalität? (z. B. Religion, Ideologie, imperiale Erinnerungskultur, Stabilität/Sicherheit)

3. Verwaltung und Militär: Wie ist die Herrschaft organisiert, strukturiert und gesichert? (z. B. Kommunikation/Infrastruktur der Verwaltung; Durchdringung Zentrum-Peripherie; Rolle des Militärs)

4. Außenpolitik und Handel: Wie stellt sich das Imperium nach außen dar? (z. B. durch Abgrenzung, durch Konfrontation/Aggression, durch Kooperation)

5. Umgang mit gesellschaftlicher und ethnischer Vielfalt: Wie wird im Innern integriert? (z. B. Religion, Ethnie, Eliten; Möglichkeit der Partizipation – Inklusion/Exklusion)

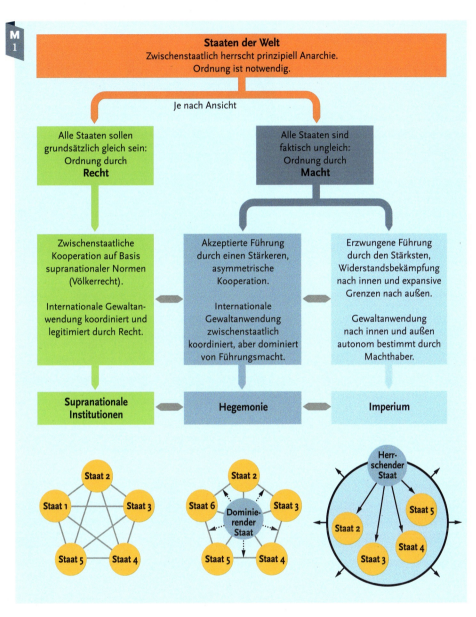

Formen bisheriger zwischenstaatlicher Beziehungen

M 1

Staaten der Welt
Zwischenstaatlich herrscht prinzipiell Anarchie.
Ordnung ist notwendig.

Je nach Ansicht

Alle Staaten sollen grundsätzlich gleich sein: Ordnung durch **Recht**

Alle Staaten sind faktisch ungleich: Ordnung durch **Macht**

Zwischenstaatliche Kooperation auf Basis supranationaler Normen (Völkerrecht).

Internationale Gewaltanwendung koordiniert und legitimiert durch Recht.

Akzeptierte Führung durch einen Stärkeren, asymmetrische Kooperation.

Internationale Gewaltanwendung zwischenstaatlich koordiniert, aber dominiert von Führungsmacht.

Erzwungene Führung durch den Stärksten, Widerstandsbekämpfung nach innen und expansive Grenzen nach außen.

Gewaltanwendung nach innen und außen autonom bestimmt durch Machthaber.

Supranationale Institutionen

Hegemonie

Imperium

Imperialismus

Imperien droht immer Widerstand von innen und außen. Diesem muss durch die Androhung von Gewalt und Expansion als ständigem Beweis imperialer Kraft begegnet werden. Diese Herrschaftspraxis wird Imperialismus genannt. Sie wird je nach Zielsetzung flexibel ausgeübt, z. B. als Wirtschafts-, Finanz-, Militär-, Kultur- oder Kolonialimperialismus. Jedes Imperium agiert anders und es gibt keinen Idealtyp. Ein Imperium existiert nur so lange, wie die Beherrschten die Macht und den Einfluss des Herrschers spüren. Ein Imperium ist deshalb weniger ein statisches Gebilde wie ein Nationalstaat, sondern mehr ein ununterbrochener Prozess der Machtausübung.

Hegemonie

Eine abgeschwächte Form der Vorherrschaft ist die Hegemonie. Eine Großmacht wird von schwächeren Staaten als Führungsmacht akzeptiert. Diese Führungsmacht kontrolliert nur die Außenbeziehungen der Staaten und mischt sich nicht in die Innenpolitik ein. Kooperation und Kostenverteilung sind asymmetrisch: Die Führungsmacht stellt öffentliche Güter wie z. B. Sicherheit oder Marktzugang allen zur Verfügung, auch wenn andere Staaten sich nur gering an den Kosten beteiligen. Das begründet die Akzeptanz. Beide Seiten profitieren zumindest so lange davon, wie der Hegemon gutwillig bleibt und sich nicht zur imperialen Macht entwickelt.

Der deutsche Soziologe M. Rainer Lepsius über die „Nation" (1990):

Die Nation ist zunächst eine gedachte Ordnung, eine kulturell definierte Vorstellung, die eine Kollektivität von Menschen als eine Einheit bestimmt. Welcher Art diese Einheit sein soll, ergibt
5 sich aus den Kriterien für die Bestimmung der nationalen Kollektivität in der Ordnungsvorstellung der Nation. Sind dies ethnische Kriterien, so bestimmt sich eine Nation als ethnische Abstammungseinheit; sind dies kulturelle Kriterien, so
10 stellt sich die Nation als Sprachgemeinschaft dar. Sind es Kriterien der staatsbürgerlichen Rechtsstellung, so ist die Nation eine Einheit von Staatsbürgern. Je nach den Kriterien und ihrer Mischung ergeben sich unterschiedliche Kollek-
15 tivitäten von Menschen, die untereinander einen nationalen Solidaritätsverband formen sollen ... Die Nation ist daher keineswegs eine naturwüchsige und eindeutige Ordnung des sozialen Lebens, sie ist über die Zeit veränderlich und an die
20 realen Machtkonstellationen der geschichtlichen Entwicklung anpassungsfähig.

M. Rainer Lepsius, Nation und Nationalismus in Deutschland, in: ders., Interessen, Ideen und Institutionen, Opladen (Westdeutscher Verlag) 1990, S. 233.*

Germania, Malerei auf Baumwollgewebe von Philipp Veit, 1848. Das Bild hing über der Rednertribüne des Frankfurter Paulskirchenparlaments.

Der Historiker Wolfgang Reinhard über Reich und (National-)Staat (2016):

Große Reiche oder Imperien erregen inzwischen wieder das Interesse der Forschung und werden als politische Organisationsform eigenen Rechts gegenüber dem modernen Staat rehabilitiert. Reiche waren
5 aber seit Jahrtausenden die normale Form politischer Großorganisation. Der moderne Staat ist demgegenüber eine Ausnahme, die erst seit dem 18./19. Jahrhundert und zunächst nur in Europa auftrat.
10 Der Hauptunterschied zwischen Reich und Staat liegt in der loseren politischen Struktur von Reichen, während die Modernität von Staaten Einheit und Einheitlichkeit verlangt. Statt einer einheitlichen Staatsgewalt gibt es in Reichen verschiedenerlei
15 parallele oder abgestufte Instanzen, die nicht durch Delegation der Zentralgewalt entstanden, sondern eigenen Rechts sind. Statt der Einheit des Staatsgebiets kann ein Reich aus Gebieten mit verschie-

denem Rechtsstatus und verschieden intensiver
20 Bindung an die Zentrale bestehen. Häufig wird deren Kontrolle in konzentrischen Kreisen nach außen immer schwächer; bisweilen existiert nicht einmal eine eindeutige Grenze zum Nachbarreich. Ein Staatsvolk aus Individuen gleichen Rechts oder auch
25 gleicher Rechtlosigkeit hat einheitlich und homogen zu sein, vor allem dieselbe Sprache zu sprechen, früher außerdem derselben Religion anzugehören, auch wenn beides oft fiktiv war und ist. Als Rechtsstaat erzwingt der Staat die Rechtseinheit, als Natio-
30 nalstaat die ethnische Geschlossenheit. Demgegenüber leben in einem Reich Menschen verschiedener Gruppen unterschiedlichen Rechts und unterschiedlich intensiver Bindung an die Zentrale mehr oder weniger friedlich zusammen. Oft genug regeln infor-
35 melle Gewohnheit statt ausdrücklicher Rechtsvorschriften dieses Zusammenleben.

Wolfgang Reinhard, Die Unterwerfung der Welt. Globalgeschichte der europäischen Expansion 1415–2015, München (C. H. Beck) 2016, S. 21.

Die britische Königin Victoria wird bejubelt als Herrscherin von Indien. Papierillustration, 1887

Audienz bei einem Kaiser der chinesischen Qing (oder Mandschu)-Dynastie, 17. Jahrhundert

Die Historiker Jane Burbank und Frederick Cooper über Nationalstaat und Imperium (2010):

Wir leben in einer Welt, die aus nahezu 200 Staaten besteht. Jeder ist stolz auf seine Symbole der Souveränität ... Und jeder erhebt den Anspruch, ein Volk zu repräsentieren. Diese Staaten, große wie kleine,
5 sind im Prinzip gleichberechtigte Mitglieder einer globalen Gesellschaft, verbunden durch internationales Recht. Doch die Welt der Nationalstaaten, die wir für selbstverständlich halten, ist kaum sechzig Jahre alt. Die meisten Menschen haben die ganze
10 Geschichte hindurch in Imperien gelebt, politische Einheiten, die nicht vorgaben, ein einziges Volk zu repräsentieren ...
Die Versuche zur Schaffung homogener Nationen führten zum Gemetzel an Hunderttausenden Men-
15 schen, die vorher Seite an Seite gelebt hatten. Im Nahen Osten kämpfen Sunniten, Schiiten, Kurden, Juden, Palästinenser und viele andere seit dem Ende des Osmanischen Reichs um Staatgewalt und Staatsgrenzen ... Der Zerfall der Sowjetunion und ih-
20 res kommunistischen Imperiums führte zu weiteren Souveränitätswechseln ...

Natürlich stellten Imperien kein Bekenntnis zur Vielfalt dar. Gewalt und alltäglicher Zwang waren grundlegend für den Aufbau und das Funktionieren von
25 Imperien. Imperien schufen eine Vielzahl von Ausbeutungs- und Herrschaftsformen. Imperien ermöglichten Teilhabe oder verwehrten sie, sie belohnten oder beuteten aus ... Imperien ermöglichten Verbindungen und Kontakte und versuchten beides zu kon-
30 trollieren. Das Imperium war eine bemerkenswert dauerhafte Staatsform. Das Osmanische Reich hatte 600 Jahre Bestand. Eine Abfolge chinesischer Dynastien eiferte 2000 Jahre den Idealen imperialer Vorgänger nach. Das Römische Reich übte im westli-
35 chen Mittelmeer 600 Jahre lang Macht aus ... Russland hat Jahrhunderte lang imperiale Formen der Herrschaft über höchst unterschiedliche Völker aufrechterhalten. Im Vergleich dazu erscheint der Nationalstaat als kleiner leuchtender Fleck am histori-
40 schen Horizont.

Jane Burbank/Frederick Cooper, Imperien der Weltgeschichte, Frankfurt/New York (Campus) 2010, S. 15ff. Übers. v. Thomas Bertram.*

....

1 **Gruppenarbeit:** Arbeitet aus M2–M7 die hier jeweils thematisierten Merkmale der Herrschaftsformen heraus. Fasst eure Ergebnisse grafisch zusammen.

2 **Partnerarbeit:** Erläutert die in M1 skizzierten Formen jeweils mit einem Beispiel eurer Wahl.

Zusatzaufgabe: siehe S. 227

3 Überprüfe folgende Aussagen anhand von Beispielen deiner Wahl:
a) Nationalstaaten können Imperien haben, Imperien können aber keine Nationalstaaten sein.
b) Jedes Imperium ist ein Staat. Aber nicht jeder Staat ist ein Imperium.

Fremde Räume, fremde Kulturen?

Handelt es sich bei Russland, China und der Türkei um „fremde Räume"?
Sehr viele werden vermutlich spontan mit Ja antworten, obwohl der Prozess
der Globalisierung* heute Wirtschaft und Kommunikation eng vernetzt und
einen gemeinsamen globalen Lebensstil schafft in Bezug auf Mode, Popmusik,
soziale Medien, Mobilität etc.
- *Warum lohnt sich die Beschäftigung mit der Geschichte Russlands, Chinas und*
  des Osmanischen Reichs bzw. der Türkei?

„Fremdmachen"

Bereits seit dem 16. Jahrhundert begannen sich in Europa nationale Gefühle und Denkmuster zu entwickeln, die aber nur eine kleine Elite prägten. Im 19. Jahrhundert wurde „Nation" stärker zu einer politischen Vorstellung
5 und es bildeten sich Nationalstaaten als neue politische Ordnungseinheit in Europa (siehe S. 16). Da es keine natürlichen Merkmale einer nationalen Zugehörigkeit gab, mussten welche gefunden werden. Man suchte und konstruierte Unterscheidungsmerkmale und begann Men-
10 schen ein- und auszugrenzen. Viele Begriffe, mit denen wir immer noch andere Menschen, Gesellschaften, Staaten und uns selbst beschreiben, wurden erst in dieser Zeit intensiv mit Bedeutung gefüllt: Nation, Gesellschaft, Volk, Bürger, Ethnie, Rasse, Europa, Okzident/Abend-
15 land, Orient/Morgenland, „der" Westen, „der" Osten und viele mehr. Besonders wichtig wurde der Begriff der Kultur. Er wurde zum Unterscheidungsmerkmal ausgebaut und diente dazu, eine eigene, noch gar nicht vorhandene nationale Kultur zu definieren, die Kultur aller
20 anderen davon abzugrenzen – und in der Regel abzuwerten, um sich selbst aufzuwerten.
Wenn wir heute so selbstverständlich von „fremden" Kulturen, Zivilisationen, Staaten, Gesellschaften usw. sprechen, liegt dem die gerade beschriebene, europä-
25 ische „Semantik der Differenz" zugrunde, die sprachliche Zuweisung von Unterschieden: hier „wir", dort „die". Ganze Kulturkreise wurden so erdacht und von Europa aus definiert, wie z. B. der Orient. Man nennt diesen Vorgang Othering. Othering ist nicht nur ein Ausgrenzen,
30 sondern meint das viel weitergehende Fremdmachen.

Die Rolle von Fremdbildern und Stereotypen

Besonders folgenreich wirken sich negative Fremdbilder aus. Sie sind oft Projektionen eigener Ängste auf die anderen. Als feststehende Ansichten (Feindbild-Stereo-
35 type) sind sie bis heute tief verwurzelt und bestimmen unser Denken und Handeln immer noch. Das Gegenteil, die Verklärung der anderen Kulturen, wird Exotismus genannt. Auch diese positiven Klischees sind Projek-

tionen, aber von Wünschen, Idealen und Sehnsüchten.
40 Sie sperren andere ebenfalls in Klischees und machen sie so fremd.

„Fremde Räume" als Thema im Geschichtsunterricht

Es ist sinnvoll, sich mit der Geschichte Russlands, Chinas
45 und des Osmanischen Reichs bzw. der Türkei zu beschäftigen, weil wir bei der Auseinandersetzung mit den „fremden Räumen" den Menschen, ihren Gesellschaften, ihrer Geschichte und deren Nachwirkung bis heute näherkommen. Wir lernen sie über ihre historische Ent-
50 wicklung kennen. Sie werden uns danach weniger fremd sein. Doch wir lernen auch etwas über uns selbst. Welche Vorstellungen von der Welt haben wir in unseren Köpfen?
Sollten sich in eurer Klasse Mitschülerinnen oder Mit-
55 schüler befinden, deren Eltern aus den Regionen stammen, die in diesem Schuljahr untersucht werden, dann kann es sehr aufschlussreich sein, sich von ihnen andere Sichtweisen erklären und andere Geschichte(n) erzählen zu lassen. Dazu gehören auch ihre Bilder über uns. Viel-
60 leicht lernt ihr dabei neue Begriffe und Zusammenhänge kennen, die das Leben in diesen Regionen noch besser verständlich machen. Vielleicht kommt es auch zu Kontroversen. Sie sind willkommen, weil sie es ermöglichen, über unterschiedliche Weltsichten und deren Ursachen
65 und Gründe für kulturelle Missverständnisse zu sprechen und sich besser zu verstehen.

....

1 Erkläre den Zusammenhang zwischen der Entstehung von Nationalstaaten und dem Vorgang des Othering auf Basis des Darstellungstextes.

2 Ordne die Bilder M1–M9 jeweils dem Exotismus und Feindbild-Stereotypen zu (Darstellungstext).

3 Finde eigene Beispiele für kulturelle Zuweisungen, Klischeebildungen oder Othering für die drei Länder in Medien und Populärkultur (Filme, Spiele, Literatur usw.).

Russische Volkstrachten, Deutschland, 1906

Plakat, 1919

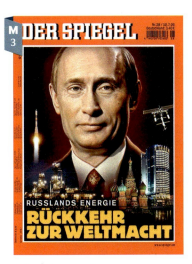

Spiegel, Nr. 28, 2006

Chinoiserie, Stich nach François Boucher,
Frankreich, 1750

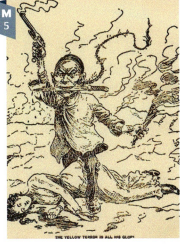

„The Yellow Terror in All His Glory",
USA, 1899

Frankfurter Illustrierte, 1960

Osmanischer Krieger, 16. Jh.

Franzose im orientalischen Kostüm, 18. Jh.

Spiegel Spezial Türkei, 2016

2
Das Russländische Reich und die Sowjetunion

An der Ehrengarde vorbei schreitet Wladimir Wladimirowitsch Putin am 7. Mai 2012 in den Andrejewski-Saal des Kreml. Über ihm erstrahlt das seit dem 15. Jahrhundert belegte Staatswappen des Russländischen Reichs. Im Saal wird er von 3000 applaudierenden Gästen begrüßt. Vor diesen legte der zum dritten Mal gewählte Präsident der Russländischen Föderation anschließend den Eid auf die Verfassung ab. Putin hatte dieses Amt bereits von 2000 bis 2008 inne und war seither Ministerpräsident. Der scheidende Amtsvorgänger und künftige Ministerpräsident Dmitri Medwedew sagte in seiner Rede an diesem Tag: „Kontinuität in der Politik des Landes ist entscheidend, damit Russland weiter vorankommt." Der Festakt endete mit Salutschüssen und Glockengeläut.

Welche Wirkung hat die Szene auf dich?
Stelle Vermutungen an, welche Erwartungen die Gäste an den neuen Präsidenten haben.

Amtseinsetzung Wladimir Putins am 7. Mai 2012, Foto, 2012

... weshalb das größte Land der Erde auf den ersten Blick kulturell einheitlich wirkt?

Bis zum 16. Jahrhundert waren weite Teile des Landes nur dünn besiedelt, meist von Nomadenvölkern. Die nun nach Osten vordringenden Russen brachten als Kolonisten ihre Sprache, ihre Kultur und Wirtschaftsweise mit.
5 So kommt es, dass sich heute russische Städte und Dörfer oft zum Verwechseln ähnlich sehen. Verstärkt wurde diese Vereinheitlichung in der Zeit der Sowjetunion. Immer wieder wurden Millionen von Menschen – mal freiwillig, oft aber unter Zwang – in abgelegene Gebiete des
10 Reichs umgesiedelt.

Transsibirische Eisenbahn am Baikalsee, Sibirien, Foto, 2017

... weshalb die längste Bahnstrecke der Welt bis heute fasziniert?

Schon seit dem Baubeginn im Jahr 1891 ist die Transsibirische Eisenbahn eine echte Legende. Mit 9288 Kilo-
15 metern von Moskau durch Sibirien bis Wladiwostok am Pazifik ist sie bis heute die längste durchgehende Bahnstrecke der Welt. Täglich fahren Züge vom Jaroslawler Bahnhof in Moskau in den Fernen Osten Russlands. Der Rossija-Express bietet alle zwei Tage eine durchgehende
20 Verbindung in sieben Tagen Fahrzeit bis nach Wladiwostik. Ein chinesischer Zug von Moskau nach Beijing nutzt große Teile der Transsib-Trasse. Viele Bahnliebhaber möchten einmal im Leben mit der Transsib fahren.

... weshalb es gar nicht so einfach ist, Russlands
25 Staatsvolk zu definieren?

Laut Verfassung geht wie in Deutschland alle Macht vom Volke aus. Im Unterschied zum „deutschen Volk" bezeichnet das „russische Volk" (russisch: russkij narod) aber ausschließlich die ethnischen Russen. Um alle an-
30 deren Staatsbürger der russischen Föderation auch einbeziehen zu können, hat sich das Adjektiv „russländisch" (russisch: rossijskij) durchgesetzt. Die Verfassung Russlands von 1993 definiert das Staatsvolk als „multinationales Volk Russlands".

35 ### ... warum Russland eigentliche zwei Hauptstädte hatte und immer noch hat?

Moskau ist seit 1918 offiziell Hauptstadt Russlands. Zuvor war das am äußersten Nordwestrand des Reiches gelegene Sankt Petersburg (1914-1924 Petrograd,
40 1924-1991 Leningrad) Hauptstadt. Die Rivalität zwischen der offiziellen und der inoffiziellen „nördlichen Hauptstadt" besteht bis heute fort. Führende Politiker Russlands, darunter Präsident Putin, stammen aus Sankt Petersburg.

Der Fluss Moskwa mit den roten Mauern und den Kirchen des Kreml, Foto, 2018

45 ### ... dass Moskau architektonisch eine vergleichsweise junge Hauptstadt ist?

Die meisten Gebäude Moskaus waren außer dem Kreml und vielen Kirchen aus Holz gebaut. Der größte Teil der Holzhäuser wurde 1812 durch den von Napoleons Trup-
50 pen gelegten Brand vernichtet. Deshalb fehlen in Moskau so kunstvoll geplante Prachtbauten des 18. und 19. Jahrhunderts, wie sie das Stadtbild St. Petersburgs bis heute prägen. Moskau dagegen erhielt erst durch die repräsentativen Großbauten der Sowjetzeit seine heuti-
55 ge Stadtstruktur.

... dass die 1918 hingerichtete Zarenfamilie am 20. August 2000 heiliggesprochen wurde?

60 „Im Namen des Volkes und der Revolution" wurden der letzte Zar Nikolaus II. und seine Familie in der Nacht vom 16. auf den 17. Juli 1918 in Jekaterinburg hingerich-
65 tet. Ihre Leichen wurden verscharrt. Von 2002 bis 2003 wurde auf der Hinrichtungsstätte die russisch-orthodoxe „Kathedrale auf dem Blut" errichtet. Zwar
70 kehrte die weltliche Herrschaft

Die ermordete Zarenfamilie, Ausschnitt aus einer Ikone, Foto, undatiert

des Zaren nicht zurück, aber das Volk kann ihn nun als Heiligen mit eigener Kathedrale anbeten.

... dass Russland bei der Anzahl arbeitsfreier Feiertage ganz weit vorne liegt?

Über das Jahr verteilt gibt es zwölf gesetzliche arbeitsfreie Feiertage: die „Neujahrsferien" vom 1. bis 5. Januar, das „Russisch-Orthodoxe Weihnachtsfest" am 7. Januar, der „Tag des Verteidigers des Vaterlandes" (zur Zeit der Sowjetunion der „Tag der Roten Armee") am 23. Februar, der „Internationale Frauentag" am 8. März, der „Tag des Frühlings und der Arbeit" am 1. Mai, der „Tag des Sieges" über Hitlerdeutschland am 9. Mai, seit 1990 (Ende der Sowjetunion) der „Tag Russlands" (offizieller Nationalfeiertag) am 12. Juni und der „Tag der Einheit des Volkes" am 4. November (ersetzte den Revolutionsfeiertag am 7. November). Hinzu kommt, dass Feiertage, die auf ein Wochenende fallen, am darauffolgenden Arbeitstag nachgeholt werden. Ein Feiertag ist also grundsätzlich immer auch ein arbeitsfreier Tag.

Demonstration der Frauen am internationalen Frauentag (8. März) in Taschkent, damals Sowjetunion, heute Usbekistan, Foto, 1924

... weshalb eine Datscha für Russen so wichtig ist?

Eine Datscha (eingedeutscht „Datsche") ist ein Grundstück mit einem Gartenhaus. Heute besitzt mehr als die Hälfte der Russen eine solche Datscha, die vor allem in der Zeit der Sowjetunion ein kleines Stück Freiheit darstellte. Während des Sommers entflohen Familien am Wochenende der Enge der Stadt, besonders aber den Kommunalwohnungen, in denen sich mehrere Familien eine Küche und ein Badezimmer teilen mussten. Zusätz-

Datscha in Kirillowka, Region Samara, Foto, 2013

lich halfen Erzeugnisse des eigenen Datschengartens, bei der oft angespannten staatlichen Versorgungslage, den Winter zu überstehen. Noch heute schätzen Russen die Privatsphäre ihrer Datschen. In der DDR dienten Datschen auch vielen Deutschen als Rückzugsort vom städtischen Leben und zur teilweisen Selbstversorgung.

... dass Russinnen und Russen neben dem Nachnamen auch einen Vatersnamen haben?

Russische Namen bestehen traditionell aus drei Teilen: Vorname, Vatersname und Nachname. Der russische Präsident heißt zum Beispiel Wladimir Wladimirowitsch Putin. Der Vatersname besteht aus dem Vornamen des Vaters an den eine Nachsilbe angehängt wird. Putins Vater hieß ebenfalls Wladimir, woraus sich für seinen Sohn der Vatersname Wladimirowitsch ergab. Hätte Putin eine Schwester gehabt, wäre deren Vatersname Wladimirowna gewesen. Höflich und respektvoll ist es, jemanden mit dem Vornamen und dem Vatersnamen anzusprechen. Auf den Nachnamen verzichtet man gewöhnlich. Außerdem hilft der Vatersnamen Personen eindeutiger zu unterscheiden. Das ist besonders bei Kombinationen aus häufigen Vor- und Familiennamen nützlich – wie zum Beispiel Michail Michailow.

Russische Politiker als Matrjoschka, eiförmige, bemalte Holzpuppen, die in einander gesteckt werden. Sie stehen für Tradition und Beständigkeit, aber auch für Rätselhaftigkeit. Das abgebildete Sortiment reicht vom letzten Zaren Nikolaus II. (r.) über Lenin, Stalin, Chruschtschow, Breschnew, Gorbatschow, Jelzin bis zu Putin (l.). Foto, 2000

... warum Russland seit 2014 ein Schnäppchenmarkt für China ist?

Wegen der Annexion der Krim durch Russland 2014 verhängten die führenden westlichen Industriestaaten Sanktionen gegen Russland. Dies führte zu einer massiven Abwertung des russischen Rubel im Vergleich zu anderen Währungen. Für ausländische Touristen wurden Reisen nach Russland günstiger, was seitdem vor allem Chinesen nutzen.

Das Russländische Reich und die Sowjetunion

„Russländische Föderation" ist die heutige Bezeichnung des Staates, der gewöhnlich nur Russland genannt wird. Mit mehr als 17 Millionen km² umfasst Russland heute ein knappes Neuntel der gesamten Landfläche der Erde und ist damit der größte Flächenstaat. Der europäische Teil dieser sich über neun Zeitzonen erstreckenden eurasischen Landmasse macht nur etwas mehr als 20 Prozent aus. Dennoch leben hier diesseits des Urals über 80 Prozent der ca. 147 Millionen Einwohner. Wegen des dünn besiedelten riesigen asiatischen Teils hat Russland eine Bevölkerungsdichte von nur 8,5 Einwohner/km² – zum Vergleich: In Deutschland leben 231,9 Einwohner/km². In der Russländischen Föderation gibt es über 190 Volks-

gruppen mit 151 Sprachen. Von diesen Sprachen gelten 37 neben dem Russischen als Amtssprachen. Russisch wird von allen Einwohnern gesprochen. Mit 80 Prozent bilden Russen die größte Volksgruppe. 74 Prozent der Einwohner leben in städtischen Ballungsräumen.

Russlands Topografie ist sehr vielfältig und parallel zu den Breitengraden von Süden nach Norden von extrem unterschiedlichen Vegetationszonen geprägt: Wüste, Steppe, Mischwald, Taiga (deutsch: „nördlicher Nadelwald") und die Tundra, eine baumlose kalte Steppe. In weiten Teilen des Landes herrscht Kontinentalklima mit langen kalten Wintern und kurzen warmen bis heißen Sommern. Mit Temperaturen im Winter von −30 °C bis über −60 °C ist es im Osten Sibiriens am kältesten.

1 Nach der Niederlage Napoleons wurde im Wiener Kongress 1814/15 das Königreich Polen mit der Hauptstadt Warschau wiederhergestellt. Der russische Zar Alexander I. war zugleich polnischer König. Angesichts polnischer Unabhängigkeitsbewegungen gliederten die autoritär regierenden Zaren Polen 1867 in ihr Reich ein.

2 Das 1703 von Zar Peter dem Großen gegründete St. Petersburg war über 200 Jahre Hauptstadt des Zarenreichs und „Schaufenster nach Europa". Die Stadt ist bis heute neben Moskau das bedeutendste kulturelle Zentrum des Landes und gilt immer noch als Russlands Fenster nach Westeuropa.

3 Moskau ist die politische und wirtschaftliche Metropole Russlands.

4 Bis heute heißt die Region um Moskau offiziell „Zentralrussland". Diese historische Bezeichnung stammt aus der Zarenzeit, weil hier der Ursprung des Reichs lag.

5 Je nachdem, wie man die innereurasische Grenze zieht, ist der Elbrus im Kaukasus mit 5642 m nicht nur der höchste Berg Russlands, sondern auch Europas – immerhin 800 m höher als der Mont Blanc.

6 In der nördlich von Kiew gelegenen Stadt Tschernobyl explodierte am 26. April 1986 ein Block des dortigen Atomkraftwerkes. Das bis dahin weniger bekannte Tschernobyl wurde zum Synonym für die größte Umweltkatastrophe der Technikgeschichte.

7 Die Halbinsel Krim und die Schwarzmeerküste waren lange Zeit ein Streitobjekt zwischen dem

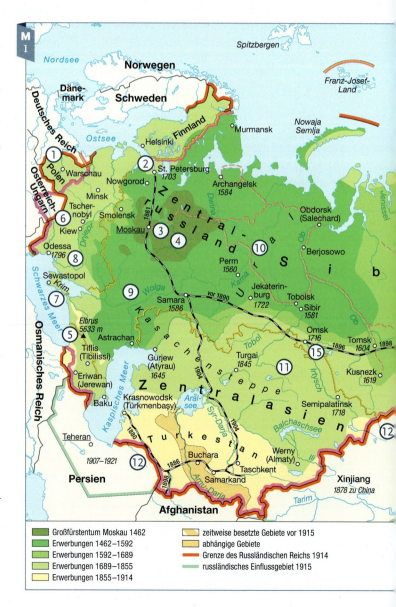

Großfürstentum Moskau 1462
Erwerbungen 1462–1592
Erwerbungen 1592–1689
Erwerbungen 1689–1855
Erwerbungen 1855–1914
zeitweise besetzte Gebiete vor 1915
abhängige Gebiete
Grenze des Russländischen Reichs 1914
russländisches Einflussgebiet 1915

Osmanischen und dem russischen Zarenreich. Nach dem Russisch-Türkischen Krieg trat das Osmanische Reich 1774 den nördlichen Kaukasus und die südliche Ukraine an das Zarenreich ab. Seither war Russland auch Schutzmacht der orthodoxen* Christen im Osmanischen Reich. Unter Parteichef Chruschtschow wurde die Krim aus der russischen in die ukrainische Sowjetrepublik eingegliedert. Nach dem Zerfall der Sowjetunion erlangte die Ukraine ihre staatliche Unabhängigkeit. Die Kriegsschiffe der sowjetischen Flotte im Schwarzen Meer wurden zwischen Russland und der Ukraine zur Hälfte aufgeteilt und Russland pachtete den Hafen Sewastopol für seine Schiffe.

8 Die Ukraine als Teil des fruchtbaren Flachlandes diesseits des Urals war die Kornkammer Russlands bis zum Ende der Sowjetunion.

9 Die Wolga ist mit 3530 km der längste und wasserreichste Strom Europas. Nach dem Zweiten Weltkrieg wurden riesige Staudämme für Kraftwerke errichtet. Im Einzugsbereich der Wolga leben heute 60 Millionen Menschen. Sie ist als wichtigste Binnenschifffahrtsstraße eine wirtschaftlich bedeutende „Lebensader" Russlands.

10 Das 2000 Kilometer lange Uralgebirge trennt den asiatischen vom europäischen Teil Russlands.

11 Die weite Steppenlandschaft Kasachstans war Hauptaufnahmegebiet von Russlanddeutschen bei den Deportationen*, die mit dem deutschen Überfall auf die Sowjetunion 1941 einsetzten. Sie lebten bis dahin in geschlossenen Siedlungsgebieten v. a. an der Wolga und am Schwarzen Meer. Die meisten russlanddeutschen Aussiedler* stammen aus Kasachstan.

12 Im Süden und Südosten wurde das Zarenreich von den Hochgebirgen Persiens, Zentralasiens und der Mongolei eingerahmt.

13 Der nördliche Teil Sibiriens liegt in der Zone des Dauerfrostbodens der Tundra. In der Sowjetunion wurde das südliche Sibirien wegen seiner reichen Bodenschätze industriell erschlossen und besiedelt. Während der Herrschaft Stalins entstanden in Sibirien zahlreiche Straf- und Arbeitslager.

14 Der Baikalsee in Ostsibirien ist der älteste und mit 1624 Metern tiefste und wasserreichste Süßwassersee der Erde. Mit einer Fläche von knapp 32 722 km² ist er 60-mal größer als der Bodensee und enthält mehr Wasser als die Ostsee.

15 Die Transsibirische Eisenbahn führt von Moskau durch Sibirien bis Wladiwostok (russisch: wladi = beherrsche, wostok = der Osten) am Pazifik.

16 Der gebirgige Ferne Osten zwischen dem Fluss Lena und dem Pazifik ist mit 1 Einwohner/km² der am dünnsten besiedelte Bundesdistrikt der Föderation.

17 Alaska („Russisch-Amerika") wurde 1867 von Russland an die USA verkauft.

18 Am Grenzfluss Ussuri, einem Nebenfluss des Amur, kam es 1969 zu Gefechten zwischen russischen und chinesischen Grenztruppen. Anlass für die Zwischenfälle war der unklare Status einer Insel im Ussuri. Tatsächlich ging es in diesem Grenzkonflikt aber um die grundsätzliche ideologische Vormachtstellung der beiden kommunistischen Führungsmächte.

Russländisches Reich 1462–1917

900	1300	1400	1500	1600

9.–13. Jh. Großfürstentum Kiew („Kiewer Rus")

13.–15. Jh. Herrschaft der Mongolen („Tataren")

15. Jh. Aufstieg des Großfürstentums Moskau

16.–17. Jh. Moskauer Reich, Eroberung nichtslawischer Gebiete (Russland wird Vielvölkerstaat)

1682–1725 Peter d. Gr. öffnet Russland nach Westeuropa, neue Hauptstadt St. Petersburg

Das Russländische Reich und die Sowjetunion

Seit dem 16. Jahrhundert bauten die Zaren von Moskau ihr Herrschaftsgebiet vom europäischen Westen bis zum Pazifik im Osten erfolgreich aus. Nach der osmanischen Eroberung Konstantinopels 1453 sah sich das christlich-
5 orthodoxe Zarenreich als „Drittes Rom". In der Nachfolge des untergegangenen oströmischen Kaiserreichs begründete es die Legitimität seines Anspruchs auf ein christliches Imperium.

Die Oktoberrevolution 1917 stellte dann eine tiefgrei-
10 fende historische Zäsur dar: Das jahrhundertealte autokratische Zarenregime wurde gestürzt, um ein rückständiges Agrarland als weltweit ersten Staat auf einem kommunistischen Weg in die Moderne* zu führen. Die Sowjetunion wurde ein Modell für andere Staaten wie
15 China und stieg nach dem Zweiten Weltkrieg zur Welt-

macht auf. Auch nach dem Ende der Sowjetunion ist die Russische Föderation weiterhin eine Großmacht, die politischen und militärischen Einfluss ausübt.

In diesem Kapitel untersuchst du folgende Fragen:
20 • Wie kann das Russländische Reich und das Zarenregime um 1900 charakterisiert werden?
• Welche Ursachen und welche Bedeutung hatte die Oktoberrevolution für Russland bis heute?
• Wie lässt sich die sozialistische Gesellschaft in der
25 Sowjetunion charakterisieren? Welche Bedeutung hatte und hat Stalin bis heute?
• Welche Ursachen und welche Folgen hatte die Reformpolitik Gorbatschows?
• Mit welchen aktuellen Herausforderungen sieht sich
30 die Russländische Föderation konfrontiert?

Das Staatswappen der Russländischen Föderation:

• Mit seinen beiden Hauptmotiven doppelköpfiger Adler und Drachentöter ist das Wappen seit dem 15. Jh. belegt.
5 • Für den Doppeladler werden byzantinische Wurzeln vermutet. Heute repräsentiert er die Einheit der Völker im europäischen und asiatischen Teil der Föderation.
• In seinen Krallen hält er die traditionellen monar-
10 chischen Insignien Zepter und Reichsapfel. Heute stehen das Zepter für die staatliche Souveränität und der Reichsapfel für Einheit und Rechtsstaatlichkeit.

15 • Die drei Kronen über den Adlerköpfen symbolisierten ursprünglich die Regierungsform und die Expansion des Moskauer Reichs (Territorien, die noch heute zur Föderation gehören). Heute gelten sie als Zeichen der drei Staatsgewalten.
• Der Drachentöter (St. Georg, der Schutzheilige
20 Moskaus, mit Pferd und Lanze) in der Mitte stand im alten Reich für den christlichen Charakter des Imperiums („Gott mit uns in allen Gefahren"). Weil christliche Attribute fehlen, wird heute neutral von einem Reiter gesprochen.

In Anlehnung an Isabelle de Keghel, Imperiales Erbe. Das heutige Russland und sein Staatswappen, in: Zeithistorische Forschungen/Studies in Contemporary History, Online-Ausgabe, 3 (2006), H. 1, URL: https://zeithistorische-forschungen.de/1-2006/4549.

1800	1900	2000

seit 1825 Festigung der Autokratie (Alleinherrschaft)

seit 1860 Modernisierung der Wirtschaft „von oben"

1905 erste russische Revolution

1917 Februarrevolution: Ende des Zarenreichs; Oktoberrevolution; Machtübernahme Lenins

1922 Gründung der Sowjetunion (UdSSR)

1929–1953 Alleinherrschaft Stalins (Modernisierungsdiktatur, Stalinismus)

1941–1945 „Großer Vaterländischer Krieg"

1985–1991 Reformpolitik Gorbatschows (Glasnost und Perestroika)

1991 Auflösung der Sowjetunion, Gründung der GUS

2000/2004/2012/2018 (Wieder-)Wahl Putins zum Präsidenten

M2

a) Wie ist Ihre grundsätzliche Einstellung zu folgenden Staatsmännern?

Respekt

Lenin 26% Stalin 32% Chruschtschow 12% Gorbatschow 7% Jelzin 8% Putin 49%

Abneigung, Wut

Lenin 7% Stalin 12% Chruschtschow 14% Gorbatschow 30% Jelzin 30% Putin 3%

Quelle: https://www.levada.ru/en/2017/02/28/leaders-of-russia/ (Aufruf am 26.09.2019)

b) Welcher der folgenden zwei Meinungen stimmen Sie am meisten zu?

Russland sollte seine Rolle als Supermacht beibehalten. 88%
Russland muss nicht unbedingt eine Supermacht sein. 10%
Das ist schwer zu sagen. 2%

Russen sind ein großartiges Volk, das einen besonderen Platz in der Weltgeschichte einnimmt. 62%
Russen sind nicht anders als andere Völker. 35%
Das ist schwer zu sagen. 3%

Quelle: https://www.levada.ru/en/2019/01/25/national-identity-and-pride/ (Aufruf am 26.09.2019)

Ergebnisse repräsentativer Umfragen in Russland aus den Jahren 2017 und 2018. Die Angaben entsprechen dem jeweiligen Prozentanteil bezogen auf alle Befragten.

M3

„Unter mir hätte es so etwas nicht gegeben" Stalin-Graffiti auf einem russischen Lkw, privates Foto, 2018

M4

„Ruhm dem sowjetischen Volk – dem Bezwinger des Weltraums!", sowjetisches Plakat, 1961, von Alexander G. Krutschina (1905–1987) und E. Krutschina; rechts im Bild ist Juri Gagarin (1934–1968) zu sehen, russischer Kosmonaut und erster Mensch im All

1 **Partnerarbeit:**
a) Wie denkt die russische Bevölkerung? Analysiert hierzu die Umfragen in M2.
b) Vergleicht die Umfrageergebnisse mit den Fotos M3 und M4: Sind Zusammenhänge erkennbar?
c) Stellt Vermutungen über das Zustandekommen einzelner Umfrageergebnisse an.

2 **Wähle eine Aufgabe aus:**
a) Analysiere das Staatswappen der Russländischen Föderation M1 (siehe dazu auch S. 22/23). Was erfährst du über die Geschichte und das staatliche Selbstverständnis Russlands?
b) Stelle dem Besitzer des Lkws in M3 Fragen zu seiner Verwendung des Stalin-Graffitis.

Merkmale des Russländischen Zarenreichs um 1900

Vorschlag für ein Gruppenpuzzle:

Phase 1: Bildet Dreiergruppen (= „Stammgruppen"). Jeder von euch wählt sich eines der drei Themen aus:

Thema 1: Der Zarismus, eine Autokratie von Gottes Gnaden (S. 30–31)

Thema 2: Das Russländische Zarenreich, eine Gesellschaft von Bauern (S. 32–33)

Thema 3: Ein Vielvölkerstaat mit einheitlichem Nationalbewusstsein? (S. 34–35)

Dann sucht ihr euch Mitschüler aus anderen Stammgruppen, die dasselbe Thema bearbeiten und untersucht als „Expertengruppe" das Material eures Themas mithilfe der Arbeitsaufträge. Fasst anschließend die wichtigen Informationen zu eurem Thema zusammen.

Phase 2: Kehrt in eure „Stammgruppen" zurück und stellt euch gegenseitig die Ergebnisse aus euren „Expertengruppen" vor.

Phase 3: Beurteilt nun gemeinsam: Inwiefern handelt es sich beim Russländischen Zarenreich um ein Imperium? Haltet wesentliche Ergebnisse entsprechend der Analysekriterien für Imperien (siehe S. 16) fest.

Thema 1: Der Zarismus, eine Autokratie* von Gottes Gnaden

Die autokratische Herrschaftsform im Russländischen Reich hat ihren Ursprung in der starken Stellung der ehemaligen Großfürsten von Moskau. Seit dem 16. Jahrhundert erweiterten diese erfolgreich ihre Herrschaft:
5　Aus dem Moskauer Reich wurde der russländische Vielvölkerstaat*. Die Krönung Iwans IV., „des Schrecklichen" (1547) zum ersten russländischen Zaren im Moskauer Kreml war sichtbarer Ausdruck dieses Machtzuwachses. Durch den russischen Metropoliten, dem Oberhaupt der
10　russisch-orthodoxen Kirche, wurde Iwan IV. feierlich zum von Gott gekrönten Zaren ausgerufen. Im Kern blieb dieses Zeremoniell bis zur Krönung des letzten Zaren, Nikolaus II. 1896, unverändert. Legitimiert durch das Gottesgnadentum war der Zar an keinerlei weltliche
15　Rechtsnormen gebunden und niemandem in seinem Staat Rechenschaft schuldig. Seine einzige Verpflichtung bestand in der Ausrichtung seiner Herrschaft auf die Reichsidee: Ausbau und Erhaltung des russländischen Zarenreichs als einem christlich-orthodoxen Imperium.
20　Auf dieser Grundlage begann mit der Regentschaft des ersten Zaren der Ausbau des Staates in einen zentral verwalteten autokratischen Obrigkeitsstaat. Dessen zentralistische Struktur verhinderte, dass sich innerhalb des Russländischen Reichs dauerhaft eigenständige Territo-
25　rien als Konkurrenz für die Zentralmacht in Moskau ausbilden konnten.

Durch diese erheblich größere Machtfülle und den höheren Grad an Zentralisierung unterschied sich der Zarismus von den damaligen Herrschaftsformen Mittel-
30　und Westeuropas. Bis zu Beginn des 20. Jahrhunderts schien diese Ordnung die Gewähr dafür zu bieten, dass revolutionäre Erschütterungen wie in Westeuropa im 19. Jahrhundert vom Zarenreich ferngehalten werden konnten. In Russland herrschte die feste Überzeugung,
35　dass die absolute Macht des Zaren seinen Untertanen gegenüber die Stabilität und Größe des russländischen Vielvölkerstaates garantieren könne.

Die wichtigsten Stützen der Herrschaft waren die orthodoxe Kirche, die Armee mit der allgegenwärtigen Ge-
40　heimpolizei und die übergroße Beamtenschaft*. Im Verlauf des 19. Jahrhunderts zeigte sich die Autokratie des Zaren vor allem im System eines Polizeistaates, der die lückenlose Überwachung der Untertanen zum Ziel hatte. So blieb kaum Spielraum für eine öffentliche Diskussion über Probleme und Reformideen. Die politische Opposi-
45　tion wurde verfolgt, verhaftet und zum Teil in die unwirtlichen Regionen Sibiriens verbannt.

M 1 Die Krönung Zar Nikolaus II. am 26. Mai 1896, Lithografie, Russland, Foto, undatiert

Zar Nikolaus II., Oberbefehlshaber der Armee und Oberhaupt der orthodoxen Kirche, segnet am Neujahrstag 1904 seine Truppen vor Beginn des Russisch-Japanischen Krieges im darauffolgenden Februar. Foto, 1904

Aus dem Manifest Nikolaus' I. vom 13. Juli 1826 über die offizielle russische Staatsideologie:

In einem Staat, wo sich die Liebe zum Herrscher und die Ergebenheit gegenüber dem Thron auf das angeborene Wesen des Volkes gründen, wo es vaterländische Gesetze gibt und Festigkeit in der Regie-
5 rung, werden alle Versuche Böswilliger vergeblich und sinnlos sein: Sie können sich in der Dunkelheit zwar verbergen, doch beim ersten Auftreten werden sie durch allgemeine Empörung verstoßen und von der Kraft des Gesetzes zerstört. In dieser Situation
10 des Staatsaufbaus kann jeder von der Unerschütter-barkeit der Ordnung überzeugt sein, die seine Sicherheit und sein Eigentum schützt; beruhigt über die Gegenwart, kann er der Zukunft mit Hoffnung entgegensehen. Nicht von unverschämten Träume-
15 reien, die sich immer als hinfällig erweisen, vielmehr von der Obrigkeit werden die Gesetze des Vaterlands ständig vervollkommnet, die Unzulänglichkeiten behoben und Missbrauch korrigiert.

N. Zimbajew, Zur Entwicklung des russischen National-bewusstseins vom Aufstand der Dekabristen bis zur Bauern-befreiung, in: Andreas Kappeler (Hg.), Die Russen. Ihr Natio-nalbewusstsein in Geschichte und Gegenwart, Köln 1990, S. 40.

Aus einem Bericht des amerikanischen Russ-landreisenden George Kennan aus dem Jahr 1889 über die Verwaltung und Polizei im Zarenreich:

Der Grundsatz, nach welchem die russische Regierung vorgeht, ist kurz folgender: Der Bürger ... muss ... geleitet, gelenkt, belehrt, gezügelt, unterdrückt, gemaßregelt, eingesperrt, ausgesperrt, gepresst und
5 niedergehalten, und im Allgemeinen dazu veranlasst werden, das zu tun, was nach der Meinung irgendeines andern sein Wohl vorstellt. Das natürliche Ergebnis dieses väterlichen Regierungsgrundsatzes ist die Vereinigung der gesamten ausübenden Gewalt in
10 den Händen einiger weniger hoher Beamten ... Die Polizei, mit dem Minister des Innern an der Spitze, überwacht mittels Pässen die Bewegungen aller Einwohner des Reiches; sie hält Tausende von „Verdächtigen" unter beständiger Aufsicht ... sie führt
15 die Oberaufsicht bei Reparaturen von Straßen und Brücken; sie übt eine ständige Kontrolle über alle theatralischen Darstellungen, Konzerte, Bilder, Theaterzettel, Anschlagzettel und Reklamen aus; sie sammelt statistische Daten, veranlasst sanitäre Maßre-
20 geln, nimmt Durchsuchungen und Konfiskationen[1] in Privathäusern vor, liest die Briefe der „Verdächtigen", nimmt sich der Leichen der tot Aufgefundenen an, „verwarnt" die Mitglieder der Kirche, welche es zu lange verabsäumen, an der heiligen Kommunion
25 teilzunehmen, und erzwingt den Gehorsam gegen Tausende von mannigfaltigen Erlassen und Vorschriften ...

*George Kennan, Sibirien und das Verbannungssystem, Leipzig/Wien (Meyer) o.J. [1891], S. 371ff.***

....

[1] *Konfiskationen = Beschlagnahmungen*

....

1 Wähle eine Aufgabe aus:

a) Erläutere anhand von M1 und M2 die Charakterisierung des Zarismus als einer „Autokratie von Gottes Gnaden". Beziehe den Darstellungstext mit ein.

b) Arbeite aus M3 die Gründe heraus, mit denen Nikolaus I. seine autokratische Herrschaft rechtfertigte.

2 Arbeite heraus, wie George Kennan in M4 die Verwaltung und Polizei im Zarenreich beurteilt.

3 Welche Analysekriterien für Imperien (siehe S. 16) werden bei deinem Thema auf dieser Seite deutlich?

Boris Michailowitsch Kustodijew (1878–1927), Die Befreiung der russischen Leibeigenen 1861, Öl auf Leinwand 1908–1909. Das Gemälde zeigt die Verkündigung des Manifests über die Aufhebung der Leibeigenschaft auf einem Gutshof.

Thema 2: Das Russländische Zarenreich – eine Gesellschaft von Bauern

Im Zarenreich waren die sozialen und ökonomischen Verhältnisse um 1900 anders als in den west- und mitteleuropäischen Ländern. 80 Prozent der russländischen Bevölkerung waren Bauern, die bis zur Bauernbefreiung
5 1861 überwiegend Leibeigene waren. Diese Leibeigenen arbeiteten entweder als Kronbauern auf Gütern des Zaren oder als Gutsbauern auf Adelsgütern. Sie waren Eigentum ihrer Herren, besaßen keinerlei Rechte und fristeten ihr Dasein unter elenden Verhältnissen. Die
10 Leibeigenschaft wurde 1861 formal abgeschafft. Das hatte Einfluss auf den Rechtsstatus der nun von grundherrlicher Willkür befreiten Landarbeiter. An deren bisherigen Arbeits- und Lebensverhältnissen änderte sich jedoch wenig. Weiterhin befand sich das meiste Land im
15 Besitz des Zaren und des Adels. Bauern bekamen meist nur kleine Parzellen von der Dorfgemeinde zugeteilt, die auch über die Art der Bewirtschaftung entschied. Außerdem durften Bauern nur mit Zustimmung der Gemeinde das Dorf verlassen. Da auch noch zu Beginn des 20. Jahr-
20 hunderts überwiegend die Dreifelderwirtschaft* praktiziert wurde, reichten die Ernteerträge kaum zum Leben. Mineralischer Dünger – eine Voraussetzung für die agrarische Revolution in West- und Mitteleuropa – war in Russland nahezu unbekannt. Verschärft wurde die Lage
25 auf dem Land durch die Bevölkerungsexplosion von 60 Millionen Einwohnern im Jahr 1860 auf 174 Millionen im Jahr 1913.

Im Unterschied zu Mittel- und Westeuropa besaß der russländische Adel keine ständischen und politischen
30 Mitbestimmungsrechte. Er war völlig von der Gunst des jeweiligen Herrschers abhängig. Besonders deutlich wurde dies unter Peter dem Großen (1689–1725): Er verlieh dem Aufstieg im Staatsdienst einen höheren Rang. Bis dahin hatte allein das Standesmerkmal der ad-
35 ligen Geburt als Privileg gegolten.

Peter der Große verpflichtete die Adligen dazu, dem Staat als Beamte* oder Soldaten zu dienen.

Ein wirtschaftlich starkes und politisch selbstbewusstes Bürgertum* gab es im Russländischen Reich zu Beginn
40 des 19. Jahrhunderts nicht. Und trotz der dann allmählich einsetzenden Industrialisierung* blieb das Zarenreich ein Bauernland. Auch die Arbeiter behielten oft ihre bäuerliche Lebensweise bei und lebten in Arbeiterdörfern um die neu entstandenen Industrieansiedlungen
45 herum. Die Industrie konzentrierte sich besonders in St. Petersburg und Moskau, in der Ukraine und in den Ölgebieten Transkaukasiens.

Angesichts des deutlich niedrigeren Bildungsstandes auf dem Land – drei von vier Erwachsenen waren Analpha-
50 beten – schien die Kluft zwischen den Lebenswelten Stadt und Land unüberbrückbar. In den großen Städten im Westen des Reichs fand sich vor allem an den Universitäten eine an Ideen aus Westeuropa interessierte „Intelligenzija" zusammen. Diese bestand vor allem aus
55 jungen Adligen, die liberal-demokratisch dachten und ihre eigenen Privilegien* nicht mehr als selbstverständlich hinnahmen. Hinzu kamen junge Menschen aller Stände, die ihren eigenen Zugang zur Bildung mühsam erkämpft hatten.

Russische Großgrundbesitzer beim Kartenspiel mit Leibeigenen als Spieleinsatz auf dem Spieltisch, Stich von Gustave Doré aus dem Jahr 1854

M7

Aus dem Bericht „Reise von Petersburg nach Moskau" des Adligen Alexander Radischtschew[1] aus dem Jahr 1790:

Wenige Schritte von der Straße erblickte ich einen Bauern, der sein Feld pflügte. Es war sehr heiß … Heute ist Feiertag … Der Bauer pflügt mit großem Fleiß. – Der Acker gehört natürlich nicht dem Guts-
5 herrn …

– Gott helfe dir, sagte ich, mich dem Pflüger nähernd … Hast du denn die Woche keine Zeit zum Arbeiten, dass du dir sogar sonntags keine Ruhe gönnst und noch bei dieser Hitze.
10 – Die Woche hat sechs Tage, Herr, und sechsmal in der Woche gehen wir zur Fronarbeit; gegen Abend fahren wir das im Wald gebliebene Heu auf den Herrenhof, wenn das Wetter schön ist; die Frauen und Mädchen aber gehen an den Feiertagen in
15 den Wald nach Pilzen und Beeren. Gott gebe – er bekreuzigte sich –, dass wir heut Abend Regen

bekommen. Herr, wenn du eigene Bauern hast, dann bitten sie Gott jetzt auch darum.

– Ich habe keine Bauern, mein Freund, darum flucht
20 mir auch keiner. Ist deine Familie groß?

– Drei Söhne und drei Töchter. Der älteste ist zehn Jahre alt.

– Wo nimmst du denn die Zeit her, Nahrung zu beschaffen, wenn du nur am Feiertag frei bist?
25 – Nicht nur die Feiertage, auch die Nacht gehört uns. Unsereins darf nicht faulenzen, dann verhungert er auch nicht …

Erzittere, hartherziger Gutsherr, auf der Stirn jedes deiner Bauern lese ich dein Urteil.

Alexander Nikolajewitsch Radischtschew, Reise von Petersburg nach Moskau, in: Karl Stählin (Hg.): Quellen und Aufsätze zur russischen Geschichte, viertes Heft, Leipzig (Historia-Verlag Paul Schraepler) 1922, S. 14–16.

[1] *Für die Darstellung der Lage der Bauern wurde Radischtschew zu zehn Jahren Verbannung nach Sibirien verurteilt.*

M8

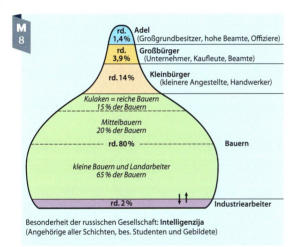

Die gesellschaftliche Schichtung im Russländischen Reich im Jahr 1913. Die Zahlen sind Schätzungen. Gestrichelte Linien deuten an, dass sich seit der Bauernbefreiung von 1861 die alte geburtsständische Gliederung veränderte. Ein Teil des Adels sank auf das Niveau mittlerer Bauern ab.

M9

Abschied von der Familie vor Beginn des Militärdienstes, Gemälde von Ilja Jefimowitsch Repin, 1879

1 **Wähle eine Aufgabe aus:**
   a) Analysiere M5 und M6. Welche Einblicke in die Sozialordnung vermitteln die Bilder? Beziehe den Darstellungstext mit ein.
   b) Analysiere M7. Was erfährst du über die Gesellschaft im Russländischen Zarenreich? Beziehe den Darstellungstext mit ein.

2 Begründe mithilfe des Darstellungstextes und M8, weshalb im Russländischen Zarenreich die gesellschaftlichen Verhältnisse um 1900 anders waren als in den west- und mitteleuropäischen Ländern.

3 Welche Analysekriterien für Imperien (siehe S. 16) werden bei deinem Thema auf dieser Seite deutlich?

M 10 Ausgewählte ethnische Gruppen in Russland um 1850 nach Region, Sprache, Religion und Tätigkeiten

Volksgruppen	Regionen	Sprache	Religion	Jäger u. Sammler	Viehzüchter	Kronbauern d. Zaren	Gutsbauern d. Adels	Dienstboten	Adlige	Geistliche	Beamte u. Militärs	Bankiers u. Fabrikanten	Kaufleute	Handwerker	Arbeiter
Russen		slawisch	orthodox	–	x	x	x	x	x	x	x	x	x	x	x
Ukrainer		slawisch	orthodox	–	x	x	x	x	x	x	x	–	–	–	–
Polen	Königreich	slawisch	kath.	–	–	x	x	x	x	x	x	–	x	x	x
	östl. d. Bug	slawisch	kath.	–	–	–	–	x	x	x	x	–	x	x	–
Weißrussen	Belarus	slawisch	orthodox	–	–	x	x	x	–	–	–	–	–	x	–
Juden	Aschkenasi														
	– Altpolen	germanisch	jüdisch	–	–	–	–	x	–	x	–	x	x	x	x
	– Neurussland	germanisch	jüdisch	–	–	x	–	x	–	x	–	x	x	x	x
	Bergjuden	iranisch	jüdisch	–	–	x	–	–	–	–	–	–	x	x	x
	Karaiten (Krim)	türkisch	jüdisch	–	–	x	–	–	–	–	–	–	x	x	x
Letten	Baltikum	baltisch	ev.	–	–	–	–	x	x	–	–	–	–	x	–
Deutsche	Baltikum	germanisch	ev.	–	–	–	–	x	x	–	x	x	x	x	x
	St. Petersburg	germanisch	ev./kath.	–	–	–	–	x	x	x	x	x	x	x	x
	Łódź (Polen)	germanisch	kath.	–	–	–	–	–	–	–	–	x	x	x	x
	Wolga	germanisch	ev./kath.	–	–	x	–	–	–	–	–	–	x	x	x
	Schwarzmeergebiet	germanisch	ev./kath.	–	x	x	–	–	–	–	–	–	x	x	–
	Kaukasus	germanisch	ev.	–	–	x	–	–	–	–	–	–	x	x	–
Tataren	Kasachstan	türkisch	islamisch	–	–	x	–	–	–	x	–	x	–	–	–
	Wolga	türkisch	islamisch	–	x	x	–	x	–	x	–	x	x	x	x
	Krim	türkisch	islamisch	–	–	–	–	–	–	–	–	–	x	x	x
Nogaier	N-W-Kaukasus	türkisch	islamisch	–	x	–	–	x	–	–	–	–	–	x	–
Chanten	Westsibirien	finno-ugrisch	orthodox, animist.	x	x	–	–	–	–	–	–	–	–	–	–
Armenier	Armenien	iranisch	arm. christ.	–	–	x	x	–	x	–	x	x	x	x	x
	außerhalb	iranisch	arm. christ.	–	–	–	–	x	x	x	x	x	x	x	x
Kalmücken	Kalmückien	mongolisch	buddhist.	–	x	–	–	x	x	–	–	–	x	–	–

*Nach: H.-H. Nolte u. a., Nationenbildung östlich des Bug, hrsg. v. d. Niedersächsischen Landeszentrale für politische Bildung, Hannover 1994, S. 28.***

Thema 3: Ein Vielvölkerstaat mit einheitlichem Nationalbewusstsein?

Seit seiner territorialen Expansion im 16. Jahrhundert entwickelte sich das Russländische Zarenreich zu einem multiethnischen Imperium mit einer Vielzahl von Völkern mit zum Teil sehr unterschiedlicher kultureller Entwicklung. Bereits die Kiewer Rus im frühen Mittelalter besaß eine gemischte Bevölkerung, die außer slawischen auch finnische, baltische und türkische Volksgruppen umfasste. Bis 1900 kamen noch zahlreiche nichtrussische Völker hinzu: neben kleineren Völkern vor allem Tartaren, Ost-Ukrainer, Kalmücken, Baschkiren sowie Letten, Deutschbalten, Litauer, Polen und Juden. Um 1700 waren über 25 Prozent der Untertanen der Zaren Nichtrussen, um 1800 über 45 Prozent und die Volkszählung 1897 erfasste eine nichtrussische Mehrheit von über 55 Prozent bei einer Gesamtbevölkerung von 125 Millionen.

Aus diesem Grund war das nationale Selbstbewusstsein bis weit ins 19. Jahrhundert hinein nicht auf das russische Volk, sondern in erster Linie auf das zaristische Reich und die Dynastie* der Herrscher bezogen. Die unterworfenen Völker sollten keine Russen, sondern Untertanen der Zaren werden. Rebellierten einzelne Volksgruppen, wurde der Widerstand mit militärischen Mitteln gebrochen. Danach kehrten die Zaren allerdings wieder zu einer rücksichtsvolleren Integrationspolitik zurück. Die zaristische Nationalitätenpolitik verhärtete sich allerdings während der zweiten Hälfte des 19. Jahrhunderts. Das Auftreten nationaler Bewegungen in den Westgebieten führte erstmals zu Russifizierungsversuchen gegenüber Nichtrussen. Ein Beispiel dafür ist der polnische Aufstand 1863/64. Mit brutaler Härte wurde der Unabhängigkeitskampf des polnischen Adels niedergeschlagen, Polen verlor alle Autonomierechte und Russisch wurde zur Verwaltungssprache. Außerdem wurde die katholische Kirche bekämpft, indem die religiöse Erziehung behindert, Klöster geschlossen und Kontakt mit dem Vatikan in Rom untersagt wurden. Gleichzeitig fasste der russische Nationalismus* (Panslawismus) in Teilen der Gesellschaft Fuß und gewann Einfluss auf die Regierung.

M 11 Der Historiker Dietmar Neutatz über das Selbstverständnis des zaristischen Imperiums um 1900 (2003):

(Die) Festigung der Reichseinheit ist bisweilen missverstanden worden als das Bestreben, das Vielvölkerimperium in einen russischen Nationalstaat zu transformieren und alle Nichtrussen zu russifizieren
5 ... Der multiethnische Charakter des Reiches war eine Selbstverständlichkeit und spiegelte sich in der Zusammensetzung des Adels und der städtischen Eliten wieder ... Es hatte nämlich bis ins frühe 19. Jahrhundert zur Praxis der russischen Herr-
10 schaft über neu erworbene Gebiete gehört, die lokalen Eliten nicht auszutauschen, sondern zu kooptieren[1].
Für das Selbstverständnis des Imperiums war um 1900 neben dem dynastischen der religiöse Faktor
15 immer noch wichtiger als der ethnische. Russland definierte sich als der Hort der Orthodoxie, der „Rechtgläubigkeit", wie der Begriff wörtlich zu übersetzen ist. Daraus leitete sich die Rolle als „Beschützer" der orthodoxen Moldawier und Balkanslawen
20 ab, die im 19. und beginnenden 20. Jahrhundert immer wieder die russische Außenpolitik mit bestimmte. Da die Orthodoxie mit der Autokratie eine untrennbare symbiotische Verbindung eingegangen war, erwies sich das Imperium in religiöser Hinsicht
25 empfindlicher als in ethnischer. Nichtorthodoxe Religionsgemeinschaften wurden zwar toleriert, durften aber keine Mission unter den „Rechtgläubigen" betreiben.
Trotz dieser um 1900 immer noch vorhandenen
30 Prioritäten hatten im ausgehenden 19. Jahrhundert

auch nationalistische Elemente Eingang in den imperialen Diskurs gefunden ... Die Autokratie selbst hatte ... seit dem Aufstand der Polen die Konsequenz gezogen, sich mit der russisch nationalen
35 Bewegung zu verbünden, um den Nationalismus zur Herrschaftsstabilisierung einzusetzen: Der traditionelle Reichspatriotismus nahm unter Alexander III. und Nikolaus II. Züge eines imperialen Nationalismus an, und die bis dahin freizügige Nationalitätenpolitik wurde intoleranter ... Dennoch blieb das
40 Verhältnis der Autokratie zu den russischen Nationalisten ambivalent[2]. Zu keiner Zeit verfolgte sie eine einheitliche, strategische Nationalitätenpolitik, sondern differenzierte nach Regionen und Nationalitä-
45 ten. Ukrainer wurden anders behandelt als Juden, Deutsche an der Wolga anders als Deutsche in den westlichen Grenzgebieten. Die offen verfolgte kulturell-sprachliche Russifizierung zielte auf die Ukrainer, denen man eine ethnische Eigenständigkeit absprach, sowie in Reaktion auf den polnischen Auf-
50 stand von 1863 auf Polen, Weißrussen und Litauer in den „Westgebieten". Durch die Stärkung des russischen Charakters sollten die westlichen und südwestlichen Randgebiete fester an das Reich gebun-
55 den werden.

Dietmar Neutatz, Räume und Alpträume. Eine Geschichte Russlands im 20. Jahrhundert, München (C. H. Beck) 2013, S. 42f., 45f.

....

[1] *zusätzlich in die Führungselite integrieren*
[2] *widersprüchlich, zwiespältig*

Panslawismus

Neben dem in Mitteleuropa verbreiteten kulturellen Panslawismus (Zusammengehörigkeit der Slawen durch Sprache und Kultur) hatte vor allem der politische Panslawismus im Verlauf des 19. Jahrhunderts Einfluss auf die Herrschaftspolitik der Zaren. Anhänger dieser Bewegung waren der Überzeugung, dass die Russen als dem größten und bedeutendsten slawischen Volk die historische Aufgabe hatten, „das ganze Slawentum unter den Fittichen Russlands zu vereinigen" (Fjodor Michailowitsch Dostojewski).
Länder mit slawischen Sprachen und kyrillischem Alphabet sind Russland, Ukraine, Weißrussland, Serbien, Bulgarien, Nordmazedonien, Montenegro

1 Wähle eine Aufgabe aus:
  a) Vergleiche die in M10 aufgeführten Volksgruppen hinsichtlich Sprache, Religion und Tätigkeitsbereiche. Sind Zusammenhänge erkennbar? Verwende zur Orientierung M1 auf S. 26/27.
  b) Arbeite aus M11 die verschiedenen Aspekte im Selbstverständnis des zaristischen Imperiums heraus.
2 Beantworte mithilfe des Darstellungstextes die Frage: „Das Russländische Zarenreich, ein Imperium mit einheitlichem Nationalbewusstsein?"
3 Welche Analysekriterien für Imperien (siehe S. 16) werden bei deinem Thema auf dieser Seite deutlich?

Zusatzaufgabe: siehe S. 228

Historische Gemälde analysieren

Historische Gemälde sind nie nur ein „Abbild" der Wirklichkeit, sondern sie sind immer auch geprägt von der subjektiven Erfahrung und den Interessen und Idealen des Künstlers. Hinzu kommt die subjektive Perspektive des Betrachters, der das Kunstwerk durch die Brille seiner eigenen Gegenwart wahrnimmt und interpretiert. Die Arbeitsschritte auf der rechten Seite sollen dir helfen, das hier abgebildete Kunstwerk des Malers Ilja Jefimowitsch Repin zu analysieren und sozialgeschichtlich zu interpretieren.

*Ilja Jefimowitsch Repin,
Foto, um 1880*

Die Malerei von Ilja Jefimowitsch Repin

„Mit Verstand ist Russland nicht zu begreifen" heißt es in einem viel zitierten Gedicht des Diplomaten und Dichters Fjodor Iwanowitsch Tjuttschew aus dem Jahre 1866. Wer Russland verstehen möchte, kann Hinweise
5 in der Kunst des russisch-ukrainischen Malers Ilja Jefimowitsch Repin (1844–1930) entdecken. Er porträtierte

das Russländische Reich seiner Zeit. Insbesondere seine großformatigen „Menschenbilder" geben einen Einblick in die soziale Wirklichkeit des Zarenreichs. Dabei stand
10 für Repin immer der Mensch im Mittelpunkt, unabhängig von dessen Herkunft. Wegen seiner realistischen und naturgetreuen Malerei galt er vielen als sozialkritischer Provokateur.

M 1

Die Wolgatreidler, Gemälde von Ilja Jefimowitsch Repin 1873 (Öl auf Leinwand, 131,5 x 281 cm, Russisches Museum St. Petersburg)

Information zum Gemälde „Die Wolgatreidler":

Der 26-jährige Ilja Jefimowitsch Repin begegnete Treidlern (Schiffszieher, russisch: Burlaki) 1870 anlässlich einer Studienreise an die Wolga. Tief beeindruckt vom Gesehenen entstanden zahlreiche Skizzen von den Personen, die am Ufer Frachtkähne stromauf zogen (= treideln). In langen Gesprächen erfuhr er ihre Lebensgeschichten. Auf dieser Grundlage entstand zwischen 1872 und 1873 Repins wohl bekanntestes Gemälde. Das erste russische Dampfschiff stach bereits 1815 in See. Weil aber bis weit ins 20. Jahrhundert hinein menschliche Arbeitskraft kostengünstiger war als Treibstoff, wurden weiterhin Treidler an den vielen Flüssen

im Russländischen Reich eingesetzt. Die Arbeit war sehr hart: Starke Strömungen oder durch Regen bzw. Schneeschmelze überflutete Treidelpfade erschwerten das Ziehen der Schiffe. „Die Oberkörper sind wund gerieben und verbrannt von der Sonnenglut", schrieb Repin über sein frühes Meisterwerk, das noch im Jahr der Fertigstellung auf der Weltausstellung in Wien 1873 gezeigt wurde und für das er dort sehr viel Anerkennung erhielt.
Bis zum Aufkommen der Dampfschifffahrt hat es auch an den Flüssen Westeuropas Treidler gegeben. Viele heutige Uferradwege sind ehemalige Treidelpfade.

Arbeitsschritte „Historische Gemälde analysieren"

Ersten Eindruck festhalten	Lösungshinweise zu M1
1. Wie wirkt das Gemälde auf dich?	• *Notiere Gedanken und Fragen, die dir beim ersten Betrachten einfallen ...*
Die Entstehung des Bildes untersuchen (formale Aspekte)	
2. Name des Künstlers, Titel des Gemäldes, Entstehungszeit, Entstehungsanlass, ggf. Auftraggeber, Maltechnik, Bildgröße. Wo hängt das Bild heute?	• *Ein Auftraggeber ist nicht bekannt. vgl. Informationen auf der linken Seite ...*
3. Hat der Künstler das Geschehen selbst miterlebt oder ist das Bild später entstanden?	• *vgl. Informationen auf der linken Seite ...*
Das Bild beschreiben (inhaltliche Aspekte)	
4. Welche Bildelemente sind zu sehen (Situation, Personen, Gegenstände, Umgebung, Orte, Landschaften, Symbole)?	• *Das Gemälde zeigt inmitten einer Flusslandschaft eine Gruppe von ... die einen Lastkahn ...* *Tipp: Achte auf Details des Lastkahns wie die Segel und die Flagge (weiß, blau, rot).*
5. Wie sind die Personen dargestellt (Profil, von vorn, Körperhaltung, Gestik, Mimik, Kleidung, Frisur, Standeszeichen)? Wie ist die Bildkomposition angelegt (Beziehung der Bildelemente zueinander, Proportionen)? Welche Darstellungsmittel wurden eingesetzt (Farben, Licht, Perspektive)?	• *Die Personen sind ungeschönt und ...* • *Auf den ersten Blick wirken die Treidler wie ...* • *Im Unterschied zum hellblauen Himmel sind sie ...* • *In der Mitte der Gruppe hebt sich ein Treidler deutlich von den anderen ab: Vermutlich versucht er ... Seine alten Kollegen dagegen ...*
Den historischen Kontext klären	
6. Wie wurde das Bild von den Zeitgenossen aufgenommen? War es bekannt? Wurde es verbreitet?	• *vgl. Informationen auf der linken Seite ...*
7. Entspricht das dargestellte Geschehen bekannten historischen Fakten? Vergleiche das dargestellte Geschehen mit anderen Quellen.	• *vgl. hierzu die Informationen im bisherigen Kapitel* • *Der Vergleich mit M2 zeigt ...*
Eine Bildaussage formulieren	
8. Welche Gesamtaussage lässt sich formulieren: Was wollte der Künstler dem Betrachter zeigen? Welche Wirkung wollte er beim Publikum erzielen? Gibt es mehrere Deutungen des Bildes? Vergleiche deine Analyse mit deinem ersten Eindruck.	• *Die Treidler stehen exemplarisch für ...* • *Der junge Mann dagegen verkörpert ...* • *Der „moderne" Dampfer tief im Hintergrund erscheint noch sehr weit weg – noch ist das Zarenreich ...* • *vgl. dazu Aufgabe 3 ...*

M2

Wolgatreidler, Foto, Russland, um 1895

1 Analysiere M1 mithilfe der Arbeitsschritte in der linken Spalte. Ergänze die Lösungshinweise in der rechten Spalte.

2 **Partnerarbeit:** Untersucht mithilfe der Arbeitsschritte das Gemälde M9 S. 33.

3 In Schulbüchern in der Zeit der Sowjetunion wurde gesagt, M1 symbolisiere die Unterdrückung des Volkes durch die autokratische Herrschaft der Zaren. Wie beurteilst du diese Deutung des Gemäldes?

Modernisierung im Russländischen Zaren- reich – eine (unlösbare) Herausforderung?

Auf der Pariser Weltausstellung im Jahr 1900 präsentierte das Russländische Reich mit dem Projekt „Transsibirische Eisenbahn" das Herzstück seiner wirtschaftlichen Leistungsfähigkeit: Mit dem Versprechen, die Reise- und Trans- portdauer von Europa nach China zu halbieren, wähnte sich das Zarenreich schon auf Augenhöhe mit Westeuropa. Doch die Wirklichkeit sah zu Beginn des neuen Jahrhunderts anders aus: Das gerade mal zur Hälfte fertiggestellte Bahnprojekt steckte sinnbildlich ebenso auf halber Strecke fest wie die Modernisierungs- versuche der zaristischen Regierung.

- *Weshalb blieb diese Modernisierung „auf halbem Weg stecken"?*

Werbeplakat für die Transsibirische Eisenbahn von Rafael de Ochoa y Madrazo (1858–1935) anlässlich der Weltausstellung in Paris 1900. Hier konnten sich Besucher in einem Luxuszug auf eine virtuelle Reise von Moskau nach Beijing begeben. Vor den Fenstern des Zuges sahen sie auf einem gewaltiges Panoramen- Gemälde die Landschaft Sibiriens vorbeiziehen.

Wirtschaftliche Rückständigkeit

Später als in Westeuropa, wurde die Leibeigenschaft der Bauern erst 1861 aufgehoben (vgl. S. 32). Doch die be- freiten Bauern verfügten nicht über die finanziellen Mit- tel, eigenen Grund zu erwerben, geschweige denn größe-
5 re Anschaffungen zu tätigen. Der durch die Agrarreform erhoffte Nachfrageschub für die Wirtschaft blieb aus. Zudem stand die Mehrheit von Adel und Bürokratie den Reformversuchen des Zaren eher misstrauisch gegen- über. Sie sahen die traditionellen sozialen Strukturen in
10 Gefahr. Vor allem der gutsbesitzende Adel bangte um seine Führungsrolle in einer Gesellschaft, in der die ka- pitalistische Marktwirtschaft die Kräfteverhältnisse zu verändern drohte. Mit Startschwierigkeiten begann des- halb ab ca. 1860 die Industrialisierung, die sich zunächst
15 auf wenige Gegenden des Reichs beschränkte.

Modernisierung der Wirtschaft „von oben"

Da es im Zarenreich kein finanzkräftiges und gewinn- orientiertes Bürgertum wie in Westeuropa gab, fehlte die notwendige Gesellschaftsschicht für eine selbsttragende
20 Wirtschaftsentwicklung. Diese Rolle übernahm im Russ- ländischen Reich der Staat. Daher sprechen Historiker hier von einer „Modernisierung von oben" oder gehen sogar so weit, diesen Prozess als „Modernisierungsdikta- tur"* zu bezeichnen. Mit dem Ziel, das Zarenreich mög-
25 lichst schnell zu industrialisieren, gründete die Regie- rung selbst Staatsbetriebe und unterstützte Unternehmen finanziell oder beteiligte sich direkt an ihnen. Der Staat versuchte einheimische Unternehmer vor ausländischer Konkurrenz zu schützen, indem er hohe Importzölle ein-
30 führte. Wegen der stets knappen Staatsfinanzen stand für dieses Entwicklungsprogramm nur wenig Kapital* zur Verfügung. Um auch ausländisches Kapital importie- ren zu können, wurden daher Staatsbanken gegründet. Von den Geldern, die meist aus Frankreich und Großbri-
35 tannien kamen, profitierte vor allem der Eisenbahnbau. Mit dem Eisenbahnbau bekamen gleichzeitig die Schwer- industrie und der Maschinenbau so starken Auftrieb, dass sie zu zentralen Bereichen der Industrialisierung wurden. So sollte der Rückstand gegenüber Westeuropa
40 aufgeholt werden. In den 1890er Jahren verstaatlichte die Regierung die meisten Eisenbahnen. Diese verban- den nun die entstehenden Industriezentren mit den Ei- senerz- und Kohlerevieren sowie die zentralen Agrarre- gionen in der Ukraine mit den Ausfuhrhäfen an der
45 Ostsee und am Schwarzen Meer. Durch den damit er- leichterten Export von Getreide und anderen agrarischen Rohstoffen kam weiteres Kapital ins Land. Allerdings hatte dieser Modernisierungsrozess auch Schattenseiten: In den Industriegebieten waren die sozi-
50 alen Verhältnisse so katastrophal wie in der industriellen Frühphase in Westeuropa: Arbeiterkasernen, unkontrol-

lierte Frauen- und Kinderarbeit, Hungerlöhne und durchgängige 13-stündige Arbeitstage waren üblich. Und trotz ansteigender Wachstumsraten blieb das Za-
55 renreich ein weiterhin rückständiges Bauernland. Der Gegensatz zwischen Stadt und Land, zwischen einer expandierenden Industrie und einer stagnierenden Landwirtschaft konnte nicht überbrückt werden. Miss-ernten verursachten in den Jahren 1891, 1892, 1897
60 und 1902 Hungerkatastrophen, von denen 30 bis 40 Millionen Bauern betroffen waren. Scharen bettelnder Familien zogen mitten im Winter in die Städte des mitt-leren Wolgagebietes und wurden von den ratlosen Be-hörden in ihre armseligen Dörfer zurückgeschickt.
65 So förderte der zaristische Staat zwar zielstrebig die Modernisierung der Wirtschaft, die sozialen Folgen für die Mehrheit der Bevölkerung wurden jedoch weitge-hend ignoriert. Eine Modernisierung der politischen Strukturen kamen für den weiterhin autokratisch regie-
70 renden Zar Nikolaus II. ohnehin nicht infrage.

M2 **a) Eisen- und Stahlproduktion der wichtigsten Industriestaaten (in 1000 Tonnen):**

	Jahr	Groß-britannien und Irland	Frank-reich	Deut-sches Reich	Russ-land	USA
a) Eisen	1870	6059	1178	1261	359	1665
	1880	7873	1725	2468	449	3835
	1890	8031	1962	4100	928	9203
	1900	9104	2714	7550	2937	13789
	1910	10173	4038	13111	3047	26674
b) Stahl	1870	334	84	126	9	77
	1880	1316	389	690	307	1397
	1890	3636	683	2135	378	4779
	1900	4980	1565	6461	2216	11227
	1910	6476	3413	13100	3314	28330

Brian R. Mitchell, European Historical Statistics, S. 393ff., und Historical Studies of the United States, Colonial Times to 1970, Washington (D.C.) 1975, S. 599f. und 693f.**

b) Pro-Kopf-Bruttosozialprodukt der europäischen Großmächte 1830–1890 (in US-$ von 1960):

	1830	1840	1850	1860	1870	1880	1890
Groß-britannien	346	394	458	558	628	680	785
Italien	265	270	277	301	312	311	311
Frankreich	264	302	333	365	437	464	515
Deutsch-land	245	267	308	354	426	443	537
Habsburger Reich	250	266	283	288	305	315	361
Russland	170	170	175	178	250	224	182

Paul Kennedy, Aufstieg und Fall der großen Mächte. Ökonomischer Wan-del und militärischer Konflikt von 1500 bis 2000, Frankfurt/M. (S. Fischer). 1989, S. 268.**

Russländische Bauern in ihrem Dorf zu Beginn des 20. Jhs., Foto, undatiert

1 **Partnerarbeit:** Analysiert zunächst arbeitsteilig M1 und M3. Vergleicht anschließend eure Ergebnisse: Wel-che Perspektive wird jeweils deut-lich?

2 **a)** Beschreibe anhand von M2 den Stand der industriellen Entwicklung des Zarenreichs im Vergleich zu ande-ren europäischen Großmächten.
b) Arbeite aus dem Darstellungstext die Hintergründe dieser Entwicklung im Zarenreich heraus.

3 **Plenum:** Diskutiert abschließend die Leitfrage: Weshalb blieb diese Mo-dernisierung „auf halbem Weg ste-cken"?

Die Revolutionen 1905 bis 1917

*„Modernisieren ja – politische Freiheiten nein!" Von oben wollte der Zar (1894–1917)
die ökonomische Modernisierung in seinem Reich erzwingen. Zugleich hielt er wie seine
Vorgänger am Prinzip der Autokratie fest. Und doch musste Nikolaus II. sich bis zu
seiner Abdankung im Jahr 1917 mit „revolutionären Erhebungen" auseinandersetzen.
Während der Regierungsjahre der letzten drei Zaren starben 17 000 Menschen bei
politisch motivierten Terroranschlägen, darunter zwei Ministerpräsidenten.*
- *Wie unterschieden sich die „revolutionären Alternativen" und wie setzte sich
  schließlich das radikale Gegenmodell der Bolschewiki durch?*

Die konstitutionelle Revolution von 1905

Das Zarenreich war um 1900 mit seiner Expansionspolitik in Ostasien in Rivalität zu Japan geraten. Nikolaus II. glaubte, dass ein „kleiner und siegreicher Krieg"
von den innenpolitischen Schwierigkeiten ablenken
5 könnte. Aber der Russisch-Japanische Krieg 1904/05
endete unerwartet mit dem Sieg Japans und dem vollständigen Verlust der eigenen Flotte. Diese Niederlage
erschütterte die Autorität des Zaren. Die zunehmende
Ablehnung der zaristischen Autokratie verband unter-
10 schiedliche oppositionelle Strömungen.
Bei einer Protestdemonstration im Januar 1905 forderten 200 000 Arbeiter in einer Bittschrift bessere Arbeits-
bedingungen und politische Reformen. Zar Nikolaus II.
ließ auf die Demonstranten schießen. Nach diesem „Pe-
15 tersburger Blutsonntag" überzog eine Welle von Aufständen und Streiks das Land. Höhepunkt war ein von
allen oppositionellen Schichten unterstützter landeswei-
ter Eisenbahnstreik im Oktober 1905. Dieser General-
streik zwang Nikolaus II. zu Zugeständnissen: In einem
20 Manifest versprach der Zar am 17. Oktober 1905 bür-

gerliche Freiheitsrechte, eine Verfassung und ein Parlament – die Duma. Mit dieser ersten Verfassung und der
Eröffnung der Duma im April 1906 durch den Zaren
begann in der russländischen Geschichte eine kurze kon-
25 stitutionelle Periode. Die Duma war jedoch ein „Schein-
parlament": Die Meinungsfreiheit der Abgeordneten
war eingeschränkt und das Gesetzgebungsrecht der
Duma an die Zustimmung des Zaren gebunden. Das
Wahlrecht zur Duma sorgte dafür, dass der größte Teil
30 der Bevölkerung von der Wahl ausgeschlossen blieb.

**M2 Ministerpräsident Sergej Juljewitsch Witte
schrieb an den Zaren am 9./22. Oktober 1905[1]:**
Der historische Fortschritt ist unaufhaltsam. Entweder wird die bürgerliche Freiheit durch Reformen verwirklicht oder es kommt zu einer Revolution … Die Schrecken einer russischen Revolution
5 werden alles übertreffen … Es ist möglich, dass
durch ausländische Einmischung das Russische
Reich in Stücke gerissen wird. Man wird versuchen, die Ideale des theoretischen Sozialismus
zu verwirklichen[2]. Diese Versuche werden um-
10 sonst sein, aber dennoch von entscheidender
Wirkung. Sie werden die Familien zerstören und
das religiöse Leben vernichten, das Eigentum zer-
schlagen und alle Rechtsgrundlagen zerstören.
Der Staat muss sich an die Spitze der Freiheits-
15 bewegung stellen. Es bleibt keine andere Wahl.
*Zit. nach Wladimir von Korostowetz, Graf Witte, der
Steuermann in der Not, Berlin (Brückenverlag) 1929,
S. 16.**

[1] *erstes Datum: Zählung nach dem in Russland
beibehaltenen julianischen Kalender*
[2] *Die Lehren von Marx und Engels waren in Russland
trotz Parteienverbots populär. Viele Anhänger des Sozialismus waren nach Sibirien verbannt worden oder lebten
wie der ab 1917 führende Revolutionär Lenin im Exil.*

M1 *„Demonstration am 17. Oktober 1905", Gemälde von
Ilja E. Repin, 1907–1911*

Die bürgerliche Revolution im Februar 1917

Nach Anfangserfolgen häuften sich die Niederlagen der zaristischen Armee im Ersten Weltkrieg. Wegen der hohen Verluste wurden immer mehr Bauern und Arbeiter
35 ohne militärische Ausbildung an die Front geschickt. Zur Finanzierung der Kriegskosten druckte der Staat zusätzliches Geld. Wegen der daraus folgenden Geldentwertung stiegen die Preise für knappe Waren, während die Löhne gleich blieben. Anfang 1917 brach die Versorgung
40 der Städte mit Lebensmitteln und Brennholz zusammen. Es kam zu Streiks und Massendemonstrationen in der Hauptstadt Petrograd (St. Petersburg) mit den Forderungen „Frieden, Brot und Land!". Die Soldaten der Petrograder Garnison liefen zu den Aufständischen über.
45 Am 1. März 1917 (gregorianischer Kalender: 14. März) zwang die Duma Zar Nikolaus II. zur Abdankung und setzte eine „Provisorische Regierung" ein. Das Russländische Reich war nun eine bürgerlich-liberale Republik. Während der Unruhen hatten sich in vielen Städten So-
50 wjets* (russisch: sowjety, deutsch: Räte) aus Soldaten, Arbeitern und Bauern gebildet. In der Hauptstadt führte dies zu einer „Doppelherrschaft": auf der einen Seite die Provisorische Regierung, die zwar eine liberale Verfassung und Sozialreformen versprach, gleichzeitig aber für
55 die Fortsetzung des Krieges eintrat. Und auf der anderen Seite der Petrograder Sowjet, der schnelle Reformen und vor allem die Beendigung des Krieges forderte.

Die sozialistische Revolution im Oktober 1917

Während der Erste Weltkrieg mit unverminderter Härte
60 fortgesetzt wurde, kehrte im April der Revolutionär und Anführer der Bolschewiki*, Wladimir Iljitsch Uljanow,

„Lenin auf der Tribüne", Gemälde von Alexander Michailowitsch Gerassimow (1881–1963) von 1930, Moskau, Staatliche Tretjakow-Galerie

genannt Lenin (1870–1924), mit deutscher Hilfe aus dem Exil in der Schweiz nach Petrograd zurück.

Mit seinen „Aprilthesen" traf er die Stimmung in der
65 Bevölkerung am besten: keine Unterstützung der Provisorischen Regierung, sofortiger Frieden, alle Macht den Sowjets, Aufteilung von Grund und Boden und Verstaatlichung der Industrie. Nach wenigen Monaten war die Partei der Bolschewiki auf 500 000 Mitglieder an-
70 gewachsen. Bei den Wahlen zum „2. Allrussischen Sowjetkongress" im Oktober 1917 wurden die Bolschewiki stärkste Fraktion. Am 25. Oktober 1917 (gregorianischer Kalender: 7. November) übernahmen sie dann durch einen stillen Staatsstreich in Petrograd die Macht.
75 Es kam dabei zu keinen Unruhen, das öffentliche Leben nahm seinen gewohnten Verlauf. Lenin wusste, dass seine bolschewistische Partei bei demokratischen Wahlen vor allem auf dem Land keine Mehrheit erringen konnte. Deshalb brachten die Bolschewiki am 25. Oktober 1917
80 die Hauptstadt vorerst unter ihre Kontrolle. Am 8. Dezember 1917 mussten sie aber dennoch die Wahlen zu einer verfassunggebenden Versammlung zulassen. Wie Lenin befürchtet hatte, erreichte seine Partei nur 25 Prozent der Sitze.
85 Am 5. Januar 1919 (gregorianischer Kalender: 18. Januar) lösten die Bolschewiki diese Versammlung bei ihrem ersten Zusammentreten in Petrograd gewaltsam

Die Petrograder Garnison verbündet sich mit den Arbeitern. Foto, 27. Februar 1917 (gregorianischer Kalender: 12. März)

M 5

Menschewiki*
71
Sozial-
revolutionäre
190
Bolschewiki
300
50 Sonstige
Gesamt: 611 Abgeordnete

linke Sozial-
revolutionäre
39 18 Menschewiki
Bolschewiki 168
380 Sozial-
revolutionäre
Kadetten 15
nationale
Gruppen 77
6 Sonstige
Gesamt: 703 Abgeordnete

Wahlergebnisse in Russland 1917/18

auf – damit war der bolschewistische Staatsstreich perfekt. In späteren Jahren wurde der Sturm auf das Winterpalais, dem Sitz der Provisorischen Regierung in Petrograd, als „glorreiche sozialistische Oktoberrevolution" zum Gründungsmythos der Sowjetunion idealisiert. Zahllose Filme und Bücher verbreiteten diese Sichtweise im In- und Ausland.

Die erste Sowjetregierung unter Lenins Vorsitz nannte sich „Rat der Volkskommissare". Kommissar (Minister) für Nationalitätenfragen wurde Josef Wissarionowitsch Dschugaschwili, genannt Stalin (1878–1953).

Vom Bürgerkrieg zur Gründung der Sowjetunion

Die Bolschewiki machten sich daran, erstmals einen Staat nach den kommunistischen Ideen zu verwirklichen: Sie schafften das Privateigentum ab. Der Landbesitz von Kirchen und Klöstern fiel ohne Entschädigung an den Staat. Alle ausländischen Investitionen und Beteiligungen an Bergwerken, Fabriken und Banken wurden entschädigungslos verstaatlicht. Gegen die Maßnahmen der Bolschewiki bildete sich eine breite Opposition. Adlige, Großgrundbesitzer, Geistliche, Bankiers, Kaufleute, Generäle und Beamte schlossen sich im folgenden Bürgerkrieg der „Weißen Armee" an, die von zaristischen Generälen geführt wurde. Sie erhielt Unterstützung von den Regierungen Westeuropas, den USA und Japan.

Zwei Jahre standen sich „Weiße" und „Rote" in diesem erbittert geführten Bürgerkrieg gegenüber. Die von Leo Trotzki organisierte „Rote Armee" der Bolschewiki errang zwar den Sieg, doch der Bürgerkrieg ruinierte die Wirtschaft.

Zur Versorgung der hungernden Stadtbevölkerung zogen bewaffnete Arbeiter und Soldaten der „Roten Armee" durch die Dörfer und nahmen den Bauern das noch vorhandene Getreide und andere Lebensmittel gewaltsam ab („Kriegskommunismus"). Heute schätzt man die Zahl der Opfer von Bürgerkrieg und Hungersnot auf 15 Millionen Menschen.

Im Jahre 1922 schlossen sich Russland, Weißrussland, die Ukraine und die Gebiete des Kaukasus zur „Union der Sozialistischen Sowjetrepubliken" (UdSSR), der Sowjetunion, zusammen.

Nach dem Tod Lenins 1924 baute Stalin seine Stellung als Generalsekretär der Kommunistischen Partei zur Alleinherrschaft aus. Er besetzte die Schaltstellen von Partei, Staat und Wirtschaft mit ihm treu ergebenen Personen. Kritiker wurden durch die Geheimpolizei ermordet oder in die überall im Land entstehenden Straflager (Gulags) deportiert.

M 6

Inszenierte Nachstellung des Sturms auf das Winterpalais an Ort und Stelle aus Anlass des 3. Jahrestages der Oktoberrevolution statt, Foto, 1920

1 Beschreibe, wie der Maler Ilja Jefimowitsch Repin in M1 die Reaktion der Bevölkerung auf das Oktobermanifest des Zaren darstellt. Beziehe den Darstellungstext mit ein.

2 **a)** Analysiere die Lagebeurteilung in M2.
   b) Überprüfe die Prognose in M2 nach der Bearbeitung von Aufgabe 3.

3 **Partnerarbeit:** Charakterisiert mithilfe des Darstellungstextes die revolutionären Alternativen zwischen 1905 und 1917.

4 Analysiere M3 mithilfe der Arbeitsschritte S. 37.

5 Vergleiche den Wählerwillen 1918 (M5 rechts) mit der Sitzverteilung 1917 (M5 links). Beurteile Lenins Entscheidung, die Versammlung aufzulösen.

6 Die Oktoberrevolution: „Aufstand oder Revolution?" Beurteile den Gründungsmythos der Sowjetunion. Beziehe M3, M4 und M6 in deine Beurteilung ein.

Das Russländische Zarenreich um 1900

Im ersten Kapitel des Buches sind auf S. 16 **Vergleichskriterien für Imperien** eingeführt worden. Anhand dieser Kriterien kannst du Imperien strukturell miteinander vergleichen. Gleichzeitig kannst du mithilfe dieser Kriterien aber auch die Entwicklung und Veränderung innerhalb der einzelnen Imperien beschreiben. Im Folgenden geht es nun darum, in einem Rückblick auf das bisher Erarbeitete die Struktur des Russländischen Zarenreichs um 1900 mittels dieser Vergleichskriterien zu charakterisieren.

1. Herrschaft:

Wer herrscht im Rahmen welcher Herrschaftsform?	*Herrschaftsform* ... *(seit 1613, Dynastie Romanow, Zar, uneingeschränkt, weltliche Rechtsnormen)* *Eliten* ... *(russländischer Adel, politische Mitspracherechte, gesellschaftliche Führungsrolle, Großgrundbesitzer, Bürgertum, Einfluss, Kulaken, Kleinbauern, Aufhebung der Leibeigenschaft, Elend, Intelligenzija, schichtenübergreifend)*

2. Legitimation und Akzeptanz der Herrschaft:

Wie wird die Herrschaft, wie das Imperium legitimiert? Verhältnis von Herrschenden/Beherrschten – Formen der Loyalität?	*Legitimation* ... *(Gottesgnadentum, Einheit von Thron und Altar)* *Reichsidee* ... *(christlich-orthodoxes Imperium, „Drittes Rom")* *Staatsvolk* ... *(Bewohner, Expansion, Russländer, Untertanen)*

3. Verwaltung und Militär:

Wie ist die Herrschaft organisiert, strukturiert und gesichert?	*Verwaltung* ... *(Zentralismus, Beamtenschaft, Adel, Großbürgertum)* *Militär* ... *(Herrschaftssicherung, Peripherie, Expansion, Machtfaktor, Adel, Offiziere, der Autokratie verpflichtet)* *Polizeistaat* ... *(19. Jahrhundert, Geheimpolizei, Autokratie, Überwachung, politische Opposition, Verbannung)*

4. Außenpolitik und Handel:

Wie stellt sich das Imperium nach außen dar?	*Handel/Industrie* ... *(Industrialisierung, Bürgertum, „Modernisierungsdiktatur", Kapital aus Westeuropa, 1891 Transsibirischen Eisenbahn, Export von Agrarprodukten, rückständig, Dreifelderwirtschaft)* *Außenpolitik* ... *(Expansion, Osten, Pazifik, Gebietserweiterung im Südwesten, Osmanisches Reich, Schutzmacht der orthodoxen Christen, Nikolaus II., größte Ausdehnung, Kriegsniederlagen, Gefahr für die Autokratie, Februarrevolution 1917)*

5. Umgang mit gesellschaftlicher und ethnischer Vielfalt:

Wie wird im Innern integriert?	*Umgang mit ethnischer Vielfalt* ... *(russländische Völker, Untertanen, kulturelle und religiöse Toleranz, selbstständige Territorien, Widerstand, Polen, Militär, Panslawismus, Russifizierungspolitik)* *Umgang mit gesellschaftlicher Vielfalt* ... *(Agrargesellschaft, 80 Prozent, Bürgertum, Bildungsstand, Stadt-Land-Gefälle, Intelligenzija, Modernisierungsversuche, Adel und Bürokratie, Misstrauen, politische Partizipation)*

1 Erläutere die in der rechten Spalte jeweils vorgegebenen und fett gedruckten Sachverhalte. Die in den Klammern genannten Hinweise sollen dir zur Orientierung dienen und bei der Erläuterung helfen.

КОММУНИЗМ—ЭТО СОВЕТСКАЯ ВЛАСТЬ ПЛЮС ЭЛЕНТРИФИАЦИЯ ВСЕЙ СТРАНЫ

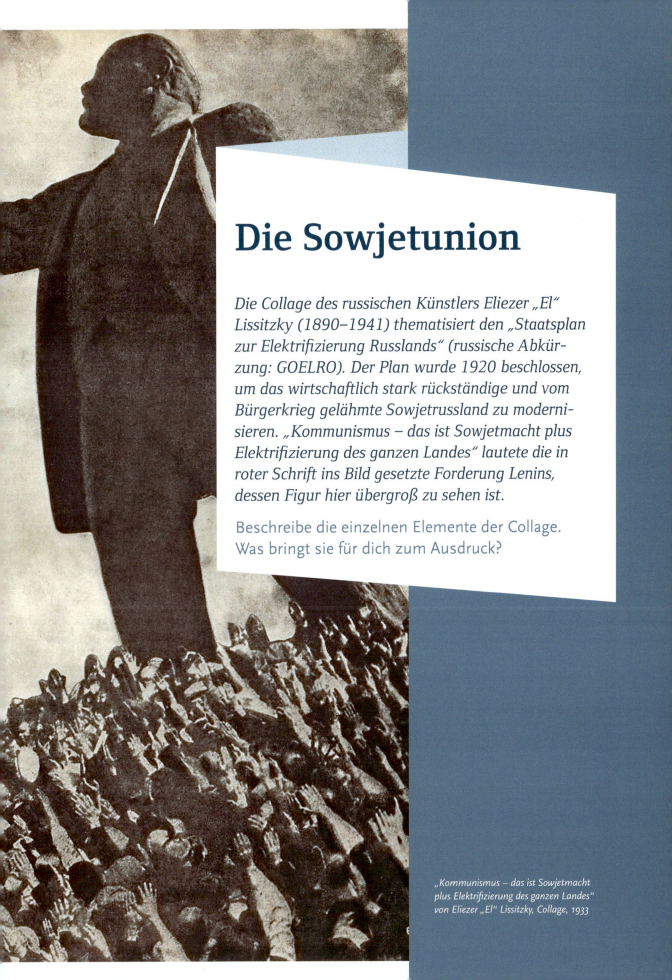

Die Sowjetunion

*Die Collage des russischen Künstlers Eliezer „El"
Lissitzky (1890–1941) thematisiert den „Staatsplan
zur Elektrifizierung Russlands" (russische Abkürzung: GOELRO). Der Plan wurde 1920 beschlossen,
um das wirtschaftlich stark rückständige und vom
Bürgerkrieg gelähmte Sowjetrussland zu modernisieren. „Kommunismus – das ist Sowjetmacht plus
Elektrifizierung des ganzen Landes" lautete die in
roter Schrift ins Bild gesetzte Forderung Lenins,
dessen Figur hier übergroß zu sehen ist.*

Beschreibe die einzelnen Elemente der Collage.
Was bringt sie für dich zum Ausdruck?

*„Kommunismus – das ist Sowjetmacht
plus Elektrifizierung des ganzen Landes"
von Eliezer „El" Lissitzky, Collage, 1933*

Die Theorie des Marxismus

*Der Marxismus gehört seit dem Ende des 19. Jahrhunderts zu den wirkungs-
vollsten politischen Visionen. Immer mehr Arbeiterparteien beriefen sich auf
die von Marx und Engels entwickelte Gesellschafts- und Wirtschaftstheorie.
Nach der erfolgreichen Oktoberrevolution 1917 griffen Lenin und Stalin Ideen
von Marx auf und schufen so ihre Vorstellung von Sozialismus in der Sowjetunion. Kommunistische Führer anderer Staaten wie Mao Zedong und zahlreiche
Befreiungsbewegungen in Afrika und Asien beriefen sich ebenfalls auf die Ideen
von Karl Marx und Friedrich Engels.*

- *Was machte den Marxismus so attraktiv für viele Menschen in aller Welt,
  besonders in Russland und China?*

Eine Philosophie der Praxis

„Die Philosophen haben die Welt nur verschieden interpretiert, es kommt aber darauf an sie zu verändern" lautet ein berühmt gewordener Satz von Marx aus dem Jahr
1845. Marx und Engels hatten nicht nur ein theoreti-
5 sches Interesse („Wie kann ich einen Sachverhalt möglichst genau und umfassend darstellen und erklären?"),
sondern zugleich ein praktisches Interesse an den Dingen („Wie, wann, wo, unter welchen Bedingungen kann
ich etwas verändern?"). Dieser Wesenskern des Marxis-
10 mus machte ihn für die sozialen und revolutionären Bewegungen des 19. und 20. Jahrhunderts so attraktiv.
Weite Verbreitung fanden diese Ideen erstmals durch
das von Marx und Engels 1847 verfasste „Manifest der
Kommunistischen Partei". In seinem Hauptwerk „Das
15 Kapital" (1867) analysierte Marx die Gesetzmäßigkeiten
des kapitalistischen Systems und den Konzentrations-
prozess des Kapitals*.

Ein neues Geschichtsverständnis

In seinem „Manifest der Kommunistischen Partei" inter-
20 pretierte Marx die Geschichte als ewigen Kampf zwischen Besitzenden oder Unterdrückern auf der einen
Seite und Besitzlosen bzw. Unterdrückten auf der anderen (siehe hierzu M6). Einen solchen „Klassenkampf"
sah Marx seinerzeit zwischen der Arbeiterklasse (auch
25 Proletariat genannt) und den Unternehmern (auch
Kapitalisten genannt). Marx sagte voraus, dass die zunehmend radikale Ausbeutung der Arbeiter durch die
Unternehmer den Unterdrückten bewusst machen würrde, dass sie nur durch einen gemeinsam geführten
30 Kampf ihre soziale Lage verbessern könnten. Aus vielen
Arbeitervereinigungen entstünde dann eine mächtige
Arbeiterbewegung, die in einem revolutionären Kampf
die Unterdrücker vertreiben würde. Das Proletariat hätte dann alle Produktionsmittel wie Fabriken, Maschinen
35 und Geräte in allgemeines Eigentum für alle umgewan-

Die kapitalistische Pyramide, amerikanisches Plakat, Foto, 1911

delt. Dann sei der erste Schritt zur Beendigung der Ausbeutung getan. In einem kommunistischen System, das
allen Menschen alles Lebensnotwendige zur Verfügung
stellen könnte, sei Frieden und Gerechtigkeit erreicht.
40 Um den Sieg der Proletarier über die Bourgeoise zu beschleunigen, forderte Marx eine internationale Organisation der Arbeiterschaft, um eine „Weltrevolution" aus-

zulösen. Diese Ideen gaben vielen Menschen die Hoffnung, sich aus ihrer elenden sozialen Lage befreien zu können.

Die Bedeutung einer Revolution

„Die Revolutionen sind die Lokomotiven der Geschichte", betonte Marx, auch angesichts der vielen Revolutionen im 19. Jahrhundert. Doch wie und mit welchen politischen Mitteln sollte eine sozialistische Revolution herbeigeführt werden? Sollen sich die Revolutionäre in einer großen, demokratischen Massenpartei organisieren oder braucht es eine kleine Gruppe von straff organisierten Berufsrevolutionären? Kann der Sozialismus* auf friedlichem Weg erreicht oder nur gewaltsam durchgesetzt werden? Diese Fragen wurden auch nach Marx' Tod von Arbeiterführern in ganz Europa diskutiert. Zu ihnen zählten die deutschen Sozialdemokraten Wilhelm Liebknecht, August Bebel und Rosa Luxemburg, die Franzosen Jules Guesde und Jean Jaurès und die Russen Wladimir Iljitsch Lenin und Leo Trotzki. Die Revolution von 1848, an der sich Marx als Journalist beteiligt hatte, war gescheitert, auch andere Aufstände waren blutig

niedergeschlagen worden. Von daher befürworteten viele Revolutionäre eine „Diktatur des Proletariats" als Übergangsperiode zum Sozialismus und Kommunismus*, während der die Gegner der Revolution entmachtet und politisch ausgeschaltet werden sollten.

Karl Marx Statue in Trier. Das Werk des Bildhauers Wu Weishan war 2018 ein Geschenk der Volksrepublik China zum 200. Geburtstag von Karl Marx. Foto, undatiert

....

Karl Marx (1818–1883)

Marx wurde in Trier geboren, studierte in Bonn und Berlin Rechtswissenschaft und Philosophie. Gemeinsam mit Friedrich Engels verfasste er 1848 das „Kommunistische Manifest", das zur wesentlichen Programmschrift der sozialistischen Bewegungen im 19. Jahrhundert wurde. Im Verlauf der revolutionären und gegenrevolutionären Entwicklungen in Deutschland und Europa wurde Marx immer wieder politisch verfolgt. Schließlich lebte er im Exil in London.

 Aus dem „Kommunistischen Manifest" von Karl Marx und Friedrich Engels (1848):

In demselben Maße, worin sich die Bourgeoisie, d. h. das Kapital, entwickelt, in demselben Maße entwickelt sich das Proletariat, die Klasse der modernen Arbeiter, die nur so lange leben, als sie Arbeit finden, und die nur so lange Arbeit finden, als ihre Arbeit das Kapital vermehrt. Diese Arbeiter, die sich stückweis verkaufen müssen, sind eine Ware wie jeder andere Handelsartikel und daher gleichmäßig allen Wechselfällen der Konkurrenz, allen Schwankungen des Marktes ausgesetzt. Die Arbeit der Proletarier hat durch die Ausdehnung der Maschinerie und die Teilung der Arbeit allen selbständigen Charakter und damit allen Reiz für die Arbeiter verloren. Er wird ein bloßes Zubehör der Maschine, von dem nur der einfachste, eintönigste, am leichtesten erlernbare Handgriff verlangt wird ...

Das Proletariat macht verschiedene Entwicklungsstufen durch. Sein Kampf gegen die Bourgeoisie beginnt mit seiner Existenz.

*Marx-Engels-Werke, Bd. 4, Berlin (Dietz-Verlag) 1959, S. 468.**

M 4

Karl Marx über die Entwicklung der Gesellschaft (1859):

Es ist nicht das Bewusstsein der Menschen, das ihr Sein, sondern umgekehrt ihr gesellschaftliches Sein, das ihr Bewusstsein bestimmt. Auf einer gewissen Stufe ihrer Entwicklung geraten die materiellen Pro-
5 duktivkräfte[1] der Gesellschaft in Widerspruch mit den vorhandenen Produktionsverhältnissen[2] ... Aus den Entwicklungsformen der Produktivkräfte schlagen diese Verhältnisse in Fesseln derselben um. Es tritt dann eine Epoche sozialer Revolution
10 ein. Mit der Veränderung der ökonomischen Grundlage wälzt sich der ganze ungeheure Überbau langsamer oder rascher um. In der Betrachtung solcher Umwälzungen muss man stets unterscheiden zwischen der materiellen, naturwissenschaftlich treu zu
15 konstatierenden Umwälzung in den ökonomischen Produktionsbedingungen und den juristischen, politischen, religiösen, künstlerischen oder philosophischen, kurz, ideologischen Formen, worin sich die Menschen dieses Konflikts bewusst werden und

20 ihn ausfechten ... Eine Gesellschaftsformation geht nie unter, bevor alle Produktivkräfte entwickelt sind, für die sie weit genug ist, und neue höhere Produktionsverhältnisse treten nie an die Stelle, bevor die materiellen Existenzbedingungen derselben im
25 Schoß der alten Gesellschaft selbst ausgebrütet worden sind ... In großen Umrissen können asiatische, antike, feudale und modern bürgerliche Produktionsweisen als progressive Epochen der ökonomischen Gesellschaftsformation bezeichnet werden. Die
30 bürgerlichen Produktionsverhältnisse sind die letzte antagonistische[3] Form des gesellschaftlichen Produktionsprozesses ... Mit dieser Gesellschaftsformation schließt daher die Vorgeschichte der menschlichen Gesellschaft ab.

Karl Marx, Vorwort zur Kritik der politischen Ökonomie, Marx-Engels-Werke, Bd. 13, Berlin (Dietz-Verlag) 1961, S. 8f.*

....

[1] *siehe M9 „Zentrale Begriffe des Marxismus"*
[2] *siehe M9 „Zentrale Begriffe des Marxismus"*
[3] *Antagonismus: unüberbrückbarer Gegensatz*

M 5

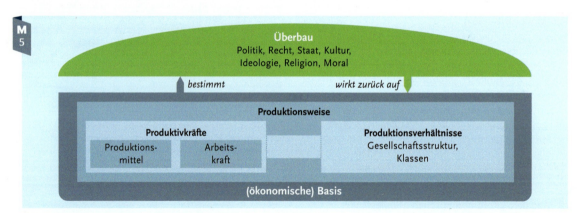

Der Aufbau der Gesellschaft nach Marx und Engels

M 6

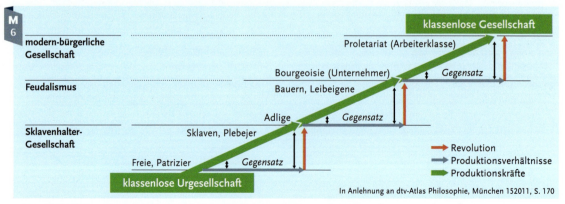

Die gesellschaftlichen Klassenkämpfe im Verlauf der Geschichte nach Marx und Engels

Der Historiker Wolfgang Leonhard über die politische Rolle der Arbeiterklasse bei Karl Marx und Friedrich Engels (1976):

Marx und Engels gingen von der These aus, dass mit der zunehmenden Entwicklung des Kapitalismus die Arbeiterklasse zahlenmäßig die stärkste Klasse der Gesellschaft, ja die Mehrheit der Bevölkerung bil-
5 den würde, und sahen in ihr die entscheidende Kraft der sozialen Umwälzung.

Zur Verwirklichung dieser Zielsetzung brauche die Arbeiterklasse eine Partei, die von ihr jedoch nicht als „führende Elite" gedacht war, sondern als Inter-
10 essenvertretung der gesamten Arbeiterschaft.

Die Arbeiterpartei sollte demokratisch aufgebaut sein und jeglichen Autoritätsaberglauben vermeiden. Die Arbeiterbewegung würde international sein, gleichzeitig aber sollten die unterschiedlichen Bedin-
15 gungen in den einzelnen Ländern berücksichtigt und in Rechnung gestellt werden. Das Selbstbestimmungsrecht der Völker war für Marx und Engels ein entscheidendes Anliegen. Die zunehmenden Widersprüche im Kapitalismus würden zu einer sozialen
20 Revolution führen. Ein hoher Stand der wirtschaftlich-technischen Entwicklung und der entscheidende Anteil der Arbeiterklasse an der Gesellschaft seien dafür die Voraussetzungen. Marx und Engels unterstrichen zunächst die gewaltsame Revolution, stell-
25 ten aber seit den siebziger Jahren des vergangenen Jahrhunderts die Möglichkeit einer friedlichen Umgestaltung in den Vordergrund.

Die soziale Revolution würde zu einer „Diktatur des Proletariats", zu einer politischen Herrschaft der Ar-
30 beiterklasse führen. Darunter verstanden Marx und Engels die Entmachtung der Bürokratie, der Armee und Polizei und ihre Ersetzung durch ein in allgemeiner, geheimer Abstimmung gewähltes Organ, das gleichzeitig gesetzgebende und vollziehende
35 Gewalt ausüben sollte, und in dem alle Angestellten und Beamten des öffentlichen Dienstes keine den Arbeiterlohn übersteigende Bezahlung erhalten dürften sowie jederzeit von ihren Wählern abberufen werden könnten. Die „Diktatur des Proletariats" soll-
40 te in einer kurzen Übergangszeit die notwendigen Maßnahmen zur Umgestaltung der Gesellschaft vollziehen, darunter die Überführung der entscheidenden Produktionsmittel in die Hände der Gesellschaft – wobei eine Entschädigung der früheren
45 Besitzer vorzuziehen, aber nicht Bedingung sei.

Mit und durch diese Transformation würde dann die „klassenlose kommunistische Gesellschaft" entstehen, charakterisiert durch ein gesellschaftliches Eigentum – nicht Staatseigentum – an den Produk-
50 tionsmitteln in der Form von „Assoziationen der freien Produzenten"[1]. Die Überwindung von Klassenherrschaft und Klassenunterschieden würde zu einer Abschaffung der Staatsgewalt sowie zur Aufhebung der knechtenden Arbeitsteilung führen. Unter diesen
55 Voraussetzungen könnten sich alle geistigen und körperlichen Fähigkeiten des Menschen ungehindert entwickeln: ... Die Arbeit würde so aus einer Last zu einer Lust, weil jeder Einzelne Gelegenheit hätte, seine sämtlichen Fähigkeiten ... nach allen Richtungen
60 hin auszubilden und anzuwenden ...

[Das] System einer Selbstverwaltung der Produzenten sollte die Anarchie[2] der kapitalistischen Wirtschaft überwinden und würde, nach Marx und Engels, einen so hohen Stand der Produktion errei-
65 chen, dass eine unentgeltliche Verteilung aller Erzeugnisse an die Gesellschaft möglich sein werde. Damit sei ein Zustand erreicht, in dem „jeder nach seinen Bedürfnissen" leben könne ...

Lenin dagegen erklärte nun, die Diktatur des Proleta-
70 riats sei ein politisches System, das den Übergang vom Kapitalismus zum Sozialismus gewährleisten sollte, einen Übergang, der, laut Lenin, ohne Zwang und ohne Diktatur unmöglich sei. Die Unterdrückung der Gegner und die Anwendung diktatorischer
75 Gewaltmaßnahmen wurden von Lenin als entscheidende Kennzeichen der Diktatur des Proletariats bezeichnet, und er unterstrich wiederholt die führende Rolle der Partei, deren Aufgabe es sei, die neue Ordnung zu organisieren und die Werktätigen zu führen.

Wolfgang Leonhard, Was ist Kommunismus? Wandlungen einer Ideologie, München (Bertelsmann) 1976, S. 21, 23f., 33.*

....

[1] *„Assoziationen der freien Produzenten": Die Menschen sind in Genossenschaften zusammengeschlossen, die sich selbst organisieren und verwalten.*
[2] *hier: Gesetzlosigkeit, Regellosigkeit*

cornelsen.de/webcodes
Code: tehifo
Engels, Marx und Lenin

Der Historiker Wolfgang Leonhard über die Frage, welchen Weg der Umgestaltung Marx und Engels favorisierten (1976):

Darüber gibt es keine einheitlichen Auffassungen. Von Mitte der vierziger bis Anfang der siebziger Jahre des vergangenen Jahrhunderts haben Marx und Engels in der Regel die gewaltsame Revolution
5 in den Vordergrund gestellt. Im Kommunistischen Manifest heißt es sogar, dass „die Ziele der Arbeiterklasse nur durch den gewaltsamen Umsturz erreicht werden könnten". Und in anderen Schriften bezeichnete Marx die Gewalt als den „Geburtshelfer der
10 neuen Gesellschaft". Aber seit den siebziger Jahren des vergangenen Jahrhunderts, zu einer Zeit also, als sich die Arbeiterbewegung bereits zu einem politischen Faktor zu entwickeln begann, stellten Marx und Engels mehr und mehr die Möglichkeit in den
15 Vordergrund, die gesellschaftliche Umgestaltung

auf friedlichem Wege zu vollziehen. Berühmt ist vor allem die Erklärung von Marx in Amsterdam, Ende September 1872: „Wir leugnen nicht, dass es Länder gibt, wie Amerika, England und, wenn mir Eure Insti-
20 tution besser bekannt wäre, würde ich vielleicht noch Holland hinzufügen, wo die Arbeiter auf friedlichem Wege zu ihrem Ziel gelangen können." Später erklärten Marx und Engels sogar, dass in England und den Vereinigten Staaten die Arbeiterklasse möglicher-
25 weise die Mehrheit im Parlament bzw. im Kongress erhalten und damit „auf gesetzlichem Wege die ihrer Entwicklung im Weg stehenden Gesetze und Einrichtungen beseitigen könnten". Kurz vor seinem Tode benutzte Engels die Formulierung vom friedlichen
30 „Hineinwachsen der alten in die neue Gesellschaft".

*Wolfgang Leonhard, Was ist Kommunismus? Wandlungen einer Ideologie, München 1976, S. 19.**

Globale Vermögensverteilung 2017

Annahme: Die Welt ist ein Dorf mit 100 Einwohnern. Insgesamt gibt es 100 Geldeinheiten (GE). So wäre das Vermögen verteilt:

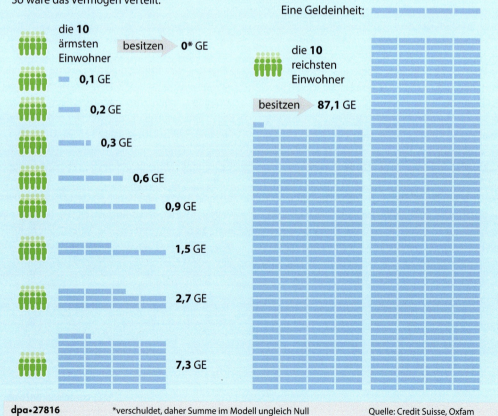

Modell zur globalen Vermögensverteilung: Wie viel Geld jeder besäße, wenn die Welt ein Dorf aus 100 Einwohnern wäre. Grafik, 2018

Zentrale Begriffe des Marxismus:
- **Bourgeoisie:** „Unter Bourgeoisie wird die Klasse der modernen Kapitalisten verstanden, die Besitzer der gesellschaftlichen Produktionsmittel sind und Lohnarbeit ausnutzen." (Friedrich Engels)
5 • **Diktatur des Proletariats:** Die Übergangsperiode von der kapitalistischen zur kommunistischen Gesellschaft, in der eine Regierung der Arbeiterklasse den kapitalistischen Staat beseitigt, Ausbeutung unterdrückt, soziale Unterschiede in
10 der Gesellschaft ausgleicht und neue Formen der Demokratie entwickelt.
- **Entfremdung:** Der Prozess, in dessen Verlauf der Mensch seine Beziehung zur Arbeit, zu sich selbst und zur Gesellschaft verliert, weil er Ab-
15 läufe nicht mehr übersehen kann. Entfremdung führt zu einem Gefühl der Machtlosigkeit, Sinnlosigkeit und Isolierung (siehe M3).
- **Historischer Materialismus:** Eine Geschichtsauffassung, nach der eine Gesellschaft von ihren
20 materiellen Grundlagen geprägt ist und die geschichtliche Entwicklung eine Abfolge von Klassenkämpfen ist (siehe M4).
- **Klassenkampf:** Die Auseinandersetzung zwischen gesellschaftlichen Klassen, die gegensätz-
25 liche, unvereinbare Interessen haben (Arbeiter – Kapitalisten, Bauern – Adlige usw.) (siehe M6).
- **Produktionsverhältnisse:** Eine Gesellschaftsstruktur, die durch Klassengegensätze geprägt ist. Diese Gegensätze können sich aus dem Privatbe-
30 sitz von Produktionsmitteln, aus der Lohnabhängigkeit und dem ungleichen Zugang zu Gütern ergeben (siehe M5).
- **Produktivkräfte:** Produktionsmittel (Technik, Kapital, Werkzeuge, Maschinen, Fabriken, Land,
35 Rohstoffe) und die menschliche Arbeitskraft (in der Produktion, Organisation und technischwissenschaftlichen Entwicklung) (siehe M5)
- **Proletariat:** die Klasse der Lohnarbeiter, die in einer industriellen Gesellschaft ausgebeutet wird,
40 die sich auf dem Privateigentum an Produktionsmitteln begründet.

„Tut mir leid Jungs! War halt nur so 'ne Idee von mir ...", Karikatur von Roland Beier, 1990

Tipp: Beachte bei der Bearbeitung der Aufgaben immer auch die zentralen Begriffe des Marxismus in M10.
1 Beschreibe M1 und erläutere, welche marxistischen Grundgedanken dargestellt sind.
2 Erläutere die Grundgedanken des Marxismus in M3.
3 **Wähle eine Aufgabe aus:**
   a) Beschreibe anhand der Schaubilder M5 und M6 den Aufbau und die historische Entwicklung der Gesellschaft nach Karl Marx. Beziehe den Darstellungstext mit ein.
   b) Erläutere, ausgehend von M4, die Entwicklung und Veränderung der Gesellschaft nach Marx.
   Tipp: Hinweise findest du auch in M5 und M6.
4 Analysiere M7 im Hinblick auf folgende Aspekte:
   a) die Rolle der Arbeiterklasse und die Diktatur des Proletariats bei Marx und Lenin im Vergleich
   b) die Selbstverwaltung freier Produzenten und die Bedeutung des Staats bei Marx
5 Beurteile ausgehend von M8 die Frage, ob Karl Marx ein Demokrat war. Beziehe auch M7 mit ein.
6 Analysiere M9. Erörtere dann, wie Marx diese Entwicklung beurteilen würde. Beachte dabei, wie unterschiedlich Staaten (z. B. die BRD) ihre Steuer- und Sozialpolitik gestalten.
7 Erörtere die Aussage der Karikatur M11.
   Tipp: Muss sich Marx entschuldigen? Ist Marx verantwortlich für die ideologische Veränderung seiner Ideen? Würde Marx das Geschenk M2 annehmen?

Lenins „Partei neuen Typs"

Mit dem Staatsstreich der Bolschewki am 25. Oktober 1917 (gregorianischer Kalender: 7. November) übernahm zum ersten Mal in der Geschichte eine kommunistische Partei die Macht in einem Staat. Nach der Theorie von Marx und Engels hätte Lenin in Russland eigentlich gar keine Revolution erfolgreich durchführen können. Lenin begründete deshalb vor allem mithilfe seiner Parteitheorie, weshalb eine Revolution in Russland dennoch gelingen konnte.

- *Was beinhaltet Lenins „Parteitheorie"?*
- *Was unterscheidet den „Leninismus" vom Marxismus?*

Lenins Parteitheorie – eine „Partei neuen Typs"

Für Marx und Engels war eine revolutionäre Veränderung der politischen Ordnung hin zum Sozialismus nur als Folge geänderter Produktionsverhältnisse und sich verschärfender Klassengegensätze zwischen Bourgeoi-
5 sie* und Arbeiterklasse („Proletariat") denkbar. Mit der zunehmenden Entwicklung des Kapitalismus* würde die Arbeiterschaft zur zahlenmäßig stärksten Klasse der Gesellschaft und damit zur entscheidenden Kraft für die revolutionäre Umwälzung. Die in einer Partei organi-
10 sierte Arbeiterklasse würde sich dann selbst befreien.
Im noch überwiegend agrarisch und feudal geprägten Zarenreich fehlte ein nennenswertes Bürgertum und der Kapitalismus war nur schwach entwickelt. Arbeiter in der Industrie bildeten eine verschwindend kleine Grup-
15 pe an wenigen Standorten. So gab es im Russländischen Reich den nach Marx für eine Revolution unverzicht-baren Gegensatz von Proletariern und Bourgeoisie gar nicht.
Lenin kehrte den marxistischen Gedankengang deshalb
20 kurzerhand um. Da die russische Arbeiterschaft eine Minderheit ohne revolutionäre Sprengkraft war, mussten die Bolschewiki als revolutionäre Elite stellvertretend für das Proletariat handeln: Die „Oktoberrevolution" war die Machtergreifung einer Minderheit von
25 „Berufsrevolutionären" unter Führung der kommunisti-schen Partei Lenins. Als „Vorhut der Arbeiterklasse" soll-te durch sie nun der Umbau der Produktionsverhältnisse und damit der Aufbau des Sozialismus verwirklicht wer-den. Ihrem Willen als „führender und lenkender Kraft
30 der sowjetischen Gesellschaft" hatte sich alles unterzuordnen. Lenins „Partei neuen Typs" unterschied sich damit grundlegend von den demokratisch ausge-richteten sozialdemokratischen Parteien Westeuropas. Sein Konzept einer zentralistischen Parteiherrschaft
35 prägte alle kommunistischen Staaten im 20. Jahrhun-dert.

M 1

„Sein Schüler", französische Karikatur, 1923. Auf den Büchern steht geschrieben „Das Kapital". Die Unterschrift lautet: „Karl Marx: ‚Und dann noch sagen, dass dieser düstere Mongole [Lenin] mich ernst genommen hat ...'"

Wladimir Iljitsch Lenin über die Arbeit einer revolutionären Partei in Russland (1902):

Und nun behaupte ich: 1. Keine einzige revolutionäre Bewegung kann ohne eine stabile und die Kontinuität wahrende Führerorganisation Bestand haben; 2. je breiter die Masse ist, die spontan in den Kampf
5 hineingezogen wird, die die Grundlage der Bewegung bildet und an ihr teilnimmt, umso dringender ist die Notwendigkeit einer solchen Organisation und umso fester muss diese Organisation sein (denn umso leichter wird es für allerhand Dema-
10 gogen sein, die unentwickelten Schichten der Masse mitzureißen); 3. eine solche Organisation muss hauptsächlich aus Leuten bestehen, die sich berufsmäßig mit revolutionärer Tätigkeit befassen; 4. je mehr wir die Mitgliedschaft einer solchen Organi-
15 sation einengen, und zwar so weit, dass sich an der Organisation nur diejenigen Mitglieder beteiligen, die sich berufsmäßig mit revolutionärer Tätigkeit befassen und in der Kunst des Kampfes gegen die politische Polizei berufsmäßig geschult sind, umso
20 schwieriger wird es in einem autokratischen Lande sein, eine solche Organisation „zu schnappen" ... Jeder wird wohl zugeben, dass das „umfassende demokratische Prinzip" die beiden folgenden notwendigen Vorbedingungen einschließt: erstens voll-
25 ständige Publizität und zweitens Wählbarkeit aller Funktionäre ... Als demokratisch bezeichnen wir die Organisation der deutschen sozialistischen Partei, denn in ihr geschieht alles öffentlich, die Sitzungen des Parteitages mit inbegriffen; aber niemand wird
30 eine Organisation als demokratisch bezeichnen, die für alle Nichtmitglieder vom Schleier des Geheimnisses verhüllt ist. Es fragt sich: Welchen Sinn hat also die Aufstellung des „umfassenden demokratischen Prinzips", wenn die wichtigste Vorbedingung dieses
35 Prinzips für eine Geheimorganisation unerfüllbar ist? ...

Wladimir Iljitsch Lenin, Was tun? In: Lenin Werke, Bd. 5, Institut für Marxismus-Leninismus beim ZK der SED (Hg.), Berlin (Ost) (Dietz-Verlag) 1964, S. 480ff.*

Der Historiker Wolfgang Leonhard über Lenins Parteitheorie (1976):

Die entscheidenden Grundzüge der Parteidoktrin Lenins sind etwa folgende:

a) Die Arbeiter können, allein auf sich gestellt, kein politisches oder gar marxistisches Bewusstsein ent-
5 wickeln ... [Es muss] von außen her entwickelt werden.

b) Lenin betrachtet die Partei als eine Organisation von Berufsrevolutionären. Berufsrevolutionäre – ein Lieblingswort Lenins –, das heißt Menschen, deren
10 Beruf die revolutionäre Tätigkeit ist.

c) Die Partei muss zentralistisch aufgebaut sein, alle Funktionen sollen in den Händen einer möglichst geringen Zahl von Berufsrevolutionären liegen; allerdings unterstrich Lenin dabei gleichzeitig die Mitar-
15 beit von breiteren Bevölkerungsschichten. Aber das Entscheidende war für ihn die Partei. Sein berühmtester Ausspruch ist: „Gebt uns eine Organisation von Revolutionären, und wir werden Russland aus den Angeln heben." Hier zeigt sich deutlich der Un-
20 terschied: Marx und Engels betrachteten die Partei als eine Interessenvertretung der Arbeiterschaft, bei Lenin war sie eine revolutionäre Eliteorganisation ... Lenin [wollte] ein Kampfinstrument aus ihr machen, das die Arbeiterschaft führen sollte.

Wolfgang Leonhard, Was ist Kommunismus? Wandlungen einer Ideologie, München (Bertelsmann) 1976, S. 28f.*

---

1 Analysiere die Karikatur M1. Stelle Vermutungen an, wie Lenin den Marxismus verändert haben könnte.

2 **Wähle eine Aufgabe aus:**
   a) Beschreibe die von Lenin in M2 angestrebte Parteistruktur. Welche Kritik kann an diesem Konzept geübt werden?
   b) Erkläre, warum er in M2 das „umfassende demokratische Prinzip" unter den besonderen Bedingungen Russlands ablehnt.

3 **a)** Fasse die in M3 angesprochenen Unterschiede zwischen Marx und Lenin zusammen.
   b) Vergleiche das Herrschaftssystem der Sowjetunion in M4 mit der Parteitheorie Lenins in M2 und M3.

4 Überprüfe nach Abschluss der gesamten Themeneinheit deine Vermutungen zu Aufgabe 1.

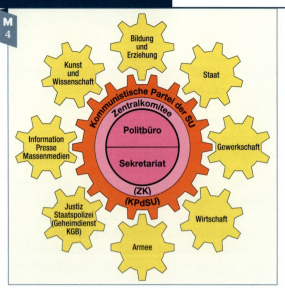

Das Herrschaftssystem in der Sowjetunion
Das Politbüro traf alle wichtigen innen- und außenpoli-
tischen Entscheidungen und war Machtzentrale der
Sowjetunion.
Das Sekretariat leitete die gesamte Parteiarbeit unter
dem Vorsitz des Generalsekretärs.
Das Zentralkomitee (ZK) wählte das Politbüro und das
Sekretariat und war oberstes Entscheidungsgremium der
Kommunistischen Partei der Sowjetunion (KPdSU).

**Die Sozialdemokratin und Vertreterin einer
europäischen Arbeiterbewegung Rosa Luxemburg
über Lenins Parteitheorie (1918):**

Lenin ... vergreift ... sich völlig im Mittel ... Der einzige Weg zur Wiedergeburt ist die Schule des öffentlichen Lebens selbst, uneingeschränkteste breiteste
Demokratie, öffentliche Meinung ... Mit dem Erd-
5 rücken des politischen Lebens im ganzen Lande
muss auch das Leben in den Sowjets immer mehr
erlahmen. Ohne allgemeine Wahlen, ungehemmte
Presse- und Versammlungsfreiheit, freien Meinungs-
kampf erstirbt das Leben in jeder öffentlichen Insti-
10 tution, wird zum Scheinleben, in dem die Bürokratie
allein das tätige Element bleibt. Das öffentliche Leben schläft allmählich ein, einige Dutzend Parteiführer von unerschöpflicher Energie und grenzenlosem
Idealismus dirigieren und regieren, unter ihnen leitet
15 in Wirklichkeit ein Dutzend hervorragender Köpfe,
und eine Elite der Arbeiterschaft wird von Zeit zu
Zeit zu Versammlungen aufgeboten, um den Reden
der Führer Beifall zu klatschen, vorgelegten Resolu-
tionen[1] einstimmig zuzustimmen, im Grunde also
20 eine Cliquenwirtschaft[2] – eine Diktatur allerdings,
aber nicht die Diktatur des Proletariats, sondern die
Diktatur einer Handvoll Politiker ... Freiheit nur für
die Anhänger der Regierung, nur für die Mitglieder
einer Partei – und mögen sie noch so zahlreich sein
25 – ist keine Freiheit. Freiheit ist immer nur die Freiheit
des anders Denkenden.

*Zit. nach Heinz Dieter Schmid (Hg.), Fragen an die Ge-
schichte, Bd. 4: Die Welt im 20. Jahrhundert, Frankfurt/M.
(Hirschgraben) 1984, S. 142.*

[1] *Beschlüsse*
[2] *Vetternwirtschaft, Günstlingswirtschaft*

**Aus den Forderungen der aufständischen
Kronstädter Matrosen (1. März 1921)**

*Matrosen der Inselfestung Kronstadt bei Petrograd
hatten 1917 das Winterpalais erstürmt und damit
Lenin zur Macht verholfen. Ihr Aufstand ist ein Beispiel für zahlreiche Aufstände und Streiks in jenen
Monaten. Am 1. März 1921 begann der Aufstand,
am 18. März 1921 wurde er von den Bolschewiken
blutig niedergeschlagen.*

1. Angesichts der Tatsache, dass die gegenwärtigen
Sowjets nicht den Willen der Arbeiter und Bauern
repräsentieren, sind sie bei vorangehender freier
Wahlagitation und in geheimer Abstimmung sofort
5 neu zu wählen.

2. Freiheit der Rede und Presse für Arbeiter, Bauern,
Anarchisten und linkssozialistische Parteien.

3. Freiheit der Versammlungen der Gewerkschaften
und Bauernvereinigungen ...

10 **5.** Freilassung aller politischen Gefangenen aus den
Reihen der sozialistischen Parteien ...

8. Beseitigung aller politischen Abteilungen in der
Armee ...

9. Gleichstellung aller Rationen der Arbeiter ...

15 **11.** Freies Verfügungsrecht der Bauern über ihren
Boden und das Recht, Vieh halten zu dürfen, sofern
sie keine Lohnarbeiter beschäftigen.

*Frits Kools/Erwin Oberländer (Hg.), Arbeiterdemokratie oder
Parteidiktatur, Bd. 2 (= Dokumente der Weltrevolution), Freiburg (dtv) 1972, S. 386f.*

Ideologiekritik

Eine Ideologie ist eine umfassende Deutung gesellschaftlicher und politischer Verhält-nisse und geschichtlicher Entwicklungen. Diese Deutung ist durch die Interessen einer bestimmten Gruppe, einer Partei oder einer Gesellschaftsschicht bestimmt und daher einseitig oder verzerrt. Sie soll bestehende Verhältnisse oder eine bestimmte politische Richtung begründen und rechtfertigen. Typische Großideologien der jüngeren Vergan-genheit sind Nationalismus, Kommunismus und Faschismus.

Arbeitsschritte „Ideologiekritik"

Formale Aspekte	Lösungshinweise zu M2
1. Von wem und wann wurde der Text verfasst? Um welche Textart handelt es sich?	• *1902 schrieb Lenin eine Abhandlung mit dem Titel ...*
2. Was ist das Thema des Textes?	• *Darin beschäftigt Lenin sich mit ...*
Inhalt und Sprache	
3. Was sind die wesentlichen Aussagen des Textes?	• *Lenin kommt zu dem Schluss, dass ...* • *Er benennt folgende Kernpunkte: ...* **Tipp:** Nutze die Informationen aus M3 und aus dem Darstellungstext.
4. Sind die dargestellten Fakten einseitig ausgewählt? Welche Fakten werden nicht oder nur am Rand erwähnt?	**Tipp:** Berücksichtige hier v. a. auch die Aussagen in M5 und M6.
5. Welche Werturteile werden gefällt? Welche Welt-sicht wird vermittelt?	• *Im Mittelpunkt von Lenins Weltbild stehen ...* • *Im Vergleich zu Karl Marx betont Lenin ...*
6. Werden abwertende oder beschönigende Begriffe verwendet?	• *z. B. „unentwickelten Schichten der Masse", ...*
Historische Einordnung und Beurteilung	
7. Für welche politischen und gesellschaftlichen Prob-leme stellt die Ideologie eine Erklärung bereit?	• *Das Ziel der Parteitheorie Lenins ist ...* • *Im Vergleich zu Marx argumentiert Lenin ...*
8. An wen richten sich die ideologischen Aussagen?	• *Lenin wendet sich mit diesem Text an ...*
9. Was beabsichtigt der Autor?	• *Lenin möchte mit seiner Darstellung ...*
10. Bewerte die Argumente aus heutiger Sicht.	• *Nach dem heutigem Demokratieverständnis ...*

1 **Partnerarbeit:** Untersucht M2, indem ihr die Arbeitsschritte ergänzt und ausführt.

Die junge Sowjetunion – Aufbruch in eine neue Gesellschaft

Nach ihrem Sieg im Oktober 1917 machten sich die Bolschewiki umgehend an die revolutionäre Umgestaltung der Gesellschaft und die Schaffung eines „neuen Menschen". Das Privateigentum wurde abgeschafft. Volksgerichte ersetzten das bisherige Rechtswesen. Da alle zaristischen Beamten entlassen waren, wurden verdiente Bolschewiki zu Polizisten. Der gesamte Besitz der Kirchen und Klöster fiel an den Staat. Banken wurden zu einer einzigen Staatsbank zusammengelegt. Ausländische Investoren wurden enteignet und verloren ihr Geld. Der Zugang zu Bildung stand jetzt allen Menschen offen. Die Gleichberechtigung der Frauen wurde auf vielfache Weise gefördert. Künstler und Wissenschaftler stellten sich in den Dienst der neuen Machthaber.

- *Welche Ziele verfolgten die neuen Machthaber mit ihrer Politik?*
- *Wie gelang der geplante Umbau der Gesellschaft?*

Diese Fragen könnt ihr anhand von drei unterschiedlichen Bereichen (A, B, oder C) untersuchen.

Aufgabe für alle:
Diskutiert den Anspruch und Versuch der jungen Sowjetregierung, einen „neuen Menschen" zu schaffen.

A

Alexandra Michailowna Kollontai (1872–1952)

„Die Frauen und ihr Schicksal beschäftigten mich ein Leben lang, und ihr Los war es auch, das mich zum Sozialismus führte", schrieb Alexandra Kollontai 1926 in ihrer „Autobiographie einer sexuell emanzipierten Kommunis-
5 tin", mit der sie auf ihre Zeit als revolutionäre Parteiarbeiterin zurückblickte.

Ihre politische Karriere war einzigartig. Sie gehörte 1917 als Volkskommissarin für soziale Fürsorge der revolutionären sowjetischen Regierung an und war damit die erste
10 Frau weltweit, die ein Ministeramt bekleidete. Als geschiedene, alleinerziehende Mutter war sie verantwortlich für die kurzzeitige Lockerung des Eherechts und für besseren Mutterschutz. Sie setzte das Recht auf Abtreibung durch und schlug vor, „unproduktive Hausarbeit"
15 durch Volksküchen und kollektive Kindererziehung zu ersetzen, denn „die wirklich befreite Frau muss materiell vom Mann unabhängig sein und von den mit der Mutterschaft verbundenen Pflichten entlastet werden."

Bereits 1905 hatte sich die Feministin für die Gründung
20 autonomer Frauenabteilungen innerhalb der sozialdemokratischen Arbeiterpartei Russlands eingesetzt. „Nicht die sexuellen Beziehungen bestimmen das moralische Ansehen der Frau, sondern ihr Wert im Arbeitsleben, bei der gesellschaftlich nützlichen Arbeit", war ihre Devi-
25 se. Ihre „neue Sexualmoral", die sie in Worten und Taten vertrat, wurde missverstanden und verleumdet, da sie die vertrauten patriarchalischen Strukturen infrage stellte.

Wegen ihrer offenen Kritik an der Bürokratie auf dem X. Parteitag im März 1921, die als „parteifeindlich" galt,
30 wurde sie in den auswärtigen Dienst versetzt. Von 1923 bis 1946 vertrat sie als weltweit erste Diplomatin die Sowjetunion im Ausland. Kollontai übte nie öffentliche Kritik am Stalinismus* – auch nicht, als ihr geschiedener Ehemann dem stalinistischen Terror zum Opfer fiel.

M1

„Der 8. März – Tag der Befreiung der Frauen", Plakat von Adolf Strachow-Braslawski, 1926

Der Historiker Carsten Goehrke über Anspruch und Wirklichkeit der Frauenemanzipation in der Sowjetunion (2005):

Zum bolschewistischen Entwurf einer sozialistischen Gesellschaft „neuer Menschen" gehörte auch die Befreiung der Frau von den Zwängen der bürgerlichen Ehe. Wie Alexandra Kollontai, die Frauentheoretikerin der Bolschewiki, postulierte, sollte die Frau ihre finanzielle und sexuelle Abhängigkeit von ihrem Ehemann abstreifen, durch Berufstätigkeit ihr Auskommen mit eigenen Kräften sichern und dadurch ein erfülltes, unabhängiges Leben führen können;
10 erst dadurch werde sie imstande sein, auch ihre Liebesbeziehungen auf der Basis einer gleichberechtigten Partnerschaft zu gestalten. Dies setze allerdings voraus, dass Staat beziehungsweise Gesellschaft durch umfassende Bereitstellung von Kinderhorten,
15 Kindergärten, Tagesschulen, öffentlichen Speisehallen die Mütter von der Doppelbelastung durch Beruf und Haushalt weitgehend befreien.
Der junge Sowjetstaat suchte diesem Konzept nachzukommen, soweit ihm dies möglich war. Partei und
20 Staat ermunterten die Frauen, sich beruflich und politisch zu betätigen. Gleich zu Beginn der zwanziger Jahre setzte eine gewaltige Propagandakampagne ein, die demonstrieren sollte, was an sozialistischen Errungenschaften der berufstätigen Frau zur Verfü-
25 gung stehe, damit sie sich frei entfalten könne ... In das Geschlechtsleben mischte der Sowjetstaat sich nicht ein, auch homosexuelle Beziehungen wurden toleriert. Die bürgerliche Ehe verschwand, für das Zusammenleben eines Paares bedurfte es lediglich
30 einer unbürokratischen Registrierung, die ebenso unbürokratisch wieder rückgängig gemacht werden konnte ...
Der Sowjetstaat zeigte sich außerstande, jene Infrastruktur bereitzustellen, die das Konzept Kollontais
35 voraussetzte, um eine wirkliche Entlastung der be-

rufstätigen Frauen ... zu bewirken. Noch im Jahre 1940 gab es in der gesamten Sowjetunion ganze 859 000 Hortplätze ... sowie knapp 1,2 Millionen Kindergartenplätze. Das war nicht mehr als ein Tropfen
40 auf den heißen Stein ...
Ohne umfangreiche Vermehrung der weiblichen Arbeitskraft ließen sich die Fünfjahrpläne [für die Wirtschaft] nicht erfüllen, daher stieg der Anteil von Frauen in der Industrie von 28,7 (1928) auf 42 Prozent (1937). Dabei machte der Staat Ernst mit der Gleich-
45 berechtigung der Frau bei der Berufsausübung. Lange bevor dies in westlichen Ländern denkbar war, arbeiteten Russinnen als Straßenbahnfahrerinnen, Pilotinnen, nautische Offiziere in der Handelsmarine
50 oder Ingenieurinnen ... Dass aber aller offiziellen Propagierung von Gleichberechtigung und Schutz der Frauen zum Trotz die weiblichen Arbeitskräfte sich in den unteren Lohnklassen konzentrierten und 1929 im Durchschnitt nur zwei Drittel eines Männer-
55 lohnes bekamen, ... offenbart, wie wenig sich unter dem Sowjetregime dennoch geändert hatte ...
Dass Frauenfeindlichkeit und Frauenverachtung in weiten Teilen und auf allen Ebenen der männlichen Berufswelt lebendig blieben, zeigt der Widerstand
60 von Betriebsleitern, Fabrikkomitees und Arbeitern generell gegen das Eindringen von Frauen in Männerdomänen. Jedenfalls hat der Neuaufbruch der Sowjetgesellschaft auch in der Arbeitswelt die Vorstellungen Alexandra Kollontais von der Emanzipa-
65 tion der Frau nur teilweise verwirklicht. Mit einem Stalin an der Spitze des Staates versiegten auch die Antriebskräfte von oben, die es dazu eigentlich gebraucht hätte.

Carsten Goehrke, Russischer Alltag. Eine Geschichte in neun Zeitbildern, Bd. 3, Zürich (Chronos) 2005, S. 210, 263 f.*

1 Beschreibe das Plakat M1 und erläutere das hier dargestellte Frauenbild.

2 **a)** Arbeite aus dem Darstellungstext und aus M2 die Ziele der Frauenemanzipation einerseits und deren Verwirklichung andererseits heraus. Stelle diese in einer Übersicht gegenüber.

b) Erörtere am Beispiel der Frauenrechtlerin Alexandra Kollontai Erfolg und Scheitern einer emanzipierten Frau in der Sowjetunion (Darstellungstext und M2). Ist sie ihren eigenen Ansprüchen gerecht geworden?

B

Der Kampf gegen den Analphabetismus

Vor allem in den ländlichen Regionen der Sowjetunion
konnten zunächst viele Menschen nicht lesen und
schreiben. Die Sowjetregierung sah in der Alphabetisierung der Bevölkerung eine wichtige Voraussetzung für
5 eine erfolgreiche Modernisierung der Gesellschaft.
Durch den Ausbau des Schulwesens, durch Abendschu-
len und spezielle Kurse für Frauen gelang es bis Ende der
1930er Jahre, die Alphabetisierung zu erhöhen. Die Zahl
der Schulkinder wuchs zwischen 1914/15 und 1938/39
10 um fast das Vierfache. Der Analphabetismus konnte
allerdings erst in der Zeit nach dem Zweiten Weltkrieg
entscheidend verringert werden.

Ein Bauer lernt schreiben. Foto, 1920er Jahre

*„Ein Analphabet gleicht einem Blinden. Überall warten Pech
und Unglück auf ihn", Plakat von Alexej Alexandrowitsch
Radakow, 1928*

*„Hilfst du das Analphabetentum zu beseitigen? Alle in die
Gesellschaft, weg mit dem Analphabetentum'", Plakat,
unbekannter Künstler, 1920*

1 Beschreibe die Plakate M4 und M5 und erläutere
jeweils, was sie dem Betrachter vermitteln sollen.

2 Was bedeutet es, erst als Erwachsener lesen und
schreiben zu lernen? Gestalte zu M3 einen inneren
Monolog.

Die Historikerin Carmen Scheide zu den sowjetischen Plänen zur Elektrifizierung (2016):

Erst 1920 konnte eines der zentralen Ziele von 1917 umgesetzt werden: Die Staatliche Kommission zur Elektrifizierung Russlands legte einen langfristigen Gesamtwirtschaftsplan (GOELRO-Plan) vor, in dem
5 die Elektrifizierung als wichtigstes Mittel zur Steigerung der Produktion wie zur Verbesserung der Lebensbedingungen der Menschen betrachtet wurde. Zwar brachen die Hoffnungen auf einen schnellen Aufschwung im Winter 1920/21 zusammen, der Plan
10 blieb jedoch die Grundlage für die im Februar 1921 gegründete Staatliche Plankommission (Gosplan), die im Laufe der folgenden Jahre versuchte, wirtschaftliche Beziehungen und Abläufe verbindlich zu steuern. Durch die neue und modernste Technik –
15 die Elektrizität – sollte Russland im Verlauf von 10

bis 15 Jahren industrialisiert und die Menschen verändert werden: „Die Elektrifizierung der Seelen / Wird die Landleute mit Flügeln versehen ... Das Herz in der Brust des Bauern – / Eine elektrische
20 Birne."
Begeistert schrieb dies 1920 Michail P. Gerasimov, ein Dichter der Bewegung „Proletarische Kultur" ... Die Glühlampe in jeder Bauernhütte symbolisierte einen tiefgreifenden Wandel in den Lebenswelten der
25 Menschen ... Dabei knüpfte man an ihren Traditionen an: Am 20. Juni nach altem Kalender wurde der „Elektrifikationstag" begangen – und das war der Tag des Propheten Elias, der nach dem Glauben der Bauern über Donner und Blitz zu verfügen hat.

Carmen Scheide, Veränderung von Lebenswelten, in: Heiko Haumann (Hg.), Die Russische Revolution 1917, Köln (Böhlau) 2016, S. 140f.*

Lenin über die Elektrifizierung der Sowjetunion (1920):

Kommunismus – das ist Sowjetmacht plus Elektrifizierung des ganzen Landes. Sonst wird das Land ein kleinbäuerliches Land bleiben, und das müssen wir klar erkennen ... Erst dann, wenn das
5 Land elektrifiziert ist, wenn die Industrie, die Landwirtschaft und das Verkehrswesen eine moderne, großindustrielle technische Grundlage erhalten, erst dann werden wir endgültig gesiegt haben ... Man muss jedoch wissen und darf nicht verges-
10 sen, dass die Elektrifizierung nicht mit Analphabeten durchzuführen ist ... Wir brauchen Menschen, die nicht nur des Lesens und Schreibens kundig sind, sondern kulturell hochstehende, politisch bewusste, gebildete Werktätige.

Wladimir Iljitsch Lenin, Werke, Bd. 31, Berlin (Dietz-Verlag) 1959, S. 510ff.*

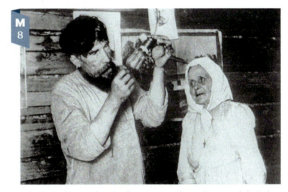

Ein Bauer begutachtet in den 1920er Jahren die erste elektrische Glühbirne im Dorf. In der Bevölkerung wurden die ersten Glühbirnen auch „Iljitsch-Lämpchen" (nach dem zweiten Vornamen Lenins) genannt. Foto, 1920er Jahre

Das Wolchow-Kraftwerk, fertiggestellt 1927 im Rahmen des GOELRO-Plans, war das erste große Wasserkraftwerk Russlands. Es ist heute noch in Betrieb.

1 Erläutere anhand von M7 Lenins Formel „Kommunismus – das ist Sowjetmacht plus Elektrifizierung des ganzen Landes".
2 Gestalte zu dem Foto M8 einen kurzen Dialog zwischen den abgebildeten Personen.
3 Fasse den Text M6 zusammen. Welche Hoffnungen und Ziele verbanden sich mit der geplanten Elektrifizierung? Beziehe auch M7 und M9 in deine Überlegungen mit ein.

Die Sowjetunion unter Stalin – eine Modernisierungsdiktatur?

Nach dem Tod Lenins 1924 baute Josef Stalin (1878–1953) seine Stellung als General-sekretär der Kommunistischen Partei zur Alleinherrschaft aus. An den Schaltstellen von Partei, Staat und Wirtschaft saßen innerhalb weniger Jahre nur noch ihm treu ergebene Personen.

- *Wie und um welchen Preis wurde die Sowjetunion unter Stalin modernisiert und industrialisiert?*

M1

Bild aus einem Gulag: Arbeiter beim Bau des Weißmeer-Ostsee-Kanals. Gulag ist die Abkürzung für Glawnoje Uprawlenije Lagerej; Hauptverwaltung der Straflager in der UdSSR, Foto, 1932

Eine Industrialisierung um jeden Preis

Die wirtschaftlich rückständige Sowjetunion versuchte in den 1920er Jahren zunächst vergeblich, Anschluss an den industriellen und technischen Stand Westeuropas und der USA zu finden. Eine neue Initiative Stalins war
5 die „wissenschaftliche und sowjetische Planung". Das bedeutete, dass für einen Zeitraum von fünf Jahren die industrielle und landwirtschaftliche Produktion aller Gü-ter und deren Verteilung im Voraus geplant wurden. Auch Löhne und Preise wurden für fünf Jahre festge-
10 setzt. Ein riesiges Planungsministerium war dafür ver-antwortlich. Stalin war überzeugt, dass diese Planwirt-schaft* auf Dauer der kapitalistischen Marktwirtschaft überlegen sei. Durch die Weltwirtschaftskrise in den kapitalistischen Ländern ab 1929 sah er seine Ansichten
15 bestätigt. Die Planziele in der Produktion waren ehrgei-zig und in vielen Bereichen unerreichbar. Materielle An-reize sollten die Arbeiter deshalb zusätzlich motivieren. Eine individuelle Übererfüllung der Planvorgabe konnte
20 daher zu gesellschaftlichem Aufstieg führen. Auf organi-satorische und personelle Unzulänglichkeiten reagierte der Staat mit der Verfolgung vermeintlicher Saboteure. In der Schwerindustrie, Kohleförderung, Stahlgewinnung und der Rüstungsindustrie gelang der Sowjetunion ein gewaltiger Sprung nach vorne. Überall im Land entstan-
25 den neue Industrieanlagen abseits der traditionellen In-dustriegebiete, damit die Vorteile der Modernisierung in allen Provinzen spürbar wurden. Hunderttausende Ar-beiterinnen und Arbeiter „wohnten" in Erdlöchern und Zeltstädten, um die neuen Industrieanlagen unter primi-
30 tiven Bedingungen zu erbauen. Zugleich wurde die Pro-duktion von Konsumgütern für den täglichen Bedarf vernachlässigt. Nur Grundnahrungsmittel waren billig und meist in ausreichender Menge zu haben.

Stalins roter Terror und die Straflager

Ab 1927 baute Stalin ein bürokratisches Regime zu einem Polizeistaat aus. Dieser verfolgte mit systematischem Terror alle Menschen, die sich angeblich gegen den Diktator verschworen hatten, darunter führende Revolutionäre von 1917, der überwiegende Teil der Generäle und der Offiziere sowie ausländische Kommunisten, die vor Verfolgung in die Sowjetunion geflohen waren. Zur politischen Begründung der „Säuberungen" diente die These Stalins, dass der Fortschritt des Sozialismus die Verschärfung des Klassenkampfes voraussetze. Da es in der Sowjetunion keinen Klassenfeind im herkömmlichen Sinn mehr gab, suchte das Regime die Gegner in den eigenen Reihen. Den Höhepunkt der „Säuberungen" bildete das Jahr 1937 mit Schauprozessen und Massenhinrichtungen. Die Zahl der Toten des roten Terrors ist schwer zu ermitteln; die Historiker sprechen von 800 000 Ermordeten durch die „Säuberungen" und von sieben bis neun Millionen Toten in den staatlichen Arbeitslagern (Gulag). Diese Arbeitslager entstanden überall in der Sowjetunion und hatten ihren festen Platz in der Planung der Wirtschaftsleistung des Landes. In die Gulags wurden zunächst politische Häftlinge und Kriminelle, später alle Gegner von Zwangskollektivierung und Menschen, die ihre Arbeitsstelle ohne Genehmigung verlassen hatten, eingeliefert.

Die Kollektivierung* der Landwirtschaft

Ab 1929 wurden alle privaten Bauern enteignet. Jeweils zehn Dörfer sollten sich zu Genossenschaften (Kolchosen) oder Staatsgütern (Sowchosen) zusammenschließen und nach Plan produzieren. Die Parteipropaganda richtete sich insbesondere gegen die Höfe der Kulaken (wohlhabenden Bauern). Nach westeuropäischen Maßstäben waren die Kulaken keinesfalls reich. Beschäftigte ein Kulak nur einen einzigen Landarbeiter, wurde er bereits als „Ausbeuter" und „Klassenfeind" verfolgt. Mit grausamen Methoden wurden die freien Bauern ihres Landes und ihres Besitzes beraubt und in den eiskalten Norden Zentralrusslands oder nach Sibirien deportiert. Die Betroffenen reagierten auf die anrückenden Parteifunktionäre mit Massenschlachtungen ihres Viehs und dem Verzehr aller ihrer Vorräte. Stalin sah sich dazu veranlasst, die übereifrigen Parteifunktionäre zurückzurufen. Als unmittelbare Folge der Zwangskollektivierung sank der sowjetische Viehbestand von 1928 bis 1933 um die Hälfte. Im Winter 1932/33 brach in weiten Teilen der Sowjetunion eine Hungersnot aus. Besonders betroffen war trotz ihrer ertragreichen Böden die Ukraine, wo durch staatlichen Terror alle Erträge beschlagnahmt wurden. Diese Katastrophe, der zwischen sechs bis zehn Millionen Menschen zum Opfer fielen, wurde vor der Weltöffentlichkeit verheimlicht.

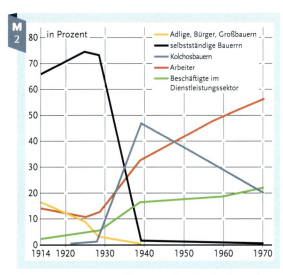

M 2

Veränderungen in der Bevölkerungsstruktur Russlands und der Sowjetunion 1914–1970

 M 3

Der Historiker Karl Schlögel zum Bau des Weißmeer-Ostsee-Kanals (2008):

Beim Bau des Kanals ging es nicht nur um das Bauwerk, sondern um die „Umwandlung", die Umschmiedung des Menschen durch Arbeit, genauer: Hunderttausender Häftlinge durch Zwangsarbeit. Im Oktober 1932 waren dort 125 000 Häftlinge im Einsatz, die unter unsäglichen Bedingungen einen Kanal von 227 km samt Schleusen durch die Fels- und Sumpflandschaft gruben. Die Sterblichkeit lag bei 10,56 %. Bei diesem Kanalbau wurden Organisationsformen, Arbeitsweisen und Ausbeutungspraktiken erprobt, die den Tod Zehntausender Menschen durch Arbeit und Erschöpfung wie selbstverständlich einkalkuliert hatten ... Sklavenarbeit wurde hier als Form der Resozialisierung, als „Weg ins Leben" gefeiert.

*Karl Schlögel, Terror und Traum. Moskau 1937, München (Hanser) 2008, S. 364f.**

📄 ▶ **cornelsen.de/webcodes**
➕ 🔊 *Code: wusopi*
Stalinismus und Genozid

M 4

Plakat „Der Sieg des Sozialismus ist unserem Land garantiert", Lithografie, 1932.

Das Plakat (104 × 73 cm) stammt von dem Künstler Gustav G. Klucis (1895–1938), der eine Vielzahl von Stalinkult-Plakaten schuf. Anlass für dieses Plakat war das Ende des ersten Fünfjahresplans und die Diskussion des anstehenden zweiten Fünfjahresplans. Klucis fiel 1938 einer Denunziation zum Opfer und wurde von der Geheimpolizei erschossen (1956 rehabilitiert). Auf dem Plakat ist folgender Text zu lesen. Rechts oben: „Der Sieg des Sozialismus in unserem Land ist garantiert und das Fundament der sozialistischen Wirtschaft ist geschaffen! Die Realität unseres Produktionsplans – das sind Millionen Arbeiter, die ein neues Leben schaffen. J. Stalin" Unten: „Für die Erfüllung des Fünfjahresplans in vier Jahren! Für die stählerne Einheit der Partei Lenins! Gegen den Opportunismus und den verrotteten Liberalismus! Für die Erfüllung der sechs historischen Hinweise des Genossen Stalins! Für die bolschewistische Festigung der technischen Unabhängigkeit der Sowjetunion! Für die proletarische Weltrevolution!"

M 5

Der Volksschullehrer Wassili Astafjew berichtet über seine Zeit im Straflager

Astafjew (1908–1994) war Sohn eines Bauern mit 10 Hektar Land und 4 Milchkühen im Kreis Kurgan (Transural). Als junger Mann begeisterte er sich für den Kommunismus und gehörte zu den Trupps der
5 *Partei, die nicht gemeldetes Saatgut und Ackerland aufspüren mussten. Während seines Studiums erfuhr er 1930, dass seine Familienangehörigen als „Kulaken" verhaftet wurden und auch nach ihm gesucht würde. Er konnte mehrere Jahre in der Millionenstadt Lenin-*
10 *grad untertauchen, ehe auch er verhaftet und deportiert wurde:*

Wir wurden in hermetisch abgeschlossenen Wagen transportiert. Den Namen der Station, wo der Zug hielt, um uns auszuladen, weiß ich nicht. Lange trie-
15 ben uns die Begleitsoldaten mit Schäferhunden durch die Taiga ... Frost bei minus 60 Grad. Am Morgen holten sie von den Pritschen ein Dutzend Leichen. Morgens früh – zur Waldarbeit. Wer beim Holzfällen die Norm nicht erfüllt, dem geben sie
20 kein Brot ... Ich war im Todeslager gelandet: Chancen zu überleben gab es nicht. Vertierte Menschen, Hunger, Kälte. Der Plan für den Holzeinschlag – unerfüllbar. Die Unmenschen von Wachsoldaten sind Meister der Grausamkeit, vertilgen Alkohol und ver-
25 lieren den Verstand. Sie stellen lebende Menschen auf Baumstümpfe, begießen sie mit Eiswasser und verwandeln sie in Statuen ... Fliehen konnte man nirgendwohin, wir wussten nicht einmal, wo wir uns befanden. Ringsherum Schneewüste, wilde Taiga, du
30 bist schlecht gekleidet und ohne Essen ... Ich überlebte knapp, weil ich mich mit zwei Gefährten im Unglück zusammentat. Einer versuchte dem anderen beim Holzschlagen immer wieder einzuhämmern: Wir schaffen die Norm. Nachts schlafen zwei
35 Stunden lang zwei von uns immer Rücken an Rücken, während der dritte die Schlafenden warm reibt, damit sie nicht erfroren, dann wechselten wir. Meine Frist war nach fünf Jahren zu Ende. Fast niemand hat den Ablauf seiner Strafe lebend erreicht. Sie erklären,
40 du seist frei, reißen dir aber Jacke, Mütze und Filzstiefel herunter und jagen dich mit Fußtritten fort. Ich verschwand während der Wachablösung. Hungrig schleppte ich mich dahin bis zu einer Siedlung von Altgläubigen. Sie machten mir im Pferdestall
45 einen Platz bereit, gaben mir Brot und zeigten mir den Weg. Nach neun Monaten kam ich aus der Taiga heraus.

Zit. nach Carsten Goehrke, Russischer Alltag. Eine Geschichte in neun Zeitbildern, Bd. 3, Zürich (Chronos) 2005, S. 294 f. *

Aus dem Tagebuch des Parteikontrolleurs A.G. Solowjew (1930):

26. Februar. Heute den ganzen Tag im Dorf Gorki Kiowskije. Traf das Chaos an. Die Milizionäre haben die Bauern gezwungen, das gesamte Eigentum dem Kolchos zu übergeben. In einer Scheune
5 haben sie in völliger Unordnung das gesamte Inventar, Pferdegeschirr, die Transportmittel abgeladen. In einer zweiten ist das Hornvieh zusammengetrieben, ohne Futter, ungetränkt, es brüllt die ganze Gegend zusammen. In einer dritten sind
10 die Pferde zusammengetrieben, sie wiehern vor Hunger. In einer vierten sind Hühner, Gänse, Enten eingesperrt... Im Dorf ist das Volk in Aufruhr, die Frauen kreischen.

Zit. nach: Carsten Goehrke, Russischer Alltag, Bd. 3, Zürich (Chronos) 2005, S. 275 f.*

 Ukrainisches Spottlied auf die Kollektivierung (1933):

Vater Stalin, welchen Segen
Bringt uns das Kolchosenleben!
Haus und Scheune sind in Trümmern,
Alle Pferde am Verkümmern.
5 Hammer und Sichel leuchten am Haus,
Doch Tod und Hunger schauen heraus.
Die Kühe fort, die Schweine weg,
Ein Stalinbild statt Fleisch und Speck,
Die Eltern zur Kolchose gehen,
10 Das arme Kind muss einsam stehen.
Mit Brot und Fett ist es vorbei,
Das ist der Segen der Partei.
Wo Liebe wohl und Güte sind?
Ein Vater fraß das eigene Kind.
15 Die Partei hört jedes Wort
Und schickt uns nach Sibirien fort.

Lidia Kovalenko, Holod 33, zit. nach Timothy Snyder, Bloodlands. Europa zwischen Hitler und Stalin, München (dtv) 2013, S. 57, übers. v. Martin Richter.

Enteignete und nach Auffassung Stalins „reiche" Bauern vor ihrem beschlagnahmten Haus in der Ukraine, Foto, 1930

1 Analysiere das Plakat M4 mithilfe der Arbeitsschritte „Politische Plakate analysieren" S. 255.
Tipp: Auf einer roten Fahne in der Menschenmenge hinter Stalin ist ein Porträt Lenins zu erkennen; Klucis' Plakat ist ein frühes Beispiel für den beginnenden Personenkult* um Stalin.
2 Beschreibe mithilfe der Grafik M2 die Folgen der Russischen Revolution und der Stalinzeit für die Bevölkerungsstruktur der Sowjetunion.
3 **Partnerarbeit:**
a) Erarbeitet mithilfe der Darstellungstexte zunächst die Ziele der „Modernisierung um jeden Preis".
b) Erläutert anschließend Maßnahmen zur Umsetzung dieser Ziele mithilfe der Materialien M1 und

M3 in der Industrie und M6 bis M8 in der Landwirtschaft.
c) Beurteilt dann Anspruch und Wirklichkeit dieser „Modernisierung um jeden Preis".
Tipp: Beachtet die Folgen für die sowjetische Bevölkerung.
4 **Wähle eine Aufgabe aus:**
a) Zwangsarbeit als „innere Umwandlung, … Umschmiedung des Menschen" – nimm ausgehend von M3 Stellung zu dieser Haltung Stalins.
b) Heutige Historiker sprechen in Bezug auf das System Gulag von „Staatssklaverei". Nimm Stellung zu dieser These.

Zusatzaufgabe: siehe S. 228

Tagebücher analysieren

Die Öffnung der sowjetischen Archive in den 1990er Jahren und die Bereitschaft der Menschen, nach Jahrzehnten der Angst ihre privaten Dokumente zugänglich zu machen, förderte eine Vielzahl an Quellen über die Sowjetzeit zu Tage (z. B. S. 62, M5). In Tagebüchern hielten viele Personen ihre Erlebnisse, Wünsche und Träume fest. Die hier abgedruckten Auszüge aus dem Tagebuch von Nina Kosterina erschienen in sowjetischen Zeitschriften bereits in den 1960er Jahren zur Zeit der Auseinandersetzung mit dem Stalinismus unter Parteichef Chruschtschow.

Aus dem Tagebuch der 15-jährigen Komsomolzin Nina Alexejewna Kosterina aus Moskau (1937/1938)

Nina Kosterina (1921–1941) war die Tochter von Alexej Kosterin, eines leitenden Funktionärs der KP im asiatischen Teil Russlands und Weggefährten Lenins:

25. März 1937 Etwas Sonderbares und Unbegreifli-
ches hat sich ereignet. Onkel Mischa, Papas Bruder,
ist verhaftet worden, ebenso seine Frau, Tante Anja.
Irma, unsere kleine Cousine, muss in ein Kinder-
heim gebracht werden. Es heißt, Onkel Mischa sei
an einer konterrevolutionären Verschwörung beteiligt
10 gewesen. Wie soll so etwas möglich sein – Onkel
Mischa gehört der Partei seit den ersten Tagen der
Revolution an – und nun ein Volksfeind?

16. April 1937 Mein Geburtstag ist unbemerkt vorü-
bergegangen. Nur Tonja schenkte mir ein rotes
15 Handtäschchen. Alle anderen nahmen keinerlei
Notiz. Und noch etwas Schreckliches und Unver-
ständliches hat sich ereignet. Stellas Vater ist verhaftet worden. Es heißt, er sei ein Volksfeind gewesen ...

22. August 1937 Auch Stellas und Irmas Väter sind
20 verhaftet worden. Irgendetwas Furchtbares ist im
Gange. Nach langem Nachdenken kam ich zu dem
Schluss: Wenn mein Vater Trotzkist ist, und das
heißt so viel wie Vaterlandsverräter, werde ich ihn
nicht beweinen, sondern mich von ihm lossagen.
25 Jetzt steht das auf dem Papier und ich muss geste-
hen, dass ich mich schäme.

20. Dezember 1937 (der Vater hat seine Parteiämter
verloren). Heute spielte sich eine furchtbare Szene
ab. Aus dem Fernen Osten kam Esther Pawlowna,
30 Papas gute Bekannte zurück. Esther Pawlowna sagte, dass Papa sich vorbildlich verhalte. Obgleich er
entlassen ist, bekommt er noch immer sein Gehalt
ausgezahlt, anscheinend ist man in Moskau an seinem Fall interessiert. Als ich mit meiner Unterhal-
35 tung zu Ende war, begann mir Großmama wegen
meiner Geschwätzigkeit Vorwürfe zu machen. Ich
antwortete, dass Esther Pawlowna mit Papa seit
Jahren befreundet sei, dass ich nichts zu verbergen
habe und auch in der Schule die Wahrheit sagen
40 werde. Da begann sie zu zetern, ich sollte gefälligst
den Mund halten. Als ich erwiderte, dass ich die
Lüge hasse, stürzte sie sich auf mich, warf mich aufs
Bett und drückte mir den Hals zu. „Ich bringe dich
um!", schrie sie dabei wie eine Irre. Nun wurde auch
45 ich rasend, befreite mich aus ihrem Griff und begann meinerseits zu schreien, dass sie eine richtige
Hexe sei, die ganz unverdient die Pension ihres
Mannes, eines verdienten alten Bolschewisten, in
Anspruch nehme.
50 Ich verstehe natürlich, dass sie alle Angst haben. Ich
war danach richtig fertig. Papa! Papa! Komm doch
bald zurück!

1938 ...

7. September
55 Wie dunkel und trostlos ist mein Leben. Papas Verhaftung ist ein solcher Schlag, dass ich mich wohl
nie von ihm erholen werde. Bis jetzt hielt ich noch
immer den Kopf hoch ... Jetzt kann Achmetow zu
mir sagen: „Wir sind Kameraden im Unglück!" Wenn
60 ich daran zurückdenke, wie ich ihn verachtet hatte,
weil sein Vater als Trotzkist entlarvt worden war. Jetzt
quält mich bei Tag und Nacht die Frage: Ist mein Vater ein Volksfeind? Nein, das kann nicht sein, ich will
nicht daran glauben! Es handelt sich um einen
65 furchtbaren Irrtum.
Mama bewahrt als einzige die Ruhe. Sie spricht uns
Trost zu, schreibt Petitionen und Gesuche und ist
davon überzeugt, dass sich alles als Irrtum aufklären
wird.

Zit. nach Carsten Goehrke, Russischer Alltag. Eine Geschichte in neun Zeitbildern, Bd. 3, übers. v. Helen von Ssachno, Zürich (Chronos) 2005, S. 292ff.*

Arbeitsschritte „Tagebücher analysieren"

Autor/Autorin einordnen	Lösungshinweise zu M1
1. Wer ist die Autorin?	• *Die 15-jährige Schülerin ... vgl. auch M2*
2. In welchen Verhältnissen und Beziehungen lebt sie?	• *privilegierte Funktionärsfamilie (Abwesenheit des Vaters), Freunde und Bekannte, Klassenkameraden*
3. Wann und wo wurde das Tagebuch geschrieben?	• *1937/38, Höhepunkt der stalinistischen Säuberungen in Moskau*
Textinformationen entnehmen	
4. Welche Begriffe muss ich klären?	• *Komsomolzin: weibliches Mitglied des Komsomols (Jugendorganisation der Kommunistischen Partei)* • *Trotzkist ... vgl. auch M2*
5. Welche individuellen Erfahrungen, Wahrnehmungen und Gefühle werden beschrieben?	• *Erfahrung der Willkür des stalinistischen Terrors, Verunsicherung, Scham ...*
6. Welche unmittelbaren Reaktionen von Angehörigen, Freunden, Bekannten werden geschildert?	• *Angst davor, das nächste Opfer zu sein; panische Reaktionen in der Familie ...*
7. Welche Werturteile werden deutlich?	• *erst Verachtung der Terroropfer,, dann Mitgefühl ...*
8. Welches Motiv für das Schreiben eines Tagebuchs lässt sich erkennen oder vermuten?	• *Verarbeitung der Geschehnisse, Ausdruck der eigenen Gefühle ...*
Tagebucheinträge beurteilen	
9. Aus welcher Perspektive betrachtet die Autorin das Geschehen?	• ...
10. Welche Meinung vertrittst du zum Thema des Tagebuchauszugs? Wie erscheint dir das Thema aus heutiger Sicht?	• ...

M 2

Nina Kosterina meldete sich nach dem deutschen Überfall auf die Sowjetunion trotz starker Kurzsichtigkeit im Dezember 1941 als Partisanin. Sie wurde beim ersten Kampfeinsatz getötet. Ihr Vater kehrte 1954 aus den stalinschen Lagern in Sibirien zurück und wurde einer der ersten Systemkritiker nach Stalins Tod. Foto, undatiert

1 **Partnerarbeit:** Untersucht M1 mithilfe der Arbeitsschritte. Ergänzt die Lösungshinweise mit euren Ergebnissen.

Der „Große Vaterländische Krieg"

Am 22. Juni 1941 überfiel das Deutsche Reich die Sowjetunion und führte einen rassistischen Vernichtungskrieg.
- *Welche Auswirkungen hatte dieser Krieg für die Bevölkerung?*
- *Welche Bedeutung gewann der Sieg über die deutschen Truppen für die Sowjetunion und Russland?*

Die Sowjetunion im Zweiten Weltkrieg

Zu Beginn des Zweiten Weltkrieges waren die sowjetische Wirtschaft und die Rote Armee nur beschränkt funktionsfähig. Viele Offiziere der Roten Armee waren zwischen 1936 und 1938 in politischen Schauprozessen
5 zum Tod verurteilt worden. Der deutsche Überfall traf die sowjetische Armee unvorbereitet. Die deutschen Truppen sollten „Lebensraum im Osten" erobern und dafür die sowjetische Bevölkerung vertreiben, versklaven oder töten. Den deutschen Truppen folgten speziel-
10 le Einsatzkommandos, die Jagd auf Juden und Mitglieder einheimischer Eliten machten. Millionen Männer und Frauen wurden als Zwangsarbeiter nach Deutschland verschleppt.

Nach anfänglichen Erfolgen der Deutschen schlug die
15 sowjetische Armee die Angreifer vor Moskau 1941 zurück und ging nach dem Sieg in den Schlachten um Stalingrad 1942/43 zum Gegenangriff über. In der Sowjetunion starben 20 Millionen Menschen, darunter die Hälfte Zivilisten.

20 ### Innen- und außenpolitische Folgen

Im Innern stärkte der Krieg die Diktatur* Stalins. Die sowjetische Propaganda* entfachte einen großrussischen Nationalismus, in dem das „Vatervolk Russland" über die anderen Nationalitäten herrschte. Bereits
25 1942/43, nach dem Zurückschlagen der deutschen Truppen, wurden die Nachfahren deutscher Siedler in Russland und Völker, die als deutschfreundlich galten, umgesiedelt oder vertrieben. Außenpolitisch konnte die Sowjetunion durch ihren Sieg ihr Einflussgebiet bis nach
30 Westeuropa ausdehnen und zur zweiten Supermacht neben den USA aufsteigen. Das Ende des Krieges brachte den Menschen in der Sowjetunion jedoch keinen Frieden, denn der „innere Krieg" gegen angebliche Verschwörer und Feinde Stalins ging weiter.
35 Der Abwehrkampf der Sowjetunion gegen das Deutsche Reich ging als „Großer Vaterländischer Krieg" in die sowjetische Geschichtsschreibung ein. Bis heute ist der 9. Mai, der „Tag des Sieges" über „Nazideutschland", ein gesetzlicher Feiertag und wird mit Militärparaden im
40 ganzen Land gefeiert.

1 Erläutere anhand des Darstellungstextes die Auswirkungen des deutschen Überfalls auf das Leben der Menschen in der Sowjetunion.

2 **Methode:** Analysiere M2. Nutze die Arbeitsschritte S. 65.

3 **a)** Fasse den Ablauf der in M3 geschilderten Siegesparade zusammen.
b) Beurteile anhand von M1 und M3 die Bedeutung der Siegesparade für die sowjetische Bevölkerung sowie ihre Wirkung auf die internationale Öffentlichkeit.

4 **Partnerarbeit:** Auch heute ist der 9. Mai, der „Tag des Sieges", einer der wichtigsten Feiertage in der Russländischen Föderation. Diskutiert unter Einbeziehung aller Materialien, insbesondere M4, mögliche Gründe.

Sowjetsoldaten mit erbeuteten Fahnen der deutschen Wehrmacht, Foto, 1945

Jura Rjabinkin, 16 Jahre alt, über die Belagerung Leningrads (1941)

Leningrad sollte auf Hitlers Weisung ausgehungert werden. Während der 900-tägigen Blockade starben von den drei Millionen Einwohnern eine Million an Unterernährung:

6., 7. November [1941]. Über die Lage an den Fronten ist mir nichts bekannt. Stalin soll eine Rede gehalten ... haben ... Wir haben keinen Reis für Brei mehr. Demnach werde ich drei Tage hungern müssen ...
5 Mutter ist krank geworden. Es muss ernst sein, da sie keinen Hehl daraus macht. Husten, Schnupfen mit Brechreiz, Heiserkeit, Fieber und Kopfschmerzen ... Ich kann den Unterrichtsstoff jetzt einfach nicht mehr aufnehmen und habe gar keine Lust zum
10 Lernen. Ich denke immer nur ans Essen, an die Bombenangriffe und Geschosse ...

9. und 10. November. Wenn ich einschlafe, träume ich jedes Mal von Brot, Butter, Piroggen und Kartoffeln ... In der letzten Dekade mussten wir 400 g
15 Graupen, 615 g Butter, 100 g Mehl verfallen lassen. Diese Dinge waren nirgends zu haben. Wo sie trotzdem verkauft wurden, bildeten sich sofort riesige Schlangen. Hunderte und aber Hunderte standen bei bitterer Kälte auf der Straße, dabei reichte die
20 Lieferung allenfalls für 80 bis 100 Menschen. Die Leute aber blieben, froren und gingen mit leeren Händen weg ... Danach hat man keine Wünsche mehr. Es bleibt nur stumpfe kalte Gleichgültigkeit gegenüber allem, was vor sich geht ... Ich sitze und
25 weine. Ich bin doch erst sechzehn! Die Hunde, die diesen Krieg vom Zaun gebrochen haben!

*Ales Adamowitsch/Daniil Granin, Das Blockadebuch. Zweiter Teil. Aus dem Russischen von Ruprecht Willnow, Berlin (Volk und Wissen) 1987, S. 155 f.**

Der Historiker Karl Schlögel über die Moskauer Siegesparade am 24. Juni 1945 (2018):

Zehn Glockenschläge von den Kremltürmen geben das Signal ... Aus dem Tor des Spasski-Turms reitet auf einem weißen Schimmel Marschall Schukow ..., Heerführer im „Sturm auf Berlin". Fanfarenstöße
5 ertönen. In der Platzmitte formiert sich ein 1400 Mann umfassendes Militärorchester, das Glinkas „Ehre Dir, russisches Volk" spielt, Schukow spricht von der Tribüne des Mausoleums, dann erklingt die sowjetische Hymne und ein dreimaliges Hurra über
10 den ganzen Platz. Es folgt die namentliche Aufzählung der berühmten Heerführer ... Ein Trommelwirbel setzt ein, und nach und nach ... treten die in Paradeuniformen gekleideten Soldaten vor und werfen in einer knappen, Verachtung gegenüber dem be-
15 siegten Aggressor verkörpernden Geste die von den

Deutschen erbeuteten Trophäen auf das Pflaster vor dem Mausoleum. Unter Trommelwirbeln werden 200 Fahnen und Standarten, jede für sich auf das Podium vor dem Mausoleum gestoßen. Ein lang an-
20 gehaltener Augenblick, eine Geste, die Verachtung, Stolz und Würde vereint. [Es] folgt der Aufmarsch der ... motorisierten Abteilungen ... Am Abend strömt ganz Moskau zum Roten Platz, auf dem ... die aus dem Krieg zurückgekehrten Soldaten als Hel-
25 den in der Menge gefeiert werden ... Um 23 Uhr wird der Tag ... mit einem Feuerwerk, der friedlich-zivilen Version des Schlachtenlärms, abgeschlossen ... [als] Vollendung eines Rituals, in dem der Krieg sein Ende findet und für das erschöpfte Land der Weg zurück
30 in den Nachkriegsalltag beginnt.

*Karl Schlögel, Das sowjetische Jahrhundert. Archäologie einer untergegangenen Welt, München (C. H. Beck) 2018, S. 529 ff.**

Präsident Putin bei der Militärparade anlässlich des 73. Jahrestags des Sieges im Großen Vaterländischen Krieg, Foto, 2018

Die Ära Gorbatschow – Ende eines Traums?

*Michail Sergejewitsch Gorbatschow, der letzte Staats- und Parteichef der Sowjet-
union, wollte den maroden Kommunismus modernisieren. Begrüßt als junger und
kämpferischer Hoffnungsträger, verlor er bald schon die Kontrolle über den von ihm
angestoßenen Reformprozess. Obwohl im Westen als Entspannungspolitiker hoch-
geachtet, wird Gorbatschow von vielen Landsleuten im Rückblick vor allem für das
Ende der Sowjetunion verantwortlich gemacht.*
- *Welche Modernisierungsversuche unternahm Michail Gorbatschow ab 1985?*
- *Welche politischen und gesellschaftlichen Folgen hatte seine Reformpolitik?*

Die Sowjetunion nach Stalin

Nach dem Tod Stalins 1953 wurden die Gulags aufgelöst
und über vier Millionen Häftlinge entlassen. Die Periode
des „Tauwetters" unter Parteichef Chruschtschow
(1958–1964) setzte neue Ziele: Statt mit Unterdrückung
5 und brutaler Gewalt sollten die Bürger nun mit anderen
Mitteln überzeugt werden, im besten Gesellschaftssys-
tem zu leben. Die Löhne wurden verdreifacht und die
überall entstehenden Plattenbauten linderten die
schlimmste Wohnungsnot in den größeren Städten.
10 Dennoch hatten in den 1970er Jahren immer noch über
40 Prozent der Sowjetbürger in ihren Unterkünften weder fließendes Wasser noch eine Heizung.
Seit den 1970er Jahren waren trotz aller schönfärberi-
schen Propaganda die Schwächen der sozialistischen
15 Planwirtschaft nicht mehr zu übersehen. Fehlplanungen,
Korruption* und ständig steigende Militärausgaben
brachten die Sowjetunion an die Grenzen ihrer Leistungsfähigkeit. In der Nutzung von Computern und digitaler Technik betrug ihr Rückstand auf den Westen min-
20 destens 10 Jahre. Die Kluft im Lebensstandard der
Sowjetbürger gegenüber den westlichen Staaten wurde
immer größer.

*Michail Gorbatschow im Gespräch mit einer Mitarbeiterin einer
Großkonditorei in der Region Kuibyschew, Foto, 1986*

Ein neuer Mann an der Spitze

Am 11. März 1985 wurde Michael Gorbatschow zum
25 Generalsekretär der Kommunistischen Partei der Sowjetunion gewählt. Er übernahm damit das wichtigste Amt
in einem Land, das sich in einer schweren wirtschaftlichen und gesellschaftlichen Krise befand:
- Infolge der globalen Ölkrisen der 1970er Jahre hatte
30 die Sowjetunion ihre Öl- und Erdgasförderung erfolgreich ausgebaut. Zeitweise wurde mehr als die Hälfte
des Nationaleinkommens über Öl- und Gasverkäufe
erwirtschaftet. Seit Anfang der achtziger Jahre sanken
allerdings die Öl- und Gaspreise aufgrund weltweiter
35 Überproduktion kontinuierlich. 1985 war der Tief-
punkt erreicht: Ohne die bis dahin sicher geglaubten
Einnahmen aus dem Ölverkauf stürzte die Sowj-
union in eine schwere Rezession*. Wie sollte sich die
schwerfällige und ineffiziente Planwirtschaft davon
40 erholen?
- Die enormen Ausgaben für das neuerliche Wettrüsten
mit dem Westen seit Anfang der 1980er Jahre und für
die sowjetische Besetzung Afghanistans zur Unterstützung der dortigen kommunistischen Regierung
45 (1979–1989) hatten die finanziellen Möglichkeiten
des Landes überfordert. Zudem war längst klar, dass
dieser Guerillakrieg* gegen die vom Westen unterstützten Mudschahedin (islamische Guerillakämp-
fer in Afghanistan) militärisch nicht zu gewinnen war.
50 Mindestens 15 000 gefallene und über 50 000 kriegs-
versehrte sowjetische Soldaten hatten die Bevölkerung demoralisiert.

Der mit 54 Jahren vergleichsweise junge Gorbatschow
erkannte diese Probleme und sprach sie im Unterschied
55 zu seinen Vorgängern auch deutlich an. Mit Eifer ging er
daran, durch Reformen die jahrzehntelange Misswirt-
schaft, verbunden mit Korruption und Amtsmissbrauch
zu überwinden und das kommunistische System zu modernisieren. Er betrieb vor allem die Umgestaltung der
60 Parteistruktur, russisch Perestroika* (= grundlegender
Umbau von Staat und Gesellschaft). Binnen kurzer Zeit
hatte er auf allen Ebenen einen Großteil der Funktionäre

und Amtsträger in Partei und Verwaltung durch neue und jüngere Leute ersetzt. Neu war auch, wie sich Gorbatschow für eine offene Diskussion über Probleme und Missstände einsetzte, russisch Glasnost* (= Offenheit). Statt Einschüchterung und systematischer Manipulation

richtet. Aber Glasnost ermöglichte nun der sowjetischen Bevölkerung, über andere Kanäle das wahre Ausmaß der Katastrophe zu erfahren. Gorbatschow wurde für seine Hinhaltetaktik heftig kritisiert, und anfängliches Misstrauen gegenüber seinem Reformkurs kam auf.

Der zerstörte Atomreaktor von Tschernobyl, aufgenommen wenige Tage nach dem Reaktorunglück am 26. April, Foto, 1986

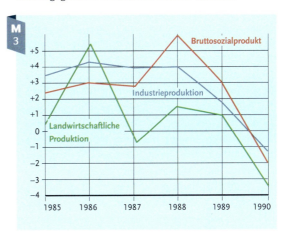

Wirtschaftsentwicklung in der Sowjetunion während der ersten fünf Jahre der Reformpolitik 1985 bis 1990

von Informationen sollten in der sowjetischen Gesellschaft Meinungsfreiheit und Transparenz herrschen. Eine erste Maßnahme Gorbatschows war deshalb die schrittweise Lockerung der staatlichen Zensur. Die Schlagworte „Glasnost" und „Perestroika" wurden bald auch für andere Staaten des Ostblocks zu Schlüsselbegriffen eines „neuen Denkens".

Testfall Tschernobyl – der Anfang vom Ende?

Zur ersten Nagelprobe seines Reformprojekts sollte eine der größten Umweltkatastrophen des 20. Jahrhunderts werden. Am 26. April 1986 kam es im Atomkraftwerk Tschernobyl in der Ukraine wegen menschlichen Versagens zur Explosion eines Reaktorblocks. Infolge der Ölkrise hatte man auf einen raschen Ausbau der Atomenergie als alternative Energiequelle gesetzt. Große Mengen Radioaktivität traten aus und richteten verheerende Umweltschäden an. Der radioaktive Fallout gelangte aufgrund der Windverhältnisse auch in weite Teile Nord- und Westeuropas. Angesichts der bevorstehenden Feierlichkeiten zum 1. Mai versuchte die Regierung zunächst in gewohnter Weise die Katastrophe zu verheimlichen. Um keine Zweifel an den technischen Standards in der Sowjetunion aufkommen zu lassen, wurde in den staatlichen Medien nicht über Umweltkatastrophen oder schwere Unfälle wie Flugzeugabstürze be-

Im Ausland hoch geachtet …

Im Oktober 1986 erklärte Gorbatschow gegenüber dem Politbüro, dass die Sowjetunion angesichts ihrer wirtschaftlichen Lage ein fortgesetztes Wettrüsten verlieren werde. In der Außenpolitik warb Gorbatschow deshalb zusammen mit seinem Außenminister Eduard Schewardnadse für eine Neuordnung der internationalen Beziehungen. Bei einem Gipfeltreffen mit dem amerikanischen Präsidenten Ronald Reagan im Dezember 1987 vereinbarten die beiden Staaten die Vernichtung aller Mittelstreckenraketen in Europa. Weitere Gespräche zu Rüstungsbegrenzungen, vor allem im atomaren Bereich, folgten. Für seine Verdienste um den umfassenden Rüstungsabbau wurde Gorbatschow 1990 der Friedensnobelpreis verliehen.

… im Inland zunehmend verachtet

Ungeachtet seiner außenpolitischen Erfolge stieß Gorbatschow mit seinen innenpolitischen Reformvorhaben seit 1988 auf zunehmenden Widerstand. Der abrupte Übergang von der Planwirtschaft zur völlig neuen und ungewohnten Marktwirtschaft* brachte eine bis dahin im Sozialismus unbekannte Arbeitslosigkeit vieler Bürger mit sich. Infolge der hohen Inflationsrate verarmten weite Teile der Bevölkerung. Es kam zu Massenprotesten und landesweiten Streiks. Wegen der schlechten Ernte im Herbst 1990 drohte ein Hungerwinter. Gorbatschow selbst appellierte an das westliche Ausland, mit dessen Hilfe diese Notlage zumindest gelindert werden konnte.

Das Sowjetimperium zerfällt

Im Gegensatz zu seinen Vorgängern verkündete Gorbatschow im Jahr 1988, dass er den bisherigen „sozialistischen Bruderstaaten" des Warschauer Pakts* die Wahl
130 ihres Gesellschaftssystems selbst überlassen werde. Die baltischen Sowjetrepubliken Estland, Lettland und Litauen forderten daraufhin ihre nach dem Zweiten Weltkrieg verlorene staatliche Unabhängigkeit wieder zurück. Die sowjetische Zentralregierung wies die For-
135 derung entschieden zurück. Trotz des Einsatzes von Militär gelang es Gorbatschow aber nicht, die Ablösung der drei Teilrepubliken aus der Sowjetunion zu verhindern. Im März 1990 erklärten sich Litauen, im Mai Estland und Lettland für unabhängig. Der Erfolg der baltischen Staa-
140 ten bestärkte andere Teilrepubliken wie die Ukraine und Georgien, ihre Unabhängigkeit gegenüber der geschwächten Zentralmacht in Moskau zu erklären. Im Kaukasus und in Zentralasien brachen blutige Konflikte zwischen verschiedenen Ethnien aus. In vielen Teilen der
145 zerfallenden Sowjetunion befanden sich die Russen nun plötzlich in der Minderheit.

Um einen weiteren Zerfall des Sowjetimperiums aufzuhalten, versuchte im August 1991 eine Gruppe konservativer Altkommunisten, Gorbatschow durch einen
150 Putsch* als Parteichef und sowjetischen Staatspräsidenten zu stürzen. Der Präsident der russischen Teilrepublik, Boris Jelzin (1931–2007), organisierte in Moskau den bewaffneten Widerstand und brachte den Putsch zum Scheitern. Er verbot die Kommunistische Partei in sei-
155 nem Territorium und entmachtete damit den zuvor aus der Gewalt der Putschisten befreiten Gorbatschow als Generalsekretär der KPdSU. Gegen Staatspräsident Gorbatschow betrieb Jelzin nun erfolgreich die Bildung einer Gemeinschaft Unabhängiger Staaten* (GUS) unter
160 Führung der größten Teilrepublik Russland. Die Gründung der GUS bedeutete zugleich das Ende der 70-jährigen Geschichte der UdSSR. Als letzte Amtshandlung blieb Michail Sergejewitsch Gorbatschow nur noch der Rücktritt als Staatspräsident eines seit dem 31. Dezem-
165 ber 1991 nicht mehr bestehenden Staates.

Michail Gorbatschow über sein politisches Programm[1] (1987):

Umgestaltung heißt, dass wir uns auf das lebendige Schöpfertum der Massen stützen. Dass wir Demokratie und sozialistische Selbstverwaltung umfassend entwickeln, Entschlusskraft und Eigeninitiative
5 fördern, Ordnung und Disziplin stärken. Umgestaltung heißt mehr Offenheit, mehr Kritik und Selbstkritik in allen Lebensbereichen der Gesellschaft, heißt, dass die Werte und die Würde der Persönlichkeit hohe Achtung genießen. Umgestaltung heißt,
10 dass die sowjetische Wirtschaft umfassend intensiviert wird, dass die Prinzipien des demokratischen Zentralismus ... wieder zur Geltung gebracht und weiterentwickelt werden, dass nicht länger kommandiert und administriert wird und dass Schrittmacher-
15 geist und sozialistischer Unternehmungsgeist mit allen Mitteln gefördert werden ... Das Wesen der Umgestaltung liegt ja gerade darin, dass in ihr Sozialismus und Demokratie zu einer Einheit verschmelzen, dass sie die Leninsche Konzeption vom Aufbau
20 des Sozialismus in Theorie und Praxis wieder voll zum Tragen bringt ... Nötig ist eine weitgreifende Demokratisierung des gesamten gesellschaftlichen Lebens. Ohne Offenheit (Glasnost) kann es keine Demokratie geben. Und ohne Demokratie kann es
25 keinen zeitgemäßen Sozialismus geben.
Man muss den Massen die Wahrheit sagen ... Universale Sicherheit beruht in unserer Zeit auf der Anerkennung des Rechts jeder Nation, den Weg ihrer sozialen Entwicklung selbst zu bestimmen, auf dem
30 Verzicht der Einmischung in die inneren Angelegenheiten anderer Staaten ... Nationen können und sollen ihr Leben nicht nach dem Muster der USA oder der Sowjetunion ausrichten. Politische Positionen sollen deshalb frei sein von ideologischer Intoleranz.

Zit. nach Michail Gorbatschow, Umgestaltung und neues Denken für unser Land und für die ganze Welt, Berlin (Dietz) 1987, S. 37f.

[1] *Gorbatschows Buch wurde schon kurze Zeit nach seinem Erscheinen in viele Sprachen übersetzt und war als politischer Bestseller weltweit verbreitet.*

cornelsen.de/webcodes
Code: *puyafi*
Das Ende der Sowjetunion

M5

Der deutsche Historiker Dietmar Neutatz über die Reformversuche Michail Gorbatschows, 2013:

Der neue Generalsekretär glaubte an die Reformierbarkeit des sowjetischen Systems ... [Er] war ... überzeugt, man könne dieses Wirtschaftssystem durch Reformen effektiv machen, ohne das Privateigentum
5 an Produktionsmitteln zuzulassen und ohne eine echte Preisbildung über den Markt einzuführen, die auf Gestehungskosten, Angebot und Nachfrage beruhte. Er glaubte daran, dass die kommunistische Partei demokratisiert werden könne, ohne ihr Macht-
10 monopol aufgeben zu müssen, und dass sich über die Lockerung der Zensur und ein Klima der Offenheit die Zustimmung der Bevölkerung zum Sozialismus erhöhen und ihr Engagement für die gemeinsame Sache steigern lasse. Dass ausgerechnet seine
15 Politik, die zunächst große Hoffnungen weckte, im ökonomischen Kollaps, dem Zusammenbruch der Sowjetmacht und im Auseinanderfallen des Imperiums endete, lag nicht an ungünstigen Umständen,
sondern an der prinzipiellen Verkennung der Prob-
20 lemlage durch Gorbatschow selbst ...
Die plötzliche Brisanz der Nationalitätenproblematik überraschte ... Gorbatschow, der diesen Faktor völlig unterschätzt hatte ... [Er gab sich] dem Wunschdenken von der harmonischen Gemeinschaft des Sow-
25 jetvolkes hin. Glasnost erwies sich jedoch gerade hinsichtlich der Nationalitäten als unkontrollierter Selbstläufer. Die Möglichkeit der freien Meinungsäußerung ließ Konflikte aufbrechen und eröffnete nationalen Unabhängigkeitsbewegungen Hand-
30 lungsspielräume. Die Perestroika war nicht die Ursache für die nationalen Unabhängigkeitsbewegungen, aber sie verhalf ihnen zur Artikulation und zum Durchbruch ... Die Programmatik war überall ähnlich: Man pochte auf Selbstbestimmung und Sou-
35 veränität ...

Dietmar Neutatz, Träume und Alpträume. Eine Geschichte Russlands im 20. Jahrhundert, München (C. H. Beck) 2013, S. 503, 513ff.*

 **M6**

Postkarten im Museumsshop des Nobel-Friedenszentrums in Oslo zeigen Friedensnobelpreisträger: 1964 Martin Luther King, 1971 Willy Brandt, 1975 Andrei Dimitrijewitsch Sacharow (Dissident, der auf Initiative Gorbatschows 1986 aus der Verbannung nach Moskau zurückkehren durfte), 1989 Dalai Lama, 1990 Michail Sergejewitsch Gorbatschow, 1991 Aung San Suu Kyi, Foto, 2010

1 Fasse mithilfe von M2, M3 und des Darstellungstextes die politische und wirtschaftliche Entwicklung der Sowjetunion von 1970 bis 1991 in einer Mindmap zusammen.
2 **Partnerarbeit:**
a) Arbeitet aus M4 heraus, was Gorbatschow unter „Umgestaltung" und „Offenheit" verstand.
Tipp: Bezieht M1 in eure Überlegungen mit ein.
b) Diskutiert mögliche Konsequenzen der Aussage in M4, Z. 21 ff.
Tipp: Unterscheidet sich Gorbatschow hier von seinen Vorgängern?

3 **Wähle eine Aufgabe aus:**
a) „Im Ausland geachtet – in Russland verachtet!" Gestalte einen Zeitungsartikel für Gorbatschows Landsleute, in dem du seine Politik würdigst. Beziehe M3 und M6 in deine Überlegungen mit ein.
b) „Der Sterbehelfer!"
Erörtere ausgehend von M5, ob Gorbatschow für den Zerfall der Sowjetunion verantwortlich gemacht werden kann. Beziehe M3 mit ein.
4 Überprüfe deine Vermutungen zu den Umfrageergebnissen S. 29 M2 und Aufgabe 1c).
5 **Recherche:** Informiere dich über die Folgen des Reaktorunglücks von Tschernobyl M2.

Auf der Suche nach einer neuen Heimat: Die Geschichte der Russlanddeutschen

Mit Katharina der Großen begann die Erschließung dünn besiedelter Regionen des Russländischen Reiches durch angeworbene Ausländer. Unentgeltliche Land-zuweisung, freie Religionsausübung und das Recht auf Selbstverwaltung lockten im 18. und 19. Jahrhundert vor allem deutsche Auswanderer ins Zarenreich. Als privilegierte Kolonisten zeigten sie wenig Bereitschaft zur Anpassung an die um-wohnende Bevölkerung. Das hierdurch erzeugte Misstrauen schlug während der beiden Weltkriege in offene Feindschaft gegenüber den „Deutschen in Russland" um: Diskriminierung und Zwangsumsiedlungen waren die Folge. Nach dem Ende der Sowjetunion sind viele von ihnen als Spätaussiedler nach Deutschland ge-kommen. Wieder mussten sie um ihre gesellschaftliche Akzeptanz kämpfen.
- *Wie lebten die „Russlanddeutschen" im russländischen Vielvölkerstaat?*

M 1

Teilnehmer einer Baumpflanzungsaktion bei Marxstadt (Raum Saratow an der unteren Wolga) anlässlich des 10. Jahrestages der Autonomen Sozialistischen Sowjetrepublik (ASSR) der Wolgadeutschen, Foto, 1934

M 2

Der Historiker Jannis Panagiotidis zur Geschichte der Russlanddeutschen (2019):

Als „Russlanddeutsche" werden die Nachfahren von Siedlern aus dem deutschsprachigen Mittel-europa bezeichnet, die sich seit der zweiten Hälfte des 18. Jahrhunderts in verschiedenen Regionen
5 des Russischen Reiches niedergelassen hatten. Als Sammelbezeichnung gibt es diesen Begriff erst seit dem 20. Jahrhundert ...
1763 erließ die Zarin Katharina die Große ein Mani-
fest, das ausländische Siedler insbesondere aus dem
10 ... deutschsprachigen Mitteleuropa anzog. Diese lie-ßen sich an der Wolga nieder [im Raum Saratow/ Samara an der unteren Wolga]. Ab den 1780er-Jahren entstanden dann auch deutschsprachige Ansiedlun-gen (Kolonien) im Schwarzmeergebiet (heutige
15 Ukraine und Südrussland), welches das Russische Reich in den Jahren zuvor erobert hatte. Gemeinsam war den Siedlern der Wolga- und Schwarzmeer-kolonien, dass sie umfangreiche Privilegien und

Autonomierechte genossen, darunter Landbesitz
20 (den leibeigene russische Bauern nicht hatten), drei-
ßigjährige Steuerfreiheit, Religionsfreiheit und Frei-
stellung von der Wehrpflicht.

In der ersten Hälfte des 19. Jahrhunderts entstanden
neue deutsche Kolonien im Kaukasus ... Ab den
25 1890er-Jahren entstand eine Vielzahl neuer deutscher Dörfer in Sibirien und Kasachstan. Es handelte
sich um Gebiete, welche damals verstärkt vom Russischen Reich erschlossen wurden ...

Die gewaltvollen Krisenjahre in Russland von 1914
30 bis 1921 markierten einen Wendepunkt in der Geschichte der Russlanddeutschen. Im Ersten Weltkrieg wurden sie aufgrund ihrer deutschen Herkunft
und der daraus gefolgerten Sympathie für den
Kriegsgegner von der zaristischen Regierung als
35 „innerer Feind" angesehen und verschiedenen Ver-
folgungsmaßnahmen ausgesetzt. Dazu gehörten
Enteignungen und Deportationen. Nach der Revolution 1917, in Folge des Russischen Bürgerkriegs
und der großen Hungersnot an der Wolga 1921/22,
40 emigrierten gut 120 000 Russlanddeutsche nach
Deutschland und in vielen Fällen von dort weiter
nach Amerika.

Die große Mehrzahl der Russlanddeutschen blieb
jedoch im Land und erlebte zunächst eine erneute
45 Phase von relativer Autonomie im Rahmen der leni-
nistischen Politik der kulturellen Förderung nationaler Minderheiten. In diesem Zusammenhang erfolgte im Jahr 1924 die Gründung der Autonomen
Sozialistischen Sowjetrepublik (ASSR) der Wolga-
50 deutschen. Im Zuge der Verschärfung der stalinistischen Herrschaft in den 1930er-Jahren gerieten die
Deutschen ... jedoch wieder zunehmend unter
Druck ...

Der Zweite Weltkrieg setzte die zu jener Zeit im Lan-
55 de verbliebenen circa 1,4 Millionen Russlanddeutschen endgültig in Bewegung. Etwa 900 000 von
ihnen, die an der Wolga, auf der Krim, im Kaukasus
und im Süden Russlands lebten, wurden kurz nach
dem deutschen Überfall ab Ende August 1941 nach
60 Osten [nach Kasachstan und Sibirien] deportiert; die
ASSR der Wolgadeutschen wurde abgeschafft. Die
Deportation beendete die hergebrachte Existenz der
Kolonien und zerstörte mittelfristig Kultur und Sprache der Russlanddeutschen, da ihnen die Strukturen

65 zu ihrem Erhalt genommen worden waren. Auf die
Umsiedlung folgte für gut 350 000 Russlanddeutsche – Männer und Frauen – der Einzug in die so-
genannte Arbeitsarmee (Trudarmija), wo sie
Zwangsarbeit leisten mussten. Deportation und
70 Arbeitseinsatz forderten ... gut 150 000 Todesopfer.
... In der Verbannung entstand die „Schicksals-
gemeinschaft" der Russlanddeutschen ...

Bis 1955 lebten die verbannten Russlanddeutschen
unter ... der sogenannten Kommandantur ... welche
75 sie zwang, an ihren Verbannungsorten zu bleiben.
Nach Ende der Kommandantur migrierten viele zunächst innerhalb des asiatischen Teils der Sowjetunion, beispielsweise in die damals verstärkt besiedelten „Neuland"-Gebiete in Kasachstan. Die
80 Russlanddeutschen wurden Teil der sich neu for-
mierenden poststalinistischen sowjetischen Gesellschaft. Viele heirateten Angehörige anderer Nationalitäten. Im Zuge dieser Integrationsprozesse und
mangels Möglichkeiten, die deutsche Sprache in der
85 Schule zu lernen, wurde das Russische zunehmend
die dominante Sprache der jüngeren Generationen.
Trotzdem blieb ein Eigenbewusstsein als Deutsche
erhalten – wegen der erlebten Verfolgung ... aber
auch wegen der Eintragung „nemec" [njemetz]
90 (Deutscher) im sowjetischen Inlandspass ...

Zu Ausreisen in die Bundesrepublik kam es in größerer Zahl erst in den 1970er-Jahren ... Die Mehrheit
der Russlanddeutschen konnte aber erst nach der
Öffnung der sowjetischen Grenzen für Ausreisende
95 im Zuge der Perestroika und nach dem Zerfall der
Sowjetunion emigrieren – von 1987 bis heute circa
2,4 Millionen Menschen. Sie waren zentraler Bestandteil der postsowjetischen Migration, an der
sich vor allem ethnische Minderheiten beteiligten.
100 Neben den Deutschen waren dies vor allem auch
Juden, die in ihrer Mehrzahl nach Israel [und] in die
USA ... emigrierten. Gegenwärtig leben nur noch
circa 400 000 Menschen, die sich selbst als Deutsche identifizieren, in der Russischen Föderation
105 und weitere circa 180 000 in Kasachstan, den Haupt-
siedlungsgebieten der Russlanddeutschen in der
Nachkriegszeit.

*Jannis Panagiotidis, Geschichte der Russlanddeutschen. In:
(Spät-)Aussiedler in der Migrationsgesellschaft, Informationen zur politischen Bildung Nr. 340 2/2019, S. 16ff.*

„Krieger der Roten Armee, rette uns!"
Sowjetisches Propagandaplakat aus der Zeit des Zweiten Weltkrieges,
undatiert

Aus dem Erlass des Präsidiums des Obersten Sowjets der UdSSR „Über die Umsiedlung der Deutschen, die in den Wolga-Rayons[1] leben" (28. 08. 1941):

Entsprechend glaubwürdigen Nachrichten, die die Militärbehörden erhalten haben, befinden sich unter der in den Wolga-Rayons lebenden deutschen Bevölkerung Tausende und Zehntausende
5 von Diversanten[2] und Spionen, die nach einem aus Deutschland gegebenen Signal in den von den Wolgadeutschen besiedelten Rayons Sprenganschläge verüben sollen.

Über die Anwesenheit einer so großen Zahl von
10 Diversanten und Spionen unter den Wolgadeutschen hat den Sowjetbehörden keiner der in den Wolga-Rayons ansässigen Deutschen berichtet, folglich verbirgt die deutsche Bevölkerung der Wolga-Rayons in ihrer Mitte Feinde des Sowjet
15 volkes und der Sowjetmacht.

Im Falle von Diversionsakten, die auf Weisung aus Deutschland durch deutsche Diversanten und Spione in der Republik der Wolgadeutschen oder in den Rayons ausgeführt werden sollen, und im Fal
20 le, dass es zum Blutvergießen kommen wird, wird die Sowjetregierung entsprechend den zur Kriegszeit geltenden Gesetzen gezwungen sein, Strafmaßnahmen zu ergreifen.

Um aber unerwünschte Ereignisse dieser Art zu
25 vermeiden und ernsthaftes Blutvergießen zu verhindern, hat das Präsidium des Obersten Sowjets der UdSSR es für notwendig befunden, die gesamte deutsche Bevölkerung, die in den Wolga-Rayons ansässig ist, in andere Rayons umzusiedeln, und
30 zwar derart, dass den Umzusiedelnden Land zugeteilt und bei der Einrichtung in den neuen Rayons staatliche Unterstützung gewährt werden soll. Für die Ansiedlung sind die an Ackerland reichen Rayons der Gebiete Novosibirsk und Omsk, der
35 Region Altaj, Kasachstans und weitere benachbarte Gegenden zugewiesen worden.

Zit. nach Jannis Panagiotidis, Geschichte der Russlanddeutschen. In: (Spät-)Aussiedler in der Migrationsgesellschaft, Informationen zur politischen Bildung Nr. 340, 2/2019, S. 18.

....

[1] *Rayon (Mehrzahl Rayons) = Verwaltungsbezirk, entspricht in etwa den deutschen Landkreisen*
[2] *Diversant = Saboteur, der Sabotageakte und Störmanöver gegen die Regierung verübt*

Aussiedlung Russlanddeutscher aus der UdSSR/GUS:

Zeitraum	Aussiedler aus der UdSSR/GUS
1950–1954	1 802
1955–1959	11 778
1960–1964	4 954
1965–1969	3 617
1970–1974	15 941
1975–1979	40 644
1980–1984	15 158
1985–1989	161 407
1990–1994	911 473
1995–1999	718 634
2000–2004	413 596
2005–2009	56 310
2010–2018	41 023
1950–2018	**2 396 337**

*Zit. nach Jannis Panagiotidis, Geschichte der Russland-deutschen. In: (Spät-)Aussiedler in der Migrationsgesell-schaft, Informationen zur politischen Bildung Nr. 340, 2/2019, S. 19.***

 Der deutsche Historiker Dietmar Neutatz zur Identität der Russlanddeutschen (2013):

Überhaupt ist die Identität als „Deutscher" oder „Russlanddeutscher" ein schwieriges Kapitel, das häufig zu vereinfacht dargestellt wird. Selbst bei den bäuerlichen Kolonisten, die nach objektiven
5 Kriterien (Sprache, Kultur, Konfession, Abstammung) Deutsche waren, ist es problematisch, vor 1914 von „Russlanddeutschen" zu sprechen. Die deutschen Dörfer bewahrten zwar bis nach dem Ersten Weltkrieg ihren geschlossenen Charakter.
10 Die Geschlossenheit war allerdings weniger eine ethnische als eine konfessionelle. Die Konfession war in jeder Hinsicht das bestimmende Gruppenmerkmal und zog scharfe Trennlinien zwischen Lutheranern, Mennoniten[1], Reformierten und Ka-
15 tholiken. Gegenüber den orthodoxen Russen und Ukrainern erfüllte dieses konfessionelle Gruppenbewusstsein eine nationale Funktion, weil es Mischehen verhinderte. Gleichzeitig verzögerte es jedoch das Entstehen eines nationalen Gruppen-
20 bewusstseins der Russlanddeutschen, das erst als ein Bewusstsein der gemeinsam erlittenen Verfolgung im Ersten Weltkrieg entstehen und sich durch die Deportation 1941 verfestigen sollte.

Dietmar Neutatz, Russland/Russisches Reich. In: Online-Lexikon zur Kultur und Geschichte der Deutschen im östlichen Europa, 2013. In: https://ome-lexikon.uni-oldenburg.de/55260.html (Abruf: 23. 1. 2013).

....

[1] *evangelische Freikirche, pazifistisch ausgerichtet und eng mit den Hutterern und Amischen verbunden*

---

1 **a)** Stelle mithilfe von M2 die Geschichte der Russlanddeutschen in grafischer Form dar.
Tipp: Beziehe die Karten S. 272/273 im Anhang („Die Sowjetunion 1945 bis 1990" und „Die Völker in der GUS (1997) in deine Überlegungen mit ein.
b) Ordne das Foto M1 in deine Darstellung ein.

2 **Partnerarbeit:**
a) Analysiert arbeitsteilig M3 und M4.
Tipp: Achtet bei M3 auf die beabsichtigte Wirkung und bei M4 auf die Argumentation.
b) Tauscht eure Ergebnisse aus. Beurteilt die Wirkung beider Materialien, wenn sie zusammen wahrgenommen werden.
c) Plenum: Diskutiert, welche Funktion Stalins Politik gegenüber der nationalen Minderheit der Russlanddeutschen hatte.

3 Arbeite aus M6 heraus, wie der Autor die „Identität" der Russlanddeutschen beurteilt.

4 **a)** Analysiere M5. Ordne dein Ergebnis in deine Darstellung zu Aufgabe 1 ein.
b) Partnerarbeit: Recherchiert die Aufnahme russlanddeutscher Spätaussiedler in eurer Region.
Tipp: Mögliche Aspekte: Jahr der Aussiedlung nach Deutschland, Erstaufnahmeeinrichtungen, Ankunft und Integration in der „neuen Heimat"

cornelsen.de/webcodes
Code: jejoyi
Russlanddeutsche

Die Russländische Föderation heute – durch Erinnerung zu neuer Stärke?

Nach dem Ende der Sowjetunion büßte die Russländische Föderation ihre Welt-machtstellung ein und durchlebte eine innere Krise. Seit 2000 versucht Präsident Putin, das Land wieder zu neuer Stärke zu führen. Die Rückbesinnung auf die ei-gene Geschichte und die Anknüpfung an historische Traditionen spielen hierbei eine wichtige Rolle. Im Folgenden findest du drei unterschiedliche Bereiche für den Umgang mit der eigenen Geschichte in der Russländischen Föderation.
* *Wie geht die Gesellschaft heute im Nachfolgestaat des Zarenreichs und der Sowjetunion mit der eigenen Geschichte um?*

Identische Aufgabe für die drei Bereiche:
Lies zunächst den folgenden Darstellungstext und die dort zum Abschluss genannten Beispiele. Wähle dann einen Bereich (A, B oder C) und analysiere und beurteile den von dir gewählten Bereich.

Abschließende Aufgabe für alle:
Vergleicht eure Analysen aus den Bereichen A, B und C. Wie stellen sich die Menschen jeweils der eigenen Ge-schichte: Wird Geschichte aufgearbeitet, neu gedeutet oder sogar manipuliert? **Zusatzaufgabe:** siehe S. 229

Neubeginn mit Schwierigkeiten

Im Dezember 1991 wurde die Sowjetunion aufgelöst. Die meisten der ehemaligen Teilrepubliken schlossen sich zur Gemeinschaft Unabhängiger Staaten (GUS) zu-sammen. Als größte ehemalige Teilrepublik trat die Russ-
5 ländische Föderation völkerrechtlich die Nachfolge der Sowjetunion an (z. B. als ständiges Mitglied im Sicherheitsrat der Vereinten Nationen). Territorial ge-schrumpft und wirtschaftlich geschwächt, wurde das Land aber nicht mehr als Supermacht wahrgenom-
10 men. Unter Präsident Jelzin (1991–1999) kam es zu einer Vielzahl demokratischer Reformen. Die im De-zember 1993 verabschiedete Verfassung garantiert die Menschenrechte, doch in der Praxis missachtet die Re-gierung seit etwa 2005 vielfach demokratische Grund-
15 rechte. Mithilfe westlicher Experten wurde die Wirt-schaft in kurzer Zeit privatisiert. Diese Schocktherapie der schnellen Modernisierung führte zum Zusammen-bruch vieler Industriezweige und zur bis dahin höchs-ten Arbeitslosenquote. Ein massiver Anstieg der Ver-
20 braucherpreise und die hohe Inflation ließen große Teile der Bevölkerung verarmen. Der Alkoholkonsum und die Kriminalität stiegen drastisch an. Der Staat erfüllte seine Funktion als Ordnungsmacht nur noch einge-schränkt. Zugleich bildete sich eine neue elitäre Schicht
25 von Superreichen („Oligarchen"), die sich im wilden Kapitalismus dieser 1990er Jahre rücksichtslos be-reicherte. Der wachsende Nationalismus in Teilen Russlands sorgte für weitere Destabilisierung – allein im ersten Tschetschenienkrieg (1994–1996) kamen
30 Zehntausende Zivilisten ums Leben. Viele Russen sehn-ten sich angesichts dieser chaotischen Jahre unter Präsi-dent Jelzin nach der Größe und der Stabilität der alten Sowjetunion.

Aufstieg unter Präsident Putin

35 Nach dem Amtsantritt Präsident Wladimir Wladimiro-witsch Putins (2000–2008 und wieder ab 2012) begann eine allmähliche wirtschaftliche Erholung Russlands. Durch hohe Erlöse aus dem Verkauf der riesigen Roh-stoffvorkommen wie Öl und Gas und eine wirksame
40 Steuerreform verfügte der Staat wieder über solide Ein-nahmen. Sie sollten zur Finanzierung von Soziallleistun-gen dienen, konnten aber die Armut und Perspektivlo-sigkeit in vielen Landesteilen nicht beseitigen. Innenpolitisch wurde Russland unter Putin zu einer „ge-
45 lenkten Demokratie" mit einem zunehmend autoritär regierenden Präsidenten. Oppositionelle werden seither verfolgt und die freie Nutzung analoger und digitaler Medien wird immer weiter eingeschränkt. Am 1. No-vember 2019 trat das „Gesetz über ein eigenständiges
50 Internet" in Kraft. Dennoch genießt der Präsident wegen der Rückbesinnung auf die einstige Größe und der Wie-derherstellung von Ordnung durch einen „starken Staat" ein hohes Ansehen.

Tipp: Bereits angesprochene Beispiele für die Rück-besinnung auf die eigene Geschichte in diesem Kapitel:
* das Staatswappen der Russländischen Föderation (Auftaktseite 22/23, S. 28 M1),
* aktuelle Umfragen zur russländischen Geschichte (S. 29 M2).

Die Historikerin Jutta Scherrer zur Rolle der russisch-orthodoxen Kirche im postsowjetischen Russland (2014):

Unter Gorbatschow kehrte … die russisch-orthodoxe Kirche in die Öffentlichkeit zurück; 1988 beging der (noch) sowjetische Staat gemeinsam mit der obersten Kirchenhierarchie das Millennium[1] der Taufe des
5 Großfürsten Wladimir und damit der Bekehrung der Rus zum Christentum im Jahre 988.
[Unter Jelzin wurden] die orthodoxen Feiertage Ostern und Weihnachten wieder als arbeitsfreie Tage anerkannt. Jelzin, der in der russisch-orthodoxen
10 Kirche den Mittler der nationalen Tradition sah, rief diese zur „geistigen und moralischen Wiedergeburt Russlands" auf – eine Formel, derer sich Putin bis heute bedient. Als einzige Instanz, die ihre Wurzeln im vorrevolutionären Russland hat, wird die Kirche
15 in der neuen „kollektiven Erinnerung" mit der Vorstellung einer von Verbrechen freien, „heilen" Vergangenheit verbunden. Ihre Verfolgung in der Sowjetunion macht sie zum „Märtyrer des Kommunismus". Dass ihre Hierarchie mit dem KGB[2] zu-
20 sammenarbeitete, wird von ihr bis heute nicht thematisiert …
1998 wurden auf Anordnung Jelzins die Überreste des letzten Zaren Nikolaus II. und seiner Familie in der Gruft der Romanows, der Peter-und-Pauls-Kirche
25 in St. Petersburg, feierlich beigesetzt – auf den Tag genau 80 Jahre nach ihrer von Lenin angeordneten Erschießung. Der von Jelzin als „Akt der Reue" bezeichnete Staatsakt sollte eine historische Kontinuität des imperialen zum postsowjetischen russischen
30 Staatswesen legitimieren. „Beim Aufbau eines neuen Russland müssen wir uns auf eine historische Erfahrung stützen", lautete Jelzins Begründung. Der in

der Ära Jelzin einsetzenden Mythisierung des letzten Zaren folgte 2002 mit Putins Einverständnis die von
35 der Bischofssynode erklärte Kanonisierung Nikolaus II. und seiner Familie als „Märtyrer des Kommunismus". Als solche werden sie heute in ganz Russland verehrt …
Putins Geschichtspolitik instrumentalisiert auch das
40 imperiale Russland: 2004 schuf er einen neuen nationalen Feiertag[3], der an den starken russischen Staat erinnern soll. Hierfür wählte er, von der Kirchenhierarchie beraten, den 4. November 1612, an dem eine russische Volkswehr die „katholischen
45 Polen" aus dem Kreml vertrieben hatte, womit … der Neuaufbau des russischen Staates (damals noch Moskauer Staat) eingeleitet worden war[4] …
Seit September 2012 wird im Rahmen eines neuen übergreifenden Pflichtfachs an allen russischen
50 Grundschulen das Fach „Grundlagen der orthodoxen Kultur" unterrichtet. Die entsprechenden Lehrbücher verbinden den Unterricht des orthodoxen Katechismus mit einer Art Staatsbürgerkunde, die im Patriotismus einen substanziellen Bestandteil der
55 „orthodoxen Kultur" sieht. Sie vermitteln ein Kulturverständnis, demzufolge die geistige Superiorität[5] der russischen Orthodoxie alle anderen ethnischen Kulturen Russlands umfasst und überragt.

Jutta Scherrer, Russland verstehen? Das postsowjetische Selbstverständnis im Wandel. In: Aus Politik und Zeitgeschichte 47–48/2014, 17. November 2014, S. 17–26, hier S. 18ff.

[1] *Tausendjahrfeier*
[2] *sowjetischer Geheimdienst (1954–1991)*
[3] *Tag der Einheit des Volkes am 4. November (ersetzte den Revolutionsfeiertag am 7. November)*
[4] *ab dann herrschte die Dynastie Romanow*
[5] *Überlegenheit*

Zum Tag der Einheit des Volkes am 4. 11. 2016 wurde von Präsident Putin ein Denkmal des mittelalterlichen Großfürsten Wladimir in Sichtweite des Kreml eingeweiht. Laut Putin sei Wladimir ein „Sammler und Verteidiger russischer Erde" gewesen. An der live im Fernsehen übertragenen Zeremonie nahm auch der russisch-orthodoxe Patriarch Kyrill teil.

Der Historiker Stefan Creuzberger über Stalinismus und Erinnerungskultur nach dem Ende der Sowjetunion (2011):

In Russland [war die Haltung] weit verbreitet, zumeist die Opfer des Stalinismus in den Vordergrund zu stellen, darüber jedoch die Frage nach den Tätern und deren Verbrechen zu marginalisieren[1]. Diese
5 Tendenzen haben sich seit der Präsidentschaft Wladimir Putins zwischen 2000 und 2008, aber auch [danach] konsequent fortgesetzt ... Immer häufiger mischen sich offizielle Regierungsorgane in den öffentlichen Geschichtsdiskurs ein und bedrängen die-
10 sen überaus erfolgreich. Ausschlaggebend dafür ist die inzwischen zur Staatsräson gewordene Auffassung Putins ..., wonach ... Russland wieder zu einem „großen Staat" gemacht werden soll. Um diesen Anspruch ideologisch zu untermauern und damit zu-
15 gleich Putins autoritären Herrschaftsstil zu legitimieren, greifen die Machthaber im Kreml symbolisch auf die Historie zurück ... Da überdies der Zusammenbruch der Sowjetunion und der damit einhergehende Verlust der Supermacht-Funktion tiefe Blessu-
20 ren im nationalen Selbstbewusstsein vieler Russen hinterlassen haben, [will] Putin ... der russischen Bevölkerung die abhanden gekommene nationale Identität zurückgeben. Für [ihn] wird Geschichte damit zur Gegenwartspolitik ... Bei der Suche nach
25 positiv besetzten und den patriotischen Gemeinsinn fördernden Geschichtsbildern bedient sich die russische Staatsmacht ausgewählter Episoden aus der Geschichte des Stalinismus ... Folglich sei ein Geschichtswerk zu erstellen, das „die patriotische Er-
30 ziehung und den historischen Optimismus" fördere ... All diesen auf die bildungspolitische Geschichtsvermittlung zielenden Werken ist eines gemein: Sie verharmlosen die historische Bedeutung Stalins in unverantwortlicher Weise. Der Despot aus Georgien
35 erscheint hier als großrussischer Patriot und bedeutender Modernisierer ... Er steht stellvertretend für eine positive Entwicklung in der sowjetischen Geschichte, welche die Überwindung der über Jahrhunderte während russischen Rückständigkeit zum
40 Ergebnis hatte. Den Preis, den die Völker der damaligen UdSSR zu bezahlen hatten, die Brutalität und die immensen Opferzahlen, die Stalins Kollektivierung der Landwirtschaft, seine rücksichtslose Industrialisierung und nicht zuletzt der von ihm verant-
45 wortete Massenterror der 1930er-Jahre mit sich brachten, wird dabei heruntergespielt. Mehr noch: Stalins Aufstieg zur Macht, sein Krieg gegen das eigene Volk und die von ihm errichtete Diktatur werden durch die Behauptung legitimiert, dass sie unter
50 den Bedingungen der damaligen Verhältnisse erforderlich gewesen seien. ... Stalin symbolisiert den Aufstieg der UdSSR zur Welt- und Supermacht – ein Status, den ... die gegenwärtige politische Führung in Moskau wieder zurückerlangen möchte. Und auch
55 dieser Umstand erfährt heutzutage in der offiziellen Geschäftspolitik eine bedenkliche Rechtfertigung. Nichts anderes ist es nämlich, wenn etwa der russische Sicherheitsdienst FSB[2] denjenigen einheimischen Historikern eine harte rhetorische Abfuhr er-
60 teilt, die den Hitler-Stalin-Pakt mit seinem geheimen Zusatzprotokoll und die stalinistischen Deportationen der Kaukasusvölker während des Zweiten Weltkrieges verurteilen. Sie werden durch die Geheimdienstler kurzerhand als „Geschichtsfälscher"
65 diffamiert.

*Stefan Creuzberger, Stalinismus und Erinnerungskultur. In: Aus Politik und Zeitgeschichte 49–50/2011, 5. Dezember 2011, S. 42–47, hier S. 45f.**

[1] *etwas in seiner Bedeutung herunterspielen*
[2] *Gemeindienst der Russländischen Föderation – entspricht dem früheren KGB (sowjetischer Geheimdienst 1954–1991)*

Kommunistische Demonstranten tragen rote Fahnen und ein Porträt des sowjetischen Diktators Josef Stalin während einer Kundgebung in Moskau am gesetzlichen Feiertag „Tag des Frühlings und der Arbeit" am 1. Mai. Foto, 2010

C

Der Friedensnobelpreisträger Andrej Dimitrijewitsch Sacharow (vgl. S. 71 M6) gründete 1988 die Menschenrechtsorganisation „Memorial". Sie nutzte die durch Glasnost neu entstandene Pressefreiheit und die Öff-
5 nung der Archive. Seit Beginn setzt sich diese Nichtregierungsorganisation für eine Geschichte „von unten" ein, bei der der Stalinismus unabhängig von staatlich verordneter Geschichtsinterpretation aufgearbeitet wird. Ein weiteres Ziel ist der Einsatz für die Menschen-
10 rechte in Russland. Die international vernetzte Organisation erhielt für ihre Arbeit 2004 den alternativen Nobelpreis. Alle Organisationen, die öffentliche oder private Spenden aus dem Ausland erhalten, müssen als „ausländische Agenten" registriert sein, so auch Memo-
15 rial. Von der Regierung wird sie als staatsfeindlich eingestuft.

M 6 **Der Historiker Stefan Creuzberger über die Organisation Memorial (2011):**

Von Anfang an avancierte die Gesellschaft zum Interessenanwalt der Opfer stalinistischer Repression und Verfolgung. Memorial verstand sich dabei als politische Bürgerrechtsbewegung, welche die längst
5 überfällige Demokratisierung der Gesellschaft entschieden vorantreiben wollte. Die in diesem Kontext formulierten Ziele ... sahen es deshalb für dringend geboten, die Opfer des Stalinismus zu rehabilitieren und zu entschädigen. Überdies suchte man ... dar-
10 auf hinzuwirken, die staatlichen Terror- und Gewaltexzesse während Stalins Herrschaft als Verbrechen gegen die Menschlichkeit einzustufen, um darüber eine Grundlage für die juristische Aufarbeitung des Stalinismus zu erlangen. Gleichwohl setzte hier
15 schnell Ernüchterung ein. Bei dem Bemühen um historische Gerechtigkeit verzichtete Memorial schließlich um des innergesellschaftlichen Friedens willen darauf, die verantwortlichen Täter des stalinistischen Regimes strafrechtlich zur Verantwortung
20 zu ziehen. Stattdessen verlegte sich die Organisation auf andere Formen der Geschichtsaufarbeitung ...
Zu den herausragenden Aktivitäten zählt, ... dass es Memorial noch zu Sowjetzeiten gelungen ist, im Jahre 1990 auf dem Moskauer Lubjanka-Platz gegen-
25 über der berüchtigten KGB-Zentrale[1] einen Gedenkstein für die „Opfer des totalitären Regimes" zu errichten ...
Die größten Freiräume für das ... Wirken ... ergaben sich [in] der Ära Jelzin ... Um den politischen Verän-
30 derungen im Lande die erforderliche Legitimation zu verschaffen, musste aus [Jelzins] Sicht der konsequente Bruch mit dem historischen Erbe der Sowjetunion und ihrer damaligen Kommunistischen Partei vollzogen werden. Zumindest in dieser Zeit gelang
35 es Memorial, den Opfern der stalinistischen Gewaltherrschaft im öffentlichen Raum die erwünschte Aufmerksamkeit zu verschaffen: Rund zwei Millionen Repressierte[2] wurden rehabilitiert, doch fielen die staatlichen Entschädigungen zumeist ungenügend
40 aus ...
[Die] Arbeit von ... Memorial [lässt] sich im heutigen Russland nur schwer aufrechterhalten, [da] sie sich dabei kaum mehr auf staatlich unabhängige Medien stützen [kann]. So bleibt ... zumeist nur das Internet,
45 um ... eine geschichtspolitische Perspektive „von unten" zu vermitteln. Und so verwundert es keinesfalls, weshalb gerade das bis dahin wichtige erinnerungspolitische Wirken von Memorial in Russland kaum mehr öffentlich wahrgenommen wird und daher
50 kaum mehr ein alternatives geschichtspolitisches Korrektiv zur staatlichen Geschichtsvermittlung darstellen kann.

Stefan Creuzberger, Stalinismus und Erinnerungskultur. In: Aus Politik und Zeitgeschichte 49–50/ 2011, 5. Dezember 2011, S. 42–47, hier S. 44ff.**

[1] *KGB: sowjetischer In- und Auslandsgeheimdienst, der von 1954 bis 1991 bestand*
[2] *Unterdrückte (politisch verfolgt und inhaftiert)*

M 7

Im Oktober 1990 errichtete die Menschenrechtsorganisation Memorial mit dem Solowezki-Stein ein Denkmal für die Opfer des Stalinismus in Sichtweite der ehemaligen KGB-Zentrale Lubjanka (Bildhintergrund). Der Findling stammt von den Solowki-Inseln in der Region Archangelsk. Das Lager Solowki war das erste große Häftlingslager und damit das Modell eines Gulags.

Ukraine, Russland, Europa – worum geht es im Konflikt um die Ukraine?

Ein zunächst friedlicher Protest EU-orientierter Ukrainer im November 2013 gegen ihre prorussische Regierung eskalierte in der Ostukraine in einem Bürgerkrieg, der bis heute andauert. Angeheizt durch die völkerrechtlich umstrittene Annexion der Krim im März 2014, kämpfen hier von Moskau unterstützte Separatisten für den Anschluss der Ostukraine an die Russländische Föderation.

- *Welche Hintergründe hat der ukrainisch-russische Konflikt?*
- *Welche Rolle spielt der Westen in der Ukraine-Krise?*
- *Weshalb ist der Dialog zwischen allen Beteiligten so schwierig?*

Die NATO-Osterweiterung – ein Vertragsbruch?

Für die Wiedervereinigung Deutschlands im Jahr 1990 war die Zustimmung aller vier Siegermächte des Zweiten Weltkriegs eine unverzichtbare Voraussetzung. Während der Verhandlungen über die Verfahrensmodalitäten
5 musste die Sowjetunion die NATO*-Mitgliedschaft eines vereinten Deutschlands und damit die Ausweitung des NATO-Gebiets bis an die Oder akzeptieren. Gleichzeitig hatten die Westmächte der Sowjetunion aber versichert, dass sie keine zusätzliche Erweiterung des NATO-Ge-
10 biets nach Osten beabsichtigten. Damit schien der Westen das Sicherheitsbedürfnis der Sowjetunion als legitim anzuerkennen. Durch dieses Zugeständnis erhofften sich die Westmächte auch eine Unterstützung des innenpolitisch zunehmend unter Druck geratenen sowjetischen
15 Präsidenten Gorbatschow (siehe S. 68 f.).

Nach dem Zerfall der Sowjetunion 1991 orientierten sich die meisten osteuropäischen Staaten rasch nach Westeuropa, mit dem sie sich historisch und kulturell stark verbunden fühlten. Sie erhofften sich Wirtschafts-
20 hilfe durch die EU und militärischen Schutz durch die NATO. Auf eigenen Wunsch wurden 1999 Polen, Tschechien und Ungarn NATO-Mitglieder. Zwischen 2002 und 2009 traten weitere Länder des ehemaligen Ostblocks dem westlichen Verteidigungsbündnis bei. Der Eintritt
25 dieser Länder wurde von Russland als Provokation und als latente Bedrohung aufgefasst.

Seit 1997 arbeitet auch die Ukraine als erster „Partner-Staat" der NATO eng mit dieser zusammen, ohne aber Mitglied zu sein. Die Fortsetzung dieser Partnerschaft
30 wurde seitdem von beiden Seiten mehrfach bekräftigt.

Michail Gorbatschow in einem Interview zum 20. Jahrestag des Mauerfalls (2009):

BILD: Hat Deutschland seine Versprechen gegenüber Russland gehalten?

Gorbatschow: Ja, die Deutschen haben sämtliche Vereinbarungen sehr genau erfüllt ... Aber es gibt
5 eine offene Rechnung.

BILD: Welche?

Gorbatschow: Kohl, US-Außenminister James Baker und andere sicherten mir zu, dass die NATO sich keinen Zentimeter nach Osten bewegen würde. Dar-
10 an haben sich die Amerikaner nicht gehalten, und den Deutschen war es gleichgültig. Vielleicht haben sie sich sogar die Hände gerieben, wie toll man die Russen über den Tisch gezogen hat. Was hat es gebracht? Nur, dass die Russen westlichen Verspre-
15 chungen nun nicht mehr trauen.

BILD: Sind Deutschland und Russland heute Partner?

Gorbatschow: Ja, aber die Deutschen sind nicht gegen Einflüsterungen aus der Ferne gefeit. Etwa: Je
20 länger man Russland nicht auf die Beine kommen lasse, desto leichter könne man sich ein paar weitere fette Bissen schnappen. (wird lauter) ABER DAMIT KOMMT MAN NICHT DURCH! Schreiben Sie das bitte in großen Buchstaben! Dennoch: In Europa, in
25 der EU, ist Deutschland das Schwergewicht, es steht an erster Stelle. Ich lege meine Hand dafür ins Feuer: Russland bleibt ein zuverlässiger Partner. Aber auch ein ebenbürtiger!

Bild.de, 02. 04. 2009, zit. nach www.bild.de/politik/ 2009/bild-medienpreis/die-deutschenwaren-nicht- aufzuhalten-7864098.bild.html (Abruf: 12. 11. 2019).

Aus der Zusammenfassung einer Rede Michail Gorbatschows zum 25. Jahrestag des Mauerfalls (8. November 2014):

Bei den Feiern zum 25. Jahrestag des Mauerfalls in Berlin hat der frühere sowjetische Staatschef Michail Gorbatschow schwere Vorwürfe gegen den Westen erhoben, vor allem im Zusammenhang mit dem

5 Ukraine-Konflikt. „Die Welt ist an der Schwelle zu einem neuen Kalten Krieg. Manche sagen, er hat schon begonnen." In den vergangenen Monaten habe sich ein „Zusammenbruch des Vertrauens" vollzogen. Die Ereignisse seien die Konsequenzen

10 aus einer kurzsichtigen Politik. Es sei der Versuch, vollendete Tatsachen zu schaffen und die Interessen des Partners zu ignorieren. Der 83-Jährige, der früher eher als Kritiker des russischen Präsidenten Wladimir Putin bekannt war, warb direkt am Brandenbur-

15 ger Tor um Verständnis für die aktuelle Moskauer Politik ... „Lasst uns daran erinnern, dass es ohne deutsch-russische Partnerschaft keine Sicherheit in Europa geben kann." Außerdem müssten die von der EU und den USA verhängten Strafmaßnahmen

20 schrittweise aufgehoben werden. Der Friedensnobelpreisträger ... warf dem Westen und insbesondere den USA vor, ihre Versprechen nach der Wende 1989 nicht gehalten zu haben. Stattdessen habe man sich zum Sieger im Kalten Krieg erklärt und Vorteile aus

25 Russlands Schwäche gezogen ... Gorbatschow nennt Beispiele, an denen sich die Geringschätzung Russlands durch den Westen ablesen lasse: ... der Weg zur NATO-Erweiterung ... „Und wer leidet am meisten unter der Entwicklung? Es ist Europa, unser ge-

30 meinsames Haus."

Süddeutsche Zeitung, Zit. nach https://www.sueddeutsche.de/politik/jahrestag-des-mauerfalls-gorbatschow-klagt-an-1.2211398 (Abruf: 12. 11. 2019).*

Die Ukraine-Krise 2014

Die Ukraine, ehemalige Teilrepublik der UdSSR, wurde 1991 ein unabhängiger Staat. Im kulturell und religiös westlich geprägten Teil der Ukraine sprachen sich viele

35 Menschen für eine engere Anbindung an den Westen aus, während im durch Bergbau und Industrie geprägten Osten des Landes die meisten Einwohner Russisch als Muttersprache sprechen und daher für eine engere Anbindung an Russland eintraten. Präsident Janukowitsch

40 (geb. 1950) beendete 2013 alle Spekulationen über eine Westorientierung seines Landes. Ein bereits mit der EU ausgehandeltes Assoziierungsabkommen über enge Wirtschaftsbeziehungen wurde nicht in Kraft gesetzt, da die Ukraine die lebensnotwendige Lieferung von Öl und

45 Gas zu Vorzugspreisen aus Russland nicht gefährden wollte.

Proteste gegen die autoritäre Herrschaft des Präsidenten, der sich und seine Familie auf Staatskosten erheblich bereicherte, weiteten sich im gesamten Land aus.

50 Die Bürgerrevolution führte im Februar 2014 zur Absetzung von Janukowitsch, der nach Moskau flüchtete. Die nachfolgenden Regierungen übernahmen ein wirtschaftlich bankrottes Land.

Angesichts einer möglichen Westorientierung der Ukra-

55 ine entsandte Russland Soldaten auf die zur Ukraine gehörende Halbinsel Krim. Dort befindet sich seit dem Ende der Sowjetunion der Hafen der russischen Schwarzmeerflotte, der vertraglich bis 2048 von der Ukraine an Russland verpachtet wurde. Mit einer großen Medien-

60 kampagne warb Präsident Putin für die „urrussische"

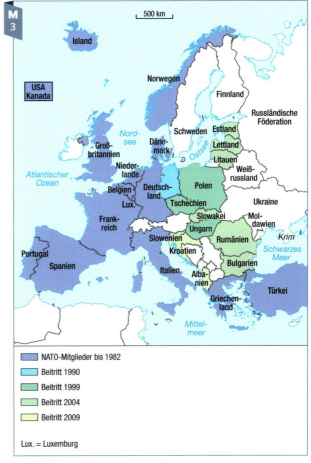

Die NATO in Europa (2019)

Krim und ließ eine Volksabstimmung organisieren, in der sich 2014 die große Mehrheit der Bevölkerung der Krim für einen Anschluss an die Russländische Föderation aussprach. In den ukrainischen Grenzregionen um die
65 Städte Donezk und Luhansk begannen von Russland unterstützte ostukrainische Separatisten einen Krieg gegen die ukrainische Armee mit dem Ziel der Angliederung dieser Gebiete an Russland. Hunderttausende Zivilisten flohen, Zehntausende starben. Ein 2014 in Minsk
70 ausgehandeltes Waffenstillstandsabkommen wurde im-

mer wieder gebrochen. Die EU und die USA lehnen die gewaltsame Änderung der Grenzen als völkerrechtswidrig ab und verhängten Wirtschaftssanktionen gegen Russland. Dieses reagierte u. a. mit einem Importverbot
75 für viele westliche Produkte.
Zum 1. Januar 2016 trat das bereits 2013 unterschriftsreife Assoziierungsabkommen der Ukraine mit der EU in Kraft. Damit ist die Ukraine als direktes Nachbarland der EU weiterhin ein möglicher Beitrittskandidat der Euro-
80 päischen Union.

Präsident Putin über die Annexion der Krim und die im Anschluss auf der Krim durchgeführte Volksabstimmung (2014):

Über 96 % der Wähler stimmten für die Wiedervereinigung mit Russland ... Auf der Krim zeugt alles von unserer gemeinsamen Geschichte und unserem gemeinsamen Stolz. Dort liegt die antike Stadt Cherso-
5 nes, wo der Heilige Fürst Wladimir[1] sich taufen ließ. Seine spirituelle Großtat, die Einführung des orthodoxen Glaubens, schuf die Grundlage unserer Kultur, unserer Zivilisation und unserer Werte, die die Völker Russlands, der Ukraine und Weißrusslands einen.
10 Auf der Krim liegen die Gräber der russischen Soldaten, deren Tapferkeit die Krim für das russische Reich gewonnen hatte.[2] Dort liegt auch Sewastopol, der Ursprungsort der russischen Schwarzmeerflotte. ...
15 Auf der Krim leben heute 2,2 Millionen Menschen, davon 1,5 Millionen Russen, 350 000 Ukrainer mit

überwiegend russischer Muttersprache und ca. ... 300 000 Krimtataren, die sich, wie das Referendum gezeigt hat, Russland zugehörig fühlen ...
20 In den Herzen der Menschen war die Krim immer untrennbar mit Russland verbunden ... Erst als die Krim Teil eines anderen Landes wurde, erkannte Russland, dass es nicht nur bestohlen, sondern ausgeraubt worden war ... Millionen Menschen legten
25 sich im eigenen Land schlafen und wachten im Ausland wieder auf, als ethnische Minderheiten in ehemaligen Unionsrepubliken ... Westeuropa und Nordamerika werfen uns vor, dass wir internationales Recht verletzen.

Zit. nach http://en.kremlin.ru/events/president/news/20603 (Abruf: 23. 09. 2017), übers. v. Alexander Grodskij. ⁑

....
[1] *siehe S. 77 M2 und M3*
[2] *siehe S. 24 f. Hinweis 7*

Pro-EU-Demonstranten errichten Barrikaden gegen die Polizei in Kiew (Ukraine). Foto, 2013

Wladimir Putin, Pappmachéfigur beim Düsseldorfer Rosenmontagszug, Foto, 2014

Der Historiker Andrij Portnov über die Strategie Russlands in der Ukraine (2014):

Zur Erklärung der Krim-Annexion verwies der Kreml auf „historische Rechte" ... sowie auf den „Schutz unserer Landsleute", wie die russischsprachige Bevölkerung außerhalb Russlands üblicherweise be-
5 zeichnet wird. Bevor Präsident Wladimir Putin im Donbass intervenierte, sprach er offen von Novorossija, „Neurussland" – der Name bezeichnet die heutigen Gebiete der Ost- und Südukraine ... Russland [knüpft] seine Sicherheit offenbar an die beschränkte
10 Souveränität seiner Nachbarn und macht seine „Landsleute" dort zum Instrument der Politik. Dem Politikwissenschaftler Jörg Forbrig zufolge erlaubt die russische Interventionsstrategie, gegebenenfalls bei jedem der postsowjetischen Nachbarn einzu-
15 greifen, sollten dort innenpolitische Modelle oder außenpolitische Bündnisse angestrebt werden, die Moskaus Interessen zuwiderlaufen ... Russland [ging] offenbar zur Strategie über, den Osten der Ukraine in einen permanenten Unruheherd zu ver-
20 wandeln. Das Funktionieren des ukrainischen Staates soll auf diese Weise empfindlich und dauerhaft gestört werden, um ihn so für den Westen inakzeptabel und das Land zu einem Pufferstaat zu machen, dessen Unruhe Russland nach Belieben anheizen
25 oder dämpfen kann.

Andrij Portnov, Postsowjetische Hybridität und „Eurorevolution" in der Ukraine, in: Aus Politik und Zeitgeschichte 47–48/2014, 17. November 2014, S. 3–8, hier S. 7f.

Der Politologe Volker von Prittwitz über die Politik-Logiken im Ukraine-Konflikt (2014):

Im Ukraine-Konflikt reagieren die Beteiligten in unterschiedlichen Politik-Logiken aufeinander: Russland rechtfertigt seine latent bis offen kriegerische Politik gegenüber der – militärisch und staat-
5 lich relativ schwachen – Ukraine mit vorangegangener Machtpolitik der EU und NATO. Dieser Vorwurf trifft insoweit zu, als Russland keine faire Chance zu gleichberechtigter Integration in das globale Sicherheits- und Marktsystem gegeben wurde. Anhand der
10 russischen Entrüstung über die NATO-Osterweiterung zeigt sich allerdings, dass Russland freie Bündnisentscheidungen der mittelosteuropäischen Länder nicht akzeptiert – eine Einstellung, die die Furcht mitteleuropäischer Länder vor russischen Über-
20 griffen noch vergrößert ... Das Selbstbestimmungsrecht der Völker wird nach heute vorherrschender Auffassung als gesamtstaatliches Selbstbestimmungsrecht in der Achtung von Menschenrechten interpretiert. Sollte die (pro-)russische Seite dem-
25 gegenüber das Selbstbestimmungsrecht der Völker weiterhin ethnisch-aggressiv interpretieren, so wird dies aller Voraussicht nach zu einer weiteren Isolation Russlands führen.

Volker von Prittwitz, Politik-Logiken im Ukraine-Konflikt, in: Aus Politik und Zeitgeschichte 47–48/2014, 17. November 2014, S. 32–39, hier S. 39.

---

1 Fasse mithilfe des Darstellungstextes und M3 den Verlauf der NATO-Osterweiterung zusammen.

2 **Wähle eine Aufgabe aus:**
a) Erkläre die Vorwürfe, die Michail Gorbatschow in M1 im Jahr 2009 gegen den Westen erhob. Was kannst du ihm aus westlicher Sicht entgegnen?
b) Arbeite aus M2 Argumente für ein Streitgespräch zwischen einem Anhänger Russlands und einem des Westens zur NATO-Osterweiterung heraus.

3 Stelle mithilfe des Darstellungstextes und M5 den Verlauf der Ukraine-Krise grafisch dar. Beziehe zu deiner Orientierung die Karte S. 264 mit ein.

4 **Recherche:** Informiere dich mithilfe des Webcodes über den weiteren Verlauf des Ukraine-Konflikts.

5 **a)** Arbeite aus M4 die Argumente heraus, mit denen Putin die Annexion der Krim rechtfertigt.
b) Beurteile die Stichhaltigkeit seiner Argumentation. Beziehe in dein Urteil auch M6 mit ein.

6 **Partnerarbeit:**
a) Analysiert arbeitsteilig M7 und M8.
b) Stellt euch eure Ergebnisse vor und beantwortet dann gemeinsam die Leitfragen oben auf S. 80.
Tipp: Berücksichtigt auch eure Ergebnisse zu den Seiten 76–83.

📄▶ cornelsen.de/webcodes
＋🔊 Code: jujuwa
NATO-Osterweiterung: Ukraine-Krise

1500 1800

16.–17. Jh. Moskauer Reich, Eroberung nicht-slawischer Gebiete (Russland wird Vielvölkerstaat)

seit 1825 Festigung der Autokratie (Polizeistaat)

seit 1860 Modernisierung der Wirtschaft „von oben"

1894–1917 Zar Nikolaus II. (Romanow-Dynastie)

Das Russländische Reich und die Sowjetunion

Das Zarenreich um 1900 – trotz Modernisierung „von oben" ein rückständiges Land

Der Zar regierte autokratisch von St Petersburg aus ein riesiges multiethnisches Reich. Mehr als die Hälfte seiner
5 Untertanen waren Angehörige nichtrussischer Völker. Dies wirkte sich auf die Reichsidee des Zarismus aus: Auserwählt von Gott sah sich der Zar als legitimer Herrscher über ein christlich-orthodoxes Imperium, das alle gegenwärtigen und künftigen russländischen Unterta-
10 nen gleichermaßen einschloss. Da der Zar zugleich Oberhaupt der orthodoxen Kirche war, bildete diese neben der Armee und der Geheimpolizei die wichtigste Stütze seiner Herrschaft. Unabhängigkeitsbestrebungen einzelner Volksgruppen ließ er militärisch bekämpfen. Poli-
15 tischer Widerstand gegen das autokratische Regime kam ausschließlich von Angehörigen der städtischen Intelligenzija. Diese wurden verfolgt, inhaftiert oder nach Sibirien verbannt. Politische Parteien waren verboten und Zeitungen unterlagen einer strengen Zensur.
20 Über 80 Prozent der Bevölkerung waren Bauern, überwiegend Analphabeten, die erst 1861 aus der Leibeigenschaft entlassen worden waren. Gemeinsam bewirtschafteten sie die Felder und lebten oft in großer Armut. Veraltete Anbaumethoden, die harten klimatischen
25 Bedingungen und die Bevölkerungsexplosion führten regelmäßig zu Hungersnöten.
Die Industrialisierung in Russland hinkte der in Westeuropa um Jahrzehnte hinterher. Rohstoffe und Ver-

kehrswege waren wenig erschlossen. Unternehmer und
30 Fabriken gab es kaum, denn ein gewinnorientiertes Bürgertum hatte sich nur in wenigen Städten entwickelt. Die Modernisierung der Wirtschaft wurde deshalb „von oben" durch den Staat vorangetrieben. Das Kapital etwa für den Eisenbahnbau kam vor allem aus Westeuropa.
35 Trotz des Aufschwungs in den neuen Industriezentren konnte das gewaltige Stadt-Land-Gefälle nicht überwunden werden. Die Aussichtslosigkeit auf Veränderung führte besonders in dem zwar noch kleinen, aber stetig anwachsenden Industrieproletariat zur politischen
40 Radikalisierung und mündete in den Revolutionen von 1905 und 1917.

Die Junge Sowjetunion – Aufbruch in eine neue politische Ordnung mit einem „neuen Menschen"

Unter Führung Lenins ergriffen die Bolschewiki am 25.
45 Oktober 1917 in einem stillen Putsch die Macht. Seiner Parteitheorie folgend war es Lenin gelungen, aus der bis dahin unbedeutenden Gruppierung der Bolschewiki eine schlagkräftige Partei von Revolutionären zu formen, eine „Partei neuen Typs". Entgegen der Theorie von Karl
50 Marx war es trotz der Rückständigkeit zum revolutionären Umsturz in Russland gekommen. Die Bolschewiki begannen, einen neuartigen Staat nach den Ideen von Marx und Lenin zu verwirklichen. Zunächst versank das Land allerdings in einem blutigen Bürgerkrieg, dem
55 15 Millionen Menschen zum Opfer fielen.

1900 | 2000

1905 erste Russische Revolution

1917 Ende des Zarenreichs; „Doppelherrschaft"; Machtübernahme
der Bolschewiki unter Führung Lenins („Oktoberrevolution")

1922 Gründung der Sowjetunion (UdSSR)

1929–1953 Alleinherrschaft Stalins (Modernisierungsdiktatur, Stalinismus)

1941–1945 „Großer Vaterländischer Krieg"

1985–1991 Reformpolitik Gorbatschows
(Glasnost und Perestroika)

1991 Auflösung der Sowjetunion,
Gründung der GUS

2000/2004/2012/2018 (Wieder-)Wahl Putins zum Präsidenten

2014 Annexion der Krim durch
die Russländische Föderation

Nach ihrem Sieg setzten die Bolschewiki die revolutionäre Umgestaltung der Gesellschaft fort: Durch die Alphabetisierung der Landbevölkerung, die Öffnung von Schulen und Universitäten für untere Schichten und die Gleichberechtigung der Frau wollten sie einen „neuen Menschen" schaffen.

Die Sowjetunion unter Stalin – „stalinistische Modernisierungsdiktatur"

1922 wurde die Sowjetunion (UdSSR) gegründet. Die Kommunistische Partei der Sowjetunion (KPdSU) bestimmte alle Bereiche in Alltag und Gesellschaft. Kritik war kaum noch möglich, ohne Sanktionen fürchten zu müssen. In Gemeinden, Schulen und Betrieben besetzten leitende Mitglieder der Partei die Entscheidungspositionen. Nach Lenins Tod 1924 ergriff Josef Stalin (1878–1953) die Macht. Als Generalsekretär der Partei baute er die Regierung zu einer Diktatur aus. Er wollte die Entwicklung des Landes gewaltsam beschleunigen: Bauern wurden im Rahmen der Zwangskollektivierung in Kolchosen zusammengeschlossen und industrielle Großprojekte wurden zentral gesteuert. Unzählige Menschen wurden in Arbeitslager (Gulags) deportiert. Zwischen 1928 und 1938 wurden Millionen Menschen durch diese brutal durchgesetzten Maßnahmen einschließlich der sogenannten „politischen Säuberungen" zu Opfern des stalinistischen Terrors.
Viele Russen haben heute dennoch eine positive Meinung über Stalin, weil sie seine Zeit mit Fortschritt, dem Sieg im „Großen Vaterländischen Krieg" und dem Aufstieg der Sowjetunion zur Supermacht verbinden.

Die Ära Gorbatschow – Niedergang der Sowjetunion

Die Sowjetunion befand sich Mitte der 1980er Jahre in einer schwierigen Lage: Die Wirtschaft stagnierte, Kriege und Wettrüsten hatten den Staatshaushalt ruiniert. In dieser Situation wurde der Reformpolitiker Michail Gorbatschow 1985 zum Generalsekretär der KPdSU gewählt. Unter den Schlagworten „Glasnost" und „Perestroika" öffnete er die Wirtschaft und reduzierte die staatliche Kontrolle. Der von Gorbatschow eingeleitete Prozess hatte allerdings schwerwiegende Folgen: Die marktwirtschaftliche Öffnung hatte die Verarmung der Bevölkerung zur Folge und die Schwächung der Zentralmacht führte zum Austritt von Teilrepubliken aus dem Vielvölkerstaat Sowjetunion.
Im Dezember 1991 wurde Michail Gorbatschow gestürzt. Sein Nachfolger Boris Jelzin veranlasste noch im selben Jahr ein Verbot der KPdSU und die Auflösung der Sowjetunion. An ihre Stelle trat ein freiwilliger Zusammenschluss unabhängiger Staaten (GUS).

Mit Putin „zurück in die Zukunft"

Nach dem Ende der Sowjetunion büßte die Russländische Föderation ihre Weltmachtstellung ein und durchlebte eine innere Krise. Seit 2000 versucht Präsident Putin, das Land wieder zu neuer Stärke zu führen. Die Rückbesinnung auf die einstige Größe und die Anknüpfung an historische Traditionen spielen hierbei eine wichtige Rolle.

In diesem Kapitel konntest du folgende Kompetenzen erwerben:

- das Russländische Reich im historischen Längsschnitt als Imperium im Wandel charakterisieren
- die Merkmale des russländischen Zarenreichs beschreiben und seine Probleme um 1900 beurteilen
- die revolutionären Veränderungen im Überblick darstellen und die Oktoberrevolution beurteilen
- die Theorie des Marxismus erläutern und ihre Interpretation durch Lenin bewerten
- die junge Sowjetunion als sozialistische Gesellschaft und die Herrschaft Stalins als Modernisierungsdiktatur charakterisieren

- die langfristige Bedeutung des „Großen Vaterländischen Kriegs" beurteilen
- die Ära Gorbatschow charakterisieren und den Niedergang der Sowjetunion beurteilen
- die Geschichte der Russlanddeutschen im Überblick darstellen
- aktuelle Herausforderungen der Russländischen Föderation analysieren und beurteilen
- **Methode:** Historisches Gemälde analysieren
- **Methode:** Ideologiekritik
- **Methode:** Tagebücher analysieren

Der deutsche Historiker Carsten Goehrke zu sowjetischen Zukunftsvisionen der 1930er Jahre (2005):

Technikgläubigkeit, grenzenloser Machbarkeitswahn, die Eroberung des Luftraums – dies alles schien die Grenzen zwischen Gegenwart und Zukunft durchlässig zu machen, ja aufzuheben … Die Propaganda
5 förderte derartige … Zeitvorstellungen, weil diese die politische Führung unter Stalin als Baumeister und Unterpfand einer glänzenden Zukunft erscheinen ließen. Vorweggenommene Zukunftsvisionen finden sich seit der Mitte der Dreißigerjahre immer wieder.
10 Juri Pimenows Gemälde von 1937 „Das Neue Moskau" [s. M4] beispielsweise zeigt eine elegant gekleidete und frisierte junge Frau am Steuer ihres offenen Kabrioletts, das sie wie selbstverständlich durch das Verkehrsgewühl der Hauptstadt hindurchsteuert –
15 einer Stadt, die bereits vollständig nach dem monumentalistischen, neoklassizistischen Geschmack Stalins umgestaltet erscheint. Diese Szenerie darf für das Moskau des Jahres 1937 schwerlich als repräsentativ gelten, und so hat der Maler mit der Akteurin
20 und dem Hintergrund lediglich die Zukunft in die Gegenwart geholt, wie die Parteipropaganda sie versprach …
So wurde der Bevölkerung auf dem Papier und mit Worten vorgegaukelt, dass die elenden Bedingun-
25 gen, unter denen sie immer noch leben musste, in Wirklichkeit bereits die untersten Sprossen auf einer Leiter waren, die geradewegs in den sozialistischen Himmel reichte.

Carsten Goehrke, Russischer Alltag, Bd. 3, Sowjetische Moderne und Umbruch, Zürich (Chronos) 2005, S. 186 f.*

Die russische Historikerin und Germanistin Irina Lasarewna Scherbakowa in einem Interview (2017):

Lange vor den Ereignissen von 2014 – Krim und Krieg in der Ost-Ukraine – begann in Russland ein spürbarer Abbau von Demokratie … Wir russischen Bürgerrechtler[1] haben früh davor gewarnt … [Die]
5 neuen Machtmenschen waren bei Gott keine Demokraten. Sie wollten ein Russland mit einer starken Staatsmacht und der entsprechenden Kontrolle der Gesellschaft … Allein die Aussage, dass der Untergang der Sowjetunion die größte geopolitische Kata-
10 strophe des 20. Jahrhunderts gewesen sei, zeigt doch, wie Putin denkt. Wie wirkt so eine Feststellung auf die baltischen Länder? Auf die Ukraine? Selbst in Kasachstan wird man unruhig …

Mit Formulierungen wie der vom Imperium des Bö-
15 sen ist [aber] keinem gedient … Was ich mir … wünsche, ist ein genauerer Blick auf unser Land, nicht nur auf Moskau, sondern auch auf das, was sich in den Regionen tut. Aber ich weiß, wie schwierig das geworden ist. In unserem Land grassiert eine „Spio-
20 nomanie", die alles und jeden verdächtigt … [Aber] ich vertraue der Offenheit und Ehrlichkeit … Ich glaube an die Aufklärung.

Aus: Die ungeschminkte Wahrheit, Irina Scherbakowa im Interview. In: Petersburger Dialog, September 2017/Nr. 1, S. 4. Zit. nach https://petersburger-dialog.de/wp-content/ uploads/2018/09/PD_Sep2017.pdf (Abruf: 1. 12. 2019).*

....

[1] *Irina Scherbakowa ist führendes Mitglied der russischen Menschenrechtsorganisation Memorial (siehe S. 79).*

Welche Ereignisse und Phänomene in der Geschichte Russlands machen Sie stolz?

Ergebnis einer repräsentativen Umfrage in Russland vom November 2018. Die Angaben entsprechen dem jeweiligen Prozentanteil bezogen auf alle Befragten.

Sieg im Großen Vaterländischen Krieg 1941–1945	87 %
Rückkehr der Krim nach Russland	45 %
Errungenschaften der russischen Wissenschaft	37 %
Umwandlung Russlands in der Sowjetzeit zu einer in der Welt führenden Industriemacht	32 %
Stabilisierung des Landes unter Putin und das Wirtschaftswachstum	18 %
fortschrittliches System einer klassenlosen Gesellschaft in der Sowjetzeit	14 %
Perestroika, der Beginn der Marktreformen	5 %

Zit. nach https://www.levada.ru/en/2019/01/25/national-identity-and-pride (Abruf: 26. 9. 2019).**

„Das neue Moskau", Gemälde von Juri Iwanowitsch Pimenow (1903–1977), 1937, Öl auf Leinwand, 140 × 170 cm, Moskau, Staatliche Tretjakow-Galerie. Die Gebäude auf dem Bild waren alle noch im Bau und die Autoproduktion steckte erst in den Anfängen. Moskau sollte zum Aushängeschild der Sowjetunion gemacht werden. Alte Viertel mit Holzhäusern und viele Kirchen fielen neuen Prachtstraßen zum Opfer. Die große Christ-Erlöser-Kathedrale an der Moskwa wurde 1931 gesprengt, um Platz für den geplanten 300 Meter hohen „Palast der Sowjets" zu schaffen. Im Untergrund entstand die Moskauer Metro mit riesigen Bahnhöfen.

Methoden- und Reflexionskompetenz

1 Analysiere das Gemälde M4 mithilfe der Arbeitsschritte S. 37. Beziehe M1 in die Analyse mit ein.

2 **Wähle eine Aufgabe aus:**
   a) Erkläre, welche Funktion die „Zukunftsvisionen" nach Ansicht des Autors von M1 hatten.
   b) In M1 ist die Rede von „elenden Bedingungen, unter denen [die Bevölkerung] immer noch leben musste" (Z. 24 f.). Überprüfe diese Feststellung.

Sach-, Reflexions- und Orientierungskompetenz

3 **Partnerarbeit:**
   a) Erläutert und beurteilt die Umfrageergebnisse in M3 im Rückblick auf das Kapitel 2.
   b) Vergleicht euer Ergebnis mit euren Vermutungen zu Aufgabe 1 c) auf S. 29.
   c) Perspektivwechsel: Auch in der deutschen Geschichte gibt es Ereignisse und Phänomene, aus denen manche Deutsche einen Nationalstolz herleiten. Erörtere, warum Nationalstolz insbesondere in der deutschen Öffentlichkeit oft kritisch diskutiert wird.

4 **a)** Analysiere M2.
   b) Beurteile die Möglichkeit eines solchen Dialogs „der Offenheit und Ehrlichkeit" (M4 Z. 21).

Sach- und Reflexionskompetenz

5 **Partnerarbeit:** Auf S. 43 habt ihr bereits mithilfe der Vergleichskriterien für Imperien (S. 16) das Zarenreich charakterisiert.
   a) Charakterisiert nun mithilfe dieser Kriterien auch die Sowjetunion und die Russländische Föderation.
   b) Vergleicht dann eure Ergebnisse zu den drei Phasen der russländischen Geschichte: Welche Gemeinsamkeiten/Unterschiede, Entwicklungen/Veränderungen lassen sich feststellen?

3

China – ein Imperium im Wandel

Der Eingang zur „Verbotenen Stadt" in der chinesi-schen Hauptstadt Beijing. In der von Mauern um-schlossenen Anlage der kaiserlichen Paläste lebten und regierten die chinesischen Kaiser der Dynastien Ming und Qing (Aussprache: tching) von 1420 bis 1911. Der einfachen Bevölkerung war der Zutritt verboten. Heute wird die Anlage von Millionen Touristen besucht, die an den Eingängen unter einem riesigen Porträt von Mao Zedong hindurchgehen. Links befindet sich die Aufschrift „Lang lebe die Volksrepublik China" und rechts „Lang leben die Völker der Welt". Mao rief 1949 auf dem benachbarten „Platz des Himmlischen Frie-dens" die kommunistische Volksrepublik China aus. Er genießt im heutigen China höchste Verehrung.

Von diesem Mao-Porträt wurden über zwei Milliarden Drucke gefertigt. Stelle Vermutungen an, warum die Verehrung Maos einen herausragenden Platz im heu-tigen China einnimmt.

Tor des Himmlischen Friedens, Beijing, Foto, 2016

... woher der europäische Name „China" kommt?

„China" in den europäischen Sprachen ist abgeleitet von der Dynastie des ersten Kaisers im 3. Jahrhundert v. Chr., den Qin (Aussprache: tchin). Die Römer sprachen von den „Serern", den Seidenproduzenten. Zur Zeit des Ko-
5 lumbus nannten die europäischen Seefahrer das Land „Cathay".

Die Fluggesellschaft Hongkongs heißt „Cathay Pacific", Foto, 2019

... warum der Edelstein Jade so beliebt war und ist?

Bedeutender als Gold war in China ein harter Stein na-
10 mens Jade, wegen der feinen Maserung auch „Königstein" genannt. Er gilt als Abbild der Menschlichkeit, Weisheit, Höflichkeit und Gerechtigkeit und wird bis heute von Kunsthandwerkern zu teurem Schmuck verarbeitet. Die Schriftzeichen für König und Jade unter-
15 scheiden sich nur durch einen Strich.

... welche Bedeutung Reis für die chinesische Geschichte hat?

Die stärkereiche Reispflanze ist bis heute das Grundnahrungsmittel in China. Angesichts des rapiden Bevölke-
20 rungswachstums im 18. und 19. Jahrhundert wurden ganze Berglandschaften zu Reisterrassen und Weideland zu Ackerland. Reis lieferte viermal so viele Kalorien wie Weizen und 20-mal mehr als Fleisch. „Jedem Chinesen seine Schale Reis pro Tag" zu ermöglichen war das obers-
25 te Ziel chinesischer Herrscher bis ins 20. Jahrhundert. Daher wurde jeder Quadratmeter fruchtbaren Bodens für den Anbau von Reis und Gemüse anstatt für die Viehzucht verwendet. Die meisten Chinesen aßen dadurch fast ausschließlich vegetarische Kost.

... was „Alles unter dem Himmel" bedeutet?

30 Die Chinesen früherer Zeiten glaubten, dass „Alles unter dem Himmel" (chines. tianxia) dem chinesischen Kaiser, dem „Sohn des Himmels", untergeordnet war.
Seit 2017 laufen im chinesischen Fernsehen regelmäßig
35 Videoclips mit dem Titel „tianxia", die den Führer der Kommunistischen Partei Chinas, Xi Jinping, als fürsorgendes Familienoberhaupt des Landes zeigt. Kritiker sprechen vom „roten Kaiser".

... weshalb wir überhaupt von chinesischen
40 „Kaisern" reden?

Der in Europa gebräuchliche Begriff Kaiser oder Zar für den allerhöchsten Herrscher kommt vom Lateinischen „Caesar". Die Europäer übertrugen den Begriff einfach auf die chinesischen Herrscher. In China trug der „Him-
45 melssohn" den Titel Huang-di, übersetzt „der göttergleiche erhabene Ahn".

Reisanbau in der Region Yunnan, China, Foto, 2013

... welche Bedeutung das Neujahrsfest in der chinesischen Kultur hat?

Für Chinesen hat das Neujahrsfest etwa die Bedeutung von Weihnachten für uns. Das Arbeitsleben ruht mehrere Tage und alle Familienmitglieder treffen sich. Das Fest findet am ersten Tag des ersten Mondmonats statt (im Januar oder Februar). Mit einem Feuerwerk werden böse Geister vertrieben.

... warum sich eine Milliarde Menschen 150 Familiennamen teilen müssen?

Der Familienname steht im Chinesischen immer vorne und besteht in der Regel aus einer einzigen Silbe. Der Vorname steht an zweiter Stelle und besteht meistens aus zwei Silben. Es gibt im Chinesischen nur rund 350 Familiennamen (nach anderen Zählungen einige mehr). Eine Milliarde Chinesen besitzen einen der 150 meistverbreiteten Familiennamen.

... woher Kung-Fu stammt?

Shaolin Kung-Fu heißen rund 360 Arten von Kampfkünsten, die ursprünglich aus dem buddhistischen Shaolin-Kloster am Berg Song Shan in der Provinz Henan stammen. Das Kloster wurde Ende des 5. Jahrhunderts gegründet.

... wie groß China in vergangenen Zeiten war?

China war im europäischen Altertum und Mittelalter viel kleiner als heute – du kannst die territoriale Entwicklung im Anhang S. 274 bis 276 anschauen und beschreiben.

... dass China zu keiner Zeit ein völlig abgeschlossenes Reich bildete?

Diese Vorstellung war in Europa lange verbreitet, ist aber falsch. Die Hauptstädte der chinesischen Imperien von

Asiatische Kampfkunst, Foto, 2014

Tipp: Die korrekte Aussprache chinesischer Namen und Begriffe findest du im Anhang auf S. 270/271.

Neujahrsfest in Nanjing, Foto, 2010

den Han vor 2000 Jahren bis zu den Qing waren weltoffene Städte mit Fremden aus vielen Teilen der Welt. Die meisten Chinesen sahen jedoch bis weit ins 20. Jahrhundert hinein nie einen Fremden.

... welche Bedeutung die chinesische Seide hatte?

Das Luxusprodukt war viele Jahrhunderte Zahlungsmittel und Geschenk an die Nomadenvölker im Norden Chinas, damit diese keine Angriffe zur Plünderung der Bauerndörfer vornahmen. Die Chinesen verloren ihr Monopol für die Seidenherstellung, als um 300 n. Chr. zunächst Inder und im 6. Jahrhundert Mönche aus Byzanz Seidenraupen aus China herausschmuggelten. Dennoch blieb die Qualität chinesischer Seide unübertroffen und China verdiente sehr gut am Verkauf der Seide.

... seit wann Chinesen mit Stäbchen essen?

Seit etwa 200 v. Chr. sind Ess-Stäbchen nachgewiesen, als in vielen Teilen von Europa noch keine Rede von Esswerkzeugen war.

... dass Hongkong zu China gehört?

Hongkong wurde im ersten „Opiumkrieg" 1841 von Großbritannien besetzt und China musste es 1843 an die Briten abtreten. Die britische Kronkolonie war für zahlreiche Chinesen Zufluchtsort während des chinesischen Bürgerkriegs 1927 bis 1949. Im Jahre 1997 wurde Hongkong an China zurückgegeben. Das Wirtschafts- und Finanzzentrum ist seitdem unter dem Motto „Ein Land, zwei Systeme" Teil der Volksrepublik. Noch genießen die Bewohner Hongkongs bestimmte Grundrechte westlicher Demokratien, die in der Volksrepublik nicht gelten.

China: „Reich der Mitte"

Die Chinesen bezeichnen ihr Land mit den beiden Zeichen 中国 (*zhong* = Mitte und *guo* = Reich). Die genaue Übersetzung lautet „Mittelland" und bezeichnet das Gebiet zwischen den großen Flüssen Chang Jiang (oder Yang-zi bzw. Jangtsekiang = Langer Fluss) und Huang He (= Gelber Fluss), wo die chinesische Hochkultur* entstand.

Im Jahr 2019 lebten in der Volksrepublik China auf 9,3 Millionen km² 1,38 Milliarden Menschen. Zum Vergleich: In der Europäischen Union leben auf 4,5 Millionen km² 512 Millionen Menschen.

Es gibt 18 Klimazonen in China: von sehr kalten Zonen im Norden, extrem heißen Wüsten bis zu subtropischen Zonen im Süden. Die Volksrepublik China hat 22 Provinzen und fünf autonome Gebiete. Nur etwa 14 Prozent der Fläche des Landes sind landwirtschaftlich nutzbar. 90 Prozent der Bevölkerung Chinas lebt östlich einer gedachten Linie auf dieser Karte von der Stadt Kunming im Süden zum Buchstaben A des Flusses Amur im Norden. In China gab es im Jahr 2019 40 Millionenstädte, darunter 15 mit mehr als 10 Millionen Einwohnern.

1 Wüsten Taklamakan und Gobi, um die Taklamakan-Wüste tiefe Becken

2 Hochebenen Tibets und das Himalaya-Gebirge mit den höchsten Bergen der Welt

3 das „Himmelsgebirge" (Tian Shan)

4 Kaschgar: bedeutendes Zentrum an der Seidenstraße*. Dort lebt das muslimische Volk der Uiguren.

5 Lhasa: Hauptstadt der autonomen Region Tibet auf 3600 m Höhe; Zentrum des tibetanischen Buddhismus

6 Sichuan: Lebensraum der wildlebenden Pandas

7 Hauptstadt Beijing (Peking) mit 22 Millionen Einwohnern und mit den kaiserlichen Palästen der „Verbotenen Stadt"

8 Teile der rund 6500 km langen „Chinesischen Mauer"

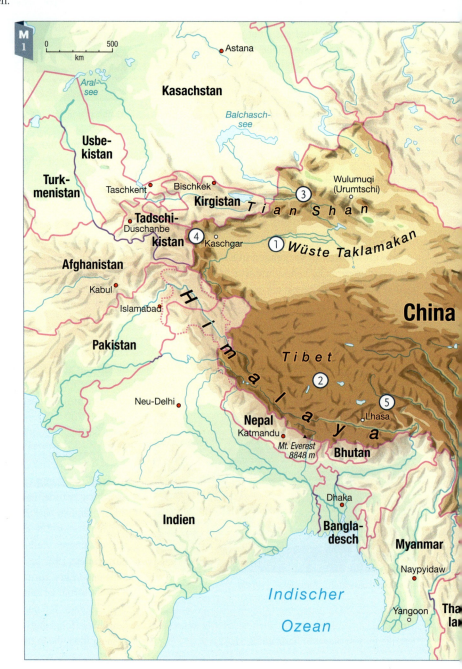

9 Qufu ist der Geburtsort des Gelehrten Kong-Fuzi (lateinischer Name: Konfuzius), dessen Philosophie die chinesische Kultur bis heute beeinflusst.

10 Wirtschaftszentrum Shanghai mit 23 Millionen Einwohnern

11 Xi'an: Ausgangspunkt der Seidenstraße nach Westen und Fundort der Terrakotta-Armee des Ersten Kaisers von China aus dem 3. Jh. v. Chr.

12 Shaoshan: Geburtsort von Mao Zedong und Touristenmagnet für Chinesen.

13 Die Republik China auf der Insel Taiwan ist ein unabhängiger Staat, der von der Volksrepublik China als untrennbarer Bestandteil des Landes nicht als selbstständiger Staat anerkannt wird.

14 Die Stadt Xianggang ("duftender Hafen") kennen wir als das Wirtschaftszentrum "Hongkong".

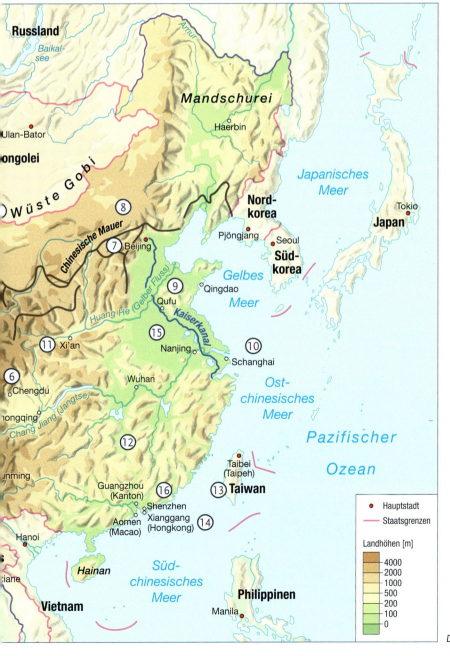

15 Kaiserkanal: Die rund 1800 km lange Wasserstraße ist die längste von Menschen geschaffene Wasserstraße der Welt. Der bis zu 40 Meter breite Kanal verband die Hauptstadt Beijing mit dem fruchtbaren Mündungsgebiet des Jangtsekiang (Chang Jiang). Erste Teile des Kanals entstanden vor 2400 Jahren.

16 Die Stadt Shenzhen bildet den Mittelpunkt einer Sonderwirtschaftszone* in der Nähe von Hongkong. Das ehemalige Fischerdorf am Perlfluss verkörpert den "chinesischen Traum" auf wirtschaftliche Weltherrschaft. Die Stadt wuchs von rund einer Million Einwohnern im Jahre 1980 auf rund 12 Millionen Einwohner im Jahre 2018 an und ist ein Zentrum der chinesischen Hightechindustrie.

Die Karte enthält nur die für dieses Kapitel wichtigen Orte.

Die Landschaften Chinas heute

200 v. Chr.	0	200 n. Chr.	400	600	800

16. Jh. v. Chr.–222 v. Chr. Reiche im chinesischen Altertum

221–206 v. Chr. Qin-Dynastie

206 v. Chr.–220 n. Chr. Han-Dynastie

589–907 Sui- und Tang-Dynastie

China – ein Imperium im Wandel

Die Volksrepublik China ist heute wirtschaftlich, politisch, militärisch und wissenschaftlich eine Weltmacht. Sie blickt auf eine 3000-jährige Geschichte zurück. China tritt in Südostasien als Hegemonialmacht auf und übt in
5 vielen Ländern Afrikas und Asiens finanziellen und politischen Einfluss aus. Es verfügt über Atomwaffen, eine hochmodern gerüstete Armee und ein ehrgeiziges Raumfahrtprogramm. Zahlreiche Elemente der chinesischen Geschichte erscheinen uns fremd. In diesem Kapitel wird
10 diese Fremdheit anhand bestimmter Kriterien thematisiert, um einen Perspektivenwechsel im Vergleich mit Europa und eine Beurteilung zu ermöglichen.
In chinesischen Schulbüchern beginnt die Geschichte Chinas im Jahre 2836 v. Chr. mit den „Fünf Urkaisern"
15 aus mythologischen Zeiten – also zu Zeiten der Imperien des alten Ägypten und Mesopotamiens. Die Urkaiser sollen den Ackerbau, den Bau von Wagen und Kanälen, die Töpferkunst, die Seidenherstellung und die Schrift erfunden haben. Dies ist jedoch historisch wenig gesichert.
20 Erste Hochkulturen entstanden am Gelben Fluss (Huang

He) und zeitgleich in anderen Gegenden Chinas ab 5000 v. Chr. Der erste Kaiser eines geeinten Chinas regierte im 3. Jahrhundert v. Chr. Die chinesische Geschichte wird nach Dynastien (Herrscherfamilien) eingeteilt.
25 Mehrfach saßen fremde Herrscher auf dem Drachenthron, die keine Chinesen waren, aber die chinesische Kultur und Verwaltung übernahmen. In der chinesischen Geschichte wechselten Abschnitte des Einheitsstaates mit Zeiten des Zerfalls in regionale Reiche ab.
30 • Wie gingen die chinesischen Herrscher mit der Vielfalt von Völkern und Religionen in ihrem Reich um?
• Auf welchen Vorstellungen beruhten das Verständnis der Herrschaft und die Rolle des Kaisers als „Bewahrer der Harmonie"?
35 • Wie funktionierten die Verwaltung und das Militär im Kaiserreich China?
• Wie gestalteten sich die Kontakte Chinas zu seinen Nachbarn und entfernten Reichen in Europa?
• Welche Bedeutung hatte die Gründung der Volks-
40 republik 1949 für China?

M 1

„Alles unter dem Himmel" (tian xia) nannten die chinesischen Kaiser ihr Imperium. Es war nach chinesischer Auffassung unvorstellbar, dass es anderswo ebenbürtige Imperien geben könne. Die Weltkarte zeigt China in der Mitte, umgeben von den Nachbarländern Korea, Japan und Annam (Vietnam). Ein ringförmiger Kontinent und der „unendliche Ozean" umgeben alles. Nachzeichnung eines älteren Originals auf einer koreanischen Weltkarte, 17. Jh.

| 1000 | 1200 | 1400 | 1600 | 1800 | 2000 |

907–960 Teilreiche
960–1279 Song-Dynastie

1270–1368 Yuan-Dynastie (Mongolen)
1368–1644 Ming-Dynastie

1644–1911 **Qing-Dynastie (Mandschu)**
1912–1949 **Republik China**
Seit 1949 **Volksrepublik China**

M 2

Straßenszene in Beijing, Foto, um 1900. Das 19. Jahrhundert gilt in China heute als das „Jahrhundert der Schande". Innerhalb weniger Jahrzehnte wurde aus dem reichsten Land der Welt ein rückständiges Reich in der Hand ausländischer Mächte.

M 4

Stand mit Plakaten zu Persönlichkeiten der chinesischen Geschichte in Beijing, Foto, 2016

M 3

Finanzzentrum Pudong in Shanghai, Foto, 2016. Shanghai ist die bedeutendste Wirtschaftsmetropole Chinas und steht oft in Konkurrenz zur Hauptstadt Beijing.

1 **Wähle eine Aufgabe aus:**
   Ausgehend von der Karte S. 92/93:
   a) Beschreibe die Veränderung der chinesischen Landschaften von Ost nach West.
   b) Begründe, weshalb 90 Prozent der Bevölkerung östlich einer Linie von Kunming bis zur Mandschurei leben.

2 Beschreibe die chinesische Weltsicht nach M1.
3 Überprüfe, was dir bei den Bildern M2–M4 aus Kapitel 2 bekannt vorkommt und wie sich die Bilder den fünf Untersuchungskriterien (siehe S. 16) zuordnen lassen.

Säulen der Herrschaft im Kaiserreich China

Vorschlag für eine Gruppenarbeit:

1 Bildet Vierergruppen. Jede Gruppe wählt sich eines der Themen aus:

Thema 1: Philosophie und Religion als geistige Grundlage des Kaiserreichs China (S. 96–97)

Thema 2: Aufgabe und Rolle der chinesischen Kaiser (S. 98–99)

Thema 3: Beamte verwalten das Imperium (S. 100–101)

2 Bearbeitet euer gewähltes Thema zunächst mithilfe der Arbeitsaufträge. Fasst anschließend die wichtigen Informationen auf einem Plakat zusammen.

3 Führt nach der Gruppenarbeit einen Gallery Walk durch. Der Arbeitsauftrag für euren Rundgang lautet: Inwiefern handelt es sich beim chinesischen Kaiserreich um ein Imperium? Haltet wesentliche Ergebnisse entsprechend der Analysekriterien für Imperien (siehe S. 16) fest.

Konfuzius-Tempel in Nanjing. Eine Familie betet vor einem Konfuzius-Schrein und zündet Räucherkerzen an. Foto, 2018

Thema 1: Philosophie und Religion als geistige Grundlage des Kaiserreichs China

Die Philosophie des Konfuzianismus

Der Konfuzianismus ist keine Religion, sondern eine Philosophie mit vielen praktischen Verhaltensregeln. Der Gründer der Lehre war ein gelehrter Beamter an verschiedenen damals bedeutenden Fürstenhöfen. Sein Name
5 lautet Kong-Fuzi (K'ung-Ch'iu) und er lebte 551–479 v. Chr. lange vor der Vereinigung Chinas durch den Ersten Kaiser. Christliche Mönche übersetzten im 17. Jahrhundert seinen Namen als „Konfuzius" ins Lateinische. In China heißt seine Lehre „Ideen der Anhänger der Schule
10 der Gelehrten" (rujia). Die Lehren von Meister Kong wurden von seinen Schülern später aufgeschrieben.

Seit der Han-Dynastie (206 v. Chr–220 n. Chr.) wurde der Konfuzianismus zur bedeutendsten Philosophie und Verhaltenslehre im Kaiserreich. Er behielt seine herausragen-
15 de Stellung, auch wenn unter den Kaisern der Tang-Dynastie (618–907) die aus Indien stammende Religion des Buddhismus bedeutender wurde. Die Kenntnis aller Schriften des Konfuzius bildete die Materialgrundlage für die Auswahlprüfungen für Beamtenstellen vom 7. bis
20 zum Beginn des 20. Jahrhunderts. Mit der Machtübernahme durch die Kommunisten wurde der Konfuzianismus unter Mao Zedong als rückschrittlich verdammt. Mit der neuen Wirtschaftspolitik seit den 1980er Jahren gewann er neue Attraktivität.

Die Philosophie des Daoismus

Die zweite bedeutende Philosophie Chinas ist der im
4. Jahrhundert v. Chr. entstandene Daoismus (Taoismus) des Meisters Lao-zi (Laotse). Im Daoismus vereinigen sich philosophische und religiöse Ideen mit Magie und
30 übernatürlichen Kräften. Der Daoismus lehnt Gewinnsucht, Eitelkeit und Herrschsucht ab.

Der Buddhismus

Im 7. Jahrhundert breitete sich der Buddhismus in China aus und eroberte auch Korea und Japan. Buddhisten be-
35 rufen sich auf die Lehre des in Nordindien im 5. oder

6. Jahrhundert v. Chr. lebenden Siddhartha Gautama.
Chinesische Pilger reisten nach Indien, um dort Original-
schriften zu lesen und ins Chinesische zu übersetzen.
Unter den Tang-Kaisern 618–907 wurde der Buddhis-
40 mus zur Staatsreligion in China und überlagerte die chinesischen Philosophien. Buddhistische Klöster wurden
reich und mächtig. In der Mitte des 9. Jahrhunderts wurden Buddhisten und ihre Einrichtungen verfolgt und
Tausende Klöster und Tempel aufgelöst. Erst in späteren
45 Jahrhunderten erlangte er neue Bedeutung als eine der
„Drei Lehren" Chinas. Heute lebt mit 250 Millionen
Menschen die Hälfte aller Buddhisten weltweit in China.

Die fünf Tugenden des Konfuzianismus: Menschlichkeit, Wohlwollen/Zugewandtheit, Anstand/Sitte, Klugheit, Zuverlässigkeit
Die drei sozialen Pflichten: Loyalität, Verehrung der
Eltern und Ahnen, Höflichkeit

Die „Drei Lehren
Chinas": Konfuzius
hält den kleinen
Buddha auf dem
Arm und Lao-zi
schaut zu. Chinesi-
sche Seidenmalerei,
18. Jh.

Aus den Schriften des Konfuzius:
I,2 You-zi [ein Schüler des Konfuzius] sprach: „Es
gibt selten Menschen, die ihren Eltern mit Ehr-
furcht, ihren älteren Brüdern mit Achtung begegnen
und die trotzdem gegen die Obrigkeit rebellieren
5 wollen …"
I,5 Konfuzius sprach: „Wer einen Staat von tausend
Kriegswagen regiert, der muss bei allem, was er tut,
korrekt und gewissenhaft sein. Er muss maßhalten

können und die Menschen lieben. Seine Forderun-
10 gen an das Volk dürfen nicht willkürlich sein …"
IV,18 Konfuzius sprach: „Dienst du deinen Eltern,
dann kannst du ihnen auch in gebotener Zurückhal-
tung widersprechen. Siehst du aber, dass sie nicht
gewillt sind, dir zu folgen, dann sei weiterhin ehrer-
15 bietig und widersetze dich nicht. Mühe dich für sie,
ohne zu murren."
*Konfuzius Gespräche (Lun-yu), übers. und hg. von Ralf
Moritz, Stuttgart (Reclam) 2017, S. 5, 6, 24.*

**Der Sinologe Philip Clart über Religion und
Herrschaftslegitimation (2014):**
Der chinesische Staat zwang seinen Untertanen keine Staatsreligion im europäischen Sinne auf, andererseits war das chinesische Reich auch nie religiös
neutral. Im kaiserlichen China war die Legitimation
5 des Herrschers religiös begründet und fand Ausdruck in einem komplexen Staatskult … Mit dem
Aufkommen der Idee vom Mandat des Himmels
(tianming) und dem Herrscher als Himmelssohn
(tianzi) entwickelte dieses Verständnis von Herr-
10 schaft seine Grundzüge, die China bis zum Ende
der letzten Dynastie 1911 kennzeichneten. Der Kai-

ser war nicht nur für die Geschicke der menschlichen Gesellschaft verantwortlich, sondern regulierte
das kosmische Gefüge insgesamt. In einer Welt, in
15 der sich die „Drei Kräfte" von Himmel, Erde und
Menschenwelt gegenseitig beeinflussten, konnte
jeder Komet, jedes Erdbeben und jede Naturerschei-
nung als politischer Kommentar gedeutet werden.
Der ideale Herrscher hielt diese Ordnung durch ritu-
20 elles Handeln aufrecht, wie durch die komplexe
Abfolge der Opferhandlungen des Staatskultes.
*Philip Clart, Religionen und Religionspolitik in China, in:
Doris Fischer/Christoph Müller-Hofstede (Hg.), Länderbericht China, Bonn (bpb) 2014, S. 622f.*

1 **a)** Beschreibt M1.
b) Erklärt mithilfe von M3 zwei Grundregeln
(Tugenden und Pflichten) der Lehre des Konfuzius.
c) Wie erklärt ihr euch das Comeback dieser Lehre
in China nach Mao Zedong?

2 Stellt Vermutungen zur Aussageabsicht von M2 an,
warum die „alten" Philosophen den „jungen"
Buddha betrachten.
3 Arbeitet aus M4 die Bedeutung religiöser Elemente
für die Herrschaftslegitimation des Kaisers heraus.

M 5

Kaiser Qianlong („Blüte des Himmels") lebte von 1711 bis 1799 und regierte 61 Jahre lang das damals reichste Land der Welt. Er gehörte zu dem aus der Mandschurei (siehe Karte S. 93) stammenden Volk der Mandschuren und herrschte als vierter Kaiser der seit 1644 herrschenden Qing-Dynastie. Er sprach Mandschu, Chinesisch, Tibetisch, Mongolisch und Uigurisch. Als Oberhaupt der Verwaltung des Landes und oberster Feldherr nahm der Kaiser regelmäßig Tribute von unterworfenen Völkern entgegen. Hier bringt ihm eine Delegation aus Kasachstan in Zentralasien kostbare Pferde. Alle Besucher hatten sich vor dem Kaiser niederzuwerfen und mehrmals mit der Stirn den Boden zu berühren („Kotau"). Das Bild ist ein Ausschnitt aus einer hängenden Schriftrolle des italienischen Jesuiten und Hofmalers Giuseppe Castiglione (Musée Guimet, Paris).

Thema 2: Aufgabe und Rolle der chinesischen Kaiser

Der erste chinesische Kaiser Qin Shi Huangdi (247– 210 v. Chr.) vereinigte das Reich als gottgleicher Monarch. Die Hauptaufgabe der „Himmelssöhne" bestand darin, die Harmonie zwischen Himmel und Erde zu ga-
5 rantieren. Die jeweilige Hauptstadt des „Reichs der Mitte" galt als Zentrum der Zivilisation. Um China herum wohnten nach chinesischer Auffassung unzivilisierte Völker.

Auf Bildern zeigen die Kaiser keinerlei Emotionen, da sie
10 die ausgeglichene Harmonie verkörpern. Die Farbe Gelb war den Kaisern vorbehalten, ihre Gewänder waren mit Goldfäden durchzogen. Herrscher der Dynastien seit dem Ersten Kaiser trugen bei der Thronbesteigung einen Kopfschmuck mit zwölf Perlenschnüren an jeder Seite,
15 der ihre enge Verbindung zum Himmel symbolisierte. Das Wappentier eines Kaisers war der Drachen. Der Tagesablauf des Kaisers war genauestens geregelt. Ein eigenes „Ritenministerium" überwachte die Einhaltung der täglichen Rituale, mit denen der Kaiser als Verbin-
20 dungsperson zum Himmel das Wohl des Reiches und seiner Bewohner sicherte. Als Herr über die Verwaltung und seine Beamten musste der Kaiser täglich hohe Papierstapel an Akten bearbeiten.

Herrscher über ein multiethnisches Reich und
25 **viele Kulte**

Rund 90 verschiedene Völker mit unterschiedlichen Sprachen und Alphabeten leben heute in China, davon sind 56 als eigene Nationalitäten anerkannt. Von den rund 1,3 Milliarden Bürgerinnen und Bürgern der Volks-
30 republik China sind die ethnischen Chinesen die mit rund 92 Prozent größte Gruppe. Diese Gruppe wird im Deutschen als Han-Chinesen bezeichnet, da das deutsche Wort „Chinese" keinen Unterschied zwischen Staatsangehörigkeit und Volkszugehörigkeit ermöglicht.
35 Kaiser Qianlong war Nachfahre eines aus der Mandschurei stammenden Volkes, das eine dem Mongolischen ähnliche Sprache benutzte. Chinesische Kaiser tolerierten traditionell alle Religionen. Im Land gab es buddhistische Tempel, Moscheen, wenige christliche
40 Kirchen und Schreine für die Naturgottheiten der Nomadenvölker. Qianlong besuchte mehrfach bedeutende buddhistische Heiligtümer. Damit sicherte er sich die Unterstützung der buddhistischen Priester und des Oberhaupts des mächtigen tibetischen Buddhismus, des
45 Dalai Lama. Während die meisten heutigen Tibeter die Han-Chinesen als Eindringlinge und Besatzer betrachten, verstanden sich die Tibeter zu Zeiten Qianlongs als Teil des Reichs der Mitte. Mit der Eroberung Turkestans (chinesisch „xinjiang"= westliche Gebiete) wurden auch
50 Millionen Muslime Untertanen des „Himmelssohns". Qianlong war oberster Feldherr über ein Heer von rund 40 000 Soldaten, das sein Reich um ein Drittel seiner Fläche vergrößerte.

Tagesablauf von Kaiser Qianlong:

3 Uhr	Aufstehen, Verehrung der Ahnen, Dankopfer und andere religiöse Zeremonien, Aktenstudium
7 Uhr	Frühstück mit warmen Speisen, Empfang wichtiger Minister, Entscheidungen treffen
11 Uhr	Besuch der kaiserlichen Gärten, den Palasteunuchen[1] beim Ballspiel zusehen, Treffen von Familienmitgliedern
14–17 Uhr	Hauptmahlzeit, Ruhezeit mit Malerei und Dichtung oder Schönschrift (Kalligrafie)
17–23 Uhr	Aktenstudium, Bearbeitung von Eingaben und Bittgesuchen, Empfang von Delegationen

Vom Verfasser zusammengestellt.

....

[1] *In den kaiserlichen Palästen durften keine zeugungsfähigen Männer arbeiten, daher kastrierten arme Familien ihre jungen Söhne, um ihnen eine Anstellung als einen der 2600 Diener bei Hof zu verschaffen. Als Palasteunuchen wachten sie über die Einhaltung der Zeremonien.*

Kaiser Qianlong als Buddha in tibetischer Kleidung des Dalai Lama. Der Dalai Lama war der Führer des tibetischen Buddhismus. Das Bild war im Kaiserpalast in Beijing und im Potala-Palast der tibetischen Hauptstadt Lhasa aufgehängt.

Die Historiker Jane Burbank und Frederick Cooper (2012):

Die Qing-Kaiser vergrößerten bis zum Ende des 18. Jh. das von den Ming übernommene Imperium, womit China an Größe nur noch von Russland übertroffen wurde. Das von den Qing praktizierte System
5 der ethnischen Trennung von Mandschu und Han-Chinesen richtete sich nicht gegen die chinesische Mehrheit, sondern ging ein bestimmtes Problem an: Wie konnten Armeen, die davon gelebt hatten, außerhalb der Grenzen Überfälle zu verüben und Han-
10 del zu treiben, zu nichträuberischen und verlässlichen Truppen innerhalb des eigenen Imperiums umgeformt werden? Die Antwort der Qing trug gleichermaßen nomadische, bürokratische und ethnische Züge. Indem Militärangehörige in Einheiten
15 aufgeteilt, die im Reich hierhin und dorthin verlegt wurden und durch kaiserliche Zuwendungen unterhalten wurden, sorgten die Qing dafür, dass ihre Truppen mobil, jedoch mit dem Kaiser und dem Hof verbunden blieben ... Qing-Verlautbarungen wurden
20 mindestens in Chinesisch und Mandschu, oft jedoch auch in Tibetisch, Mongolisch und Uigurisch veröffentlicht. Sprache war ein Zeichen für Verschiedenheit im Imperium, aber Haartracht, Kleidung und Körperformung waren Mittel, durch die Unähnlich-
25 keit verstärkt oder abgeschwächt werden konnten. In der Anfangszeit hatten die Mandschu allen chinesischen Männern befohlen, mandschurische Frisuren zu übernehmen – rasierte Stirn und das Haar im Nacken zu einem Zopf gebunden. Mandschu-Jacken
30 mit Stehkragen sollten die fließenden Ming-Gewänder mit ihren unkriegerisch langen Ärmeln ersetzen. Im Westen, wo viele Muslime lebten, wurden die mandschurischen Haartrachten erlassen.

*Jane Burbank/Frederick Cooper, Imperien der Weltgeschichte, Frankfurt/New York (Campus) 2012, S. 268f. Übers. v. Thomas Bertram.**

....

4 Charakterisiert mithilfe von M5, M6, M11 (S. 101) und des Darstellungstextes die Aufgaben und die Rolle des chinesischen Kaisers.

5 Beschreibt M7 und beurteilt diese Selbstdarstellung des Kaisers Qianlong.

6 Arbeitet aus M8 heraus, wie die Qing-Kaiser mit der ethnischen Vielfalt in ihrem Reich umgingen.

Thema 3: Beamte verwalten das Imperium

In den frühen Jahrhunderten des chinesischen Kaiserreichs besetzten Adlige alle wichtigen Posten in der Verwaltung. Ab dem 7. Jahrhundert setzte sich allmählich ein neues Gebot in der staatlichen Bürokratie durch: das
5 Leistungsprinzip. Für einen Beamtenposten konnte sich grundsätzlich jeder männliche Einwohner bewerben. Doch für einen Erfolg bei den harten Auswahlprüfungen mussten die Bewerber schon in jungen Jahren mit dem Lernen beginnen. Nur wohlhabende Familien konnten
10 die Lerner über Jahre von der Arbeit freistellen und finanziell unterstützen. Zu den Prüfungen mussten die Werke der bedeutenden Philosophen bekannt sein – allein die Bücher des Konfuzius umfassten 40000 Zeichen, die auswendig gelernt werden mussten. Die fünf-
15 tägigen schriftlichen Prüfungen bestanden aus Aufsätzen zu Themen der chinesischen Geschichte und Kultur sowie dem Verfassen von Gedichten nach vorgegebenem Versmaß. Auf der untersten Ebene der Bezirksexamen nahmen bis zu 50000 Kandidaten landesweit teil. Die
20 Bestehensquote lag zwischen einem und fünf Prozent. Die Beamtenprüfungen gab es von 606 bis 1905. Als sich in der zweiten Hälfte des 19. Jahrhunderts die Schwäche des Kaiserreichs gegenüber ausländischen Mächten zeigte, wurden bis zur Hälfte der neu zu beset-
25 zenden Beamtenstellen meistbietend verkauft, damit das Kaiserreich zusätzliche Einnahmen erhielt. Mit dem Verkauf stieg die Korruption an und das Ansehen des Beamtenwesens verfiel.

„Das Gesetz der Fünfergruppe"

30 Bereits der erste Kaiser Qin Shi Huangdi ließ im 3. Jahrhundert v. Chr. Gesetze, Maße, Gewichte und Spurbreiten der Wagen vereinheitlichen. Überlandstraßen mit Poststationen und Brücken über Flüsse verbanden die Provinzen. Bauern mussten auf den kaiserlichen Groß-
35 baustellen der Kanäle oder dem Bau der „Langen Mauern" mitarbeiten. Eine Besonderheit Chinas war die Einteilung der Bauernfamilien durch kaiserliche Beamte in Fünfergruppen. Jede Einzelgruppe war für das richtige Verhalten der anderen verantwortlich. Bei Fehlverhalten
40 haftete die gesamte Gruppe. Auch für Soldaten galt das Gesetz der Fünfergruppe – floh ein Soldat oder ein Bauer von der Arbeitsstelle, dann wurden die anderen vier hingerichtet. Auch in den Wohnbezirken der Städte galt das Gesetz der Gruppe.

M 9

Ein Beamter (auch Mandarin genannt) unterwegs in einer Sänfte auf dem Weg zu den Teeplantagen im chinesischen Hochland. Die in ein rotes Tuch gewickelte Kiste weist darauf hin, dass er in einer staatlichen Sänfte unterwegs ist. Chines. Seidenmalerei, 1. Drittel des 18. Jh.

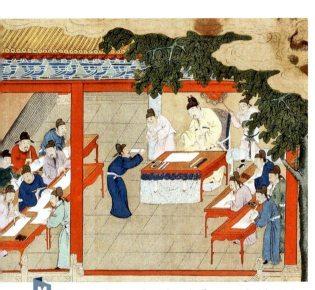

M
10 *Nur wenige Beamtenbewerber schafften es nach vielen Zwischenprüfungen in Bezirks- und Provinzexamen bis zum Palastexamen in Beijing. Dort korrigierte der Kaiser persönlich die 10 besten Arbeiten und verlieh allen Teilnehmern der Endrunde den höchsten Gelehrten-Abschluss. Malerei auf Papier, 13. Jh.*

Kaiser Qianlong als Feldherr, Gemälde von Giuseppe Castiglione, 1758

Die Bedeutung der Verwaltung

45 In der Zeit der Qing-Dynastie verwalteten rund 25 000 Beamte das Reich. Nur in den neu eroberten Gebieten Xinjiang und der Mongolei gab es Militärverwaltungen. In Tibet blieb der Dalai Lama formal Oberhaupt des Lan-
50 des, musste aber Tribute an Beijing leisten. Der Kaiser stützte seine Herrschaft auf eine umfassende Bürokratie, in der alle wichtigen Vorgänge schriftlich festgehalten wurden. Das enorme Bevölkerungswachstum Chinas im 18. Jahrhundert konnte nur durch eine funktionierende
55 Verwaltung gemeistert werden. Beamte überwachten die Gewinnung von neuem Ackerland durch Abholzung und Einebnung ganzer Berge zu Reisterrassen. Deiche sollten Überschwemmungen verhindern. An geeigneten Orten ließen Beamte Getreide- und Reisspeicher errich-
60 ten. Sie überwachten auch die Instandhaltung von Straßen und des riesigen Systems von Kanälen. Besondere Bedeutung hatte der Kaiserkanal, der über 1800 km die landwirtschaftlich reichen Gebiete am Yangzi im Süden mit den trockenen und wenig fruchtbaren Gebieten um
65 die Hauptstadt Beijing im Norden verband.

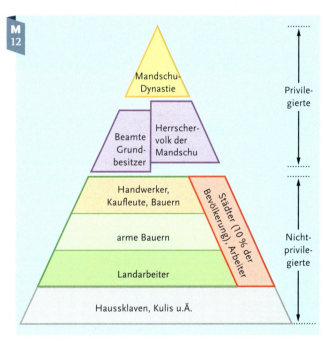

Gesellschaftsaufbau Chinas in der Qing-Dynastie 1644–1911

7 Stellt mithilfe des Darstellungstextes, M9 und M10 die Verwaltungsstruktur des chinesischen Kaiserreichs in einer grafischen Form eurer Wahl dar.

8 Erklärt mit M12 den Aufbau der Gesellschaft während der Qing-Dynastie und beurteilt die Bedeutung der Beamten für die Verwaltung des Imperiums.

9 Beurteilt die Aussage von Historikern, das Auswahlsystem für Beamte in China habe „gewisse demokratische Grundzüge" aufgewiesen.

Die chinesische Schrift – seit 3000 Jahren gleich?

Der Gebrauch einer Schrift ist ein Merkmal von Hochkulturen. Wer die Schrift beherrschte, gehörte zur Elite. Die chinesische Schrift ist die älteste Schrift der Welt, die heute noch Verwendung findet. Ein Fünftel der Menschheit spricht und schreibt Chinesisch.

- *Beschäftige dich hier mit ausgewählten Aspekten der chinesischen Schrift und Sprache.*

M 1

Schulkinder schreiben an der Tafel. Schulklasse in der der autonomen Region Guangxi im Süden Chinas an der Grenze zu Vietnam, Foto, 2019

Vom Bild zum Zeichen

Die ältesten chinesischen Zeichen sind über 3000 Jahre alt. Sie haben sich auf Schildkrötenpanzern und Orakelknochen für die Vorhersage der Zukunft erhalten. Ursprünglich war die chinesische Schrift eine Bilderschrift,
5 in der jedes Zeichen für ein Wort stand und das etwas Bestimmtes bezeichnete. Aus zusammengesetzten Zeichen wie z. B. aus dem Zeichen für Sonne und Mond entstand dann die Bedeutung „hell". Mehrfach wurde in der chinesischen Geschichte der Versuch unternommen,
10 die oft kompliziert zu schreibenden Zeichen zu vereinfachen. Alle Zeichen bestehen aus einer klar vorgegebenen Folge von Strichen, die mit dem Pinsel oder einem Stift ausgeführt werden. Es gibt insgesamt 37 verschiedene Striche und Haken, die sich in Länge und Richtung un-
15 terscheiden. Jedes Zeichen besteht aus einem Laut gebenden Teil und einem Sinn gebenden Teil. Komplizierte Zeichen können bis zu 50 Striche umfassen. Aber das Chinesische verfügt nur über 41 verschiedene Silben (im Deutschen gibt es über 10 000), sodass Dutzende Schrift-
20 zeichen gleich ausgesprochen werden. Nur die Tonhöhe unterscheidet die Bedeutung. Die chinesische Grammatik hingegen ist bedeutend einfacher als die deutsche. Es gibt nur drei Zeitformen und keine Fälle (Deklinationen).

Lesen und schreiben lernen – ein langer Weg

25 Chinesische Kinder würden euch beneiden, denn in den meisten Sprachen Europas kommen wir mit ungefähr 26 Buchstaben aus. Im Chinesischen gibt es rund 50 000 Zeichen. Ein Kind muss 2000 Zeichen büffeln, um einfache Schulbuchtexte lesen zu können und 4000 Zeichen,
30 um eine Zeitung zu verstehen. Gebildete Chinesen beherrschen mindestens 8000 Zeichen.

Im Kindergarten und in der ersten Klasse lernen chinesische Kinder heute zuerst die lateinischen Buchstaben und alle Silben der Umschrift (siehe letzten Abschnitt
35 zur Pinyin-Umschrift). Dann üben sie nur noch die Schreibweise der Zeichen.

Reformen der Schrift

Unter der Herrschaft des ersten Kaisers Qin Shi Huang-di wurde die chinesische Schrift erstmals vereinheitlicht.
40 Heutige Chinesen schreiben nach der 1955 in der Volksrepublik China durchgeführten Vereinfachung der Schriftzeichen, bei der über 1000 Zeichen abgeschafft wurden. Zum Lesen und Verstehen von Texten vor 1955 muss man jedoch die alten Zeichen lernen. In Hongkong,
45 Macau und Taiwan blieb man zunächst bei der „alten" Schreibweise mit längeren und schwierigeren Zeichen.

Schönschrift oder Kalligrafie mit Tusche und der richtigen Führung des Pinsels muss lange geübt werden. Gute Kalligrafien sind hoch gehandelte Kunstwerke. Kalligrafische Schreibübung, Foto, 2011

Auch viele seit Generationen im Ausland lebende Chinesen haben die Reform der Kommunisten nicht mitgemacht.

Verschiedene Sprachen – gemeinsame Schrift

Das gesprochene Chinesisch unterschied sich früher wie heute von Provinz zu Provinz sehr stark. Nordchinesen und Südchinesen können sich kaum verstehen. Im Fernsehen werden die meisten Sendungen mit Zeichen untertitelt. Im Alltag sieht man Menschen auf der Straße oft Zeichen in ihre Hand „malen" oder sie zeigen sie auf dem Display ihrer Handys, denn mithilfe der Zeichen ist die Bedeutung einer Frage oder einer Aussage allen klar.

Wie werden chinesische Zeichen in lateinische Buchstaben übertragen?

Die Übertragung chinesischer Zeichen ins lateinische Alphabet geht auf die britischen Wissenschaftler Thomas Wade und Herbert Giles zurück. Deren Übertragung war bis in die 1970er Jahre die meistbenutzte Form. Heute hat sich weltweit die ab den 1950er Jahren in der Volksrepublik China entwickelte „Pinyin"-Umschrift durchgesetzt. Sie wurde 2009 auch in der Republik China auf Taiwan offiziell übernommen. Meist liegen die lateinischen Schreibweisen von Namen in „alter" und „neuer" Schreibweise (z. B. Mao Tse-Tung – alt und „Mao Zedong" – neu) nicht sehr weit auseinander. Bei der Dynastie des Ersten Kaisers T'chin (alt) oder Qin (neu) muss man schon nachdenken. Vollends schwierig wird es beim Namen des Führers der Guomindang-Partei: Chiang Kaishek (alt) und Jiang Jieshi (neu). Daher findest du auf S. 270 f. eine Tabelle der alten und neuen Schreibweisen chinesischer Namen und Begriffe sowie die wichtigsten Ausspracheregeln.

Die Nutzung von Wörterbüchern und Computern

Ohne Alphabet gibt es kein „Nachschlagen", wie wir es kennen. Jedes chinesische Zeichen besitzt ein Element, das die Bedeutung des Zeichens angibt. Dieses Element heißt „Radikal" oder „Haupt der Klasse". Es gibt 214 Radikale und jedes trägt eine Nummer. Diese Nummer lässt sich im Wörterbuch nachschlagen und dann folgen alle Zeichen mit diesem Radikal nach Anzahl der Striche. Die Radikale müssen alle Kinder lernen.

Eine direkte Eingabe der Zeichen in eine Computertastatur ist angesichts der vielen Zeichen nicht möglich. Die Schreibenden geben die lateinischen Buchstaben der Pinyin-Umschrift eines Zeichens in den Rechner ein und dann öffnet sich auf dem Bildschirm eine Leiste mit vielen Möglichkeiten, unter denen das gesuchte Zeichen angeklickt werden muss. Lehrkräfte im heutigen China beklagen, dass durch die neuen Medien die Fähigkeit verloren gehe, schwierigere Zeichen aktiv von Hand zu schreiben.

....

Partnerarbeit:

a) Begründet ausgehend vom Darstellungstext, warum die Schrift mit Zeichen beibehalten wird, obwohl eine Umstellung auf lateinische Buchstaben viele Dinge einfacher machen könnte.

b) Obwohl ein Fünftel der Menschheit Chinesisch spricht, lernten 2018 in Deutschland nur 5000 Schülerinnen und Schüler diese Sprache. Im Nachbarland Frankreich waren es rund 30 000. Diskutiert die Bedeutung von Sprachkenntnissen für das Verständnis einer fremden Kultur.

Tipp: Beachtet hierbei auch die heutige globale Bedeutung der Weltmacht China.

Warum beherrschte China nicht die ganze Welt?

Die Ming-Kaiser führten das chinesische Reich ab dem Beginn des 15. Jahrhunderts zu neuer Blüte und machten es zum reichsten Land der Welt. Chinesische Flotten unter Admiral Zheng He befuhren zwischen 1405 und 1433 die Meere zwischen Ostasien und Afrika und meldeten einen chinesischen Anspruch auf die Vormacht in der Welt an.

- *Welche Entwicklungen machten China im 15. Jahrhundert zu einem Imperium mit Anspruch auf die Weltherrschaft?*

Die „Verbotene Stadt", Beijing, Foto, 2014. In der „Verbotenen Stadt" lebten bis 1911 die chinesischen Kaiserfamilien. Über 100 000 Kunsthandwerker und über eine Million Arbeiter erbauten unter Kaiser Yongle von 1406 bis 1420 die 890 Gebäude.

Die Historiker Jane Burbank und Frederick Cooper über das Ming-Imperium (2010):

Zweieinhalb Jahrhunderte standen 1368–1644 die Ming an der Spitze einer sagenhaft reichen und schöpferischen Kultur, der die Welt ihr Geschirr (Porzellan), ihr Getränk (Tee) und ihre Luxus-Textilie
5 (Seide) verdankte. Die Ming bekräftigten die Tradition der Herrschaft durch Beamte. Umfassende Lese- und Schreibfähigkeit und hochentwickelte Drucktechnik unterstützten die kaiserliche Agenda. Die Ming-Bürokratie entwickelte sich zur größten
10 weltweit.
Chinesische Familien konnten den Aufstieg ihrer Söhne in die höchsten Beamtenränge anstreben. Großgrundbesitzer wurden mit der Produktion von Nahrungsmitteln und Rohwaren für den internatio-
15 nalen Markt reich. Kaufleute erfreuten sich des hohen Lebensstandards ...
Den religiösen Pluralismus der mongolischen Yuan-Dynastie (1279–1368) hielten die Ming bei. Muslime, Juden und Christen durften ihren eigenen Gott ver-
20 ehren. Moscheen, buddhistische und daoistische Tempel sowie Konfuzius-Schreine waren Teil der kulturellen Landschaft ...
Wie im Römischen Reich hatten die Armen kaum Anteil am gesteigerten Lebensstandard, aber den Eli-
25 ten bot das Imperium Wohlstand und Reichtum. Jungen studierten jahrelang, um die staatlichen Examen abzulegen. Literaten und Künstler brachten neue Gattungen hervor wie den Roman und das Musiktheater. Die Elite wohnte in komfortablen, elegant
30 ausgestatteten Häusern, genoss die feine Küche und widmete sich Gesprächen über Malerei und Poesie. Frauen aus vornehmen Familien beteiligten sich an der Pflege von Literatur und Kunst. Die Qualität des städtischen Lebens in China überwältigte Besucher
35 aus Europa. Ming-Produkte wie lackierte Wandschirme, farbige Papiere, Brokate und natürlich Porzellan setzten auf der ganzen Welt Maßstäbe für Luxus.

Jane Burbank/Frederick Cooper, Imperien der Weltgeschichte, Frankfurt/New York (Campus) 2012, S. 262ff. Übers. v. Thomas Bertram.

Neuorientierung nach innen und außen

Unter dem dritten Ming-Kaiser Yongle („ewige Freude")
begann eine Epoche des Wohlstandes und der inneren
Stärke Chinas. Der Kaiser verlegte die Hauptstadt von
Nanjing ins weiter nördlich gelegene Beijing. Von dort
5 ließ sich das Reich besser gegen Nomadenangriffe aus
dem Norden verteidigen. Im Innern der Hauptstadt entstand als kaiserliche Residenz die prächtige „Verbotene
Stadt" mit Parkanlagen und Seen. In den Wohngebieten
rundherum lebten bei Yongles Tod 350 000 Menschen.
10 Neu angelegte Kanäle garantierten eine Versorgung der
Stadt mit Getreide aus dem Tal des Jangtsekiang.
Nach außen führte Yongle zahlreiche Kriege zur Vergrößerung des Imperiums. Zehntausende chinesische Familien wurden in den eroberten Gebieten angesiedelt. Zur
15 Stärkung des chinesischen Machtanspruchs auf Südostasien ließ der Kaiser eine große Flotte bauen. Die Erfindung des Kompasses in China machte Seereisen fern der
Küsten möglich.

Führt Admiral Zheng He China zur
20 Weltherrschaft?

Zheng He war kein Han-Chinese, sondern entstammte
einem mit den Mongolen verwandten Volk. Er war Muslim und wurde als Kind von chinesischen Truppen gefangen genommen und kastriert. Als Hofeunuch erhielt er
25 eine militärische und diplomatische Ausbildung. Mit 34
Jahren übergab ihm Kaiser Yongle das Kommando über
seine Flotte. Die wichtigste Aufgabe der Expeditionen
unter Zheng He bestand darin, die durch Piraten unsi-
cher gewordene Straße von Malakka nordöstlich von
30 Sumatra wieder sicher für die Handelsschifffahrt zu ma-

*Kaiser Yongle
(1360–1424), chi-
nesische Seiden-
malerei, undatiert*

chen. Zheng He sammelte durch Tausch Schätze aus allen
Gebieten Südostasiens, den Küsten Indiens und Ostafri-
kas ein. Die dortigen Herrscher mussten sich formell dem
Kaiser von China unterwerfen und Tribute entrichten.
35 Chinesische Sprache, Schrift und Kultur verbreiteten sich
in der gesamten Inselwelt Südostasiens und einigen
Nachbarreichen Chinas. Zheng He ließ Tausende Kopien
chinesischer Literatur mit der Lehre des vorbildlichen
Verhaltens nach Konfuzius in den Hafenstädten außer-
40 halb Chinas verteilen.

Rückzug

Kaiser Yongle hatte die Zahl der Palasteunuchen als Be-
rater stark vergrößert. Die Eunuchen profitierten als
Händler und Bankiers von den Seefahrten des Zheng He.
45 Die traditionell konfuzianisch gebildeten Beamten am
Hof fühlten sich benachteiligt. Sie waren mit den Grundbesitzern verbündet (siehe M12 S. 101), die keine Vorteile aus den Seereisen zogen. Angesichts der Kosten und
ständigen Steuererhöhungen für Bau und Unterhalt der
50 Flotte setzten sich unter den Nachfolgern von Yongle die
konfuzianischen Beamten mit der Ansicht durch, die
Seefahrten seien unchinesisch und eine „Räuberei". Jeder private Außenhandel und private Überseereisen von
Chinesen wurden verboten. Viele Schiffe wurden zer-
55 stört; ab 1500 durften nur noch Schiffe mit höchstens
zwei Masten gebaut werden. Der Rückzug der Chinesen
erlaubte europäischen Seefahrern und Handelsgesellschaften, allmählich in die bestehenden Handelsnetze
zwischen Ostafrika, Indien und Ostasien einzudringen:
60 zunächst die Portugiesen und später die Niederländer
und die Briten.

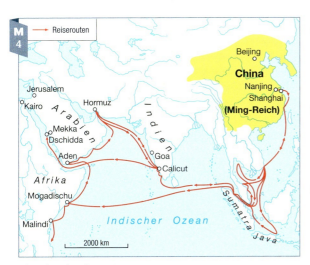

Die Reisen des Zheng He

Größenvergleich der Schiffe von Zheng He und Kolumbus, Zeichnung, 2018

Die Flotte des Zheng He, Rekonstruktionszeichnung aus heutiger Zeit. Zheng He unternahm zwischen 1405 und 1433 insgesamt sieben Reisen und legte dabei rund 50 000 km zurück. Die Flotten umfassten bis zu 300 Schiffe mit Segeln aus roter Seide und aufgemalten Drachenaugen. Die Besatzung umfasste rund 20–30 000 Mann.

Kaiserliche Beamte fordern vom Kaiser den Abbruch der Expeditionen zur See (1429):

Ihre Diener hoffen, dass Eure Majestät sich nicht zu kriegerischen Plänen und zu Ruhmgewinn durch Expeditionen und ferne Länder herablassen wird. Geben Sie die nutzlosen fremden Länder auf und

5 schenken Sie dem Volk eine Periode der Ruhe, damit es sich dem Ackerbau und den Studien widmen kann. Dann wird es keinen Krieg und kein Leiden an den Grenzen geben. Und keine Klagen in den Dör-

fern. Die Befehlshaber werden nicht nach Ruhm

10 streben und die Soldaten ihr Leben nicht fern der Heimat opfern müssen. Ferne Völker werden sich freiwillig unterwerfen und entfernte Länder werden unter unseren Einfluss kommen und die Dynastie wird zehntausend Generationen währen.

Teobaldo Filesi, Le relazioni della Cina con l'Africa nel Medioevo, zit. nach Wolfgang Reinhard, Die Unterwerfung der Welt. Globalgeschichte der europäischen Expansion 1415–2015, München (C. H. Beck) 2016, S. 57f.

Der Historiker John Darwin über die Folgen des Abbruchs der Expeditionen (2010):

Um 1400 hätte jeder gut informierte Beobachter den Eindruck haben können, dass Chinas Vorherrschaft in der Welt nicht nur gesichert sei, sondern noch wachsen würde ... Lange bevor die Europäer das na-

5 vigatorische [seefahrerische] Wissen erworben hatten, um den Weg in den Südatlantik und zurück zu finden, war China kurz davor, die Seeherrschaft in den östlichen Ozeanen zu erringen. Doch es sollte diese glänzende Zukunft nicht erreichen ... Der ab-

10 rupte Stopp der Entdeckungsreisen Zheng Hes in den 1420er Jahren war ein Indiz für das zugrunde liegende Problem. Die Ming-Kaiser hatten zwar die Mongolen vertrieben, konnten aber nicht die Gefahr aus der Welt schaffen, die von ihnen ausging. Sie

15 mussten immer mehr Ressourcen der Landesverteidigung im Norden binden. Diese geostrategische Bürde zwang sie dazu, die „Große Mauer" zu vollenden ... Die Strategie einer unüberwindlichen Landes-

verteidigung führte mit einer gewissen Logik auch

20 zur kulturellen Abschottung. Zugleich vollzog sich ein Wandel, dessen Auswirkungen kein Zeitgenosse erkannt haben dürfte. Das größte Rätsel in der chinesischen Geschichte ist die Frage, weshalb die außergewöhnliche Dynamik, welche die bis dahin größte

25 und reichste Volkswirtschaft der Welt hervorgebracht hatte, nach 1400 offenbar nachließ. China verlor seine führende Stellung in Bezug auf technische Neuerungen und gesellschaftliche Innovationen. Nicht China, sondern der Westen forcierte das Hinarbeiten

30 auf eine industrielle Revolution, vor allem mit Hilfe technischer Neuerungen ... China wurde Opfer des eigenen Erfolgs. Die Effizienz seiner vorindustriellen Wirtschaft sprach gegen jede radikale Veränderung in der Produktionstechnik: Noch im 19. Jahrhundert

35 machte das riesige Netz an Wasserwegen in China Eisenbahnen praktisch überflüssig.

John Darwin, Der imperiale Traum. Die Globalgeschichte großer Reiche 1400–2000, Frankfurt (Campus) 2010, S. 54ff. Übers. v. Michael Bayer und Norbert Juraschitz.*

Die 10 000-Li-Mauer (1 Li = 500 Meter) aus der Zeit der Ming-Kaiser, Foto, 2014. Erste Abwehrmauern aus Lehm gegen die Angriffe nomadischer Reitervölker am Nordrand Chinas entstanden schon zur Zeit des Ersten Kaisers. Nach der Aufgabe der Expeditionen zur See gaben die Ming-Kaiser rund die Hälfte der Staatseinnahmen für den Aus- und Neubau der Mauer mit 25 000 Signaltürmen aus. Ein rund 600 km langer Abschnitt bei Beijing wurde als Touristenattraktion aufwändig restauriert; der größte Teil der Mauern ist verfallen.

M 10

Die Historikerin Sabine Dabringhaus über die Rolle der Portugiesen (2006):

Bis zur Abkehr der Ming-Regierung vom Seehandel war China fest in das asiatische Handelsnetz integriert, das es hauptsächlich mit Papier, Seide und Porzellan versorgte. Danach beschränkte sich Chinas
5 Beitrag auf Privathändler und japanische Piraten. Kaufleute, Schiffseigentümer, Grundbesitzer und Beamte der Lokalverwaltung waren an den Schmuggelgeschäften beteiligt und umgingen so das Handelsverbot der Ming-Kaiser ...
10 Hatten bis dahin Kaufleute und Herrscher aus dem arabisch-persischen Raum oder aus Indien die Handelsgeschäfte finanziert, so trat mit den Portugiesen erstmals eine Seemacht auf, der es nicht nur um kommerziellen Nutzen ging, sondern die das ge-
15 samte Handelsnetz kontrollieren wollte. Von ihrem Stützpunkt in Malakka[1] erreichten die Portugiesen

1514 China ... 1517 segelte eine Gruppe portugiesischer Schiffe in Guangzhou (Kanton) ein. Durch ständige Nadelstiche gelang es den Portugiesen, der
20 Ming-Regierung die Handelserlaubnis abzuringen. Südlich von Kanton erhielten sie einen kleinen Hafen zur Verpachtung überlassen, den sie Macao nannten. Der portugiesische Stützpunkt entwickelte sich zu einer internationalen Stadt, von der aus bis ins
25 19. Jahrhundert alle Europäer ihre Vorhaben in China vorbereiteten, bevor sie den „Sprung" ins Reich der Mitte wagten. Welche Bedeutung Macao haben würde, konnte die Ming-Regierung noch nicht ahnen, als sie den Portugiesen diesen Ort zugestand.
Sabine Dabringhaus, Geschichte Chinas 1279–1949, München (Oldenbourg) 2006, S. 27 f. ✳✳

....

[1] *Stadt im heutigen Malaysia an der gleichnamigen Straße*

....

1 Partnerarbeit:
a) Beschreibt zunächst die Bedeutung des Ming-Imperiums mithilfe von M1 bis M3.
b) Arbeitet aus M2 heraus, auf welchen Gebieten das Ming-Reich besonders modern erscheint.
2 Vergleiche mithilfe des Darstellungstextes und M4 bis M6 die Seereisen des Zheng He mit denen des Kolumbus.
Tipp: Entwickle zunächst eigene Vergleichskriterien für die Reisen von Zheng He und Kolumbus.

3 a) Erläutere mithilfe von M7 bis M9 die Ursachen für den Abbruch der chinesischen Flottenpolitik und den Ausbau der „langen Mauern".
b) Beurteile John Darwins These in M8, Z. 31 ff., China sei Opfer des eigenen Erfolgs geworden.
4 Stelle Vermutungen an: Wie hätte die Geschichte verlaufen können, wenn Chinesen Europa, Afrika und Amerika „entdeckt" und kolonisiert hätten?

Handelskontakte zwischen Europa und China

„Made in China" wurde im 18. Jahrhundert ein Gütezeichen, und chinesisches Porzellan war in europäischen Adels- und Kaufmannshäusern ein Prestigeobjekt. Teeimporte aus China machten aus England erst die Nation der Teetrinker.
- *Wie sahen die Handelsbeziehungen zwischen China und Europa aus?*
- *Wie veränderte sich das Chinabild der Europäer?*

Eine neue Dynastie lenkt die Geschicke Chinas

Nach der Dynastie der Ming herrschten von 1644 bis 1911 Kaiser aus dem Volk der Mandschu über China. Die Mandschu lebten nördlich der Großen Mauer als Bauern und Fischer. Die Mandschu-Kaiser lernten Chinesisch,
5 übernahmen die chinesische Kultur, betrachteten den Konfuzianismus als eine Art Staatsreligion und nannten ihre Dynastie „Qing". Zum Zeichen der Unterwerfung mussten alle chinesischen Männer den Mandschu-Zopf tragen. Heiraten zwischen Mandschu und Chinesen wa-
10 ren verboten. China wurde unter den Qing erneut zum größten und reichsten Land der Welt. Taiwan, die Mongolei, Xinjiang und Tibet wurden nun Teil des Kaiserreichs. Um 1800 wohnte ein Drittel der Weltbevölkerung von einer Milliarde Menschen in China, dem Land
15 mit der größten Wirtschaftsleistung.

Chinesische Produkte in Europa

Europäische Handelsgesellschaften wie die britische „East India Company" importierten aus Ostasien Seide und Baumwolle. Für europäische Fürstenhöfe kauften
20 sie in China Dekorationsgegenstände aus Porzellan und Edelsteinen. Chinesisches wurde „in". Reiche Adlige lie-

ßen Räume im chinesischen Stil ausstatten oder Gebäude in ostasiatischer Bauweise errichten.

Exportschlager aus China jedoch wurde Tee, den die Eng-
25 länder zum neuen Nationalgetränk machten und der sich über die privilegierte Schicht hinaus als „Volksgetränk" durchsetzte. Der Import stieg von 200 Pfund im 17. Jahrhundert auf 400 000 Pfund und 28 Millionen Pfund in den beiden folgenden Jahrhunderten. Zwischen 1750
30 und 1800 stieg der Jahresdurchschnittsverbrauch eines Briten von 250 g auf 2,5 kg.

Ihre Exporte ließen sich die Chinesen bar bezahlen: Jährlich flossen zehn Millionen Silberdollar ins Land. Durchgeführt wurde der Warentransfer von schnellen Segel-
35 schiffen aus Europa, die entlang ihrer Routen über Stützpunkte an den Küsten Asiens und Afrikas verfügten. Die schnellsten Schiffe („Tea Clipper") schafften die Strecke von China nach London Mitte des 19. Jahrhunderts rund um Südafrika in 99 Tagen.

Europäische Produkte in China?

40 Reiche Chinesen begehrten besonders aus Europa importierte Uhren. Man rauchte Tabak und kleidete sich in englische Wolle. Der Import europäischer Produkte blieb aber auf ein Minimum beschränkt. Am Hof des Kaisers
45 gab es viele kritische Stimmen, die in den Kontakten nach Westen eine Gefahr für die traditionelle konfuzianisch geprägte chinesische Kultur sahen. Die Kritik richtete sich auch gegen die am Hof lebenden Jesuiten aus Europa. Diese Mitglieder des päpstlichen Missionsordens „Ge-
50 sellschaft Jesu" waren gleichzeitig Theologen und gebildete Wissenschaftler.

Die chinesischen Kaiser, die ihren wissenschaftlichen und technischen Rückstand gegenüber den Europäern erkannt hatten, holten sich die chinesisch sprechenden
55 Kirchenleute als studierte Physiker und Mathematiker an den Hof. So entstanden das erste Himmelsobservatorium in Beijing sowie eine erste chinesische Dampfmaschine.

Chinesisches Porzellan aus dem 18. Jh. vor dem Porträt der Markgräfin Sibylla Augusta von Baden im Schloss Favorite in Rastatt

Antwort von Kaiser Qianlong auf die Anfrage des britischen Königs Georg III., die Handelsbeziehungen zu verstärken und diplomatische Kontakte aufzubauen (1793):

Wenn ich die von Euch, o König, gesandten Tributgaben annehmen ließ, so geschah das lediglich in Anbetracht der Gesinnung, die Euch veranlasste, mir diese von weither zu senden. Der hervorragende Ruf
5 unserer Dynastie ist in jedes Land unter dem Himmel gelangt, und Herrscher aller Völker haben ihre Tributgaben auf dem Land- und Seeweg überbracht. Wie Euer Gesandter mit eigenen Augen sehen kann, besitzen wir alles. Ich lege keinen Wert auf Gegen-
10 stände, die fremdländisch oder geschickt erfunden sind, und ich habe keine Verwendung für die Produktion Eures Landes. Dieses ist nun meine Antwort auf Eure Bitte, eine Vertretung an meinem Hof zu ernennen, eine Bitte, die im Gegensatz zu unserem
15 dynastischen Brauch steht, und die nur Schwierigkeiten für Euch selbst zur Folge haben würde ... Es schickt sich, o König, meinen Willen zu achten und mir in Zukunft noch größere Verehrung und Loyalität zu erweisen, so dass Ihr durch ständige Unterwer-
20 fung unter unseren Thron Frieden und Wohlwollen für Euer Land sichert.

*Zit. nach Geschichte in Quellen, Bd. 5: Das bürgerliche Zeitalter 1815–1914, bearb. v. Günter Schönbrunn, München (bsv) 1980, S. 531f.**

Der chinesische Gelehrte Hong Liangji über den Zustand des Landes (1793):

Seit über hundert Jahren herrschen Ordnung und Frieden, das kann man wohl lang nennen. Doch die Bevölkerung ist im Vergleich zur Zeit vor 30 Jahren um das Fünffache gewachsen, ... im Vergleich zur
5 Zeit vor hundert oder mehr Jahren um nicht weniger als das Zwanzigfache ... Doch der Boden hat sich nur verdoppelt, allenfalls verdreifacht oder verfünf-facht ... Daher gibt es stets zu wenig Felder und Wohnraum, aber stets zu viel Volk. Wenn dann noch
10 raffgierige Familien hinzukommen, in denen ein einziger Mensch den Wohnraum von Hunderten einnimmt, ein Haushalt die Felder von Hunderten beansprucht – wen wundert's, dass angesichts von Wind und Wetter, Hunger und Kälte die Menschen
15 allenthalben [überall] fallen und sterben?

*Zit. nach Kai Vogelsang, Geschichte Chinas, Stuttgart (Reclam) 2013, S. 442f.**

Die Historikerin Sabine Dabringhaus über die britische Mission zu Kaiser Qianlong (2006):

Kaiser Qianlong empfing die britische Gesandtschaft [die die Anfrage M2 überbrachte] als Tributmission und verlangte das obligatorische Ritual des Kotau[1]. Er war nicht bereit, weitere Hafenstädte für
5 den Außenhandel zu öffnen und diplomatische Beziehungen aufzunehmen. Der gesamte Handelsverkehr beschränkte sich auf Kanton, wo ein kaiserlicher Zollbeamter den von chinesischen Kaufmannsfirmen gegen eine Lizenzgebühr geführten Privathan-
10 del mit den Ausländern überwachte. Daher erwiesen sich die Ergebnisse der britischen Gesandtschaft als dürftig und unbefriedigend. Für das westeuropäische China-Bild hatten sie jedoch verheerende Folgen: Rückständigkeit und Zerfall bildeten die Kategorien,
15 in die Qing-China eingeordnet wurde. Die Abkehr von der China-Euphorie des frühen 18. Jahrhunderts war eine wichtige Voraussetzung für die Haltung der europäischen Kolonialmächte im 19. Jahrhundert.

*Sabine Dabringhaus, Geschichte Chinas 1279–1949, München (Oldenbourg) 2006, S. 51.***

....

[1] vgl. S. 98, M5

....

1 Beschreibe anhand von M1 und des Darstellungstextes den Ideen- und Warentransfer zwischen China und Europa.
2 Charakterisiere mithilfe von M2 das Selbst- und Weltbild von Kaiser Qianlong.

3 **Wähle eine Aufgabe aus:**
a) Erarbeite aus M4 die Folgen der Haltung Kaiser Qianlongs gegenüber den Europäern (vgl. M2).
b) „Arroganz oder echte Größe?" Stelle mithilfe von M3 Vermutungen an, welche Probleme sich für China aus der Haltung Kaiser Qianlongs (vgl. M2) ergeben könnten.

Der erste „Opiumkrieg"

In den 1990er Jahren war in China der Verkauf eines französischen Parfüms mit Namen „Opium" verboten. Sein Name erinnerte zu sehr an die „Opiumkriege" des 19. Jahrhunderts, die im heutigen China immer noch als große nationale Demütigung wahrgenommen werden.

- *Warum kam es zum ersten „Opiumkrieg" und welche Folgen hatte er für Chinas Verhältnis zum Westen?*

Britischer Drogenhandel zum eigenen Profit

Wegen der großen Menge an Importen von Tee, Seide und Textilien floss viel Silber als Bezahlung aus Großbritannien nach China. Umgekehrt besaßen die Briten mit dem aus Mohn gewonnenen Opium eine der wenigen
5 Waren, für die in China Nachfrage bestand. Mit deren Verkauf sollte die negative britische Handelsbilanz* ausgeglichen werden.

Das aus Mohn gewonnene Opium wurde in China traditionell als Medizin und Rauschmittel verwendet. Es war
10 seit 1729 jedoch verboten. Die Briten ließen in ihrer Kolonie Indien gezielt Opium anbauen. Dieses wurde nach China geschmuggelt und über Gangsterbanden im Land verkauft. Der Opiumschmuggel verzehnfachte sich. 1830 waren bereits mehr als zehn Millionen Chinesen
15 opiumsüchtig, darunter auch viele Beamte und Armeeangehörige. Nun flossen große Mengen Silber aus China zurück in britische Kassen.

Kaiser Daoguang (1820–1850) betrachtete den Opiumhandel als „Vergiftungsstrategie" und beauftragte den als
20 unbestechlich bekannten Generalgouverneur Lin Zexu mit Gegenmaßnahmen. Dieser ließ innerhalb von zwei Monaten 16 Tonnen Rauschgift und 42 741 Opiumpfeifen vernichten. Nicht nur chinesische, sondern auch britische Opiumhändler wurden bestraft und aus Guang-
25 zhou (Kanton) vertrieben. Allerdings setzten die Briten von Hongkong aus ihre Geschäfte mit noch mehr Gewinn fort, da die Vernichtungsaktion den Preis für Opium in die Höhe getrieben hatte.

Opium-Raucher in China, Kupferstich aus Großbritannien, 1843

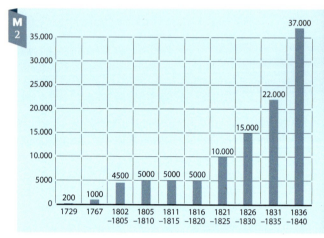

Britische Opiumexporte nach China (in Kisten à 140 Pfund)

Der erste „Opiumkrieg" 1840–1842 und die Folgen

30 Mit der die damalige Parlamentsdebatte bestimmenden Begründung, China sei ein Hort der Barbarei, es verweigere sich dem freien Welthandel und halte seine Untertanen in geistiger Umnachtung gefangen, sandten die Briten 20 Kriegsschiffe mit 4000 Mann Besatzung nach
35 China. Den britischen Dampfschiffen und ihrer überlegenen Waffentechnik war das chinesische Militär nicht gewachsen. In kurzer Zeit wurden Guangzhou (Kanton), Shanghai sowie die Mündung des Kaiserkanals in den Yang-zi, Knotenpunkt der beiden wichtigsten Wasser-
40 straßen Chinas, erobert. 1842 bat der chinesische Kaiserhof um Friedensverhandlungen. Das Qing-Reich befand sich erstmals in einer untergeordneten Position.

Mit dem Vertrag von Nanjing wurden dem chinesischen Kaiserhaus 1842 die britischen Handelsinteressen auf-
45 gezwungen: Neben der Zahlung von 21 Millionen Silberdollar mussten die Chinesen Hongkong an Großbritannien abtreten, das zur „Kronkolonie" wurde. Shanghai und weitere vier Häfen wurden für den Handel geöffnet. In der Folge kam es zu weiteren, teils gewaltsam erzwunge-
50 nen „ungleichen Verträgen" mit anderen Nationen. Es begann die Ära der Demütigung, Kolonisierung und Ausbeutung Chinas durch Europäer, Amerikaner und Japaner.

Brief des kaiserlichen Kommissars Lin Zexu an die britische Königin Victoria (1839)

Vermutlich wurde das Schreiben nie ausgehändigt:

Unser großherziger Kaiser beruhigt und befriedet China und die fremden Länder, er betrachtet alle mit gleicher Freundlichkeit. Wenn es Gewinn gibt, teilt er ihn mit den Völkern der Welt. Wenn es Schaden gibt,
5 beseitigt er ihn zugunsten der Welt ... Wenn wir die Verbrechen jener Barbaren verfolgen, die die Jahre hindurch Opium verkauft haben, dann rechtfertigt das tiefe Leid, das sie verursacht haben, und der große Profit, den sie an sich gerissen haben, grundsätz-
10 lich ihre gesetzmäßige Exekution. Wir berücksichtigen jedoch, dass uns viele Barbaren haben wissen lassen, dass sie ihre Straftaten bereuen und zum Gehorsam unter uns zurückkehren wollen ... Darf man fragen, wie es mit Ihrem Gewissen steht? Ich
15 habe gehört, dass Opium zu rauchen in Ihrem Land streng verboten ist, weil man das Leid, das durch Opium verursacht wird, genau kennt.

Zusammengestellt aus Bodo von Borries, Kolonialgeschichte und Weltwirtschaftssystem, Düsseldorf (Schwann) 1986, S. 236 und Hu Kai/Gerhard Schildt, Das moderne China, Stuttgart (Reclam) 2014, S. 95 f.*

Der Historiker Wolfgang Reinhard (2016):

Traditionell betrachtete sich China nicht ohne Grund als autark und betrieb daher eine handelsfeindliche Politik ... Autarkiebewusstsein war ein integrierender Bestandteil des politischen Weltbildes der Chinesen,
5 nachdem der Kaiser für die ganze Menschheit Verbindungsmann zwischen Himmel und Erde und sein Reich der Mitte daher Inbegriff der Kultur und Maßstab für alle Völker war. Was konnten also westliche Barbaren zu bringen haben außer Tribut? ...
10 Christentum und Opium waren die Danaerge-schenke[1] des Westens ... Formell blieb China souverän, faktisch wurde seine Souveränität aber durch diese Verträge und ihre zahlreichen Nachfolger immer mehr eingeschränkt. Das System der unglei-
15 chen Verträge mit China wurde von Großbritannien und den USA erst 1943 beendet.

Wolfgang Reinhard, Die Unterwerfung der Welt, München (C. H. Beck) 2016, S. 827 f. und 831.*

....

[1] *ein Schaden stiftendes Geschenk (z. B. das Trojanische Pferd in der griechischen Mythologie)*

Karl Marx über die britische Politik in China (1857):

Wie still ist doch die englische Presse zu den empörenden Vertragsbrüchen, wie sie täglich von Ausländern begangen werden, die unter britischem Schutz in China leben. Wir hören nichts über den ungesetz-
5 lichen Opiumhandel, der Jahr für Jahr auf Kosten von Menschenleben und Moral die Kassen des britischen Schatzamtes füllt. Wir hören nichts über die ständigen Bestechungen untergeordneter Beamter, wodurch die chinesische Regierung um ihre recht-
10 mäßigen Einkünfte aus der Wareneinfuhr und -ausfuhr betrogen wird ... Wir hören von alledem und vielen anderen Dingen nichts, weil erstens die meisten Menschen außerhalb Chinas sich wenig um die sozialen Verhältnisse jenes Landes kümmern und
15 weil zweitens Politik und Klugheit gebieten, keine Fragen zu stellen, wenn finanzielle Vorteile dabei nicht herausspringen.

Marx-Engels-Lenin-Stalin-Gesamtausgabe (MELS), Institut beim ZK der SED, Berlin 1955, S. 51.*

....

1 **a)** Arbeite aus dem Brief M3 heraus, wie Lin Zexu gegenüber Königin Victoria argumentiert.
b) Beurteile die Position Lin Zexus vor dem Hintergrund des Darstellungstextes sowie M1 und M2.

2 **Wähle eine Aufgabe aus:**
a) Bewerte das Vorgehen Großbritanniens und anderer Nationen in China im 19. Jahrhundert. Beziehe M5 in deine Argumentation mit ein.

b) Bewerte die Aussage in M4 Z. 10 f., Christentum und Opium seien die „Danaergeschenke des Westens" an China.

3 **Rollenspiel/Gruppenarbeit:**
a) Simuliert eine Debatte im britischen Parlament zwischen Befürwortern und Gegnern des Opium-handels. Bezieht M5 mit ein.
b) Simuliert eine Debatte unter führenden chinesischen Beamten, wie das Land gegenüber den Briten vorgehen soll. Bezieht M3 mit ein.

Wird China zum Spielball der imperialistischen Mächte?

Ein zweiter „Opiumkrieg", ein Bürgerkrieg und Aufstände schwächten die Qing-Regierung in der zweiten Hälfte des 19. Jahrhunderts zusehends. China wurde von ausländischen Mächten abhängig.
* *Wie begründeten die fremden Mächte ihr Eingreifen?*
* *Inwiefern veränderte das Eindringen westlicher Elemente China?*

Die Folgen des zweiten „Opiumkrieges" 1856–1860

Bereits im 18. Jahrhundert hatte Kaiser Kangxi die Befürchtung geäußert, „dass China in Zukunft irgendwann einmal mit diesen verschiedenen westlichen Ländern Schwierigkeiten bekommen wird". Schon der erste
5 „Opiumkrieg" hatte gezeigt, dass er mit dieser Prognose Recht hatte.

Die Ermordung eines französischen Priesters und die Beschlagnahmung eines unter britischer Flagge segelnden Handelsschiffs bildeten den Anlass für den zweiten
10 „Opiumkrieg". Britische und französische Truppen besetzten Beijing und plünderten Teile der Verbotenen Stadt.

Die Sieger sicherten sich mittels „ungleicher Verträge" eine Reihe weiterer Rechte in China:
15 • Freihandel durch Aufhebung aller Handelsbeschränkungen und niedrige Zollsätze für Importe
• Öffnung weiterer elf Häfen und Gründung von Handelsniederlassungen ohne chinesische Kontrolleure. Englisch wurde offizielle Sprache in den Häfen.
20 • Zulassung ausländischer Botschaften und erstmalige Einrichtung eines chinesischen Außenministeriums
• Straffreiheit für alle von Ausländern begangenen Taten in China und Bewegungsfreiheit für Ausländer im gesamten Land
25 • die Erlaubnis ungehinderter christlicher Mission, jetzt vor allem durch protestantische Kirchen

Auch Deutschland, Russland und Japan sicherten sich ein Stück vom „chinesischen Kuchen": Das deutsche Kaiserreich besetzte 1897 Jiaozhou (Kiautschou) auf halbem Weg zwischen Beijing und Shanghai. Die Chinesen
30 verloren 1895 einen Krieg gegen die Japaner und mussten ihnen Korea abtreten. Die europäischen Großmächte einigten sich untereinander auf eine „open door policy", die im Chinahandel allen Mächten gleiche wirtschaftliche
35 Rechte und freien Zugang zu allen chinesischen Häfen garantierte. Durch die erzwungenen Zugeständnisse nach den „Opiumkriegen" geriet das chinesische Qing-Imperium in eine halbkoloniale Abhängigkeit von ausländischen Mächten, von der es sich nicht mehr erholte.

40 Innenpolitische Konflikte

Die gewaltsame Öffnung des chinesischen Marktes für die Industrieprodukte des Westens ruinierte das chinesische Handwerk und Gewerbe. Die Lebensbedingungen der chinesischen Bevölkerung verschlechterten sich
45 auch aufgrund von Missernten und Hungersnöten zusehends. Es kam zu inneren Unruhen. Die größte soziale Bewegung war die Taiping-Bewegung, die zwischen 1850 und 1864 gegen den Kaiser rebellierte. Der Gründer der Bewegung hielt sich für den jüngeren Bruder
50 Jesu Christi und strebte, unterstützt vor allem von den Unterschichten, ein neues „Reich des himmlischen Friedens" an (Taiping tianguo). Zugleich rebellierten muslimische Bevölkerungsteile in Xinjiang im Westen und in Yunnan im Süden Chinas. Die Qing-Dynastie hielt sich
55 nur dank der Unterstützung der traditionellen Eliten in Militär und Wirtschaft und ausländischer Truppen an der Macht. Die Niederschlagung des Taiping-Aufstandes forderte 20 bis 30 Millionen Todesopfer.

China versucht Anschluss zu finden

60 In der seit 1861 propagierten „Selbststärkungsbewegung" versuchte ein jüngerer Bruder des Kaisers den Rückstand gegenüber dem Westen aufzuholen. Waffenfabriken und Werften wurden gebaut und eine zunehmende Modernisierung durch Industrialisierung wurde
65 angestrebt (Dampfschifffahrt, Telegrafennetz, Eisenbahnbau). Allerdings hemmten die traditionelle wirtschaftliche Ordnung und die ablehnende Haltung der Kaiserinwitwe Cixi Chinas Weg in die Moderne.

....

Informeller Imperialismus – „open door policy"

Informeller Imperialismus bedeutet, dass sich ein Staat in einem anderen Land durch Verträge wirtschaftliche Vorteile verschafft sowie mithilfe eigener Verwaltungsinstitutionen Kontrolle ausübt. Die Strukturen des Landes bleiben aber bestehen, eine direkte koloniale Beherrschung findet nicht statt. Es handelt sich um eine von außen erzwungene „Politik der offenen Tür".

Bewaffnete chinesische Aufständische („Boxer"), Foto, um 1900

Widerstand gegen die Europäer

Nach Überschwemmungen und Hungersnöten übernahmen 1898 in China halbkriminelle Geheimgesellschaften mit dem Namen „Fäuste für Recht und Harmonie" die politische Initiative. Die Europäer nannten sie kurz „Boxer". Ihr Schlachtruf lautete: „Unterstützt die Qing-Dynastie, vernichtet die Fremden!" 1899 wurden zahlreiche Europäer und chinesische Christen ermordet, ein Jahr später der deutsche Botschafter. Der gemeinsamen europäisch-japanischen Strafaktion hatten die Aufständischen nichts entgegenzusetzen. China musste von 1902 bis 1910 die Hälfte seiner Staatseinnahmen als „Boxerentschädigung" an die ausländischen Mächte zahlen. Die Niederlage hatte einen immensen Ansehens- und Vertrauensverlust des chinesischen Kaiserhauses bei der eigenen Bevölkerung zur Folge. Ein Militärputsch brachte 1911 das Ende der Monarchie.

Ein „Boxer" in einem Interview mit der britischen Zeitung „Daily Mail" (1900):

Die westliche Zivilisation ist in unseren Augen ... wie ein Ding von gestern. Die chinesische Zivilisation dagegen ist ungezählte Jahrtausende alt ... Und nun kommt ihr, aus eurer westlichen Welt, zu uns mit dem, was ihr eure „neuen Ideen" nennt. Ihr bringt uns eure Religion – ein Kind von neunzehnhundert Jahren, ihr fordert uns auf, Eisenbahnen zu bauen ... Ihr wollt Fabriken bauen und dadurch unsere schönen Künste und Gewerbe verdrängen ... Gegen alles das erheben wir Einspruch. Wir wollen allein gelassen werden, wir wollen die Freiheit haben, unser schönes Land und die Früchte unsrer alten Erfahrung zu genießen. Wenn wir euch bitten, wegzugehen, so weigert ihr euch und bedroht uns gar, wenn wir euch nicht unsere Häfen, unser Land, unsere Städte geben. Daher sind wir Mitglieder der Gesellschaft der so genannten „Boxer" nach reiflicher Überlegung zu der Erkenntnis gekommen, dass die einzige Möglichkeit, euch loszuwerden, darin liegt, dass wir euch töten.

*Zit. nach Wolfgang Keller u. a., China im Unterricht, Freiburg (Ploetz) 1980, S. 58.***

Motive deutscher Kolonialpolitik

3A *Generaloberst Helmuth von Moltke:*

Auf das eigentlich treibende Motiv der ganzen Expedition muss man freilich nicht eingehen, denn wenn wir ganz ehrlich sein wollen, so ist es Geldgier, die uns bewogen hat, den großen chinesischen Kuchen
5 anzuschneiden. Wir wollten Geld verdienen, Eisenbahnen bauen, Bergwerke in Betrieb setzen, europäische Kultur bringen.

Liu Jing, Wahrnehmung des Fremden: China in deutschen und Deutschland in chinesischen Reiseberichten. Vom
10 *Opiumkrieg bis zum Ersten Weltkrieg, Freiburg 2001, S. 165f. Zit. nach https://freidok.uni-freiburg.de/dnb/download/1122 (Abruf: 9. 7. 2019).*

3B *Reichskanzler Bernhard Graf von Bülow:*

Es ist die europäische Zivilisation … diese stand und
15 steht der Barbarei der Boxer-Bewegung gegenüber … Wir wollen, dass die europäische Kulturbewegung und Zivilisation in China nicht gehemmt wird … Unser Interesse ist, dass China Zeit erhalte, sich in die neue Ordnung der Dinge, in die allmähliche und
20 friedliche Aufnahme der europäischen Kultur hineinzuleben.

Aus Stenografische Berichte über die Sitzungen des Reichstags 1900/03, 1. Zit. nach https://www.reichstagsprotokolle. de/Blatt_k10_bsb00002790_00020.html (Abruf: 9. 7. 2019).*

Der SPD-Vorsitzende August Bebel (1900):

China konnte keinen Geschmack daran finden, dass man das Land als einen großen Kuchen betrachtete, dem die Welt, die europäischen Mächte, kraft der brutalen Gewalt, die sie besaßen, das Land unter-
5 teilten … der Chinese erscheint ihnen als eine lächerliche Figur, als ein unscheinbares Wesen, das sich

alles gefallen lassen muss, was die Europäer ihnen tun. Und dabei hat man ganz und gar vergessen, dass wir in den Hauptstädten chinesische Gesandt-
10 schaften haben, zusammengesetzt aus einem Personal, das an Bildung und Wissen es mit jedem anderen Staatsmann … aufnimmt.

https://www.reichstagsprotokolle.de/Blatt_k10_ bsb00002790_00033.html (Abruf: 9. 7. 2019).*

„Der Kuchen der Könige", Karikatur aus der französischen Zeitung „Le Petit Journal", 1898. Abgebildet (von links): Königin Victoria (Großbritannien und Irland), Kaiser Wilhelm II. (Deutsches Reich), Zar Nikolaus II. (Russland), die französische Marianne und Kaiser Meiji (Japan). Russland und Frankreich waren seit 1894 Verbündete. Im Hintergrund reckt ein Beamter der Qing-Dynastie als Vertreter Chinas die Arme in die Höhe.

1 Vergleiche Bülows Auffassung von „Barbarei" und „Zivilisation" in M3B mit dem chinesischen Selbstbild, wie es in M1 und M2 zum Ausdruck kommt.
2 Erörtere unter Einbeziehung von M2 bis M4: Die Ein-flussnahme der westlichen Staaten auf China – Durchsetzung des Freihandels oder Kolonialismus*?
3 a) Analysiere die Karikatur M5.
  b) Erläutere mithilfe des Darstellungstextes den historischen Hintergrund der Karikatur.
  c) Stelle Vermutungen an: Was könnte der chinesische Beamte im Hintergrund sagen?
  Tipp: Beachte auch relevante Fachbegriffe.

Zusatzaufgabe: siehe S. 229 f.

Fachtexte vergleichen

Auch wenn alle Historiker auf Grundlage von Quellen arbeiten, die in schriftlicher, bildlicher und gegenständlicher Form einen direkten Zugang zur Geschichte bieten, können sie hinsichtlich der Bewertung historischer Ereignisse und Entwicklungen zu unterschiedlichen Ergebnissen kommen. Wer historische Kontroversen und Debatten untersuchen und beurteilen kann, erlangt wichtige Erkenntnisse, um selbst ein begründetes Urteil über eine historische Fragestellung zu fällen.
Auf dieser Seite findest du drei Historikertexte, die sich mit den Gründen für den Niedergang Chinas im 19. Jahrhundert beschäftigen. Mithilfe der Arbeitsschritte kannst du die Sekundärtexte fach- und sachgerecht analysieren, beurteilen und auf dieser Basis zu einem eigenen begründeten Urteil gelangen.

Der Historiker John Darwin (2010):

Nicht umsonst hatte es die kaiserliche Qing-Regierung mit ihrer traditionellen Sparsamkeit sorgsam vermieden, ausländische Schulden zu machen – (sie erkannte dieses) Trojanische Pferd der Europäer. Das
5 Ansehen der Mandschu und die Stabilität der Qing-Herrschaft stützten sich auf die zentrale Stellung Chinas in der ostasiatischen Weltordnung. Die größte Errungenschaft der Qing war die Anbindung des riesigen innerasiatischen Hinterlands, also Tibets,
10 Xinjiangs, der Mongolei und der Mandschurei, an das Kernland des eigentlichen China. Eine ausländische Durchdringung bedrohte das weitgespannte Netz der Macht. In den 1880er Jahren nagten die Europäer das Reich von allen Seiten an. Die Russen
15 stießen von Zentralasien aus vor. Die Briten eroberten das obere Burma (Myanmar). Frankreich zwang China, seinen Anspruch auf die Oberhoheit Annams (ein großer Teil des heutigen Vietnam) aufzugeben. Aber erst das Schicksal Koreas löste eine Krise aus.
20 Die Halbinsel Korea war anfällig für Druck von Seiten Russlands (das auf eisfreie Häfen schielte) und Japans. Der Hof in Beijing konnte nicht das Risiko eingehen, dass sich Korea an eine andere Macht anlehnte und die langjährigen Bindungen zu China
25 löste. Ein von Japan unterstützter Putsch im Jahr 1894 zog eine wahre Flut von Veränderungen nach sich. In einem kurzen Krieg von Juli 1894 bis März 1895 erlitt China eine schmachvolle Niederlage gegen Japan. China musste die Unabhängigkeit Koreas
30 anerkennen. Ein Teil der Mandschurei sollte an Japan abgetreten werden, dazu Taiwan. China musste die Einnahmen eines Jahres als Entschädigung zahlen. Bei den Gebildeten verlor die Qing-Dynastie massiv an Ansehen. Damit nicht genug: Die Reichs-
35 regierung war nunmehr gezwungen, sich im Ausland Geld zu leihen, um die Entschädigung zu zahlen und die militärische Stärke wiederzuerlangen. Bei den europäischen Mächten löste dies einen wahren Wettlauf um Darlehen für China aus. Russland
40 machte den Anfang mit einem Darlehen im Gegenzug für Beijings Genehmigung, eine Eisenbahn durch die Mandschurei zu seiner neuen östlichen Stadt Wladiwostok zu bauen.

John Darwin, Der imperiale Traum, Frankfurt/New York (Campus) 2010, S. 332ff. Übers. v. Michael Bayer/Norbert Juraschitz.

Die Historiker Jane Burbank und Frederick Cooper (2012):

Die Qing mussten sich nun der schlimmsten aller imperialen Situationen stellen: angegriffen von anderen Imperien zu einem Zeitpunkt, als ihnen die Kontrolle im Innern entglitt. Die beiden Gefahren hin-
5 gen miteinander zusammen. Die Qing hatten im Laufe ihrer mehrere Jahrhunderte während Expansion ein Reich geschaffen, dessen ausgedehnte Land- und Seegrenzen lokalen Eliten Gelegenheiten boten, mit der Außenwelt zu interagieren. Sowohl
10 westliche – ans islamische Zentralasien grenzende – als auch südliche Regionen in Richtung Birma und Vietnam waren nicht vollständig in das Verwaltungssystem der Han-Gebiete integriert. Im Westen überließ man einen Großteil der Lokalverwaltung lokalen
15 muslimischen Führern, während in Garnisonen

Mandschu- und Han-Soldaten konzentriert waren; im Süden übten nach wie vor verschiedene Stammesfürsten Autorität aus. Die zahlreichen Kanäle der Macht boten lokalen Eliten und lokalen Qing-Beam-
20 ten Gelegenheiten, ihre eigenen Geschäfte zu machen – nicht zuletzt mit Schmuggel, Opium inbegriffen. Die Landgrenzen, nicht nur die maritime Schnittstelle mit europäischen Mächten, wurden zu einem großen Problem.
25 Die Qing spielten das Imperialspiel nach ihren alten Regeln – konzentriert auf die Kontrolle des gewaltigen chinesischen Territoriums und seiner schwierigen Grenzen.

Jane Burbank/Frederick Cooper, Imperien der Weltgeschichte, Das Repertoire der Macht vom alten Rom und China bis heute, Frankfurt/New York (Campus) 2012, S. 371 f. Übers. v. Thomas Bertram.

Der Historiker Wolfgang Reinhard (2016):

Die Schwäche Chinas war nicht nur auf äußere Ursachen wie den Opiumhandel und die westliche Aggression zurückzuführen. Vielmehr wurden die äußeren Kräfte nur wirksam infolge einer inneren
5 Systemkrise, in der eine fast unglaubliche Bevölkerungsexplosion eine zentrale Rolle spielte. Vom späten 17. Jahrhundert bis zur Mitte des 19. wuchs die Bevölkerung Chinas von ca. 150 auf 430 Millionen Menschen. Die britische Bevölkerung hat zwar im
10 selben Zeitraum proportional fast ebenso stark zugenommen, aber dort fand die Entwicklung in der industriellen Revolution statt, während sie in China fast völlig vom Agrarsektor aufgefangen werden musste. Trotz Neulandgewinnung und Intensivie-
15 rung wurden die landwirtschaftlichen Methoden nicht wesentlich verbessert. Anders als das okzidentale [westeuropäische] setzte dieses Wirtschaftssystem nicht auf Arbeitsersparnis durch tierische oder maschinelle Energie, sondern auf vermehrten Ein-
20 satz menschlicher Arbeit. Bei dem Überangebot an Menschen fanden sich immer Bauern, die noch ungünstigere Pachtbedingungen annahmen, nur um überhaupt Land zu bekommen. Voraussetzung war ein intaktes Herrschaftssystem. Aber die Kaiser des
25 19. Jahrhunderts wurden immer schwächer und

unfähiger, zum Teil einfach deshalb, weil es sich um Kinder und Jugendliche handelte. Infolgedessen wuchs das übliche Maß an Korruption in staatsgefährdendem Umfang an ...
30 Dieses geschlossene System wurde weniger durch die Aggressionen des Westens, als durch das Zusammentreffen einer Subsistenzkrise [Selbstversorgungskrise] mit der Krise des Herrschaftssystems aufgebrochen. Dazu gehörte eine ökologische Krise.
35 Denn die Neulandgewinnung bedeutete Raubbau an den natürlichen Ressourcen. Bereits chinesische Zeitgenossen erkannten den Zusammenhang zwischen den Rodungen am Oberlauf des Huanghe und den Überschwemmungen am Unterlauf ...
40 Wenn Naturkatastrophen mit Angriffen von außen zusammentrafen, bedeutete dies das Ende einer Dynastie, weil das „Mandat des Himmels" abgelaufen war. Chinas äußere Konflikte nehmen sich harmlos aus gegenüber den inneren Aufständen, die das
45 Reich erschütterten. Der wichtigste war die Taiping Revolution, die 1860–64 über 100 Millionen Menschen in Bewegung brachte und 20–30 Millionen Tote forderte. Die Mandschu sollten als fremde Barbaren vertrieben werden.

Wolfgang Reinhard, Die Unterwerfung der Welt. Globalgeschichte der europäischen Expansion 1415–2015, München (C. H. Beck) 2016, S. 831 ff.*

1 Lies die Historikertexte M1–M3. Analysiere und vergleiche dann die Materialien mithilfe der Arbeitsschritte.

Tipp: Du kannst die Lösungshinweise an den Auslassungszeichen mit deinen Ergebnissen ergänzen.

Arbeitsschritte „Fachtexte vergleichen"

Leitfrage formulieren	Lösungshinweise
1. Welche Leitfrage könnte Analyse und Vergleich der Darstellungen bestimmen?	• *Zum Beispiel: Welche Gründe hatte der Niedergang Chinas im 19. Jahrhundert?*

Historischer Kontext	
2. Auf welchen historischen Sachverhalt (Epoche, Ereignis, Konflikt bzw. Prozess) beziehen sich Leitfrage und Sekundärtexte?	• *Im Laufe des 19. Jahrhunderts kam es in China dazu, dass …* • *Die Gründe für diesen Prozess sind vielfältig …*

Formale Analyse	
3. Wer sind die Autoren (ggf. Informationen über die Historiker, z. B. Vertreter eines bestimmten Teilbereiches der Geschichtswissenschaft, Veröffentlichungen)?	• *Zum Beispiel: John Darwin (M1), englischer Historiker, spezialisiert auf Geschichte des British Empire; Burbank/Cooper (M2), US-amerikanische Historiker, Globalgeschichte; Wolfgang Reinhard, deutscher Historiker, Globalgeschichte.*
4. Um welche Textarten handelt es sich (z. B. wissenschaftliche Darstellung, Essay)? Wann und wo sind die Texte veröffentlicht worden?	• *M1 stammt aus einer wissenschaftlichen Publikation von … mit dem Titel …, die … veröffentlicht wurde.*
5. Mit welchem Thema bzw. welcher Fragestellung befassen sich die Autoren?	• *Die Historiker setzen sich mit … auseinander.*
6. An welche Zielgruppe richten sich die Texte?	• *Zum Beispiel: an Wissenschaftler, aber auch an ein an historisch-politischen Fragen interessiertes Publikum.*

Inhaltliche Analyse	
7. Welche These(n) vertreten die Autoren hinsichtlich der Leitfrage? Werden diese mit Argumenten belegt?	• *Der Historiker … (M1) ist der Auffassung, dass …* • *Burbank/Cooper (M2) behaupten, dass …* • *Wolfgang Reinhard (M3) vertritt die These, dass …*

Fachtexte vergleichen	
8. Welche Vergleichsaspekte sind geeignet? Welche Unterschiede und Gemeinsamkeiten zeigen die Texte?	• *Mögliche Vergleichsaspekte in Bezug auf die Leitfrage: politische, wirtschaftliche, gesellschaftliche und kulturelle Gründe für den Niedergang Chinas; innere Auflösungserscheinungen gegen Eingriffe von außen*

Fachtexte beurteilen	
9. Welche Überzeugungen lassen die Autoren einfließen? Welcher Text ist überzeugender (u. a. Schlüssigkeit der Darstellungen, Stichhaltigkeit der Argumentationen)?	• *Für … (M…) sind zwei Faktoren entscheidend: …* • *… (M…) differenziert zwischen …* • *Die Position von … (M…) überzeugt mich, weil …*
10. Werden Aspekte des Themas kaum oder gar nicht berücksichtigt? Überprüft der Verfasser seine Sichtweise anhand anderer Einschätzungen?	• *Allerdings argumentiert … einseitig, denn …* • *… (M…) lässt meines Erachtens außer Acht, dass …*

Eigenes (Sach-)Urteil fällen	
11. Wie fällt die eigene Antwort auf die Leitfrage auf Basis der Historikertexte sowie des im Kapitel erworbenen historischen Wissens aus?	• *Meines Erachtens ist der Niedergang Chinas im 19. Jahrhundert vor allem auf folgende Faktoren zurückzuführen …*

Vom Kaiserreich zur Republik

Ein Jahrzehnt nach den „Boxeraufständen" hatte sich die politische Stimmung in China vollkommen geändert. Die wachsende wirtschaftliche Abhängigkeit von ausländischen Mächten führte zum Ansehensverlust der Monarchie. In einem symbolischen Akt schnitten sich Millionen Männer aus Protest den von der Qing-Dynastie verordneten Zopf ab. Politische Alternativen zur Monarchie wurden nun öffentlich diskutiert. Auf der Grundlage westlicher Gesellschaftsmodelle suchten Intellektuelle nach einer neuen nationalen Identität für China.
- *Öffnete das Ende der Monarchie Chinas Weg in die Moderne?*

Sun Yat-sen wird als „Staatsvater" sowohl in der Volksrepublik als auch in Taiwan verehrt. Foto, undatiert

Die Revolution von 1911 und ihre Folgen

Eine Reihe von Aufständen beendete 1911 die Qing-Dynastie. Mit dem erzwungenen Thronverzicht des sechsjährigen Kaisers Puyi im Februar 1912 endete das 2100 Jahre dauernde chinesische Kaiserreich.
5 Bürgerliche Revolutionäre um den in Honolulu auf Hawaii aufgewachsenen Arzt Sun Yat-sen (1868–1925) entwarfen die Leitlinien eines demokratischen China. Seine Bewegung aus Han-Nationalisten und westlich orientierten Revolutionären wurde von Auslandschine-
10 sen finanziert. Tausende chinesische Studenten hatten in Japan und den USA studiert und brachten neue Ideen mit nach China. Aus dem Bund der Revolutionäre entstand die Partei Guomindang. Eine Provisorische Nationalversammlung trat in Beijing zusammen. Sun Yat-sen
15 wurde erster Präsident der am 1. Januar 1912 ausgerufenen Republik China. Eine neue vereinfachte Schrift ohne die komplizierten Zeichen der Beamten sollte der Bevölkerung die Teilhabe an Bildung und Informationen ermöglichen. Aus Furcht vor einem Bürgerkrieg und ei-
20 ner möglichen Intervention ausländischer Mächte gab Sun sein Amt an den hochrangigen Militär und vormaligen Qing-Würdenträger Yuan Shikai ab. Yuan regierte

allerdings als Diktator. Er beendete alle Bestrebungen zur Errichtung einer parlamentarischen Demokratie*,
25 führte die Pressezensur ein und verbot die neue Frauenbewegung. Seine Diktatur einte 1913–1915 vorerst letztmalig das Land. Nach dem Tod Yuans 1916 zerfiel China in politisch ungeordnete Teilstaaten. An deren Spitze herrschten Kriegsherren (Warlords) mit eigenen
30 Armeen, die durch Plünderungen und Gewalt das Elend der Bevölkerung verschärften.

Studentenproteste am 4. Mai 1919 auf dem Tiananmen-Platz in Beijing, Foto, 1919

Die Demütigung Chinas im Versailler Vertrag 1919

Im Ersten Weltkrieg stand China auf der Seite Frankreichs und Großbritanniens, schickte Zehntausende Ar-
35 beiter nach Europa und hoffte so auf eine Aufhebung der „ungleichen Verträge". Im Versailler Vertrag wurde jedoch das deutsche Pachtgebiet in China um Qingdao den Japanern zugesprochen. Daraufhin kam es in ganz China am 4. Mai 1919 zu einer Welle nationalistischer
40 und antijapanischer Demonstrationen. Die Bewegung des 4. Mai bedeutete eine Abkehr von den liberalen Ideen des Westens und den Beginn des Aufstiegs der beiden Parteien, die Chinas Politik im 20. Jahrhundert bestimmten: die Kommunisten (= KPCh) und die nationalistische
45 Guomindang (= GMD).

Mao Zedong, Mitbegründer der KPCh, im Gespräch mit armen Bauern in Nordchina, Foto, um 1930

Feindschaft zwischen Nationalisten und Kommunisten

In der 1921 in Shanghai gegründeten Kommunistischen Partei Chinas wurde Mao Zedong (1893–1976) im Laufe
50 der Jahre zum unangefochtenen Anführer der Kommunisten und prophezeite: „Wer das Agrarproblem löst, wird die Bauern gewinnen, und wer die Bauern gewinnt, der wird China gewinnen." Damit setzte er sich von der Auffassung der Kommunisten in Europa ab, die in der Arbei-
55 terschaft die Hauptunterstützer ihrer Bewegung sahen.
Die Führung der Guomindang wurde nach dem Tod von Sun Yat-sen 1925 von mehreren Männern ausgeübt, ehe sich der Militärführer Chiang Kaishek (1887–1975) an die Spitze setzte. Chiang hatte japanische und chinesi-
60 sche Militärakademien besucht und war ein Bewunderer Mussolinis und des europäischen Faschismus. Er strebte einen autoritären Militärstaat auf der Grundlage konfuzianischer Traditionen an. Die Sowjetunion unterstützte zeitweise ein Zusammengehen der chinesischen Kommu-
65 nisten mit den Nationalisten zur Befreiung Chinas von ausländischem Einfluss und der Wiederherstellung der nationalen Einheit.
Die Guomindang übte ab 1928 von der Hauptstadt Nanjing aus die Regierung über die Republik China aus. Meh-
70 rere von Chiang Kaishek befohlene „Vernichtungsfeldzüge" gegen die Kommunisten machten beide Lager zu Todfeinden. Die Kommunisten entzogen sich der Umzingelung durch die Nationalisten durch den „Langen Marsch" der Jahre 1934/35 über 9000 Kilometer durch
75 abgelegene Berg- und Sumpfregionen. Nur ein Zehntel der 90000 Teilnehmer erreichte lebend das Ziel Yanan, wo ein erster kleiner kommunistischer Staat errichtet wurde.

General Chiang Kaishek, Führer der Guomindang, Porträt, circa 1940

Erzwungene Zusammenarbeit im Krieg gegen die Japaner

Japan besetzte 1931 die rohstoffreiche Mandschurei im Norden Chinas und weitete seine militärische Offensive ab 1937 gegen Zentralchina aus. Entsetzliche Kriegsverbrechen der Japaner an der chinesischen Zivilbevölke-
85 rung, darunter das Massaker von Nanjing 1937, belasten bis heute das Verhältnis Chinas zu Japan. Angesichts der japanischen Gräuel kam es zur Zusammenarbeit von Kommunisten und Nationalisten, die bis 1945 andauerte, als die Japaner mit amerikanischer Hilfe aus China
90 vertrieben wurden. Nach der Gründung der kommunistischen Volksrepublik China 1949 flüchtete Chiang Kaishek mit seinen Truppen nach Taiwan, wo er bis zu seinem Tod 1975 als Diktator herrschte. Chiang hielt daran fest, dass die Guomindang weiterhin den Anspruch auf
95 die Herrschaft über ganz China habe. Seit dem Besuch des amerikanischen Präsidenten Nixon 1972 in Beijing wurde aber der Volksrepublik der Status als „offizielles China" zuerkannt. Sie erhielt auch den chinesischen Sitz bei den Vereinten Nationen, den Taiwan abgeben musste.
100 Gegen Ende der 1980er Jahre ließ die Guomindang eine schrittweise Demokratisierung Taiwans zu. 2000 wurde erstmals ein Präsident gewählt, der nicht der Guomindang-Partei angehörte. Heute ist Taiwan ein hochentwickelter, demokratischer Industriestaat.

Sun Yat-sen über China (1911):

Von allen Völkern der Welt sind wir Chinesen das größte. Unsere Zivilisation und Kultur besteht seit viertausend Jahren. Eigentlich sollten wir mit den europäischen und amerikanischen Ländern auf einer
5 Stufe stehen. Da wir aber nur Bewusstsein für Familie und Sippe, nicht aber für den Staat haben, sind wir doch wirklich nichts weiter als ein Haufen losen Sandes und deswegen ist unser Land das ärmste und schwächlichste ... Unser Vaterland ist ein Ku-
10 chen, aus dem sich die anderen nach Belieben die besten Stücke herausschneiden.

Sun Yat-sen, Die Grundlehren von dem Volkstum, übers. v. Tsan Wan, Berlin (Schlieffen-Verlag) 1927, S. 27.*

Sun Yat-sen über die „Drei Volksprinzipien" (1905):

Das erste Prinzip ... des Nationalismus der Guomindang fordert die Selbstbestimmung der chinesischen Nation, dann fordert es die Gleichberechtigung der Rassen [hier: Ethnien].
5 Das zweite Prinzip handelt von den Rechten des Vol- kes, von der Demokratie. Die Guomindang fordert ... die direkten politischen Rechte des Volkes.
Das dritte Prinzip von der Wohlfahrt des Volkes ... [verlangt] erstens die gleichmäßige Verteilung des
10 Bodenbesitzes, zweitens die Beschränkung des Kapitalismus.

Zit. nach Roderick MacFarquhar, Die Verbotene Stadt, übers. v. Otto Wilck, Wiesbaden (Ebeling) 1976, S. 119.**

Der Sinologe Christoph Müller-Hofstede über die Bedeutung der Ideen Sun Yat-sens für das heutige China (2014):

Noch heute wird von der KP Chinas die fundamentale Transformation und Kontrolle der Gesellschaft durch einen starken Einheitsstaat als Voraussetzung für eine erfolgreiche Selbstbehauptung des chinesi-
5 schen Staates auf der Weltbühne gesehen. Die Meta- pher vom „Haufen losen Sandes" wurde noch von Deng Xiaoping, dem Vater der chinesischen Refor- men, 1993 beschworen: „Unser Land ist zu groß. Wie können wir uns zusammenhalten? Ohne Ideal
10 und Disziplin würde es einem Haufen losen Sandes gleichen wie das alte China."

Christoph Müller-Hofstede, Reich und rastlos?, in: Doris Fischer/ders., Länderbericht China, Bonn (bpb) 2014, S. 826 f.

Die britische Schriftstellerin chinesischer Herkunft Jung Chang in ihrem Roman „Wilde Schwäne" über die Kommunisten (2004):

Die Kommunisten töteten niemanden, der sich er- gab und die Waffen niederlegte, und sie behandelten alle Gefangenen gut. Sie bemühten sich, die einfa- chen Soldaten, die zumeist aus armen Bauernfamili-
5 en stammten, auf ihre Seite zu ziehen ... Die Kom- munisten setzten ihnen auseinander, dass die Revolution einzig und allein den Zweck verfolge, ih- nen Land zu geben. Danach stellte man sie vor die Wahl, nach Hause zu gehen oder auf der Seite der
10 Kommunisten zu kämpfen ...
An die Ärmsten verteilten die Kommunisten kosten- los Getreide, Salz und Kohle. Das machte großen Eindruck, unter der Guomindang hatte es so was nie gegeben. Die Kommunisten gewannen dadurch die
15 Sympathien der Bürger ... Sie plünderten und verge- waltigten nicht. Die Kommunisten traten vollkom- men anders auf als die Guomindang.

Jung Chang, Wilde Schwäne. Die Frauen meiner Familie, übers. v. Andrea Galler, München (Droemer) 2015, S. 120 f.*

---

1 Stelle die Geschichte Chinas von 1911 bis 1949 in einem Zeitstrahl dar.

2 Partnerarbeit:
a) Fasst die politischen Ideen Sun Yat-sens (in M5 und M6) schlagwortartig zusammen. Charakterisiert dann das politische System, das Sun anstrebte.
b) Erläutert mit M7 die Fortdauer seiner Ideen im heutigen kommunistischen China.
c) Beurteilt abschließend: War die Revolution von 1911 erfolgreich?

3 Wähle eine Aufgabe aus:
a) Vergleiche die Fotografien M3 und M4. Unter- suche die jeweilige Propagandaabsicht. Nimm den Darstellungstext S. 119 zu Hilfe.
b) Analysiere M8 und überprüfe zentrale Aussagen mithilfe des Darstellungstextes auf S. 119.

Zusatzaufgabe: siehe S. 230

Das Chinesische Kaiserreich

Im ersten Kapitel des Buches sind auf S. 16 **Vergleichskriterien für Imperien** eingeführt worden. Anhand dieser Kriterien kannst du Imperien strukturell miteinander vergleichen. Gleichzeitig kannst du mithilfe dieser Kriterien aber auch die Entwicklung und Veränderung innerhalb der einzelnen Imperien beschreiben. Im Folgenden geht es nun darum, in einem Rückblick auf das bisher Erarbeitete die Struktur des Chinesischen Kaiserreichs mittels dieser Vergleichskriterien zu charakterisieren.

1. Herrschaft:

Wer herrscht im Rahmen welcher Herrschaftsform?	*Herrschaftsform ... („mythische Herrscher", drittes Jahrtausend v. Chr.; Reichseinigung 221 v. Chr. Wechsel Zeiten der Reichseinheit/Zeiten des Zerfalls, fremde Herrscher, Mongolen, Mandschu, Institutionen, Sprache)* *Eliten ... (Beamte, 7. Jahrhundert, Prüfung, Leistungsprinzip, Loyalität)*

2. Legitimation und Akzeptanz der Herrschaft:

Wie wird die Herrschaft, wie das Imperium legitimiert? Verhältnis von Herrschenden/Beherrschten – Formen der Loyalität?	*Legitimation und Reichsidee ... (Reich der Mitte, Barbaren, Alles unter dem Himmel; Staatsreligion, Konfuzianismus)* *Staatsvolk ... (Han-Chinesen und die anderen; multiethnisches Reich, Unterwerfung, Zentrum)*

3. Verwaltung und Militär:

Wie ist die Herrschaft organisiert, strukturiert und gesichert?	*Verwaltung ... (Zentrum/Peripherie, Beamte, 7. Jahrhundert) vgl. Nr. 1* *Militär ... (Herrschaftssicherung, straffe Führung, Mauern, Expansion)*

4. Außenpolitik und Handel:

Wie stellt sich das Imperium nach außen dar?	*Handel, Landwirtschaft ... (Agrarstaat, Seide, Naturalien, Nomaden)* *Außenpolitik ... (Expansion, Ming-Dynastie, Zheng He, Vorherrschaft, Ostasien, Handelsexpeditionen; Ausdehnung des chinesischen Reichs, Qing-Dynastie; „Jahrhundert der Schande", imperialistische Mächte, Opium, „Boxer", Vertragshäfen, „open door")*

5. Umgang mit gesellschaftlicher und ethnischer Vielfalt:

Wie wird im Innern integriert?	*Umgang mit ethnischer und religiöser Vielfalt ... (Toleranz; Anpassungsdruck, Nicht-Han-Völker)* *Umgang mit gesellschaftlicher Vielfalt ... (Agrargesellschaft und Stadtgesellschaft; bedeutende Erfindungen und hohes handwerkliches Können)*

1 Erläutere die in der rechten Spalte jeweils vorgegebenen und fett gedruckten Sachverhalte. Die in den Klammern genannten Hinweise sollen dir zur Orientierung dienen und bei der Erläuterung helfen.

Die Volksrepublik China

„Die Chinesen, die ein Viertel der Menschheit bilden, sind jetzt aufgestanden." Mit diesen Worten rief Mao Zedong am 1. Oktober 1949 die Volksrepublik China aus.

Die Führung der Kommunistischen Partei bestellte vier Jahre später ein Gemälde des Ereignisses. Der Maler musste das Bild in der Folgezeit zweimal verändern, da abgebildete Persönlichkeiten als „Verräter" in Ungnade gefallen waren und aus dem Gedächtnis verbannt werden sollten. Die einzige Frau ist Song Qingling, die Ehefrau von Sun Yat-sen. Die roten Laternen stehen für Wohlstand, und Chrysanthemen sind in China die Blumen der Langlebigkeit.

1 Beschreibe das Bild und seine Atmosphäre. Ziehe das Foto zum Vergleich heran.

2 Der Auftrag der KPCh an den Maler lautete, ein bedeutendes Werk ähnlich dem Bild der „Amerikanischen Unabhängigkeitserklärung" von John Trumbull im Capitol in Washington zu schaffen. Stelle Vergleiche an.

Großes Bild. Ausrufung der Volksrepublik auf dem Platz des Himmlischen Friedens (Tiananmen) durch Mao Zedong. Ölgemälde von Dong Xiwen, Kopie von 1980 nach dem Original von 1953. Rund eine halbe Million Kopien des Bildes von 1953 kursierten im Land.
Kleines Bild: Ausrufung der Volksrepublik, Foto, 1. Oktober 1949

Erste Maßnahmen der neuen Machthaber

Die Übernahme der Macht durch die Kommunisten erschien den meisten Chinesen als Versprechen auf Stabilität nach Jahrzehnten von Krieg, Bürgerkrieg und Unsicherheit.

- *Wie versuchten die neuen Machthaber, die Bevölkerung für ihre Ideen zu gewinnen?*

M 1

Grundbesitzer warten auf ihre Verurteilung durch Volksgerichte. Foto, 1953

Die neue Regierung setzt Leitlinien

Die chinesischen Kommunisten übernahmen ein stark zerstörtes Land. Verkehrswege mussten repariert oder neu gebaut werden. Rund 85 Prozent der 450 Millionen Einwohner im Jahre 1949 waren Bauernfamilien. Die
5 durchschnittliche Lebenserwartung lag bei 40 Jahren. Mithilfe der Volksbefreiungsarmee festigte die neue Regierung ihre Macht.

An der Spitze der neuen Regierung standen neben Mao der spätere Regierungschef Zhou Enlai (1898–1976)
10 und der spätere Parlamentspräsident Liu Shaoqi (1898–1969). Die Kommunisten bezeichneten ihre Regierung als „neue Demokratie". Für eine Übergangszeit wurden alle Posten auf lokaler und regionaler Ebene mit Vertretern der Arbeiter, Bauern und des nationalen Bür-
15 gertums besetzt. China sollte so schnell wie möglich von einem vorindustriellen Agrarstaat zu einem modernen Industriestaat umgebaut werden. Dabei orientierten sich die Chinesen am Vorbild der Sowjetunion und gingen im Frühjahr 1950 eine „ewige und unauflösbare Freund-
20 schaft" mit der UdSSR ein. In den Fünfjahresplänen nach sowjetischem Vorbild erhielt die Schwerindustrie Vorrang vor Investitionen in die Landwirtschaft oder in die Produktion von Konsumgütern.

Die Enteignung der Grundbesitzer und
25 die Kollektivierung der Landwirtschaft

Auf Befehl der neuen Regierung verloren etwa fünf Millionen Grundbesitzer und Angehörige der alten Oberschicht ihren Landbesitz. Rund die Hälfte der Ackerfläche Chinas wurde an 120 Millionen besitzlose Bauern
30 verteilt. Die Grundbesitzer wurden als „Klassenfeinde" vor Volksgerichte gestellt. Sie mussten Demütigungen, Schläge und oft Todesurteile hinnehmen oder begingen aus Verzweiflung Selbstmord.

Nur wenige Jahre nach der Bodenverteilung verloren die
35 Bauern ihr Land wieder. Noch immer war die Mehrheit der Chinesen unterernährt oder hungerte. Zur Steigerung der Ernteerträge wurden nach sowjetischem Vorbild Volkskommunen* eingerichtet (Kolchosen, siehe S. 61). Alle Bauernfamilien verloren ihr Heim, den Grund
40 und Boden und ihre privaten Habseligkeiten. Kochtöpfe und Pfannen mussten abgegeben werden, da das Essen nur noch in den Volksküchen ausgegeben wurde. Wohnhäuser wurden abgerissen, damit die zermahlenen Ziegel und Lehmwände als Dünger auf die Felder gestreut wer-
45 den konnten. Für die Arbeitsleistungen auf den Feldern gab es für jede Bäuerin und jeden Bauern eine bestimmte Zahl von Punkten. Kranke, Behinderte und viele Kinder erhielten keine Nahrung und verhungerten, wenn ihnen Verwandte nicht trotz der Verbote Essen brachten.
50 Ohne Aussicht auf privaten Gewinn sank die Produktion drastisch. Jede Aktivität außerhalb der Kollektive wie Korbflechten oder Handarbeiten für ein Zusatzeinkommen galt jetzt als „kriminelles Spekulantentum" und wurde bestraft. In den Dörfern entstand im Untergrund
55 eine Schattenwirtschaft durch Tausch und Raub aller Art. Übereinstimmend berichteten Bauern in späteren Jahren: „Wer nicht stehlen konnte, starb. Wer etwas Essen stehlen konnte, der starb nicht."

Kampagnen zur „Umerziehung"

60 Die Kommunistische Partei benötigte neue Führungskräfte (Kader*) zur Verwaltung des riesigen Landes. Die meisten Kämpfer aus der Zeit des Langen Marsches waren aber ungebildete Bauern. Daher mussten Fachleute aus dem Bürgertum oder aus der städtischen Arbeiter-

schaft gewonnen werden. Sie wurden in marxistischer und leninistischer Theorie geschult und mit dem Gedankengut Maos vertraut gemacht. Ihre Aufgabe bestand darin, staatliche Massenkampagnen in die Dörfer und Kleinstädte zu tragen.

Politische Kampagnen wurden in der Folgezeit zum Kennzeichen des Maoismus*. Dazu ging Mao Zedong Experimente ein, die Millionen Menschen das Leben kosten sollte. Die ersten Kampagnen richteten sich gegen Steuerhinterziehung, Betrug, Bestechung oder Diebstahl von Staatseigentum. Auf Befehl Maos sollten die Kader „alle Feinde ausschalten". Es folgten Anklagen und Verurteilungen von „Volksschädlingen". Sie fanden aus Gründen der Abschreckung und Einschüchterung öffentlich statt, um jede Kritik an der neuen Regierung zu unterdrücken. Die „Massenkampagne" wurde zur bedeutsamsten Maßnahme der Partei, um erzieherisch, abschreckend und kontrollierend auf die Bevölkerung einzuwirken. Der chinesische Begriff für „Umerziehung" lautet wörtlich übersetzt „Gedankenreform" (sixiang gaizao). Während der Kampagnen wurden in den ersten Jahren der Volksrepublik zwischen zwei und drei Millionen Menschen umgebracht. Gefühllos gegenüber menschlichem Leid, gab Mao Tötungsquoten aus, griff Kollegen an und demütigte sie öffentlich. Endlose Denunziationen, falsche Geständnisse und Verfolgung waren an der Tagesordnung. Gegner der Ideen Maos wurden meistens zur Zwangsarbeit deportiert.

Unabhängiges Denken und private Zeitungen wurden verboten und Bibliotheken verbrannt. Revolutionslieder ersetzten die „bürgerliche" klassische Musik. Jazz war verboten. Ausländische Filme durften mit Ausnahme sowjetischer Revolutionsfilme nicht mehr gezeigt werden. Klöster, Tempel, Kirchen und Moscheen von Buddhisten, Muslimen und Christen wurden zu Lagern oder Kasernen umfunktioniert. Die Gläubigen trafen sich im Untergrund.

M2

Frauen als Traktorfahrerinnen, Poster, 1964.
Zu den ersten Maßnahmen der kommunistischen Regierung gehörte die Verkündung der Gleichberechtigung der Frauen. Polygamie, Frauenkauf und Ehen mit Kindern unter zwölf Jahren wurden unter Strafe gestellt.

M3

Der Sinologe Christoph Müller-Hofstede über die chinesische Revolution (2014):

Zu Recht ist die chinesische Revolution, die am 1. Oktober 1949 in die Gründung der Volksrepublik China mündete, mit einer der großen Revolutionen der neueren Geschichte verglichen worden: Die Radikalität und Nachhaltigkeit der von ihr ausgelösten Umwälzungen … weisen deutliche Parallelen mit der Französischen Revolution 1789 und der Russischen Oktoberrevolution 1917 auf. Wesentlich bedeutsamer als in Frankreich und Russland war jedoch die Mobilisierung nationalistischer Gefühle, die den Kommunisten schon im Bürgerkrieg und im Grunde bis heute die entscheidende Legitimation verliehen. Die „Befreiung" Chinas von äußerer Einmischung und Unterdrückung erlangt zu haben, gilt nach wie vor als Hauptverdienst Mao Zedongs und der Kommunistischen Partei. In der Tat fiel die chinesische Revolution mit der großen Entkolonialisierungswelle in Asien zusammen.

*Christoph Müller Hofstede, Reich und rastlos? Chinas Aufstieg in der internationalen Ordnung, in: Länderbericht China, hg. von Doris Fischer und Christoph Müller-Hofstede, Bonn (bpb) 2014, S. 830.**

---

1 Wähle eine Aufgabe aus:
   a) Beschreibe und bewerte die Maßnahmen zur Kollektivierung der Landwirtschaft. Beziehe M1 mit ein.
   b) Beschreibe und bewerte die Politik der „Umerziehung (chinesisch = Gedankenreform)".
2 Analysiere das Propagandabild M2.
3 Fasse die Aussage von M3 zusammen.

Die Rolle der Frau

Die Schuhgröße 17 entspricht einer Fußlänge von etwa 10 cm und passt Babys im Alter von einem Jahr. In China galt viele Jahrhunderte genau diese Fußlänge für Frauen als Ideal. Warum war diese Sitte in China verbreitet und wann endete sie? Untersuche die Rolle der Frau in China in der traditionellen Gesellschaft des Kaiserreichs (A), in der Umbruchphase ab Mitte des 19. Jahrhunderts (B) und unter Mao Zedong (C).

Aufgabe für alle:
Informiert euch über die Rolle der Frau in der chinesischen Gesellschaft heute und diskutiert darüber, ob der „Lange Marsch" zur Gleichstellung abgeschlossen ist.
Tipp: Nutze dafür den Webcode:
 cornelsen.de/webcodes
 Code: cutigi
Frauen in China

A

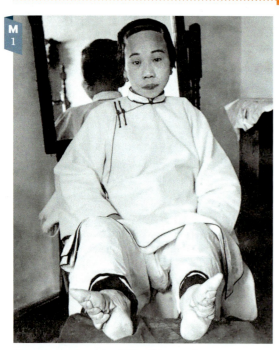

Chinesin mit gebundenen Füßen, Foto, um 1890

M1

1 Erkläre, in welchem historischen Kontext das Füße-binden entstand (M2).
2 Erläutere, welches Rollenbild der Frau durch diese Praxis unterstrichen wird (M1, M2).

M2 Der Sinologe Kai Vogelsang zur Entstehung des Füßebindens (2014):

In der Zeit der Südlichen Song (10.–13. Jh.) [kam] ein ... ausgeprägter männlicher Chauvinismus[1] [auf]. Ebenso unversöhnlich, wie die „Chinesen" sich von den „Barbaren" abgrenzten, verbannten
5 Männer die Frauen vollends in den häuslichen Bereich. Sie wurden zur Keuschheit erzogen und in ihrer Bewegungsfreiheit beschränkt, indem man ihnen die Füße brach. Dabei wurden Mädchen im Alter von drei bis fünf Jahren die Mittelfußkno-
10 chen mit einem großen Stein zerschmettert; die Zehen wurden nach hinten gebogen und umwickelt, so dass sie unter der Sohle lagen. Jahrelang wurden die Binden beständig enger gezogen, so dass die Füße immer kleiner wurden: das Ideal
15 waren drei Zoll (ca. 10 cm) lange „Goldlotus"-Füße – verstümmelte Klumpen, auf denen die Frauen nie mehr richtig gehen konnten. Der Brauch verbreitete sich im Laufe der späten Kaiserzeit im gesamten Volk. Innerhalb eines Jahr-
20 tausends wurden schätzungsweise eine Milliarde Frauen derart verkrüppelt, keusch gehalten und aus dem öffentlichen Leben entfernt.
Zit. nach Kai Vogelsang, Kleine Geschichte Chinas, Stuttgart (Reclam) 2014, S. 213.*

[1] *im Geschlecht begründete Überlegenheit über Frauen*

B

Im Taiping-Aufstand 1850–1864 (vgl. S. 112) proklamierte der vom Christentum inspirierte Anführer Hong Xiuquan ein „Himmlisches Reich des großen Friedens", in dem eine neue Gesellschaft entstehen sollte. Der Aufstand wurde blutig niedergeschlagen und kostete 20–30 Millionen Menschen das Leben.

Der Sinologe Klaus Mäding über die Frauen der Taiping-Bewegung (1983):

Männer und Frauen galten als gleichberechtigt bei der Eheschließung, im Wirtschaftsleben wie im Staatsdienst ... Zeitgenossen berichten, dass Frauen in den Taiping-Städten nicht mehr auf der Stra-
5 ße auswichen, wie es sonst damals bei Chinesinnen üblich war ... Für Männer und Frauen wurden getrennte Wohnbezirke eingerichtet. Frauen zeichneten sich in der Armee durch besondere Tapferkeit aus. Es gab 40 Frauenkorps zu je 2500 Kämp-
10 ferinnen.

Zit. nach Klaus Mäding, Dämonenaustreibung und Revolution: Die Taiping-Bewegung in China 1850–1864, in: Rolf Hanisch (Hg.), Soziale Bewegungen in Entwicklungsländern, Baden-Baden (Nomos) 1983, S. 110f.*

Der Philosoph Kang Youwei (1858–1927) über das Verhältnis von Mann und Frau, geschrieben zwischen 1882–1902:

Vor dem Gesetz gelten sie [die Frauen] als vollkommen freie Personen ... Bei der Eheschließung können die Frauen völlig frei wählen. Alte Bräuche wie das Binden der Füße ... müssen strengstens verbo-
5 ten werden ... Die Eheschließung basiert bei Mann und Frau ausschließlich auf der freien persönlichen Wahl ... Lebenslängliche Liebeskontrakte werden nicht gestattet. Denn angesichts der Verschiedenheit der menschlichen Natur ... haben selbst die
10 Menschen, die einander aufs innigste lieben und beglücken, niemals völlig identische Ideale.

Zit. nach Wolfgang Bauer, China und die Hoffnung auf Glück. Paradiese, Utopien, Idealvorstellungen, München (Hanser) 1971, S. 431.*

1 Erkläre anhand der Rolle der Frau, inwiefern die Taiping-Bewegung eine neue Gesellschaft erschaffen wollte (M3, M4).

2 Erläutere, warum das Frauenbild sowohl der Taiping (M3) als auch Kang Youweis (M4) Zeichen des zunehmenden Zerfalls des Kaiserreichs war.

Während Revolution und Bürgerkrieg in der ersten Hälfte des 20. Jahrhunderts kam es zu einem gesellschaftlichen Wandel. Ausdruck dafür war u. a. 1911 das staatliche Verbot des Füßebindens. Da sich der Brauch dennoch hielt, verbot ihn Mao Zedong nach Gründung der Volksrepublik China 1949 erneut. Frauen mit gebundenen Füßen mussten mit Sanktionen rechnen.

Aus einem Bericht Mao Zedongs (1927):

Die Männer Chinas werden gewöhnlich von drei systematisch gegliederten Gewalten beherrscht: erstens vom staatlichen System ...; zweitens vom Sippensystem; drittens vom übernatürlichen Sys-
5 tem ... (religiöse Gewalt). Die Frauen werden außer von diesen drei Gewaltsystemen auch noch von ihren Ehemännern beherrscht (Gattengewalt). ... Das sind die vier dicken Stricke, mit denen das chinesische Volk ... gefesselt ist ... Ihre Abschaf-
10 fung [wird] die natürliche Folge des Sieges im politischen und wirtschaftlichen Kampf sein.

Zit. nach Mao Zedong, Ausgewählte Werke, Bd. 1, Peking (Verlag für fremdsprachige Literatur) 1966, S. 45ff.*

Die Schriftstellerin Jung Chang über die Heirat ihrer Mutter während des Bürgerkriegs 1946–1949:

Meine Mutter wollte keine traditionelle Hochzeit. Sie und mein Vater wollten mit inhaltsleeren Ritualen Schluss machen ... Meine Mutter ging also zu Fuß zur Wohnung meines Vaters ... Meine
5 Mutter zog meinem Vater gerade die Schuhe aus, da klopfte es an der Tür. Ein Mann übergab meinem Vater ein Schreiben vom Parteikomitee der Provinz. Darin stand, dass sie noch nicht heiraten konnten. Meine Mutter biss die Lippen zusam-
10 men, packte ohne ein Wort ihre Sachen wieder zusammen und verabschiedete sich ... Das Parteikomitee hatte beschlossen, dass meine Mutter noch genauer unter die Lupe genommen werden musste, bevor die Heiratserlaubnis erteilt werden konn-
15 te ... Nichts blieb dem Zufall überlassen, nicht einmal menschliche Beziehungen.

Zit. nach Jung Chang, Wilde Schwäne. Die Geschichte einer Familie, übers. v. A. Galler/K. Dürr, München (Knaur) 1993, S. 156ff.*

1 Vergleiche die Frauenrolle unter den Kommunisten hinsichtlich Anspruch (M5) und Wirklichkeit (M6).
2 Beurteile, was der ideologische und politische Umbruch den Frauen gebracht hat.

Machtdurchsetzung durch radikale Modernisierung?

Mao war ein Bewunderer Stalins. Durch die Entstalinisierung in der Ära Chruscht-schow fühlte sich Mao persönlich bedroht. Als vorsichtiger Taktiker signalisierte er Bereitschaft zur Selbstkritik und rief die Bevölkerung dazu auf, Fehlentwicklungen zu benennen. Angesichts massiver Vorwürfe gegenüber der KPCh folgte die Kehrt-wende: Mao ließ seine Kritiker verfolgen und verkündete im Januar 1958 sein Programm zur radikalen Modernisierung Chinas, den „Großen Sprung nach vorn".

- *Aus welchen Gründen befahl Mao eine radikale Modernisierung?*
- *Warum hielt sich Mao an der Macht, obwohl der „Große Sprung" in eine Katastrophe führte?*

Arbeiter in einem Steinbruch bei starkem Regen während des „Großen Sprungs", Foto, 1961. Menschliche Arbeitskraft ersetzte die fehlenden Maschinen.

Gewaltsame Produktionssteigerungen

Mit neuen Fabriken, Ölraffinerien und Chemiewerken sollte China zur Industriemacht werden. Kraftwerke an riesigen neuen Stauseen lieferten den Strom. Mit bloßen Händen und primitiven Werkzeugen bewegten Millio-
5 nen Menschen gewaltige Erdmassen. Überall im Land entstanden kleine Hochöfen, in denen Stahl und Eisen produziert wurden. Dazu schmolzen die Dorfbewohner Hacken, Pflüge und Kochtöpfe ein.

Die „neuen Menschen"

10 Propagandaplakate zeigten eine leuchtende Zukunft unter der Führung der Kommunistischen Partei. Die Familie und die Dorfgemeinschaft sollten Teil einer neuen Produktionsarmee für ein starkes China werden, jederzeit bereit zu Opfern, anspruchslos und mit glühender
15 Begeisterung für die Revolution. Das Privateigentum wurde abgeschafft. Jeder erhielt kostenlos die revolutionäre Einheitskleidung.

Der „Große Sprung nach vorn" – ins Chaos?

Den Traum von einem besseren Leben bezahlten Millio-
20 nen Chinesen mit dem Leben. Neue Wasserspeicher versandeten, Dämme brachen und die Metalle aus den kleinen Hochöfen erwiesen sich als unbrauchbar. Die landwirtschaftliche Produktion stagnierte oder ging sogar zurück. Der Kampf gegen die „vier Plagen" Ratten,
25 Fliegen, Mücken und Spatzen, die angeblich zu viele landwirtschaftliche Produkte fraßen, führte zu empfindlichen Störungen des ökologischen Gleichgewichts.

Die Parteivorsitzenden in den Dörfern meldeten aus Angst vor Verfolgung immer neue Rekordernten. Aber
30 es gab keine Nahrungsmittel mehr und Millionen Menschen starben an Hunger, Erschöpfung, Folter und Krankheit. Ungeheure Gewaltausbrüche begleiteten die Hungersnot. Von der Weltöffentlichkeit unbemerkt, forderte Maos Idee der radikalen Modernisierung 30 bis 45
35 Millionen Menschenleben.

Kleine Hochöfen in der Provinz Chungwei, Foto, 1950er Jahre

Mao bleibt an der Macht

Der Große Vorsitzende Mao blieb bei seiner radikalen Haltung, obwohl die Katastrophe nicht mehr zu leugnen war. Er war der Ansicht, mit dem Großen Sprung die
40 „goldene Brücke zum Kommunismus" zu errichten und als der wahre Erbe Lenins zu gelten. Seinen Gegnern in der Partei warf Mao vor, den Kapitalismus wieder einführen zu wollten. Mao verlor zeitweise an Einfluss. Doch er wartete auf eine neue Chance, um mit noch bru-
45 taleren Mitteln seine Gegner erneut auszuschalten und seine Macht zu festigen.

Gesprächsprotokoll zwischen Staatspräsident Liu Shaoqi und Mao Zedong (1957):

Liu berichtet Mao, dass zwei Kritiker des „Großen Sprungs" ihre Ansichten vorbringen wollten, den Bauern das Land zurückzugeben. Mao wurde wütend. Hastig sagte Liu: „So viele Menschen sind
5 verhungert!" Dann platzte er heraus: „Die Geschichte wird dich und mich verurteilen, sogar Kannibalismus wird in die Geschichtsbücher eingehen." Jetzt tobte Mao: „Die Drei Roten Banner [= der Große Sprung nach vorn] sind beendet
10 worden und jetzt wird das Land wieder aufgeteilt", schrie er. „Was hast du gemacht, um das zu verhindern? Was wird passieren, wenn ich tot bin?" Fünf Tage später hatte Mao für alle sichtbar das Steuer wieder in der Hand. Einige hohe Funktio-
15 näre warteten ab, woher der Wind wehen würde. Die meisten stellten sich geschlossen hinter Mao. Liu Shaoqi gab nach. Wieder einmal war es gefährlich, anderer Meinung als der Vorsitzende zu sein.

Frank Dikötter, Mao und seine verlorenen Kinder. Chinas Kulturrevolution, Darmstadt (WBG/Theiss) 2017, S. 16 f.

Mao rechtfertigt sich auf dem 8. Parteitag der KPCh (1958):

Der Erste Kaiser der Qin trat dafür ein, dass jeder, der mit Altem das Neue kritisierte, hingerichtet werden sollte. Der Erste Kaiser der Qin war Spezialist in Sachen Hochschätzung des Heute und
5 Verachtung des Alten ... Was zählt schon der Erste Kaiser der Qin? Er hat nur 460 konfuzianische Gelehrte lebendig begraben, wir haben 46 000 begraben (getötet) ... Wir haben den Ersten Kaiser der Qin um ein Hundertfaches übertroffen. Wenn ihr
10 uns als Ersten Kaiser der Qin und Diktator beschimpft, so geben wir das vollständig zu.

Helmut Martin (Hg.), Mao intern. Unveröffentliche Schriften, Reden und Gespräche Mao Zedongs, 1946–1976, München (dtv) 1985, S. 235.*

Kritik an der KPCh (1957)

a) *Ein Redakteur der Schulzeitung der Pädagogischen Hochschule Shenyang:*

Die KPCh hat 12 Millionen Mitglieder, das sind weniger als 2 % der gesamten Bevölkerung. 600
5 Millionen Menschen sind die ergebenen Untertanen dieser 2 % geworden. Die absolute Führung der Partei muss verschwinden, die Privilegien der Parteimitglieder müssen verschwinden.

b) *Ein Lektor für Industriewirtschaft an der Univer-*
10 *sität Beijing:*

Als die KPCh 1949 diese Stadt besetzte, empfing das Volk sie mit Speisen und Getränken und betrachtete sie als Wohltäter. Heute halten sich die einfachen Leute von der KP fern, als ob deren Mit-
15 glieder Teufel wären. Die Parteimitglieder benehmen sich wie Geheimpolizisten und überwachen die Massen. Wenn die Kommunistische Partei mir misstraut, so beruht das auf Gegenseitigkeit. China gehört 600 Millionen Menschen, ... es gehört
20 nicht der Partei allein. Wenn ihr zu unserer Zufriedenheit weitermacht, ist das in Ordnung. Wenn nicht, dann könnte es sein, dass euch die Massen ... stürzen.

Zit. nach Jürgen Domes, Die Ära Mao Zedong, Stuttgart (Kohlhammer) 1971, S. 68.*

....

1 **a)** Beschreibe M1 und M2.
  b) Beurteile mithilfe des Darstellungstextes Anspruch und Wirklichkeit des „Großen Sprungs nach vorn".
  c) „Modernisierung um jeden Preis": Vergleiche Maos Weg des „Großen Sprungs" mit der Entwicklung in der Sowjetunion unter Stalin (siehe S. 60–63).
2 **Partnerarbeit:**
  a) Wie konnte Mao seine Macht behaupten? Analysiert dazu arbeitsteilig M3 bis M5.
  Tipp: Bezieht S. 125 M3 in eure Antwort mit ein.
  b) Bewertet Maos Einstellung zur Macht.

Der vollkommene Bruch mit der Tradition: Die Kulturrevolution

Nach kurzem Rückzug aus der Führungsspitze der Partei rief Mao im Sommer 1966 die „Kulturrevolution" aus. Jugendliche „Rote Garden" vernichteten in seinem Auftrag alles „Alte". Kulturgüter von unschätzbarem Wert wurden zerstört.
- *Welche Gründe bewegten Mao zur Ausrufung der „Kulturrevolution"?*
- *Welchen Verlauf nahm sie und welche Folgen hatte sie?*

Machtkämpfe in der Kommunistischen Partei

Nach dem „Großen Sprung" verweigerte Mao die Übernahme der Verantwortung für die Katastrophe. Sein bereits bestimmter Nachfolger an der Parteispitze, Staatspräsident Liu Shaoqi, verurteilte im Frühjahr 1962 vor
5 7000 Funktionären Maos „Großen Sprung". China stehe ärmer da als vorher. Wirtschaft und Gesellschaft seien gelähmt. Liu und der Generalsekretär der Partei, Deng Xiaoping, erlaubten den Bauern, kleine Felder zu pachten und für sich zu bebauen. Die Vermeidung einer Hun-
10 gersnot stand für sie an erster Stelle.

In Ungnade gefallene Parteiführer werden der Öffentlichkeit vorgeführt. Foto, August 1968

Mao ruft die „Kulturrevolution" aus

Während Liu und Deng China wirtschaftlich reformierten, sammelte Mao radikale Kommunisten um sich. Er beschuldigte alle, die er in der Partei als seine Gegner verdächtigte, als Verräter, die den Kapitalismus wieder
15 einführen wollten. Ein Artikel der Volks-Tageszeitung (Renmin Ribao) vom 1. Juni 1966 mit dem Motto „Alle Monster und Dämonen hinwegfegen" gab den Startschuss für Maos „Kulturrevolution". Zahlreiche Parteiführer wurden auf Befehl Maos verhaftet, weil sie an-
20 geblich einen Umsturz planten.

Die entfesselte Jugend

In Schülern und Studenten sah Mao seine zuverlässigsten Unterstützer, denn sie waren leicht für seine Ideen
25 zu begeistern und willig zu kämpfen. Nur Jugendliche mit „gutem Klassenhintergrund" durften als Rote Garden auftreten. Parteikader, Wissenschaftler und Lehrkräfte an Schulen und Hochschulen wurden von den Jugendlichen gezwungen, Schilder mit Aufschriften wie
30 „Kettenhunde des Kapitalismus" oder „Spione des Imperialismus" zu tragen und dabei ihr „altes Denken und die alten Sitten und Gebräuche der Ausbeuterklassen" abzulegen. Von ihrer neuen Macht begeistert, fuhren Jugendliche kostenlos und bei freier Unterkunft durchs
35 Land, verprügelten und folterten alle Menschen „mit schlechtem Klassenhintergrund". Systematisch beschlagnahmten oder zerstörten sie aus Privatwohnungen Luxusobjekte, Bücher, fremde Währungen sowie Waffen, Besitzurkunden und Bilder von Chiang Kaishek.
40 Denunziationen, falsche Anschuldigungen und Fehlurteile waren an der Tagesordnung. Ohne funktionierendes Gerichtswesen gab es keine Möglichkeit zur Verteidigung. Rund eine Million Menschen fielen dem Wüten der Jugendlichen zum Opfer.
45 Mit den Jugendlichen reisten die Krankheiten: Eine schreckliche Meningitis-Epidemie verbreitete sich in ganz China. Viele Ärzte waren als Verbrecher verurteilt worden und die Krankenhäuser funktionierten nicht mehr. Das Land musste Hunderte Tonnen Antibiotika im
50 Westen kaufen.
Millionen Menschen, darunter fünf Millionen Parteimitglieder, retteten ihr Leben in Lagern zur „Umerziehung". Offiziell dauerte die Kulturrevolution bis zu Maos Tod 1976. Die Roten Garden wurden jedoch ab September
55 1968 der Kontrolle der Armee unterstellt. Nun mussten 17 Millionen Schüler und Studenten als ehemalige Rotgardisten aus den Städten zur Umerziehung in die Dörfer zu Bauernfamilien fahren. Dort waren sie als zusätzliche Esser unerwünscht. Erst nach Jahren durften sie zu ihren
60 Familien zurückkehren. Ihnen fehlte jegliche Bildung. Sie gelten heute als „Chinas verlorene Generation".

Auszug aus dem Programm der Roten Garden Beijing (23.8.1966):

1. Jeder Bürger soll manuelle Arbeit verrichten.

2. In allen Kinos, Theatern, Buchhandlungen und Omnibussen müssen Bilder von Mao Zedong aufgehängt werden.

5 **3.** Überall müssen Zitate Mao Zedongs anstelle der bisherigen Neonreklamen angebracht werden ...

6. Eine mögliche Opposition muss rücksichtslos beseitigt werden.

7. Luxusrestaurants und Taxis sollen verschwinden.

10 **8.** Private finanzielle Einnahmen und Mieteinnahmen müssen dem Staat abgegeben werden ...

11. Titel müssen verschwinden.

12. In allen Straßen sollen Lautsprecher der Bevölkerung Verhaltensregeln vermitteln.

15 **13.** Die Lehre Mao Zedongs muss schon im Kindergarten verbreitet werden.

14. Die Intellektuellen sollen in Dörfern arbeiten.

15. Bankzinsen müssen abgeschafft werden.

16. Die Mahlzeiten sollen gemeinsam eingenom-

20 men werden wie in den ersten Volkskommunen 1958.

17. Auf Parfüm, Schmuck, Kosmetik und nicht-proletarische Kleidungsstücke und Schuhe muss verzichtet werden.

25 **18.** Die erste Klasse in der Eisenbahn und Luxusautos müssen verschwinden ...

21. Die alte Malerei muss verschwinden ...

23. Bücher, die nicht das Denken Mao Zedongs wiedergeben, sind zu verbrennen.

Zit. nach Informationen zur politischen Bildung Nr. 198, Mai 1983, S. 15.*

Jugendliche in der Kulturrevolution

a) *Eine Studentin zweifelt an der Richtigkeit:*

Die Germanistik-Studentin Wang Ronfen nahm an der ersten Massenkundgebung der Roten Garden teil. Sie stellte Ähnlichkeiten mit Hitlers Reden auf dem Nürnberger Parteitag fest. Sie schickte Mao ei-

5 nen Brief mit den Worten „die Kulturrevolution ist keine Bewegung der Massen, sondern eines Mannes, der den Lauf der Gewehre nutzt, um die Massen zu manipulieren". Die 19-jährige Studentin wurde verhaftet und für 13 Jahre ins Gefängnis gesteckt.

10 **b)** *Ein Schüler über die Gewöhnung an die Gewalt:*

Als ich damit anfing, Leute zu schlagen, wusste ich nicht genau, wie ich das machen sollte. Ich war schwach. Doch schnell genug konnte ich härter zuschlagen als andere Schüler. Ich machte es wie ein

15 wildes Tier, bis meine Fäuste wehtaten. Die Hauptstadt wurde reiner und roter, da sie von Klassenfeinden gereinigt war. Wir wollen uns altes Denken und alte Gebräuche und Gewohnheiten vornehmen. Hohe Absätze, extravagante Frisuren, kurze Röcke,

20 schlechte Bücher, das alles musste sofort eliminiert [ausgelöscht] werden.

Frank Dikötter, Mao und seine verlorenen Kinder, Darmstadt (WBG/Theiss) 2017, S. 112 und S. 80f.

1 Erläutere mithilfe des Darstellungstextes den Hintergrund des Machtkampfes in der KPCh nach dem Fehlschlag des „Großen Sprungs nach vorn". Beziehe M1 mit ein.

2 Nenne die Lebensbereiche, in die das Programm M2 eingreift.

3 Wähle eine Aufgabe aus:

a) Stelle Vermutungen über die Wirkung des Programms der Roten Garden in M2 an.

b) Beurteile die Wirkung der „Kulturrevolution" aus der Sicht Maos und aus der Sicht seiner Gegner.

4 Untersuche anhand von M3 und M4, wie sich Jugendliche mit den Ideen Maos auseinandersetzten.

Am 5. August 1966 ermordeten Schülerinnen des Mädchengymnasiums Erlong-Straße ihre stellvertretende Schulleiterin mit Nagelkeulen. Mao empfängt und belobigt Song Binbin, eine der Täterinnen. Foto, 18. August 1966

Literarische Erinnerungen an den Maokult

Literarische Texte können dem Historiker auf verschiedene Weise Einblicke in Wertvorstellungen und Einstellungen einer Zeit und einer Gesellschaft geben. Dies kann absichtsvoll geschehen, indem politische und gesellschaftliche Verhältnisse vom Autor direkt thematisiert und bewertet werden. Oft scheinen interessante Einblicke in die Mentalität einer Zeit aber auch eher indirekt und beiläufig auf. Entscheidend ist in jedem Fall, sich der subjektiven Wahrnehmung eines Autors bewusst zu sein, um nicht der Gefahr einer vorschnellen Verallgemeinerung zu erliegen.

- *Untersucht hier entsprechend in zwei Gruppen ausgewählte Texte zum Maokult und zur Kulturrevolution.*

Der Schriftsteller Yu Hua (*1960) veröffentlichte 2009 seine Erfahrungen als Kind und Jugendlicher in China

a) *Grundschüler in einer Provinzstadt:*

Ich war in jener revolutionären Zeit ein „Kleiner Roter Soldat". Als Kind standen mir, wenn ich das Wort „Führer" hörte, außer Mao Zedong noch vier Aus-
5 länder vor Augen. In dem Klassenraum, wo für mich als Erstklässler das Schulleben begann, hingen vorn über der Tafel ein Porträt von Mao Zedong und an der Hinterwand die Gesichter von Marx, Engels, Lenin und Stalin, die ersten Ausländer, die ich zu
10 Gesicht bekam. Vor allem Marx und Engels erregten wegen ihrer Haartracht lebhafte Neugier bei mir und meinen Mitschülern. Denn so lange Haare hatten in unserer kleinen Stadt nicht einmal die Frauen. Damals gab es für alle Chinesinnen ja nur die einheit-
15 liche Kurzhaarfrisur.

b) *„Konterrevolutionäre Verbrechen":*

Das Verbrechen eines Mädchens bestand darin, dass sie ein Blatt Papier mit einem Mao-Bild so gefaltet hatte, dass das Gesicht des Führers von
20 einem Knick entstellt war. Auf der eilends einberufenen „Großen Kritik-Versammlung" der Schule gestand das Mädchen schluchzend ihr konterrevolutionäres Verbrechen. Im Anschluss an die Schulversammlung forderte uns unser Lehrer auf, verborge-
25 ne kleine Konterrevolutionäre unter den Schülern aufzuspüren. Ein weiterer Fall wurde entdeckt. Ein Junge hatte sich einer reaktionären Äußerung schuldig gemacht und in der Abenddämmerung gesagt: „Die Sonne fällt herunter." Das Wort „Sonne" durfte
30 man nicht leichtfertig in den Mund nehmen, da

Mao allgemein mit der „roten Sonne" verglichen wurde. Man konnte nur sagen, dass es bald dunkel würde, keinesfalls aber, dass die Sonne unterginge, wie es der Kleine gesagt hatte. Denn damit hätte
35 man gesagt, Mao sei gestürzt. Vor lauter Schluchzen brachte er nur die Antwort „Anscheinend hab ich das gesagt" heraus. Das Wörtchen „anscheinend" rettete ihn.

c) *Die Nachricht vom Tod Maos:*

40 An einem Morgen im September 1976 standen wir wie gewöhnlich vor Unterrichtsbeginn stramm und skandierten in Richtung des Mao-Porträts über der Wandtafel „Lang lebe der Große Führer, der Vorsitzende Mao!" Danach setzten wir uns und lasen im
45 Chor einen Abschnitt über Mao aus dem Lehrbuch: „Vor Gesundheit strotzend, frisch und munter" sehe er aus. Diese Sprüche begleiteten mich von der ersten bis zur 11. Klasse. Sie standen in jedem Chinesisch-Lehrbuch.
50 Unser morgendliches Vorlesen wurde durch den Lautsprecher der Schule unterbrochen ... Für neun Uhr erwartete man eine wichtige Meldung im Rundfunk. Mehr als 1000 Schüler mussten noch eine halbe Stunde in der Aula warten. Dann erklang Punkt
55 neun Uhr feierliche Trauermusik. Der Radiosprecher sagte: „Der Große Führer, der Große Lehrer, der Große Oberkommandierende, der Große Steuermann, der Vorsitzende Mao Zedong ist im Alter von 83 Jahren ..." Der Rest des Satzes „ist nach schwerer Er-
60 krankung von uns gegangen" ging in dem großen Wehgeschrei in der Aula unter.

Yu Hua, China in zehn Wörtern, Bonn (bpb) 2013, S. 38f., S. 40f. und S. 57ff. Übers. v. Ulrich Kautz.*

1 Untersuche die Texte in M1 im Hinblick auf die Einstellungen der Menschen gegenüber Mao. Beziehe M2 mit ein.

Plakat mit den Köpfen von Mao, Marx, Engels, Lenin und Stalin, das in allen Klassenzimmern hing. Unter dem Porträt steht: „Lang lebe der große Marxismus, Leninismus und die Ideen von Mao." 1977

Die Schriftstellerin Jung Chang in ihrem Roman „Wilde Schwäne" (2004):

Eines Tages 1960 war auf einmal die dreijährige Tochter einer Nachbarin meiner Tante verschwunden. Ein paar Wochen später sah die Nachbarin ein kleines Mädchen auf der Straße spielen. Es
5 trug ein Kleid, wie ihre Tochter eines gehabt hatte ... An einem bestimmten Zeichen erkannte sie, dass es das Kleid ihrer Tochter war. Sie ging zur Polizei. Es stellte sich heraus, dass die Eltern des Mädchens luftgetrocknetes Fleisch verkauften. Sie
10 hatten etliche Babys und Kleinkinder entführt und ermordet und ihr Fleisch als Kaninchenfleisch zu horrenden Preisen verkauft. Das Ehepaar wurde hingerichtet, der Fall vertuscht. Aber jeder wusste auch so, dass Babys getötet wurden.

Jung Chang, Wilde Schwäne. Die Frauen meiner Familie, München (Droemer) 2015, S. 133. Übers. v. Andrea Galler.*

Der 1954 geborene und nach Frankreich emigrierte Schriftsteller Dai Sijie über seine Verbannung als Schüler in ein Dorf während der Kulturrevolution, erschienen 2000:

Ein Bauer nahm dem Laoban [Dorfvorsteher] das „Spielzeug" [= die Geige des Erzählers] aus der Hand ... „Ein kindisches Spielzeug", kreischte eine Frau. „Nein", berichtigte der Laoban, „ein typisch
5 bourgeoises Spielzeug aus der Stadt" ... „Laoban", sagte mein Freund Luo freundlich lächelnd, „das ist ein Musikinstrument ...". „Mein Freund wird eine Sonate von Mozart spielen"... Ich fragte mich, ob er übergeschnappt war. Seit ein paar Jah-
10 ren waren in China sämtliche Werke Mozarts und westlicher Komponisten verboten ... „Eine Sonate – was ist das?", fragte mich der Laoban misstrauisch ... „Also ... es hört sich an wie ein Lied." „Ich hab dich gefragt, wie es heißt!", brüllte er mich an
15 ... „Mozart", antwortete ich zögernd. „Mozart ist mit seinen Gedanken immer beim Großen Vorsitzenden Mao", kam mir Luo zu Hilfe. Mir stockte der Atem. Doch Luos kühne Erklärung wirkte Wunder ... „Mozart ist mit seinen Gedanken im-
20 mer beim Großen Vorsitzenden Mao", wiederholte er andächtig.

Dai Sijie, Balzac und die kleine chinesische Schneiderin, München/Zürich (Piper) 2003, S. 6ff. Übers. v. Giò Waeckerlin Induni.*

1 Untersuche die Texte M3 und M4 im Hinblick auf die hier deutlich werdenden Verhaltensweisen der Menschen in der Kulturrevolution. Beziehe M5 mit ein.

Kinder eines Kindergartens singen Lieder, die aus den Werken von Mao zitieren. Fujian Rundfunkstation, Foto, 1. Januar 1967

Aufgabe für alle:
Beurteilt aufgrund eurer bisherigen Kenntnisse, warum es zu einer solchen Verehrung Maos kommen konnte. Beziehst die beiden Bilder M2 und M5 mit ein.

Das Mao-Porträt: Reliquie oder Pop-Ikone?

Der anhaltende Personenkult um Mao lässt sich in seinem Geburtsort Shaoshan beobachten: Als Ort der „patriotischen Erziehung" ist er heute ein kommunistischer Wallfahrtsort mit Verkaufsständen von Mao-Büsten, Mao-Mützen und Mao-Kalligrafien an allen Ecken.

- *Untersuche, weshalb ein Massenmörder weiterhin kultische Verehrung genießt und welche Auswirkungen der Maokult in Westdeutschland hatte.*

M1

Offizielles (am Kragen korrigiertes) Mao-Porträt („mit einem Ohr)" von Wang Guodong für den Tiananmen-Platz, 1967

„A kind of George Washington, James Dean and Che Guevara wrapped in one"
David Barboza, China-Korrespondent der New York Times (2008)

„Die Mona Lisa der Weltrevolution"
Gerd Koenen, Historiker (2008)

„Superikone mit 2,2 Billionen Kopien"
Francesca Dal Lago, kanadische Kunsthistorikerin (2006)

Das Mao-Porträt am Tiananmen-Platz

Das Mao-Porträt in Beijing gehört kunstgeschichtlich in die Reihe der „Herrscherporträts". Es ist im westlichen Stil nach den Vorgaben der Porträts des sozialistischen Realismus der Sowjetunion gemalt. Mao erscheint im-
5 mer in starrer Darstellung als gütiger und väterlicher Herrscher mit den übernatürlichen Eigenschaften des „Großen Steuermann" Chinas. Das Porträt enthält keine Herrschersymbole. Das 6 x 4,6 Meter große Bild, das in zahlreichen Kopien verbreitet wurde, brachte den vor-
10 beiziehenden Massen Mao näher, da er auf der Tribüne aufgrund der Entfernung nur als kleiner Punkt wahrgenommen werden konnte.

Ostermarsch in Essen, Foto, 1969

Der Historiker Gerhard Paul (2008):

Im heutigen China hat ein unpolitischer Alltagskult den politischen Maokult abgelöst. Models gefallen sich in T-Shirts mit dem Konterfei des „Großen Vorsitzenden". Das Mao-Bild fungiert als Warenzeichen
5 für anspruchsvolle Konsumartikel. Restaurants im Mao-Stil erfreuen sich großer Beliebtheit. Das Bild, so die Kunsthistorikerin Francesca Dal Lago, habe gar den Status eines Talismans, indem es von Taxi- oder Busfahrern benutzt wird, um Gefährt und Pas-
10 sagiere vor Unfällen zu schützen.

Während im modernen China die Superikone Mao zum Symbol für Modernität, Popularität und Sicherheit avancierte, steht sie im Westen als aus dem Kontext gelöstes Bildzitat auf Zeitschriften- und
15 Buchcovern für Macht, Allgegenwart und globale Bedeutung. Die Erinnerung an die mit Mao verknüpften Verbrechen ist hier längst verblasst.

Gerhard Paul (Hg.), Das Jahrhundert der Bilder, Band II, Bonn (Sonderausgabe der bpb) 2008, S. 329.

Interview mit dem Historiker Sebastian Gehrig über Mao als Idol der westdeutschen Linken (2016)

Frage: Warum hatte Mao für die westdeutsche Linke so eine Strahlkraft?

– Die Attraktion Maos entsteht in einer sehr speziel-
5 len Phase des Kalten Krieges, in der westdeutsche radikale Linke nach neuen Vorbildern gesucht haben. Vor allem seit den militärischen Interventionen der Sowjetunion in Ungarn 1956 und in der Tschechoslowakei 1968 verliert das sowjetische Modell stark an ideologischer Strahlkraft. Und in diesem Moment
10 kommt das Vorbild der Chinesischen Kulturrevolution ab 1965/66 ins Spiel und damit erschien der chinesische Weg als neuer revolutionärer Bezugspunkt im Bild vieler Aktivisten der Zeit ... Maos

China galt als dritter Weg zu den politischen Sys-
15 temen der beiden Supermächte ...

Frage: Was von Mao haben die westdeutschen Linken genutzt und was haben sie ausgeblendet?

– Zunächst haben sie das revolutionäre Flair, die Andersartigkeit Maos von den frühen 1960er Jahren
20 an für sich benutzt ... Verdrängt wurden die Hungerkatastrophe des „Großen Sprungs nach vorn" und die andauernde Gewalt, die Teil der Kulturrevolution war.

*Interview der Journalistin Liane von Billerbeck mit Sebastian Gehrig (Oxford), Deutschlandfunk Kultur vom 9. 9. 2016. Zit. nach https://www.deutschlandfunkkultur.de/kalter-krieg-der-mao-kult-der-deutschen-linken.1008.de.html?dram:article_id=365395 (Abruf: 15. Oktober 2019).***

1 Beschreibe das Porträt M1.
   Tipp: Beziehe M3 mit ein.
2 **Wähle eine Aufgabe aus:**
   a) Erläutere die Verwendung des Porträts in China heute (siehe S. 95 M4).
   Tipp: Beziehe M3 mit ein.

   b) Erläutere mithilfe von M2 und M4 die Verwendung des Porträts als Ikone der westeuropäischen Linken im Kalten Krieg.
3 Bewerte den Umgang mit Mao aufgrund seiner Rolle im „Großen Sprung" und in der „Kulturrevolution".

China nach Mao:
„Marktwirtschaft und Maoismus"

Nach Maos Tod kam es zu einer radikalen Wende von der zentralistischen Planwirtschaft zur Marktwirtschaft, die Chinas heutige Weltmachtstellung begründet. Die Reformer zielten jedoch nie auf die Schaffung eines Staatswesens mit mehr Demokratie und persönlichen Freiheiten.
- *Wie veränderte sich China seit dem Tod von Mao Zedong?*

M 1 坚持党的基本路线一百年不动摇

中共深圳市委宣传部

Eine Plakatwand in der Sonderwirtschaftszone Shenzhen erinnert an den früheren Staatspräsidenten Deng Xiaoping. Das Bild ist überschrieben mit den Worten: „Wir werden an meinen Ideen und denen der Partei festhalten – wir werden für 100 Jahre nicht davon abweichen.", Foto, 2005

Innerparteiliche Kämpfe

Nach Maos Tod kam es zu teils dramatischen Machtkämpfen in der KPCh um den zukünftigen Kurs des Landes. Hua Guofeng, der Nachfolger Maos, hielt an den maoistischen Prinzipien fest, wurde aber nach zwei Jahren entmachtet. Ab 1978 setzte mit Deng Xiaoping (1904–1997) ein tiefgreifender Kurswechsel ein. Die radikalen Kräfte um Maos Ehefrau Jiang Qing verloren den innerparteilichen Streit. Alle Opfer der Kulturrevolution wurden rehabilitiert und 2,4 Millionen Gerichtsurteile aus der Zeit zwischen 1949 und 1976 als Fehlurteile aufgehoben. Unter dem Motto „Vier Modernisierungen" reformierte Deng Landwirtschaft, Industrie, Militär sowie Wissenschaft und Technik. Forderungen nach einer „fünften Modernisierung", die auf Wandzeitungen an „Mauern der Demokratie" in mehreren Städten in den Jahren 1978/79 auftauchten, wurden unterdrückt. Mangelnde Mitsprache im Reformprozess und die blühende Korruption führten zu landesweiten Protesten, die in der Nacht zum 4. Juni 1989 blutig niedergeschlagen wurden (siehe S. 138).

In vier Sonderwirtschaftszonen, darunter Shenzhen (vgl. S. 93), erprobten die Reformer Joint Ventures, also gemeinsame Unternehmen mit ausländischen Firmen, um die technologische Rückständigkeit des Landes zu beenden.

China als „Werkbank der Welt"

Dank des von Deng Xiaoping begonnenen Wegs, die Planwirtschaft durch eine marktorientierte Wirtschaftspolitik zu ersetzen, erlebte China unter seinem Nachfolger Jiang Zemin einen atemberaubenden Wirtschaftsaufschwung, der mit einem Wandel aller Werte des Arbeitslebens, des Denkens, der Freizeit und des Konsums einherging. Mit dem Beitritt zur Welthandelsorganisation WTO wurde China zum „global player" auf dem Weltmarkt. Lag die chinesische Wirtschaftsleistung Ende der 1970er Jahre gleichauf mit der Spaniens oder der Niederlande, wandelte sich China zur heutigen zweitgrößten Volkswirtschaft der Welt. Immer mehr Firmen aus Westeuropa und den USA verlegten ihre Produktion ins „billigere" China, denn dort strömten Heer-

scharen von Bauernfamilien auf Arbeitssuche in die Fabriken und drückten die Löhne. Zeitweise arbeiteten mehr als 200 Millionen Chinesinnen und Chinesen als Wanderarbeiter in unterschiedlichsten Landesteilen. Der
45 Export chinesischer Produkte wurde befeuert durch einen staatlich festgelegten Wechselkurs zum Dollar, der chinesische Produkte im Ausland verbilligte. China wurde zur „Werkbank der Welt", d. h. zum Land der billigen Massenproduktion. Erkauft wurde das Wachstum mit
50 verheerenden Umweltzerstörungen und mit grassierender Korruption.

Für viele Städter und Bauern verschlechterte sich jedoch das Leben aufgrund der anhaltenden Inflation. Dazu kam eine Verknappung des Ackerlandes wegen der Aus-
55 dehnung der Städte. Bis heute leben zwischen 800 und 900 Millionen Menschen vor allem auf dem Land eher in Armut und teilweise abgeschnitten von regelmäßiger Wasser- und Elektrizitätsversorgung. Eine immer breitere Mittelschicht von rund 500 Millionen Chinesen pro-
60 fitiert hingegen vom neuen Wohlstand und einem riesigen Konsumangebot.

China als „neue Weltmacht"

Seit den 2010er Jahren setzt China andere wirtschaftliche Schwerpunkte. Neue Autobahnnetze, Häfen und
65 Hochgeschwindigkeitszüge verbinden heute alle Landesteile. Die chinesische Digitalwirtschaft boomt. Hightechfirmen wie Alibaba und Tencent sind in den Bereichen E-Commerce und mobilen Bezahlsystemen den Entwicklungen in westlichen Ländern voraus. Seit dem
70 Amtsantritt von Partei- und Staatschef Xi Jinping 2012 tritt China außenpolitisch selbstbewusster und aggressiver auf. Nach innen werden die Meinungsfreiheit durch Zensur eingeschränkt und Regimekritiker verfolgt. Auch westliche Unternehmen müssen sich dieser Zensur un-
75 terwerfen, wenn sie Zugang zum chinesischen Markt erhalten wollen.

M2 **Deng Xiaoping in einer Rede vor dem Zentralkomitee der Partei im Dezember 1978:**

Dreißig Jahre Autarkie [hier: Abgeschlossenheit von der Welt] zwangen unseren Geist in die Abkapselung. Hinter uns liegen 10 Jahre, in denen unser Horizont beschränkt war ... Wir saßen in einem
5 Brunnen und meinten, dass der Himmel so groß wie die Brunnenöffnung sei. Dann wurde die Tür geöffnet und alles geriet aus dem Häuschen. Die Wirtschaft bäumte sich auf wie ein ungezügeltes Pferd. In politischer Hinsicht brachten uns die
10 Wandzeitungen und die Demonstrationen völlig aus der Fassung ... Zusammenfassend muss ich sagen, dass es uns an Erfahrung fehlte.

*Zit. nach Uli Franz, Deng Xiaoping. Eine Biographie, München (Heyne) 1987, S. 289.**

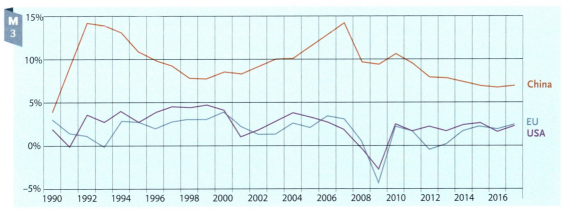

Wirtschaftswachstum China, USA und EU im Vergleich. Das Bruttoinlandsprodukt (BIP) misst den Wert aller Waren und Dienstleistungen pro Jahr.

1 Fasse im Rückblick thesenartig Merkmale des „Maoismus" zusammen.

2 **a)** Erläutere mit M1 und M2 die Gründe für einen grundlegenden Umbau der Wirtschaft Chinas.

b) Beurteile aufgrund deiner bisherigen Kenntnisse die Notwendigkeit dieser Reform. Beachte hierbei unterschiedliche Perspektiven.

3 Analysiere M3.

4 Beurteile aufgrund des Darstellungstextes den Weltmachtanspruch Chinas unter Xi Jinping.

1989 – Demokratie oder Fortsetzung der Diktatur?

Die historische Erinnerung an das Jahr 1989 wird bei uns bestimmt von Jubelfeiern rund um den Fall der Berliner Mauer und die Massenproteste, die das Ende der kommunistischen Herrschaft in den Ländern Osteuropas herbeiführten.
- *Welche Ziele verfolgten die demonstrierenden Studenten und Arbeiter 1989 in China?*
- *Wie reagierten die Verantwortlichen in der KP Chinas?*

Protestbewegungen für Freiheit und Demokratie
Studenten aus Beijing forderten in Demonstrationen und Hungerstreiks im Mai 1989 Presse-, Meinungs- und Demonstrationsfreiheit. Die Parteiführer sollten ihre Vermögensverhältnisse offenlegen, Lehrer besser be-
5 zahlt und die grassierende Korruption endlich wirksam bekämpft werden. Die Protestbewegung begann mit einer Trauerkundgebung für den im April 1989 gestorbenen früheren Parteichef Hu Yaobang, der wegen seiner liberalen Ansichten alle Ämter verloren hatte und für die
10 Studenten ein Hoffnungsträger war. Zum 70. Jahrestag der Revolution vom 4. Mai 1919 kamen 100 000 Menschen zu einer Großdemonstration für ein neues demokratisches China auf dem Platz des Himmlischen Friedens vor dem Kaiserpalast zusammen. In der Partei-
15 spitze der KPCh kam es zu heftigen Debatten, wie auf die Massenproteste zu reagieren sei. Deng Xiaoping lehnte die Forderungen der Demonstranten strikt ab und brachte Parteichef Zhao Ziyang, einen Sympathisanten der Reformen Gorbatschows, zu Fall. Zudem bezeichnete
20 Deng Xiaoping angesichts des Verfalls des Sowjetimperiums die Forderungen nach innenpolitischen Freiheiten als falsch und gefährlich. Am 4. Juni schlug die Armee die Proteste nieder. Die Zahl der Getöteten ist nicht bekannt – sie schwankt zwischen 200 und mehreren Tau-
25 send Toten im Land. Zahlreiche Demonstranten wurden in der Folgezeit verhaftet; vielen gelang die Flucht ins Ausland.

Studenten auf dem Tiananmen-Platz mit der „Göttin der Demokratie", Foto, Mai/Juni 1989.
Die zehn Meter hohe Statue „Göttin der Demokratie" wurde von Kunststudenten aus Pappmaché gebaut und in der Nacht zum 30. Mai 1989 auf dem Platz des Himmlischen Friedens so aufgestellt, dass sich die Göttin und Mao Zedong auf dem Porträt am Eingang der Verbotenen Stadt (s. S. 88f.) direkt anschauten. Bei der Enthüllung verkündeten die Studenten: „Du bist das Symbol einer neuen Ära. Chinesisches Volk, erhebe dich! Lang lebe die Freiheit, lang lebe die Demokratie!"

Mann vor Panzer, Foto, 4. Juni 1989. Im Jahr 2013 zeigte die amerikanische Journalistin Louisa Lim 100 Studenten aus Beijing dieses Bild. 15 erkannten, dass es sich um China handelte, andere tippten auf Konflikte außerhalb Chinas, die meisten auf den Bürgerkrieg im Kosovo.

Der Journalist Kai Strittmatter über ein Gespräch mit dem Maler Zhang Xiaogang (2018):

Die Zeit vor 1989 war die freieste Zeit, die die Volksrepublik China jemals kannte. Das Volk war dem Grauen der Kulturrevolution entronnen, Deng Xiaoping, der neue starke Mann, stieß die
5 Fenster zur Welt weit auf, es war ihm erst einmal egal, ob mit der frischen Luft auch „ein paar Fliegen" hereinflogen, wie er einmal sagte. Der Maler Zhang Xiaogang erinnert sich noch gut an damals. „So viel Hoffnung, so viel Illusion, so viel Schön-
10 heit war auf einmal da. Eine Zeit, in der die Leute Schlange standen vor den Xinhua-Buchläden, um einen Roman zu erstehen ... Und wir dachten, China werde unweigerlich noch offener und freier werden." ... Dann kam die Nacht, in der die Pan-
15 zer rollten, und es wurde das China geboren, das wir heute kennen.

Kai Strittmatter, Die Neuerfindung der Diktatur, München (Piper) 2018, S. 92f.

 Die Studentenführerin und Augenzeugin Chai Ling (1990):

Mit Tränen in den Augen sangen wir alle zusammen, nahmen uns gegenseitig in die Arme und fassten uns an den Händen, denn wir wussten, dass unsere letzte Stunde gekommen war, die
5 Stunde, in der wir unser Opfer für die Demokratie bringen mussten ... Gerade als wir abziehen wollten, stürmte diese Bande von Henkern vor. Es waren Soldaten mit Stahlhelmen auf dem Kopf und Sturmgewehren in der Hand. Sie ließen uns keine
10 Zeit, den Platz zu räumen ... weinend zogen wir fort. Die Leute, die sich am äußersten Rand des Platzes befanden, wurden allesamt getötet ... Die Leichen der Kommilitonen wurden alle verbrannt. Danach wurde der Boden mit Wasser abgespritzt,
15 so dass keine Spuren übrig blieben. Unser Symbol der Demokratiebewegung, die „Göttin der Demokratie", wurde von den Panzern zerstört.

*Zit. nach Praxis Geschichte 4/1994, S. 39.**

 Interview mit der China-Forscherin Kristin Shi-Kupfer zum 30. Jahrestag der Massaker (Juni 2019):

SPIEGEL ONLINE: Frau Shi-Kupfer, wie kann man sich den heutigen Jahrestag in China vorstellen? Wird überhaupt darüber gesprochen?
Shi-Kupfer: In den größten Teilen Chinas werden wir
5 nicht merken, dass heute ein besonderer Tag ist. Es gibt auf dem Festland keine Gedenkfeiern oder Ähnliches ...
SPIEGEL ONLINE: Wie kommt es, dass in Hongkong hingegen relativ frei der Opfer gedacht werden
10 kann?
Shi-Kupfer: Die Versammlungsfreiheit ist in Hongkong noch relativ unberührt, sodass sich Aktivisten und Bürger dort noch treffen können.
SPIEGEL ONLINE: Welche Bedeutung hat das
15 Tiananmen-Massaker für China?
Shi-Kupfer: Es war ein Wendepunkt für die gesellschaftliche Entwicklung. Viele waren so geschockt, dass sie ins Ausland gingen oder sich dem Angebot der chinesischen Regierung hingaben, das Gesche-
20 hene zu vergessen und dafür reich zu werden. Die Chinesen betäuben sich durch den Kommerz, um den Schmerz zu vergessen ...
SPIEGEL ONLINE: Ist eine Bewegung wie 1989 heute wieder denkbar?
25 **Shi-Kupfer:** Damals, nach den Vorfällen, haben Regierung und Bevölkerung eine Art Vertrag geschlossen: Die Kommunistische Partei sorgt für Wohlstand, dafür geben die Chinesen den Anspruch ab, mitbestimmen zu wollen. Diese unausgespro-
30 chene Vereinbarung ist grundsätzlich noch intakt. Dafür muss die Regierung aber weiter liefern. Das Konstrukt wird wackelig, sollte die Wirtschaft unter anhaltenden Abwärtsdruck geraten. Der Repressionsapparat der Regierung funktioniert
35 zu gut. Die Möglichkeiten der präventiven Unterdrückung sind so ausgefeilt, auch durch die neuen technischen Möglichkeiten wie künstliche Intelligenz, dass eine größere Bewegung nicht vorstellbar ist.

*https://www.spiegel.de/politik/ausland/30-jahre-nach-tiananmen-massaker-interview-mit-kristin-shi-kupfer-a-1270286.html (Abruf: 4. Juni 2019).**

1 **Partnerarbeit:** Beschreibt und erklärt mithilfe des Darstellungstextes die Bilder M1 und M2.
2 **a)** Stelle mithilfe des Darstellungstextes die Ziele der Demokratiebewegung dar.
b) Vergleiche sie mit den Zielen und dem Ausgang der Massenproteste 1989 in der DDR oder in Polen.
3 Bewerte mithilfe von M3–M5 den Umgang mit der eigenen Geschichte im heutigen China.

Zusatzaufgabe: siehe S. 231

Stationenlernen:
Entwicklungen im heutigen China

Auf den Seiten 140–145 bearbeitest du eigenständig verschiedene Aspekte der aktuellen Entwicklungen in China an mindestens vier Stationen deiner Wahl. Entscheide dich, ob du allein oder mit Partner arbeitest.

Der für alle Stationen gleiche Arbeitsauftrag lautet:
Analysiere und beurteile die Materialien der folgenden Stationen 1–6. Beachte bei deinem Urteil mögliche unterschiedliche Perspektiven.

Station 1: Wer übt in China die Macht aus?

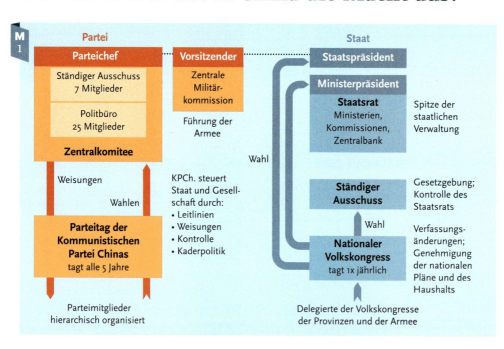

Das politische System der Volksrepublik China

Das Machtmonopol der Kommunistischen Partei
Vierzig Jahre nach Beginn der Reform- und Öffnungspolitik lehnt China die „westliche Demokratie" als untaugliches politisches Ordnungsmodell weiter ab. Krisen wie z. B. die „Finanzkrise" der Jahre 2007 bis 2009 wer-
5 den als ein Zeichen dafür gesehen, dass das „westliche Modell" den Herausforderungen des 21. Jahrhunderts nicht gewachsen sei. In China könne nur die Kommunistische Partei das Land auf seinem bislang erfolgreichen Weg in eine gute Zukunft führen. Mit dieser Begrün-
10 dung hält die KPCh an ihrem Machtmonopol fest. Die heutige Volksrepublik China folgt weiterhin den Prinzipien Lenins (siehe S. 52–55):

- die klare Führungsrolle der Kommunistischen Partei in Politik, Gesellschaft und Wirtschaft
15 - ein klares System der Hierarchie innerhalb der Parteiorgane
- die Beaufsichtigung der Auswahl aller Führungskräfte durch die Partei
- Kampagnen zur Verhinderung innerparteilicher Grup-
20 pierungen
- Massenpropaganda
- das Informationsmonopol durch die Kontrolle des Internets und aller anderen Medien
- der „Export des chinesischen Modells" in andere
25 autoritär geführte Staaten
- die Abwehr des Modells „liberale Demokratie"

Station 2: Die „Ein-Kind-Politik"

China war seit jeher ein bevölkerungsreiches Land, und sein Anteil an der Welt-bevölkerung lag durch die Jahrhunderte immer bei mindestens 15 Prozent. Doch nach 1949 verdoppelte sich die Bevölkerungszahl innerhalb von drei Jahrzehnten trotz der Hungerkatastrophen in den 1950er Jahren.

Die „Ein-Kind-Politik"

Zwischen Gründung der Volksrepublik und dem Tod Maos 1976 stieg die Bevölkerungszahl Chinas von 540 Millionen auf 969 Millionen Menschen an. Auch immer höhere Produktionszahlen in Landwirtschaft und Industrie konnten den Mehrbedarf für die wachsende Bevölkerung nicht ausgleichen. Daher verbesserte sich der allgemeine Lebensstandard nicht.

1979 verkündete die kommunistische Führung die welt-weit einmalige „Ein-Kind-Kampagne" zur Verlangsa-mung des Bevölkerungswachstums. Nur Paare, die sich an diese Vorgabe hielten, hatten mit einem „Ein-Kind-Zertifikat" Anspruch auf Geldleistungen, Kinderbetreu-ung und bessere Wohnungen. In den Städten und vor allem auf dem Land verteilten Parteikader Verhütungs-mittel, überredeten heiratswillige junge Menschen, die Ehe aufzuschieben, oder zwangen Frauen zur Sterilisa-tion oder zur Abtreibung. Dabei kam es zu massenhaften Abtreibungen von in erster Linie weiblichen Föten. Dies veränderte das Geschlechterverhältnis in China deutlich zugunsten der „erwünschten" Jungen. Die Funktionäre der „Hauptverwaltung der öffentlichen Sicherheit" überwachten die Einhaltung der Vorschrift und sprachen Strafen aus. So mussten beispielsweise Eltern eines aus staatlicher Sicht „ungewollten Kindes" bis zu einem Viertel ihres Jahreslohns als Strafzahlung leisten.

Aktuelle Tendenzen und Probleme

2015 wurde die „Ein-Kind-Politik" offiziell zugunsten einer „Zwei-Kinder-Politik" abgeschafft. Grund war der drohende Arbeitskräftemangel vor allem auf dem Land. Im Jahre 2018 sank die Geburtenzahl auf den niedrigs-ten gemessenen Stand. Experten diskutieren, ob dies auf die „Ein-Kind-Politik" oder auf die allgemeine Moderni-sierung Chinas zurückgeht.

Die Einzelkinder aus den Mittelschichtfamilien werden heute oft durch ehrgeizige und strenge Eltern zu Höchst-leistungen in der Schule getrieben. Ärmere Männer ha-ben wegen der deutlich geringeren Anzahl von Frauen Mühe, eine Partnerin zu finden, und heiraten immer öfter Partnerinnen aus den Nachbarländern Nordkorea oder Vietnam. Ungelöst bleibt bis heute auch die Frage der fehlenden Altersversorgung für viele alte Menschen vor allem auf dem Land. Da die jungen Leute in die Städ-te abwandern, wird der „Generationenvertrag", für die Alten aufzukommen, oft nicht mehr eingehalten.

Auf Wandbildern warb der Staat für die Ein-Kind-Politik. Foto, undatiert

Reisbäuerin in der Region Guilin, Foto, 2015. Viele Menschen auf dem Land arbeiten angesichts fehlender Versorgung bis ins hohe Alter.

Station 3: Menschenrechte in China

Immer wieder wird die Menschenrechtslage in China von westlichen Staaten kriti-
siert. Amnesty International nennt u. a. folgende Menschenrechtsverletzungen:
Folter, Umerziehungslager sowie Einschränkung der Meinungs- und Versamm-
lungsfreiheit.
Zusatzinformation: *Beachte auch S. 232 M1.*

 Die Chinaforscherin Kristin Shi-Kupfer über die Haltung der chinesischen Regierung zu den Menschenrechten (2014):

1. Die Universalität der Menschenrechte wird „respektiert", aber die Umsetzung in der Praxis gilt als abhängig von den Rahmenbedingungen eines Staates.

5 **2.** Menschenrechte sind vom Staat verliehen und geschützt.

3. Individuelle Rechte dürfen weder die Rechte anderer Bürger noch die Interessen der Gesellschaft und des Staates verletzen.

10 **4.** Rechte sind mit Pflichten gegenüber der Gesellschaft und dem Staat verknüpft ...

5. Staaten sind souverän, in puncto Menschenrechte erfolgt keine Einmischung in innere Angelegenheiten.

Kristin Shi-Kupfer, Menschenrechte in der VR China, in: Doris Fischer/Christoph Müller-Hofstede (Hg.), Länderbericht China, Bonn (bpb) 2014, S. 333. *

 Fallbeispiel 1: Die „Umerziehungslager" für die Uiguren in Xinjiang

Nach blutigen Unruhen 2009 in der mehrheitlich von muslimischen Uiguren bewohnten Region Xinjiang erhöhte die Zentralregierung ihre Repressionen. Seither verschwanden über eine Million 5 Menschen der Provinz in „Umerziehungslagern", deren Existenz die chinesische Regierung erst 2018 zugab. Der Vizegouverneur der Provinz rechtfertigte vor den Vereinten Nationen in Genf mit folgenden Worten die Einrichtung der Lager: „Indem wir 10 Ausbildungs- und Trainingszentren im Einklang mit dem Gesetz errichtet haben, wollen wir diejenigen, die von religiösem Extremismus betroffen sind, ausbilden und schützen. Das wird sie davor bewahren, zu Opfern von Terrorismus und Extre-15 mismus zu werden. Das schützt davor, dass generelle Menschenrechte der Bürger verletzt werden". (Zitat nach tagesschau.de, 5. 7. 2019).
Verfassertext

Verleihung des Friedensnobelpreises an Liu Xiaobo in Abwesenheit, Foto, 2010

Zusatzaufgabe: siehe S. 232

 Fallbeispiel 2: Der Schriftsteller und Bürgerrechtler Liu Xiaobo

Der Schriftsteller und Dozent Liu Xiaobo (1955–2017) nahm an den Studentenprotesten des Jahres 1989 in Beijing teil und gehörte zu den Unterstützern des im Dezember 2008 veröffentlichten Bür-5 gerrechtsmanifests Charta 08, in dem Gewaltenteilung und freie Wahlen gefordert wurden. Wegen „Anstiftung zur Untergrabung der Staatsgewalt" wurde Liu 2008 zu Hausarrest und 2009 zu elf Jahren Haft verurteilt. Internationale Proteste 10 dagegen verhallten. 2010 erhielt er den Friedensnobelpreis für seinen „langen und gewaltlosen Kampf für die Menschenrechte in China". Liu starb isoliert im Gefängnis 2017; seine unter Hausarrest gestellte Ehefrau Liu Xia durfte 2019 in die Bun-15 desrepublik Deutschland ausreisen.
Verfassertext

Station 4: Wird China zum Überwachungsstaat?

Bis 2020 soll jedem Chinesen ein „Sozialkredit-Ranking" zugewiesen werden, das seine Linientreue und sein Sozialverhalten bewertet.

Der Journalist Bernhard Zand über das Leben in China im Magazin „Spiegel" (2018):

Die Umwälzung ergreift alle Schichten, Milieus und Altersgruppen. Fast 800 Millionen Chinesen nutzen das mobile Internet, mehr als doppelt so viele, wie die Gesamtbevölkerung der USA zählt.
5 Wenn ich abends von meiner Gasse auf die Hauptstraße gehe, blendet mich ein grelles Licht. Das Licht ist über der Fahrbahn montiert, um Straße und Gehsteig für eine Überwachungskamera auszuleuchten. Sie zeichnet jede Bewegung auf,
10 identifiziert jedes Auto, jeden Fußgänger. Die Daten laufen zusammen mit denen von Millionen weiterer Kameras, Bewegungsmelder und digitaler Parkwächter. Sie helfen den Behörden, China und die Chinesen zu vermessen: Wer war wann wo?
15 Wie viele Menschen halten sich zu welchem Zeitpunkt an welchem Ort auf – und was folgt daraus für die Verwaltung, die Verkehrsplanung, die Verbrechensbekämpfung? Nicht nur der Staat sammelt solche Daten. Auch Firmen mischen bei der
20 Vermessung Chinas mit: die Suchmaschine Baidu, der Onlinehändler Alibaba und der Internetriese Tencent. Diese drei Firmen dominieren den Alltag in China so total, wie es im Westen nicht einmal Google und Facebook vermögen.

Bernhard Zand, SPIEGEL FUTURA 1/2018 vom 20. 10. 2018, zit. nach http://www.spiegel.de/netzwelt/web/chinas-digitalisierung-totale-kontrolle-a-1234695.html (Abruf: 9. November 2019)

Die deutsche Journalistin Xifan Yang in der Wochenzeitung „Die Zeit" (2019):

Die „schwarze Liste" wird täglich aktualisiert. Sie umfasst über 12 Millionen Einträge. Name, Ausweisnummer, Wohnort, Vergehen. Auf der Website des Obersten Volksgerichtshofs rattern unter einem
5 Richterhammer neue Fälle von so genannten „Vertrauensverbrechern" herunter, an jedem Tag, in jeder Minute ... Die Website des Obersten Volksgerichtshofes ist ... der größte Pranger, den es je gab ... Der Beschuldigte darf keine Wohnung mehr
10 kaufen ... Keine Firma gründen. Nicht mehr in einen Hochgeschwindigkeitszug einsteigen ...
Lässt sich ein ganzes Volk in seinem Verhalten steuern? Aus Sicht des demokratischen Westens werden die Chinesen unterdrückt, jetzt auch digital.
15 Zurück in die späten 1970er Jahre. Nach Jahrzehnten voller Bürgerkriege, Hungersnöte und zerstörerischer Klassenkampf-Kampagnen stand fest: Der Marxismus war gescheitert. China brauchte Stabilität und Wachstum ... Deng Xiaoping schaute sich
20 nach Vorbildern um und fand Singapur. Dort war den Herrschern das scheinbar Unmögliche gelungen: eine wohlhabende und disziplinierte Gesellschaft. Freier Markt plus strenge Regeln. Deng machte sich an die Singapurisierung Chinas ...
25 Mit den strengen Regeln klappte es nicht so gut. Nach vier Jahrzehnten Boom wird der Alltag der allermeisten Chinesen heute von Unsicherheit und Chaos regiert. Die Machthaber erlassen Gesetze, doch die wenigsten befolgen sie. Es gibt eine Justiz,
30 die nach Willkür Urteile spricht. Ein Großteil der Chinesen bezahlt keine Steuern. Kaum ein Beamter, der nicht korrupt ist. Die Chinesen leiden an ihrer brutalkapitalistischen Ellbogengesellschaft. Das ist der Grund für die Akzeptanz des Sozialkredit-Sys-
35 tems. Ist es nicht besser, so fragen sich viele, in einer gut funktionierenden Diktatur zu leben als in einer schlecht funktionierenden? Hat die Partei nicht Recht, wenn sie versucht, die seit Jahrzehnten versprochene Singapurisierung mittels Big Data zu
40 vollenden? Lässt sich Vertrauen nicht doch von oben verordnen?

Die Zeit vom 10. Januar 2019, S. 13ff.*

Polizist mit Smart-Helm zur Gesichtserkennung in Shanghai, Foto, 2018

Station 5: Hongkong und Taiwan

Zum politischen Status von Hongkong und Taiwan gibt es unter den politischen Akteuren sehr unterschiedliche Auffassungen. Angesichts der gegenwärtigen Lage blicken viele Bürger Hongkongs und Taiwans besorgt in die Zukunft.

Hongkong

Die langjährige britische Kronkolonie Hongkong wurde 1997 von Großbritannien an China zurückgegeben. Hongkong erhielt mit der Formel „Ein Land – zwei Systeme" für 50 Jahre (1997 bis 2047) die Beibehaltung
5 seines eigenen politischen, wirtschaftlichen und rechtlichen Systems vonseiten der Volksrepublik zugesichert. Hongkong bildet ein wichtiges Bindeglied zwischen dem chinesischen Markt und dem Weltmarkt und gewährt in Hongkong ansässigen ausländischen Unternehmen ei-
10 nen bevorzugten Zugang zum chinesischen Markt. Das Rechtssystem ist weitgehend an das britische angepasst. Presse-, Versammlungs- und Meinungsfreiheit sind im Gegensatz zur Volksrepublik nicht eingeschränkt.
Im Jahre 2014 kam es zu größeren Protesten gegen die
15 Einmischung der Volksrepublik in Fragen der Wahlfreiheit („Regenschirm-Proteste" nach den von den Demonstranten mitgeführten Schirmen). Im Jahre 2019 folgte eine weitere Protestwelle, und zwar dieses Mal gegen ein geplantes Auslieferungsabkommen für Straf-
20 täter mit der VR China. Kritiker fürchten die Auslieferung politisch missliebiger Personen an Beijing. Dabei stießen die zwei Lager für oder gegen mehr Einfluss der Volksrepublik auch gewaltsam aufeinander.

Taiwan

25 Taiwan (früherer Name Formosa) ist ein Inselstaat mit rund 24 Millionen Einwohnern. Nach dem Abzug der Japaner und dem Ende des Bürgerkrieges in China zog sich die Guomindang mit zwei Millionen Anhängern unter Chiang Kaishek vom Festland auf die Insel zurück.
30 Als „Republik China" beanspruchte der diktatorisch regierende Chiang Kaishek die Vertretung für ganz China bei den Vereinten Nationen, bis immer mehr Länder die Volksrepublik anerkannten und Taiwan seinen Sitz bei der UNO 1971 aufgeben musste. Nach Ende der Dik-
35 tatur wurde Taiwan allmählich zu einem demokratischen Staat westlicher Prägung. Die Volksrepublik betrachtet Taiwan als „unabtrennbaren Bestandteil des chinesischen Territoriums". Nach zahlreichen militärischen Konflikten um Küsteninseln gibt es einen Prozess der
40 Normalisierung der Beziehungen. Die Volksrepublik hält aber strikt am Anspruch der „Rückkehr Taiwans ins Mutterland" fest, was die Mehrheit der heutigen Taiwanesen ablehnt.

Karikatur der „New York Times" vom 30. September 2014

Das chinesische Propaganda-Plakat zeigt, wie chinesische Soldaten die „Republik China" befreien. 1958

Station 6: Größe durch gesteigerten Nationalismus?

Neue Tendenzen unter Xi Jinping

Im 2011 wieder eröffneten Nationalmuseum in Beijing sucht man die bis dahin in Museen sozialistischer Länder übliche Geschichtsdarstellung vergeblich. Statt einer Geschichte der Klassenkämpfe steht nun die Vielfalt der
5 Geschichte Chinas von der Steinzeit bis zum Ende der Qing 1911 als Abfolge der Dynastien im Vordergrund. Betont wird der Einheitsgedanke des Landes, in den auch die Ethnien einbezogen werden, die nicht zur Be-
10 völkerungsmehrheit der Han-Chinesen gehören. Der Nationalismus bildet den roten Faden der Erzählung. Die Zeit der Volksrepublik wird als Erfolgsgeschichte bis hin zur Raumkapsel Shenzhou V gezeigt – die Katastrophen des „Großen Sprungs" und der Kulturrevolution werden nur mit wenigen Fotografien ohne ausreichende Bildun-
15 terschriften für das Verständnis präsentiert. Staatspräsident Xi Jinping verkündete im Museum 2012 die Idee des „chinesischen Traums".

Die China-Forscherin Mareike Ohlberg erklärt den „chinesischen Traum" (2018):

Der „chinesische Traum" (zhong guo mèng) ist eine politische Parole und offizielle Vision für ein Land, die seit 2013 von der KPCh und Partei- und Staatschef Xi Jinping beworben wurde. Er steht als
5 Oberbegriff für die kollektiven Ziele, die China unter Führung der Partei erreichen möchte. Xi Jinping erwähnte den „chinesischen Traum" erstmals bei einem Besuch im chinesischen Nationalmuseum im November 2012. Dort definierte er ihn als
10 „das große Wiederaufblühen der chinesischen Nation". Damit knüpfte er an die Geschichtsschreibung der KPCh an, laut der China im 19. und in Teilen des 20. Jahrhunderts vom Westen gedemütigt wurde. Mit seinem wirtschaftlichen Aufstieg
15 kann das Land nun unter Führung der Partei „wiederaufblühen" und seinen „rechtmäßigen Platz" in der Welt wieder einnehmen ... Bis 2049, wenn die Volksrepublik ihren hundertsten Geburtstag feiert, soll China „ein wohlhabender und starker,
20 kulturell hoch entwickelter, harmonischer, sozialistischer, modernisierter Staat" sein. Im Gegensatz zum amerikanischen Traum geht es beim chinesischen Traum also nicht um individuelle Verwirklichung, sondern vorrangig um nationale und kol-
25 lektive Ziele.

Mareike Ohlberg, Der chinesische Traum, in: Informationen zur politischen Bildung 327 (02/2018), S. 22. ⃰

Wandgemälde in einer Straße in Shanghai anlässlich des 19. Nationalkongress der KPCh, Foto, 2017

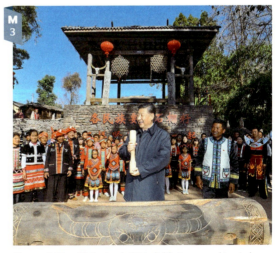

Staatspräsident Xi Jinping bei Feierlichkeiten zum chinesischen Neujahrsfest in der südwestlichen Provinz Yunnan (Aussprache: jünan). Er ist umgeben vor Angehörigen der ethnischen Minderheit der Wa, die traditionelle Trachten tragen. Durch drei Schläge auf die Holztrommel der Wa im Bildvordergrund wird das neue Jahr gesegnet. Foto, 2020

Die Neue Seidenstraße – neue Handelswege oder Bedrohung durch China?

Der Begriff „Seidenstraße" stammt aus dem 19. Jahrhundert. Er bezeichnet ein Netz von Karawanenstraßen, auf dem zu Lande Waren zwischen China im fernen Osten sowie den islamischen Reichen, Afrika und Europa gehandelt wurden.

* *Welche Kontroversen gibt es um das chinesische Projekt der „Neuen Seidenstraße"?*

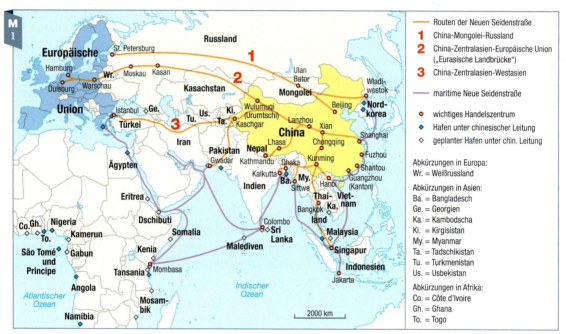

Die Neue Seidenstraße (one belt, one road)

Aus einer Rede des chinesischen Staatspräsidenten Xi Jinping bei der Vorstellung des Projekts „Neue Seidenstraße" (14. Mai 2017):

Vor 2000 Jahren zogen unsere Vorfahren durch Wüsten und Steppen und eröffneten einen transkontinentalen Weg, der Asien mit Europa und Afrika verband. Heute ist er unter dem Namen Seidenstraße
5 bekannt. Unsere Vorfahren überwanden stürmische Meere und verbanden Ost und West über die maritime Seidenstraße. Diese Seidenstraßen öffneten die Türen für den Handel zwischen den Völkern ... im Geist des Friedens, der Zusammenarbeit, der
10 Öffnung und des gegenseitigen Lernens zum Nutzen aller ...
Die alten Seidenstraßen verbanden die Täler von Nil, Euphrat und Tigris, Indus und Ganges mit denen des Gelben Flusses und des Yang-zi. Sie verbanden
15 die alten Hochkulturen Ägyptens, Babyloniens, Indiens und Chinas sowie die Gebiete des Buddhismus, des Christentums und des Islam ...
Diese Verkehrswege dienten nicht nur dem Handel, sondern beförderten den Austausch von Wissen.
20 Seide, Porzellan, Lackerzeugnisse und Eisenwaren gelangten von China nach Westen, während Leinen, Gewürze, Trauben und Granatapfel ihren Weg in den Fernen Osten fanden. Arabische Astronomie und Medizin gelangten nach China und die großen chi-
25 nesischen Erfindungen und die Seidenraupenzucht in andere Teile der Welt ... Der Buddhismus aus Indien erblühte in China, während die Lehre des Konfuzius aus China von europäischen Philosophen wie Voltaire oder Leibniz aufgenommen wurde. Hier
30 liegt der Aufruf zum gegenseitigen Lernen und die Geschichte ist unsere beste Lehrmeisterin.
www.xinhuanet.com, übers. v. Verf. (Abruf: 4. Mai 2019).*

Die Journalistin Lea Deuber (2019):

Unter dem Namen „Neue Seidenstraße" kommt die chinesische Politik in Erinnerung an Karawanenstraßen aus längst vergangenen Jahrhunderten daher. Das gibt Pekings Machenschaften den Anschein einer historischen Legitimation. Es handelt sich aber nicht um Entwicklungspolitik oder den Versuch, die globale Gemeinschaft zu stärken. Das Seidenstraßenprojekt ist ein chinesisches Wirtschaftsförderungsprogramm, eine perfide Schuldendiplomatie und ein Versuch, in aller Welt Chinas Einfluss zu steigern. Das Land will den politischen Diskurs nach seinen Vorstellungen steuern, neue Märkte für heimische Firmen erschließen, sich Rohstoffe sichern und Jobs schaffen für Tausende chinesische Arbeiter, die ansonsten in China für Ärger sorgen könnten. Deutschland, die Europäische Union und seine Partner unterschätzen bisher, welche langfristigen Folgen diese Politik in Südostasien, Zentralasien, Afrika und auch Europa haben wird. China will neue Handelswege schaffen und dabei Milliarden in Häfen, Straßen oder Bahnstrecken in Dutzenden Ländern investieren. Dabei vergibt die Regierung vermeintlich großzügig Kredite, ohne vorher zu prüfen, ob die Investitionen genug Rendite abwerfen werden, und fordert im Gegenzug von anderen Ländern gnadenlos Sicherheiten für den Fall, dass sie Kredite nicht

mehr bedienen können. Sie müssen kritische Infrastruktur wie Häfen, Land und Minen an China überschreiben. Peking verlangt zudem weder die Einhaltung von Umwelt- noch Sozialstandards. Es nimmt in Kauf, die Gesundheit der Menschen und die Umwelt in anderen Regionen zu zerstören. Stehen die Länder erst einmal in wirtschaftlicher Abhängigkeit, nutzt China seine Macht, um freiheitliche und demokratische Strukturen zu unterdrücken und die eigene politische Agenda durchzusetzen. Diese Politik wird langfristig Staaten und ganze Regionen destabilisieren.

Peking agiert intransparent, rücksichtslos und auf den eigenen Vorteil bedacht. Das wird sich ohne Druck von außen auch nicht ändern ... Rücksicht hat im Umgang mit China in der Vergangenheit nichts genützt. Die Kommunistische Partei versteht nur klare Ansagen ... Die chinesischen Firmen brauchen auch den europäischen Absatzmarkt. Die europäischen Unternehmen dienen China als Zulieferer für Technologien, die das Land bisher nicht besitzt ... Der technologische Vorsprung ist der letzte Trumpf, den die Europäische Union noch besitzt.

Europa muss sich Chinas Expansionsdrang widersetzen. Die Gelegenheit ist günstig.

Lea Deuber, „Zeit sich zu wehren", in: Süddeutsche Zeitung vom 24. 4. 2019, S. 4.*

Der amerikanische Politologe Graham Tillet Allison über Xi Jinpings Absichten (2017):

Wie will Xi China zu alter Größe zurückführen? Ich denke, das bedeutet für ihn Folgendes: China soll wieder zur vorherrschenden Macht Asiens werden, so wie es seine Rolle vor der Intervention der imperialistischen Mächte war. Dazu will Xi die Kontrolle über alle die Gebiete erlangen oder festigen, die nach Ansicht der Kommunistischen Partei das „Größere China" bilden, also vor allem Xinjiang und Tibet im Inland, aber auch Hongkong und Taiwan. Außerdem will er die Einflusssphäre Chinas entlang seiner Grenzen und Meere ausweiten, dass es von anderen als das Imperium betrachtet wird, als das es sich sieht. China erwartet Anerkennung von anderen Großmächten in allen internationalen Gremien.

https://www.theatlantic.com/international/archive/2017/05/what-china-wants/528561/ (Abruf: 10. Juli 2019). Übers. v. Verf.*

....

1 Partnerarbeit:

Welche Kontroversen gibt es um das chinesische Projekt der Neuen Seidenstraße?

a) Analysiert zur Beantwortung dieser Frage zunächst arbeitsteilig M2 und M3.

Tipp: Nutzt M1 zu eurer Orientierung.

b) Vergleicht anschließend eure Ergebnisse und fasst die Kontroversen um die Neue Seidenstraße thesenartig zusammen.

c) Beurteilt abschließend die chinesische Initiative der Neuen Seidenstraße. Bezieht hierbei auch M4 mit ein.

Tipp: Recherchiert dazu den aktuellen Stand.

cornelsen.de/webcodes
Code: supefi
Neue Seidenstraße

| 200 v. Chr. | 0 | 200 n. Chr. | 400 | 600 | 800 | 1000 | 1200 | 1400 | 1600 |

221–206 v. Chr. Qin-Dynastie: „Erster Kaiser" Qin Shi Huang-di
Vereinheitlichung von Gesetzen, Maßen, Gewichten; erste Mauern gegen Nomadeneinfälle

206 v. Chr.–220 n. Chr. Han-Dynastie: Papierherstellung

220–589 Zerfall in Teilreiche; Erfindung des Schießpulvers; erste Druckverfahren

589–907 Sui und Tang-Dynastie:
Bau des Kaiserkanals; Weiterbau der Großen Mauer;
erste Porzellanherstellung; Verbreitung des Buddhismus

907–1271 Chinesische Teilreiche; Beginn
der chinesischen Neuzeit

1271–1368 Yuan-Dynastie:
(Mongolen)

1368–1644 Ming-Dynastie:
Hauptstadt Beijing; Flotten
des Zheng He

China – ein Imperium im Wandel

Das chinesische Kaiserreich

Das „Reich der Mitte" ist über 3000 Jahre alt. Die Zeit der „mythischen Urkaiser" geht bis ins Jahr 2182 v. Chr. zurück und dient im heutigen China als Legitimation dafür, dass die chinesische Kultur zeitgleich mit den
5 Hochkulturen Mesopotamiens und des alten Ägypten entstanden sei. Vom ersten Kaiser Chinas Qin Shi Huangdi 221 v. Chr. bis zum Ende des chinesischen Kaiserreichs 1911 wechselten sich Zeiträume des Einheitsstaates mit Perioden des Zerfalls in Teilstaaten ab.
10 Bedeutende Entdeckungen und Erfindungen stammen aus der Zeit zwischen 500 und 1500 aus China, darunter die Herstellung von Gusseisen, Papier, Porzellan, das Schwarzpulver, der Buchdruck und der Magnetkompass. Während der Ming-Dynastie (1368–1644) war China
15 das reichste Land der Welt und exportierte neben der seit der europäischen Antike weltweit begehrten Seide auch die Luxuserzeugnisse Tee, Porzellan, farbige Papiere und Lackwaren. Chinesische Flotten unter Admiral Zheng He befuhren die Meere Südostasiens und den
20 Indischen Ozean bis Ostafrika, sammelten Tribute für den Kaiser auf dem Drachenthron ein und verbreiteten die chinesische Kultur. Diese Expansion endete abrupt durch die Intervention führender Beamter am Hof, da die Expeditionen zu teuer wurden und ein großer Teil der
25 Staatseinnahmen für die Befestigung der Großen Mauer gegen die Nomadeneinfälle ausgegeben werden musste. Die Qing-Kaiser aus der Mandschurei (daher auch Mandschu-Kaiser genannt) herrschten von 1644–1911. Sie übernahmen die chinesische Kultur. Unter Kaiser Qian-
30 long (1735–1799) erreichte China die größte territoriale Ausdehnung seiner Geschichte.

Beamte verwalten ein multiethnisches und multireligiöses Land

Vom 7. Jahrhundert bis zum Beginn des 20. Jahrhun-
35 derts sorgten kaiserliche Beamte für die Verwaltung des Reichs. Sie mussten sich nach dem Leistungsprinzip in harten Auswahlprüfungen für ihren späteren Posten qualifizieren. Grundlage der Beamtenprüfungen waren Kenntnisse in Geschichte und Literatur sowie den von
40 den Kandidaten auswendig gelernten Büchern des Philosophen Konfuzius (551–479 v. Chr.). Als Beamter konnte sich jeder männliche Untertan bewerben, doch nur reiche Familien konnten einen Kandidaten über Jahre finanziell beim Lernen unterstützen.
45 China war und ist bis heute ein multiethnisches und multilinguales Land, in dem die Han-Chinesen die große Mehrheit bildeten und bilden. Fremde Herren auf dem chinesischen Thron (so die Mongolen der Yuan-Dynastie und die Mandschu der Qing-Dynastie) übernahmen die
50 chinesische Sprache, Schrift und die Institutionen des Reichs. Eine „Staatsreligion" wie im europäischen Mittelalter hat es in China nie gegeben. Grundlage des Zusammenlebens bildeten die philosophischen Lehren von Konfuzius und des Daoismus von Laozi. Zwischen dem
55 3. und 7. Jahrhundert erreichte die aus Indien kommende Religion des Buddhismus eine bis heute bedeutende Rolle.

Das 19. Jahrhundert

Das 19. Jahrhundert gilt im heutigen China als das „Jahr-
60 hundert der Schande". Trotz gefüllter Staatskassen durch den Export von Tee, Seide und Porzellan gerieten die Qing-Kaiser durch eine Fehleinschätzung der eige-

	1800	1900		2000

1644–1911 Qing-Dynastie: Größte territoriale Ausdehnung des Reiches;
1840–1842 und 1856–1860 „Opiumkriege";; 1894/95 Niederlage gegen Japan

1912–1949 Republik China: 1912 Yuan Shikai Päsident, dann Diktator
1919 Demonstrationen gegen die Beschlüsse des Versailler Vertrages
1921 Gründung der KPCh
1924–1927 Einheitsfront von Guomindang (GMD) und Kommunisten gegen Japaner
1934/35 Flucht der Kommunisten im „Langen Marsch"
1937–1945 Chinesisch-japanischer Krieg
1945–1949 Bürgerkrieg zwischen GMD und Kommunisten

1949 Ausrufung der Volksrepublik China durch Mao Zedong
1959 Kampagne „Großer Sprung nach vorn"
1966/67 Kampagne „Kulturrevolution"
1976 Tod von Mao Zedong
1978 Beginn der neuen Wirtschaftspolitik
1989 Bewegung für mehr Demokratie wird
am 4. Juni blutig niedergeschlagen
2012 Xi Jinping Generalsekretär der KPCh

nen Stärke in Abhängigkeit der imperialistischen Mächte. China verlor zunächst die beiden „Opiumkriege" gegen Großbritannien 1840–1842 und 1856–1860 und dann den Krieg gegen Japan 1894/95 mit katastrophalen Folgen für die innen- und außenpolitische Entwicklung des Landes. Ungleiche Verträge zwangen China zur Öffnung von Hafenstädten und Städten im Binnenland für den internationalen Handel und die christliche Mission. Teile des chinesischen Territoriums wurden von fremden Mächten annektiert. Innere Unruhen mit dem verlustreichsten Bürgerkrieg der Weltgeschichte (Taiping-Aufstände), versäumte Modernisierungen und Korruption verhinderten eine Stabilisierung des Reichs. Hohe Reparationszahlungen nach dem „Boxeraufstand" 1900 belasteten die chinesische Volkswirtschaft und ließen die Bevölkerung verarmen.

Die Republik China 1912–1949

Die Auflösung des Kaiserreichs führte zum Zerfall der Zentralgewalt und zum Kampf verschiedenster Warlords gegeneinander. 1927 begann der Bürgerkrieg zwischen den Nationalisten der Guomindang (GMD) unter Chiang Kaishek und den Kommunisten unter Mao Zedong. Japan eroberte 1931 die Mandschurei und begann 1937 einen grausam geführten Krieg gegen China. Rund zehn Millionen chinesische Zivilisten und über drei Millionen chinesische Soldaten verloren ihr Leben. Bis heute belastet das japanische Massaker an der Zivilbevölkerung von Nanjing die Beziehungen der beiden Länder. 1949 besiegten die Kommunisten die Guomindang. Mao rief am 1. Oktober 1949 die Volksrepublik China aus und Chiang Kaishek floh mit seinen Truppen und Anhängern auf die Insel Taiwan, wo er als Diktator bis 1975 regierte.

Die Volksrepublik China seit 1949

Mit der Ausrufung der Volksrepublik durch Mao Zedong erlebte China nach Jahrzehnten des Bürgerkriegs eine allmähliche Rückkehr zu Frieden und Stabilität. Grundbesitzer wurden enteignet und das Land an arme Bauern verteilt. Politische Kampagnen der Kommunisten sollten die Menschen für das neue System begeistern. Die Kampagne „Großer Sprung nach vorn" 1958 sollte durch die Kollektivierung der Bauernfamilien in Volkskommunen Höchstleistungen in der landwirtschaftlichen Produktion erbringen und China zum Industrieland machen. Die Kampagne endete jedoch in einer Hungerkatastrophe mit 30–45 Millionen Toten. Trotz heftiger innerparteilicher Kritik hielt sich Mao an der Macht und rief 1966 die „Kulturrevolution" zur Ausschaltung seiner Gegner aus. Der Personenkult um Mao erreichte seinen Höhepunkt.

Nach dem Tod Maos 1976 wurden die Volkskommunen aufgelöst und der Übergang zu einer Marktwirtschaft eingeleitet. Seit den Reformen von Deng Xiaoping gehört Chinas Wirtschaft zu den am schnellsten wachsenden weltweit. Eine massive Umweltzerstörung und die wachsende Kluft zwischen Arm und Reich gehören zu den Schattenseiten des Wirtschaftsbooms. Eine Bewegung zur Demokratisierung des Landes endete 1989 abrupt (Tiananmen-Massaker). Seither ist China von der „Werkbank der Welt" zur neuen politischen und militärischen Weltmacht geworden, die ihren Anspruch auf Führung auf vielen Gebieten der Weltpolitik einfordert.

In diesem Kapitel konntest du folgende Kompetenzen erwerben:

- China in unterschiedlichen historischen Epochen als Imperium vergleichend charakterisieren
- das chinesische Imperium zwischen Expansion und Abschottung unter den Ming-Kaisern beschreiben
- das Eindringen europäischer Nationen in bestehende Handelsnetze Indiens und Ostasiens analysieren
- am Beispiel China den informellen Imperialismus der Europäer und Amerikaner erläutern und beurteilen

- die Entstehung und Entwicklung der Volksrepublik China und die Lebensbedingungen der Bevölkerung analysieren und beurteilen
- den Reformprozess nach dem Tod Mao Zedongs und seine Folgen für die Weltwirtschaft erklären
- die aktuellen Herausforderungen der Volksrepublik China in historischer Perspektive analysieren
- **Methode:** Fachtexte vergleichen

Kaiser Qianlong nimmt die Parade seiner Truppen ab. Handrolle aus Seide, 18. Jh.

Militärparade in Beijing zum 70. Jahrestag der japanischen Kapitulation, Foto, 2015

Der Sinologe Ivo Amelung über China als „Wiege der Weltzivilisation" (2014):

Der englische Denker Francis Bacon schrieb 1620 in seinem Werk „Novum Organum", dass die drei Erfindungen des Buchdrucks, des Schießpulvers und des Magnetkompasses mehr als alle Denk-
5 schulen von Religion und Philosophie die Entwicklung der menschlichen Zivilisation beeinflusst hätten. Hinzu kam als vierte Erfindung das Papier als Voraussetzung für den Buchdruck. Seit den 1920er Jahren wird weltweit anerkannt, dass alle vier Er-
10 findungen chinesischen Ursprungs sind. Der Begriff der vier Erfindungen (chinesisch.: si da faming) ist jedem chinesischen Schulkind geläufig und gilt als Beweis für den herausragenden Anteil Chinas an der Weltzivilisation.

Ivo Amelung, Wissenschaft und Technik als Bestandteil nationaler Identität in China, in: Doris Fischer/Christoph Müller-Hofstede, Länderbericht China, Bonn (bpb) 2014, S. 545.

Der Journalist und Sinologe Kai Strittmatter (2018):

Nach außen hin taten die Kaiser alle konfuzianisch und sprachen von Moral und tugendhafter Herrschaft, während die Maschinerie des Staates in Wirklichkeit mit einem oft militärisch anmuten-
5 den Gesetzes- und Ordnungskatalog und drakonischen Strafandrohungen arbeitete.

Kai Strittmatter, Die Neuerfindung der Diktatur, München (Piper) 2018, S. 45.

Die Sinologin Sarah Kirchberger (2014):

China befindet sich seit den 1990er Jahren kons-
tant auf dem Weg zu einer Entwicklungsdiktatur,
ähnlich wie Singapur es einst war. In diesem Modell leitet eine Führungsschicht aus aufgeklärten
5 Despoten den Staat und die Gesellschaft mit
dem Ziel an, die wirtschaftliche Modernisierung
voranzutreiben. Solange die Gesellschaft der Führung nicht mehrheitlich die Gefolgschaft verwei-
gert, kann solch ein Weg erfolgreich sein. Wie das
10 Beispiel Singapurs gezeigt hat, muss eine reiche
und hoch entwickelte Gesellschaft nicht zwangsläufig den Weg der Demokratisierung einschla-
gen. Sollten jedoch von innen heraus starke gesellschaftliche Kräfte entstehen, die nachdrücklich
15 für mehr Selbstbestimmung eintreten und nicht
mehr bereit sind, die von der KPCh gesetzten
Grenzen für politisches Handeln zu respektieren
bzw. „sich erziehen" zu lassen, wird das Herrschaftssystem verändert werden müssen – ent-
20 weder evolutionär und friedlich oder konfliktge-
trieben und mit ungewissem Ausgang.

*Sarah Kirchberger, Lernfähiger Leninismus? Das politi-
sche System der VR China, in: Doris Fischer/Christoph
Müller-Hofstede, Länderbericht China, Bonn (bpb) 2014,
S. 286.*

**Der Journalist Josef Joffe in der Wochenzeitung
„Die Zeit" (2018):**

Xi Jinping, der chinesische Präsident, kriegt jetzt
sein eigenes Ermächtigungsgesetz. Eine Verfassungsänderung wird die Amtszeit-Begrenzung –
zweimal fünf Jahre – aufheben, und Xi wird Dik-
5 tator auf Lebenszeit – zum Mao Zedong des
21. Jahrhunderts. Damit zerbricht, was wie ein
Gesetz der Politikwissenschaft aussah: Je reicher
ein Land, desto demokratischer seine Entwicklung. Warum? Es entsteht eine Mittelschicht, die
10 mit wachsenden Einkommen immer lauter Teilhabe fordert ... Nur greift das Gesetz der Demokratisierung nicht mehr. Nicht die Freiheit wird in
der Verfassung verankert, sondern das Totalitäre
... Der Unterschied zum klassischen Totalitaris-
15 mus? Digitaltechnologie und Big Data. Gleich
nach dem Parteibeschluss wurden Internetpor-
tale angewiesen, Beiträge an die Spitze zu schieben, welche die Verfassungsänderung bejubeln.
In den sozialen Medien wurden Formulierungen
20 wie „Ich bin dagegen" geblockt; dito [ebenso]
„den Thron besteigen" oder „lebenslange Herrschaft". Gleichschaltung per Mausklick.

Die Zeit Nr. 10 vom 1. März 2018.*

Sachkompetenz

1 Beurteile die Bedeutung der in M3 angesprochenen
„vier Erfindungen" aus heutiger europäischer Perspektive.

2 **Partnerarbeit:** Erklärt euch gegenseitig die folgenden
Begriffe und ordnet sie in den passenden Kontext
ein: „Großer Sprung nach vorn", „Umerziehung",
„Ein-Kind-Politik", „Kuturrevolution", Sozialkreditsystem.

Methoden- und Reflexionskompetenz

3 Beschreibe anhand der Karten S. 275 und S. 92/93
das chinesische Kaiserreich zum Zeitpunkt seiner
größten Ausdehnung unter den Qing-Kaisern im
Vergleich zur heutigen Volksrepublik.

4 Vergleiche die Fachtexte M5 und M6 mithilfe der
Arbeitsschritte S. 117.

Reflexions- und Orientierungskompetenz

5 **Wähle eine Aufgabe aus:**

a) Fasse die von Kai Strittmatter formulierte These
in M4 zusammen und überprüfe sie mithilfe von
Beispielen der Seiten 96–101.

b) Vergleiche M1 und M2. Beurteile die These von
Kai Strittmatter in M4 im Hinblick auf die aktuelle
chinesische Politik.

6 Gestalte zu einer aktuellen Herausforderung Chinas
deiner Wahl einen „Leitartikel" für die Tageszeitung
deiner Region.

cornelsen.de/webcodes
Code: pijogi
Selbsteinschätzungsbogen

4

Vom Osmanischen Reich zur modernen Türkei

Der türkische Präsident Recep Tayyip Erdoğan empfing im Januar 2015 ein ausländisches Staatsoberhaupt in seinem neuen Präsidentenpalast. Durch ein Spalier von 16 als historische Krieger verkleidete Männer schritt er eine Treppe hinab, um seinen Gast in Empfang zu nehmen. Vor der Treppe mit den Kriegern entstand dann ein Foto der beiden Staatsmänner. Die Soldaten symbolisieren Reiche, die der heutigen Türkei vorausgingen: von den Hunnen hinten links (ca. 200 v. Chr.) bis zum Osmanischen Reich vorne links, dem Vorgänger der Türkei.

Schildere deine Eindrücke zu diesem Bild. Erwäge mögliche Absichten Erdoğans.

Der türkische Präsident Erdoğan empfängt den palästinensischen Präsidenten Abbas im Präsidentenpalast in Ankara. Foto, 12. Januar 2015

... dass die Osmanen kein Volk waren?

Die Osmanen* waren ein Herrscherhaus. Bis 1876 wurden auch alle Angehörigen von Hof und Verwaltung als Osmanen (*Osmanlı*) bezeichnet. Ethnische Zugehörigkeit war damals unwichtig. Auch Sultansmütter und
5 Staatsdiener entstammten verschiedensten Völkern. Die Osmanen waren deshalb nicht automatisch Angehörige der Ethnie Türken (türkisch *Türkler*).

... dass das Habsburger Reich dem Osmanischen Reich Tribute zahlte?

10 Ungarn rief im 16. Jahrhundert im Streit mit Habsburg um die ungarische Königskrone den osmanischen Sultan Süleyman zu Hilfe. Das im folgenden Krieg unterlegene Habsburg zahlte von 1547 bis 1606 jährlich mehrere 10 000 Golddukaten Tribut an das Osmanische Reich.
15 Dafür durfte es über Nord- und Westungarn herrschen.

... warum das Osmanische Reich die „Hohe Pforte" genannt wurde?

Ausländische Gesandte wurden traditionell an der Pforte des Sultanspalasts empfangen, um sich bei der Regie-
20 rung des Sultans* als diplomatische Vertretung anzumelden. Die „Hohe Pforte" wurde dann in Europa zur Bezeichnung für den Sitz der Regierung des Sultans.

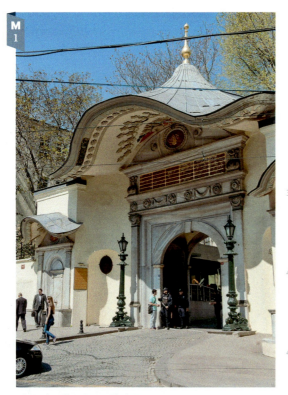

Die Hohe Pforte in Istanbul, Foto, 2013

... dass das Osmanische Reich indirekt mit dem ersten Börsencrash Europas zu tun hatte?

25 Die ersten Tulpen kamen Mitte des 16. Jahrhunderts vom Hof Süleymans des Prächtigen nach Europa. Die Niederländer waren verrückt nach den Pflanzen als Statussymbol. An den Börsen, Handelsplatz für Waren und Währungen, stiegen die Preise für Tulpenzwiebeln neuer
30 Züchtungen ins Unermessliche. Für eine Zwiebel konnte man zeitweise ein Haus kaufen. 1637 waren dann nicht mehr genug Käufer da. Die Preise fielen ins Bodenlose und viele Händler gingen bankrott: der erste Börsencrash der Geschichte.

Kachel mit Tulpendarstellung in der Rüstem-Pascha-Moschee, Istanbul, 1563

35 ... dass Konstantinopel trotz osmanischer Eroberung 1453 erst 1930 offiziell in Istanbul umbenannt wurde?

Konstantinopel, die „Stadt Konstantins", wurde im Alltag auf Griechisch nur „die Stadt" genannt. Man sagte
40 *„eis tan polis"* – „in der Stadt". Die türkische Bezeichnung Istanbul lehnt sich lautlich an diese griechische Formulierung an. Eine offizielle Umbenennung nach der Eroberung 1453 unterblieb. Die Stadt wurde im Alltag, in osmanischen Urkunden und auf Münzen weiter *„Kos-*
45 *tantiniyye"* genannt. Erst nach der Gründung der Türkei wurde die Stadt offiziell umbenannt. Das sollte zeigen, dass ein Neuanfang erfolgte.

... dass die türkische Militärmusik die europäische Musik beeinflusst hat?

Schlachten wurden bei den Osmanen zur Abschreckung der Feinde und zur Ermutigung der eigenen Kämpfer von intensiver rhythmischer Musik begleitet. Sie wurde von anderen europäischen Ländern aufgegriffen. Mozart komponierte z. B. turkisierende Musikstücke und die Oper *Die Entführung aus dem Serail*. Auch der Schellenbaum in europäischen Militärkapellen ist ein osmanisches Instrument. Erkennbar ist dies noch am geschwungenen Querbalken, der ursprünglich einen Halbmond darstellte, sowie an den Rossschweifen, Ehrenabzeichen hoher mongolischer bzw. osmanischer Militärs.

... dass es im Deutschen wegen des Kultur- und Wissenschaftstransfers nach Europa viele Lehnwörter aus dem Arabischen und Türkischen gibt?

Beispiele aus dem Arabischen: Admiral, Alchemie, Algebra, Alkoven, Aloe, Aprikose, Artischocke, Atlas, Aubergine, Balsam, Benzin, Droge, Elixier, Estragon, Fanfare, Gitarre, Haschisch, Ingwer, Joppe, Kadi, Kaffee, Kandis, Kümmel, Limonade, Magazin, Matratze, Muskat, Orange, Pfirsich, Rabatt, Safran, Satin, Schachmatt, Schal, Soda, Sorbet, Spinat, Zenit, Ziffer, Zimt, Zitrone, Zucker, Zwetschge

Beispiele aus dem Türkischen: Joghurt, Kaviar, Kiosk, Ottomane, Pascha, Schabracke, Tulpe, Turban

Türkischer Kaffee mit Baklava, türkischem Gebäck, Foto, 2019

... dass Kopfbedeckungen im Osmanischen Reich und der Türkei eine besondere Bedeutung hatten?

Turbane durften im Islam nur von Muslimen als Zeichen ihres Glaubens getragen werden. Mit dem Beginn proeuropäischer Reformen mussten ab 1826 erst alle Soldaten, dann die Staatsdiener einen roten Fez, eine stumpfkegelige Filzkappe, tragen, um ihre Gleichheit zu unterstreichen. Der Gründer der Türkei, Mustafa Kemal, verbot 1925 per Gesetz alle orientalischen Kopfbedeckungen als rückständig und verpflichtete die Türken auf den westlichen Herrenhut. 1937 wurde das Kopftuch in öffentlichen Einrichtungen verboten. Seit 2010 wird dieses Verbot schrittweise zurückgenommen.

Ein osmanischer Offizier mit Fez, Ausschnitt Fotopostkarte, undatiert

... dass das moderne Türkisch eine Neuentwicklung ist?

Seit dem 18. Jahrhundert entwickelten westliche Orientalisten die Vorstellung einer türkischen (turanischen) Sprach- und Völkerfamilie. Dies wurde später von den türkischen Nationalisten aufgegriffen, weil sie gut für die Begründung einer türkischen Nation gebraucht werden konnte. Mit der Gründung der modernen Türkei wurde eine Sprachreform durchgeführt, um basierend auf dem Istanbuler Dialekt eine vereinheitlichte Landessprache zu schaffen. Die arabische Schrift wurde durch die lateinische ersetzt. Viele arabische und persische Lehnwörter wurden durch türkische Entsprechungen ausgetauscht.

... dass in Istanbul die zweitälteste U-Bahn der Welt fährt?

Die „Tünel" genannte unterirdisch verlaufende Bahn wurde 1875 eröffnet. Sie ist gleichzeitig die älteste Standseilbahn Europas. Die älteste U-Bahn der Welt fährt seit 1863 in London.

... dass die Türkei zu den 20 größten Volkswirtschaften der Welt gehört?

Im Jahr 2018 rangierte das Bruttoinlandsprodukt der Türkei weltweit auf Platz 19.

Vom Osmanischen Reich zur modernen Türkei

Die Türkei liegt am Schnittpunkt zwischen Südost-europa, dem Kaukasus und dem Nahen Osten. Anatoli-en, von Griechisch *anatolé* für Osten, macht flächenmä-ßig 97 Prozent der heutigen Türkei aus. Die weiten
5 Hochebenen und zerklüfteten Gebirge sind teilweise menschenleer. Der Ararat als höchster Berg misst 5137 m. Die fruchtbaren Flusstäler und die Küstenregi-onen, ein Drittel des Landes, werden heute landwirt-schaftlich genutzt. Das Klima der Türkei ist maritim bis
10 subtropisch, in Zentralanatolien kontinental mit heißen Sommern und kalten Wintern.

Die Türkei hatte 2018 insgesamt ca. 80 Millionen Ein-wohner. In ihrem Vorgängerstaat, dem Osmanischen Reich, lebten in seiner Blütezeit um 1600 schätzungs-
15 weise 30 bis 35 Millionen Menschen bei einer fast zwan-zigmal größeren Fläche.

1 Rumelien auf dem Balkan machte das Os-manische Reich für Jahrhunderte zu einer europäischen Macht.

2 Die Krajina südlich von Österreich war zwischen dem 16. und 19. Jahrhundert eine Militärgrenze mit Wehranlagen ge-gen das Osmanische Reich. Die gesamte Militärgrenze umfasste einen Gürtel von ca. 50 000 km² von Kroatien über Ser-bien, Slawonien, Bosnien, das Banat bis nach Siebenbürgen.

3 Istanbul: griechisch Byzantion, seit 337 römisch-griechisch Konstantinopel, liegt an der Meerenge Bosporus als Stadt auf zwei Kontinenten.

4 Das östliche Mittelmeer bildet einen bedeutenden Zugang zu den wichtigen Handelswegen in den Nahen Osten und nach Ostasien. Im 20. und 21. Jahrhun-dert konkurrieren Staaten wegen der Erdölvorkommen und der Neuen Seiden-straße um Häfen und Stützpunkte.

5 In Nordafrika befanden sich zeitweilig osmanische Provinzen, die dem Reich lose angegliedert waren. Marokko, Algier, Tunis und Tripolis waren gefürchtete Piratenstaaten.

6 Nordafrika und der Nahe Osten bestehen in weiten Teilen aus Wüsten. Nur an den Flüssen, in Oasen und an den Küsten siedeln Menschen. Deshalb vermitteln Karten mit einheitlich eingefärbten Land-massen oft einen missverständlichen Ein-druck von der tatsächlichen Bedeutung dieser Gebiete.

Osmanisches Reich 1040–1683

7 Die Halbinsel Krim und die Küste der heutigen Ukraine waren lange Streitobjekt zwischen dem Osmanischen und dem Russländischen Reich. Für Russland ermöglicht die Region bis heute den Zugang zum Mittelmeer.

8 Circa 30 bis 45 Millionen Kurden* leben heute in der Türkei, im Irak, in Iran und in Syrien, haben aber keinen eigenen Staat, eine Ursache für Konflikte.

9 In Südostanatolien betreibt die Türkei seit Jahrzehnten entlang der Flüsse Euphrat und Tigris ein Projekt mit geplanten 22 Staudämmen. Syrien und der Irak hängen vom Wasser dieser Flüsse ab.

10 In Persien, dem heutigen Iran, leben überwiegend Schiiten*, neben den Sunniten* die wichtigste Glaubensrichtung des Islam.

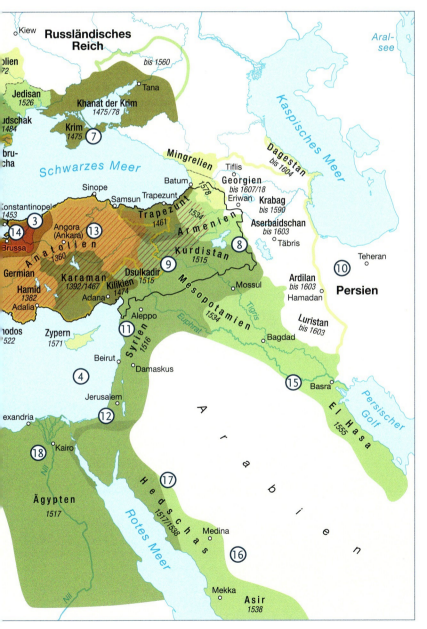

11 Nach dem Ersten Weltkrieg kamen die Gebiete des heutigen Syrien, Libanon, Jordanien, Palästina und Irak unter britische oder französische Mandatsverwaltung. Nach dem Zweiten Weltkrieg wurden sie unabhängige Staaten.

12 1948 wurde der Staat Israel gegründet. In Jerusalem befindet sich mit dem Felsendom das drittwichtigste Heiligtum des Islam.

13 Ankara ist seit 1923 Hauptstadt der neu gegründeten Republik Türkei.

14 Unterhalb des Marmara-Meeres schieben sich die Eurasische und die Anatolische Erdplatte aneinander vorbei. Teile der Türkei sind deshalb stark erdbebengefährdet.

15 In Saudi-Arabien, Irak, Iran, Kuwait und den Arabischen Emiraten lagern zwei Drittel der bekannten Erdölreserven der Welt.

16 In Mekka und Medina befinden sich die zwei heiligsten Stätten des Islam.

17 Die Region Hedschas besteht überwiegend aus Wüste. Eine Route der alten und der von China geplanten Neuen Seidenstraße führt durch diese Region.

18 Ägypten war wegen des Nildeltas Kornkammer und Baumwolllieferant. Seine Küstenstädte waren wichtige Stationen der orientalischen Fernhandelsrouten. Der im 19. Jahrhundert gebaute Sueskanal besitzt bis heute eine hohe weltwirtschaftliche und militärische Bedeutung.

1300	1400	1500	1600

ca. 1299 Kleinfürst Osman löst sich von den Rum-Seldschuken

14. Jh. Expansion in Westanatolien und auf dem Balkan

1453 Einnahme Konstantinopels durch Mehmed II., den Eroberer *(Fâtih)*

1520–1566 Süleyman I. der Gesetzgeber, der Prächtige

1529 und 1683 Belagerungen Wiens

Vom Osmanischen Reich zur modernen Türkei

Das Osmanische Reich und die Türkei sind eng mit der europäischen Geschichte und Politik verbunden. Konkurrenz und Abgrenzung, Migration und Kulturaustausch, gemeinsame Ideen, aber auch Feindbilder und
5 Vorurteile bestimmen das Verhältnis bis heute. Die Türkei ist für uns nah und fern zugleich.

Betrachtet man die Geschichte des Osmanischen Reichs und der Türkei, ergibt sich ein differenziertes Bild. Das multiethnische und multireligiöse Osmanische Reich
10 wurde durch einen effektiven Herrschafts- und Verwaltungsapparat zusammengehalten, der bis in die äußeren Regionen des Imperiums reichte. Der Islam spielte eine wichtige Rolle für das Selbstverständnis, die Legitimation sowie das Handeln der Herrschenden. Der nicht-
15 islamischen Bevölkerung gegenüber verhielten sich die osmanischen Herrscher meist tolerant, auch wenn von einer Gleichbehandlung nicht gesprochen werden kann. In der Außenpolitik ging es vor allem um Machtausbau und -sicherung, nicht um die Verbreitung des Islam.
20 Ein tiefgreifender Wandel setzte im 19. Jahrhundert ein, als die europäischen Großmächte ökonomisch und tech-

nisch überlegener wurden. Militärische Niederlagen und nationale Unabhängigkeitsbestrebungen ließen Territorium und Macht schrumpfen. 1923 gründete General
25 Mustafa Kemal einen neuen Staat, die Türkische Republik, die sich bewusst vom osmanischen Erbe absetzen sollte. Heute stehen sich in der Türkei „moderne" und „traditionelle" Lebens- und Denkweisen gegenüber.

In diesem Kapitel untersuchst du die folgenden Fragen:
30 • Wie schuf ein Nomadenstamm ein Weltreich?
• Wie organisierten die Osmanen ihre Herrschaft in einem Gebiet mit vielen unterschiedlichen Völkern, Religionen und Kulturen?
• Warum endete das Osmanische Reich nach über
35 600 Jahren?
• Welche Folgen hatte der gesellschaftliche, kulturelle und politische Wandel für die Türkei?
• Wie gehen Staat und Gesellschaft heute mit den starken, teilweise widerstrebenden religiösen und
40 gesellschaftlichen Kräften um?
• Welche Zukunftsperspektiven bieten sich der Türkei?

Das Osmanische Reich kämpft gegen die europäischen Mächte, während Japan und China zuschauen. Osmanische Karikatur, 1910.

1700	1800	1900	2000

ab 1839 Beginn der Tanzimat-Reformen (bis 1876)

1908 jungtürkische Revolution

1914–1918 Teilnahme am Ersten Weltkrieg,
Völkermord an den Armeniern und Aramäern

1920/1923 Verträge von Sèvres und Lausanne

1922/1924 Absetzung des Sultans, Abschaffung des Kalifats

1923 Gründung der Republik Türkei

1961 Anwerbeabkommen zwischen der
Bundesrepublik Deutschland und der Türkei

1963 Assoziierungsabkommen zwischen
der EWG und der Türkei

2017 Eine Verfassungsänderung führt
ein Präsidialsystem in der Türkei ein

M2

Standbilder wie dieses gibt es zahlreiche in der Türkei. Die Inschrift gibt einen Leitsatz des in der Mitte darunter dargestellten Republikgründers Mustafa Kemal wieder. Er bedeutet auf Deutsch: „Glücklich derjenige, der sich als Türke bezeichnet." Bis 2013 bildete dieser Leitsatz den Abschluss des regelmäßig zu leistenden Eids in der Schule.

M3

Die Tuğra, das Staatssiegel der osmanischen Sultane, auf einem Auto in Süddeutschland, Foto, 2019

M4

Eine muslimische Frau vor einem Werbeplakat in einer Einkaufsstraße in Istanbul, Foto, 2016

1 Nenne mithilfe der Karte M1 S. 156 f. die um 1683 zum Osmanischen Reich gehörigen Regionen.

2 Erläutere das Selbstbild des Osmanischen Reichs, das in der Karikatur M1 zum Ausdruck kommt.

3 Erwäge Absicht und mögliche Wirkungen des weit verbreiteten Leitsatzes Mustafa Kemals in M1.

4 **Wähle eine Aufgabe aus:**
a) Stelle dem Besitzer des Autos in M3 Fragen zu seiner Verwendung des osmanischen Staatssiegels. Informiere dich auf S. 161 über die Tuğra.
b) Stelle der Frau in M4 Fragen zu ihrem Leben in der türkischen Metropole Istanbul.

Entstehung und Aufbau des Osmanischen Reichs

Etwa seit dem 10. Jahrhundert entstand auf dem Gebiet der heutigen Staaten Iran, Irak und Syrien das Reich der Großseldschuken. Die türkischstämmigen Seldschuken herrschten auch über verschiedene kleinere Fürstentümer in Anatolien. Als ihre Macht schwächer wurde, erklärte um 1299 der Kleinfürst Osman sein Territorium für unabhängig. Das war der Startpunkt für das Osmanische Reich.
● Wie funktionierte dieses Reich, das sich bald über drei Kontinente erstreckte?

Aufstieg zum Reich und Eroberung Konstantinopels 1453

Erfolgreiche Kriegszüge, geschickte Bündnispolitik sowie die Kontrolle der durch das Herrschaftsgebiet laufenden Handelsströme trugen zur Expansion und zur Festigung der regionalen Macht des Fürstentums Osman

5 bei. Bald gehörte auch Westanatolien zum Herrschaftsgebiet und Südosteuropa wurde erobert. Höhepunkt der Expansion war 1389 die Schlacht des Osmanischen Reichs gegen die Serben auf dem Amselfeld. Der *Rumelien* (Römerland) genannte europäische Reichsteil wurde

10 zum wichtigsten Teil des Osmanischen Reichs. Von hier aus gelang Sultan Mehmed II. (reg. 1444–1481) mit der Einnahme Konstantinopels 1453 endgültig der Aufstieg zur Großmacht. Die Stadt wurde zum neuen Herrschersitz. Christen und Juden wurden zum Bleiben aufgefor-

15 dert. Zu Beginn des 16. Jahrhunderts eroberten die Osmanen Syrien und Ägypten und traten damit die Nachfolge der Abbasiden* als Kalifen*, „Vertreter des Gesandten Gottes", an. In ihrem Herrschaftsverständnis spielte der Titel jedoch erst ab dem 19. Jahrhundert eine

20 Rolle.

Staat und Verwaltung

Das multiethnische Reich wurde zentral von Istanbul aus regiert. An der Spitze des Staates stand der Sultan als oberster Herrscher. Einer der bedeutendsten Sultane war

25 Süleyman I. (reg. 1520–1566), der in Europa „der Prächtige" genannt wird, was die Bewunderung der Europäer für die kulturellen Leistungen der Osmanen und den Glanz des osmanischen Hofs zeigt. Der osmanische Beiname Süleymans I. lautet *al-kānūni*, „der Gesetzgeber",

30 weil er staatliches Recht ordnete und ausbaute sowie eine effektive Verwaltung schuf.

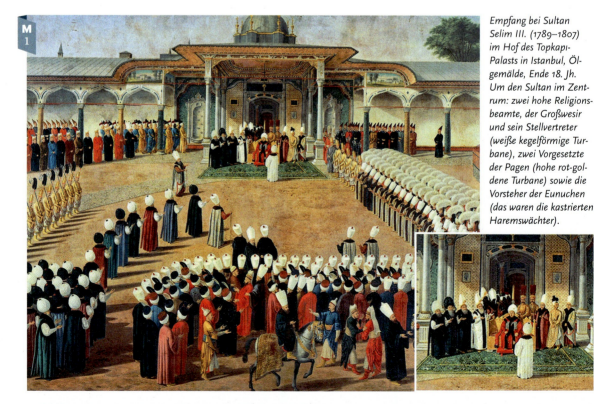

M1

Empfang bei Sultan Selim III. (1789–1807) im Hof des Topkapı-Palasts in Istanbul, Ölgemälde, Ende 18. Jh. Um den Sultan im Zentrum: zwei hohe Religionsbeamte, der Großwesir und sein Stellvertreter (weiße kegelförmige Turbane), zwei Vorgesetzte der Pagen (hohe rot-goldene Turbane) sowie die Vorsteher der Eunuchen (das waren die kastrierten Haremswächter).

Die osmanische Staatsverwaltung war dreigeteilt. Aus allen drei Bereichen heraus wurden Militär, Verwaltung und Rechtswesen in den Provinzen gelenkt.

35 1. Der **großherrliche Haushalt** (= der Hof des Sultans) umfasste den Harem, den Inneren Dienst mit Dienern und Lehrern sowie den Äußeren Dienst mit Beratern und Befehlshabern der persönlichen Truppen des Sultans, u. a. den **Janitscharen**. Der Name kommt von *yeñiçeri*
40 und bedeutet „neue Truppe". Die Janitscharen fungierten sowohl als Leibgarde des Sultans als auch als eigene Kompanie innerhalb des Heeres mit bestimmten Sonderrechten, was auch durch ihre außergewöhnliche Kleidung unterstrichen wurde (siehe Bild M3). Außerdem
45 gehörten noch Soldaten, Handwerker und Boten zu diesem Bereich.

2. In der **zentralen Staatsverwaltung** wurden im „Großherrlichen *Diwan*" (= Versammlung) die Staatsgeschäfte beraten und Recht gesprochen. Geleitet wurde
50 der Diwan vom Großwesir, dem Stellvertreter des Sultans. Dem Rat gehörten je zwei bis drei weitere Wesire*, Heeresrichter, oberste Finanzbeamte sowie der Kanzler, der Admiral und der Gouverneur von Rumelien als Oberbefehlshaber der Gesamtarmee an. Zugeordnet waren
55 die Finanzverwaltung, das zentrale Katasteramt (Behörde für Grund und Boden) und die Staatskanzlei. Sie produzierte ca. 3000 amtliche Schriftstücke im Jahr, so viele wie in keinem anderen europäischen Reich zur gleichen Zeit, abgesehen von der Kanzlei des Papstes.

60 3. Die **Religions- und Rechtsgelehrten** (*Ulema*) waren in der **Religionsbehörde** zusammengefasst. Sie waren Staatsbeamte. Chef war der oberste Rechtsgelehrte (*Mufti*) von Istanbul, der Scheich ül-işlam (*Seyhül-islam*).

65 **Die „Knabenlese" für die Janitscharen**

Jährlich bis alle zehn Jahre rekrutierten osmanische Offiziere auf dem Balkan zwangsweise christliche ca. 14- bis 16-Jährige. Nach damaligem Verständnis waren es junge Männer, keine „Knaben". Sie sollten die Elite-
70 truppe der Janitscharen auffüllen. Jeder 40. junge Mann eines Dorfes wurde nach strengen Regeln ausgewählt. Sie wurden gezwungen, zum Islam überzutreten, was im Islam an sich verboten ist. Als Militärsklaven durften sie nicht heiraten. Der Staat sorgte für ihre Ausbildung und
75 Versorgung. Die intelligentesten Jungen erhielten eine 14-jährige Eliteausbildung in einem der Sultanspaläste. Einige übernahmen später hohe Ämter in der Leitung des Militärs und des Staates. Die in Europa „Knabenlese" genannte *devşirme* (Sammlung) war also ein System,
80 um eine nur dem Sultan ergebene, von allen anderen im Reich unabhängige Elite zu bilden. Es wurde von muslimischen und jüdischen Eltern berichtet, die versucht haben, ihre Söhne in die Knabenlese zu geben, um ihnen eine Zukunftschance zu verschaffen. Die *devşirme* wur-
85 de nach bisherigem Kenntnisstand urkundlich zuletzt 1705 erwähnt.

Dekorative Linien, die das Emblem vervollständigen

Tuğ mit Zülfe: Stangen mit gelockten *Rossschweifen* als Schlachtbanner, Würde- und Rangabzeichen bei Nomaden

Beyza, die innere und äußere Schlaufe

Kol oder Hançer: Arm oder Dolch

Süleymān şāh bin Selīm şāh ḫān al-muẓaffar dā'iman

Süleyman, Herrscher, Sohn Selīms des Herrschers, Khan (mongolischer Herrschertitel), der immer Siegreiche

Die Tuğra ist das Emblem des Sultans, durch das schriftliche Anordnungen und Urkunden des Diwan gültig wurden. Es wurde von speziell autorisierten Beamten, z. B. dem Kanzler, geschrieben.

Der Sultan, die Osmanen und die „Herde": Die soziale Struktur im Osmanischen Reich

Abgesehen von der *Ulema* befanden sich die osmani-
90 schen Würdenträger in einem sklavenartigen Status
(kul) gegenüber dem Sultan. Er verfügte über Leib und
Leben, sicherte sich ihre Loyalität aber durch Privilegien
wie Sold, Steuerfreiheit und Versorgung. Viele waren
ehemalige Christen, oft Albaner oder Griechen, die auf
95 dem Balkan als „Steuer" bei der Knabenlese ausgesucht
und zur Elite ausgebildet worden waren.

Alle Beamten und die Janitscharen bildeten zusammen
mit den Geistlichen und (später) den Steuereintreibern
die Gruppe der *Askerî*, die von Steuern befreit waren. Sie
100 mussten Muslime sein oder die islamische Religion an-
genommen haben. Nur diese imperiale Elite wurde bis
1876 *Osmanlı*, „die Osmanen", genannt.

Den Osmanen stand die *Reâyâ*, die „Herde", gegenüber.
Das waren alle muslimischen und nicht-muslimischen
105 Untertanen. Sie mussten Steuern zahlen, hatten kein
Recht auf politische Mitsprache, genossen aber Schutz.
Neben Handwerkern und Händlern waren das zu ca.
90 Prozent Bauern und Nomaden. Das Osmanische
Reich hatte im Unterschied zu den europäischen Staaten
110 schon ein stehendes Heer mit fest besoldeten Soldaten.

M 3

Die Abbildung zeigt einen Janitscharen mit der typischen hohen
Kopfbedeckung. Zeichnung des venezianischen Malers Gentile
Bellini, ca. 1480

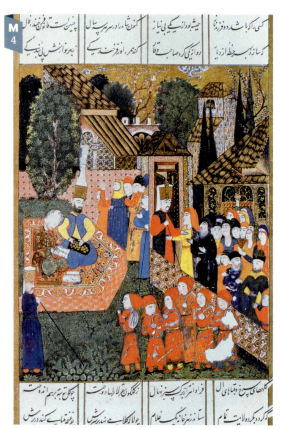

M 4

M 5

Ogier Ghiselin von Busbeck, habsburgischer Gesandter am Hof des Sultans, über die Besetzung von Staatsämtern im Osmanischen Reich (1550er Jahre):

Geburt unterscheidet hier keinen von den Anderen, Ehre wird jedem nach dem Maße seines Stan-
des und Amtes erwiesen; da gibt es keinen Rang-
streit, die Stelle, die man versieht, gibt jedem
5 seinen Rang. Ämter aber und Stellen verteilt der
Sultan selbst. Dabei achtet er nicht auf Reichtum,
nicht auf den nebelhaften Adel, nicht auf jeman-
des Ansehen oder auf das Urteil der Menge: sondern die Verdienste zieht er in Betracht, Sitten,
10 Begabung und Eignung sieht er an; nach seiner
Tugend wird jeder ausgezeichnet.

*Zit. nach Josef Matuz, Das Osmanische Reich, 5. Aufl.,
Darmstadt (WBG) 2008, S. 86f.*

Knabenlese, türkische Miniatur, 1558. Vorne sieht man sechs ausgewählte Jugendliche in Rot, links sitzen Schreiber, mit hoher Kopfbedeckung zwei Janitscharen, rechts Angehörige.

Die Orientalistin Suraiya Faroqhi über die Bedeutung von ethnischer Zugehörigkeit im Osmanischen Reich (1995):

Die kulturellen Unterschiede zwischen Nomaden und Halbnomaden auf der einen Seite, und von sesshaften Dorfbewohnern auf der anderen, waren sicherlich von viel größerer Bedeutung für die Kultur
5 als die Grenzen zwischen Ethnien. Auch religiöse Zugehörigkeit war für die Selbstdefinition der Untertanen des Osmanischen Reichs weitaus signifikanter als ethnische Zugehörigkeit, und die osmanische Verwaltung klassifizierte ihre Untertanen ebenfalls
10 nach religiösen Kriterien ...
Außerdem bestimmte der grundlegende Unterschied zwischen den gewöhnlichen Untertanen und den Mitgliedern des osmanischen Herrschaftsapparates die kulturellen Möglichkeiten ... Als Mitglied
15 dieses Apparates musste man normalerweise Muslim sein, obwohl es zu dieser Regel einige Ausnah-

men gab ... Ethnisch gesehen war die osmanische Oberschicht bunt gemischt. Unter ihren Mitgliedern fanden sich „Ausländer" wie Spanier, Italiener und
20 Iraner, die als Gefangene, freiwillige Einwanderer oder Flüchtlinge ins Land gekommen waren. Unter den Bewohnern des Osmanischen Reichs selbst betätigten sich Anatolier wie Bosnier, Ägypter wie Serben in den verschiedenen Zweigen von Militär
25 und Verwaltung. Obwohl Cliquenbildung auf ethnischer Grundlage durchaus vorkam, waren ethnische Kriterien für den Eintritt in die osmanische Oberschicht nicht entscheidend. Diese Situation erklärt auch, warum ein türkischer Nationalismus erst viel
30 später entstand als die Nationalismen der übrigen auf osmanischem Boden lebenden Ethnien, nämlich zu Ende des 19. und zu Beginn des 20. Jahrhunderts.

Suraiya Faroqhi, Kultur und Alltag im Osmanischen Reich, München (C. H. Beck) 1995, S. 52.*

Der Islamwissenschaftler Maurus Reinkowski über die Territorien des Osmanischen Reichs (2006):

Das Osmanische Reich setzte sich grundsätzlich aus vier verschiedenen Raumtypen zusammen – erstens dem Kernraum, bestehend aus dem westlichen Kleinasien sowie großen Teilen Südosteuropas, in
5 denen die osmanischen Institutionen am tiefsten verankert waren und das osmanische Steuer- und Verwaltungssystem in seiner ganzen Tiefe und Breite gültig war. Dem Kernraum ähnlich gestellt waren die gut kontrollierbaren und fruchtbaren Regionen der
10 arabischen Welt, wie etwa Ägypten sowie das Umland von Damaskus und Aleppo. Eine zweite Kategorie waren einige Gebiete wie Moldawien, die Walachei und das Krim-Chanat, die als Vasallen[1] an das Reich angebunden wurden. Zum dritten Typus,
15 den äußeren Peripherien[2], gehörten etwa die mediterranen Küstengebiete des nördlichen Afrikas oder die Wüstengebiete der Arabischen Halbinsel. Ein

vierter Typus waren die schwer zugänglichen, landwirtschaftlich eher unergiebigen und meist mit einer
20 [Stammes-] Gesellschaftsstruktur versehenen Regionen, die auch innerhalb des osmanischen Herrschaftsgebietes liegen konnten. Diese inneren Peripherien, zum Beispiel das Libanongebirge, Montenegro, die Berggebiete Albaniens oder Teile Kurdis-
25 tans, wurden traditionell gegen jährliche Pauschalzahlungen weitgehend sich selbst überlassen. Das Osmanische Reich war also einerseits Peripherie im europäischen Mächtesystem; andererseits ... Zentrum gegenüber seinen eigenen Peripherien.

Maurus Reinkowski, Das Osmanische Reich – ein antikoloniales Imperium? In: Zeithistorische Forschungen 3 (2006), S. 44.**

[1] sich in Abhängigkeit zu einem anderen Staat oder zu einem Lehnsherrn befindliche Gefolgsleute
[2] Rand oder Randgebiet einer Stadt oder eines Reichs

---

1 Gestalte mithilfe des Darstellungstextes ein Schaubild zur Organisation des Osmanischen Reichs.

2 **Wähle eine Aufgabe aus:**
   a) Erläutere das in M1 zum Ausdruck kommende Herrschaftsverständnis Sultan Selims III.
   b) Erläutere das in M2 zum Ausdruck kommende Herrschaftsverständnis des Sultans.

3 **Partnerarbeit:**
   a) Analysiert arbeitsteilig mithilfe von M4–M6 die Praxis der Ämtervergabe im Osmanischen Reich.
   b) Vergleicht die Praxis der Ämtervergabe des Osmanischen Reichs mit der Chinas (siehe S. 100 f.).

4 Charakterisiere mithilfe von M7 das Verhältnis von Zentrum und Peripherie im Osmanischen Reich.

Die Bedeutung des Islam für das Osmanische Reich

Das Osmanische Reich war nicht nur ein multiethnisches, sondern auch ein multireligiöses Reich. Der Islam war die vorherrschende Religion, nur in einigen Regionen bildeten die Muslime nicht die Mehrheit.

- *Welche Bedeutung hatte der Islam für die osmanischen Herrscher?*

Entstehung des Islam

Der Islam („Hingabe") entstand im 7. Jahrhundert im heutigen Saudi-Arabien. Der Prophet Mohammed empfing Offenbarungen Gottes, die im Koran* niedergeschrieben wurden. Er begründete in Medina ein Gemein
5 wesen, das zum Ausgangspunkt der Expansion des Islam wurde. Mohammed war damit religiöser und politischer Führer zugleich.

Spaltung in Sunniten und Schiiten

Nach Mohammeds Tod (632) spaltete sich der Islam über
10 der Frage, wer sein Nachfolger (*Kalif*) werden sollte. Die eine Gruppe, die Schiiten, akzeptierte nur Familienmitglieder Mohammeds. Die andere Gruppe, die Sunniten, hielten auch andere Mitglieder des Stammes für berechtigt, Kalif zu werden. In kriegerischen Auseinanderset
15 zungen spaltete sich der Islam in zwei Richtungen. Der Kalifentitel wurde unter den Sunniten in drei aufeinanderfolgenden Dynastien vererbt: bis 749 war es die Dynastie der Omaijaden, bis 1517 der Abbasiden und bis 1924 der Osmanen.

20 ### Islam im Osmanischen Reich

Im Osmanischen Reich lebten vor allem Sunniten. Der Name leitet sich von der Ausrichtung an der *Sunna*, der Praxis (Lebensweise und Worte) des Propheten und seiner Gefährten, ab. Die Sunna wird in den *Hadithen**
25 überliefert. Grundlage allen Handelns waren damit Koran und Hadithe. Da immer wieder neue Fragen in Gesellschaft und Staat auftraten, spielten auch die islamischen Rechtsschulen eine wichtige Rolle, die auf der Basis der Schriften verbindliche Entscheidungen fällten.
30 Der osmanische Sultan bezog die Legitimation seiner Herrschaft aus dem Islam. Als mit Gott verbundener politischer und religiöser Führer war er für eine gerechte Ordnung und das Wohlergehen seiner Untertanen verantwortlich. Mit seinen amtlichen Schreiben schuf der
35 Sultan aber auch eigenes Recht, das Sultansrecht.

Sultan Süleyman I. (reg. 1520–1566) ließ seine Befehle von der hanafitischen Rechtsschule überprüfen, so entstand ein einheitlicher Rechtsraum in seinem Reich. Die Gruppe der Religions- und Rechtsgelehrten (*Ulema*)
40 machte er zu Beamten in einer Religionsbehörde, deren Chef der oberste Rechtsgelehrte (*Mufti*) von Istanbul war, der *Scheich ül-islam*. Mithilfe der Ulema konnte der Sultan das Land regieren – und er konnte die Ulema kontrollieren. Auch der Scheich ül-islam, der die religiöse
45 Rechtmäßigkeit der osmanischen Herrschaft überprüfen und den Sultan sogar absetzen durfte, war von diesem abhängig.

M1

Systematisierung der Rechtsfindung im Osmanischen Reich (islamisches Recht und Sultansrecht)

Inschrift Orhans (reg. 1326–1362) an der Moschee in der Zitadelle von Brussa:

Das Jahr 738 [1337–1338]. Mein Gott, sei dem Besitzer dieser Moschee gnädig, und dieser ist der große und gewaltige Emir [Herrscher], der Mudschahed [Glaubenskämpfer] auf dem Wege Allahs, der Sultan
5 der Gazis [Beutekämpfer], ein Gazi, der Sohn eines Gazi, der Recke des Staates und der korrekten Ritual-praxis, der Berühmte an den Horizonten, der Held des Glaubens, Orhan, der Sohn des Osman. Möge Allah seine Lebenszeit lange sein lassen! Er befahl
10 die gesegnete Moschee um des Wohlgefallen Allahs willen. Wer eine Moschee errichtet, dem errichtet Allah ein Haus im Paradies.

Zit. nach Douglas Howard, Das Osmanische Reich 1300–1924, Darmstadt (Theiss) 2018, S. 49f.

Die Wissenschaftler Heinz Kramer und Maurus Reinkowski über die Bedeutung der Religion für die Herrschaft der Osmanen (2008):

Dass nicht nur die Auseinandersetzung mit christlichen Staaten eine religiös-ideologische Dimension annehmen konnte, zeigt das Verhältnis des Osmanischen Reiches zu seinem großen Widersacher im
5 Osten, Iran. Mit der – übrigens ebenfalls türkisch-stämmigen – Dynastie der Safawiden lieferten sich die Osmanen erbitterte Kämpfe. Um sich besser behaupten zu können, kehrten beide Seiten ihre jeweilige „Rechtgläubigkeit" heraus: Das Osmanische
10 Reich betonte nun eine strenge sunnitische Orthodoxie [Rechtgläubigkeit], während die Safawiden ihre schiitische Rechtgläubigkeit hervorhoben.

Heinz Kramer/Maurus Reinkowski, Die Türkei und Europa, Stuttgart (Kohlhammer) 2008, S. 39f.

Brief des Oberbefehlshabers Großwesir Kara Mustafa Pascha an die Stadt Wien während der Belagerung durch die Osmanen (14. August 1683):

Wir sind mit sieghaften Truppen sonder Zahl vor die Festung Wien gezogen, in der Absicht, diese Feste zu erobern und die wahre Religion zu verkünden. Wenn ihr Muslime werdet, geschieht euch nichts.
5 Auch wenn ihr nicht Muslime werdet, die Festung aber kampflos übergebt, so wird Gnade und Pardon gewährt. Solltet ihr aber halsstarrig sein und Widerstand leisten und sollte die Festung durch die überwältigende Kriegsmacht des Padischahs [Sultans]
10 erobert und unterworfen werden, so wird keinem einzigen Gnade und Pardon gewährt. Dann werden eure Besitztümer geplündert und eure Kinder versklavt.

Zit. nach Heinz Kramer/Maurus Reinkowski, Die Türkei und Europa, Stuttgart (Kohlhammer) 2008, S. 37.

Aus dem Manifest von 1513, das auf Befehl des spanischen Königs Ferdinand den Ureinwohnern in Amerika zu Beginn von Feindseligkeiten vorgelesen wurde:

[Wir] bitten und ersuchen euch, ... dass ihr die Kirche als Oberherren der ganzen Welt und den Papst sowie in seinem Namen den König und die Königin ... anerkennt ... Handelt ihr danach, dann tut ihr Recht
5 und erfüllt eure Pflicht gegen Ihre Hoheiten, dann werden wir in ihrem Namen euch mit Liebe und Güte behandeln ... Wir werden euch in diesem Falle nicht zwingen, Christen zu werden; es sei denn, dass ihr ... selbst den Wunsch habt, euch zu unserem hei-
10 ligen katholischen Glauben zu bekehren ...
Wenn ihr das aber nicht tut, ... dann werden wir gewaltsam gegen euch vorgehen, ... euch unter das Joch und unter den Gehorsam der Kirche und Ihrer Hoheiten beugen.

Zit. nach Wolfgang Lautemann/Manfred Schlenke (Hg.), Geschichte in Quellen, Bd. 3, München (bsv) 1982, S. 77f.*

....

1 Erläutere mithilfe von M1 das System der islamischen Rechtsfindung. Beziehe den Darstellungstext mit ein.
2 Beurteile ausgehend von M2 bis M4 die Bedeutung des Islam für die Herrschaftsausübung der Osmanen.
3 Vergleiche M4 und M5.

4 **Partnerarbeit:**
Diskutiert folgende These: Die religiöse Frontstellung zwischen „christlichem Europa" und den „muslimischen Osmanen" war nur eine äußere Fassade beider Seiten für ihr Großmachtstreben.

Zusatzaufgabe: siehe S. 233

Wirtschaft im Osmanischen Reich

Nach osmanischem Verständnis standen alle wirtschaftlichen Ressourcen des Reichs dem Sultan zur Verfügung, um das Herrschaftsgebiet zu erweitern und eine gerechte islamische Ordnung im Reich aufrechtzuerhalten. Die wichtigsten Wirtschaftsfaktoren bildeten die Landwirtschaft, der Binnenhandel im Reich und der Handel mit Asien, der über die Seidenstraße auch durch das Osmanische Reich verlief.
- *Wie funktionierte die Wirtschaft des Osmanischen Reichs bis ins 17. Jahrhundert?*
- *Welche politische Bedeutung hatte die Wirtschaft für das Osmanische Reich?*

Das Timar-System

Das Osmanische Reich war eine agrarische Gesellschaft. Haupteinnahmequelle des Staates und damit des Sultans waren Steuern auf Bodenerträge, die alle in der Landwirtschaft tätigen Untertanen unabhängig von ihrer
5 Volkszugehörigkeit und Religion zu zahlen hatten. Zur Gruppe der Steuerpflichtigen (*Reâyâ*) gehörten außerdem Kaufleute und Handwerker. Von der Steuer befreit waren Staatsbedienstete und Soldaten (*Askerî*).
Der Boden gehörte zu ca. 80 Prozent dem Staat. Reiter-
10 soldaten (*Spahi*) und höhere Staatsbedienstete erhielten je nach Rang in drei verschiedenen Größen nicht vererbbare Ländereien (= Pfründe*). Die unterste und meistverbreitete Größe war das Timar. Die Inhaber aller drei Pfründe verpachteten ihr Land wiederum an Bauern.
15 Diese mussten ihnen aus dem Bodenertrag eine Rente (Abgabe ohne Gegenleistung) und die Steuern zahlen, die die Inhaber der Pfründe an den Staat weiterleiteten. Alles darüber hinaus Erwirtschaftete blieb den Bauern. Sie wurden anders als in Europa keine Leibeigenen, denn
20 die Pfründeninhaber wurden keine Herren der Bauern. Das alles ließ manchen christlichen Leibeigenen freiwillig in den osmanischen Herrschaftsbereich fliehen. Technisch war man auf dem gleichen Stand wie in West- und Zentraleuropa. Ähnlich wie dort reichten die Erträge
25 neben den Abgaben oft nur für den Eigenbedarf und den lokalen Handel (Subsistenzwirtschaft*). Circa 15 Prozent des Landes gehörte religiösen Stiftungen (z. B. Derwisch*-Klöstern), die sich um Bildung, Soziales und auch Infrastrukturmaßnahmen kümmerten. Handel und
30 Handwerk waren vor allem in den Städten stark, spielten gesamtwirtschaftlich bis ins 18. Jahrhundert aber eine untergeordnete Rolle, da nur circa zehn Prozent der Bevölkerung dort lebte. Reiche Handelsherren gab es allenfalls in großen Städten wie Konstantinopel, Kairo
35 oder Aleppo.

Ausschnitt aus einer türkischen Miniaturmalerei, 1720. Die Malerei entstand aus Anlass der Beschneidungsfeier der Söhne Sultan Ahmeds III.: Im Vordergrund sind ein Sämann und ein pflügender Bauer zu sehen, im Hintergrund Mitglieder der Handwerkerzünfte.

Landbesitz im Osmanischen Reich

Wirtschaftsmentalität

Zentrales Anliegen der osmanischen Regierung war die Versorgung der Bevölkerung. Zu diesem Zweck wurden Preise und Qualität für Agrarprodukte und wichtige Waren durch den Kadi, den religiösen Richter, festgelegt und von Marktaufsehern kontrolliert. Das Handwerk war in Zünften organisiert und vor allem in den Städten angesiedelt. Einfuhren ins Reich zur Versorgung der Bevölkerung wurden begünstigt. Die Produktivität der Wirtschaft war zwar gering, aber auf niedrigem Niveau stabil. Handelswege wurden gesichert, aber keine Handelskriege geführt.

Wirtschaftskrise im 16./17. Jahrhundert

Die stabil funktionierende Wirtschaft war einer der Gründe, warum die Osmanen militärisch erfolgreich waren. Sie konnten Truppen gut ausrüsten und monatelang im Feld halten und versorgen. Ende des 16. Jahrhunderts konnte der Staat wegen der zunehmenden Expansion die steigenden Rüstungsausgaben immer schlechter aufbringen. Man entschied sich, den Silbergehalt des Hauptzahlungsmittels, der *Akçe* (M3), zu senken. Das führte zur Geldentwertung (Inflation). Die Preise stiegen gegen Ende des 16. Jahrhunderts um ca. 250 Prozent. Um die Staatskasse aufzufüllen, wurden die Steuern um das Sechsfache erhöht und Sondersteuern eingeführt. Da die Fläche des Reichs kaum noch vergrößert wurde, konnten keine neuen Timare vergeben werden. Alte wurden so oft geteilt, bis sie für die neuen Inhaber unrentabel wurden. Viele *Spahi* liefen zu organisierten Räuberbanden über. Der Staat brauchte deshalb fest besoldete Soldaten, was erhöhte Kosten bedeutete. Viele Bauern flüchteten vom Land, worunter die Getreideproduktion litt. Auch der Wert der Einnahmen der Beamten sank durch die Geldentwertung. Um zu mehr Geld zu kommen, bürgerte sich Bestechung ein. Ämter und Timare wurden wie Privatbesitz behandelt und verkauft. Auch Amtshandlungen, z.B. Gerichtsurteile, oder die Zugehörigkeit zu den Janitscharen und damit der Aufstieg in die Klasse der steuerfreien *Askeri* wurden käuflich. Als Folge sank die Leistungsfähigkeit der Verwaltung und des Militärs.

Verlagerung der internationalen Handelswege

Die Europäer waren sehr an fernöstlichen Produkten wie Seide, Gewürzen und Weihrauch als Aromastoff und Medizin, Metallwaren, Teppichen, Edelsteinen, Perlen, Kaffee, Elfenbein und Porzellan interessiert. Der Handel lief über die Seidenstraße durch das Osmanische Reich und wurde von ihm kontrolliert (M4). Die Waren wurden für die Europäer durch häufige Zollzahlungen extrem teuer. Venedig und Genua, die Haupthandelspartner des Osmanischen Reichs, stiegen durch diese Geschäfte zu bedeutenden Mächten auf. Doch die europäischen Staaten suchten alternative, billigere und freie Wege nach Asien. 1498 gelang dem Portugiesen Vasco da Gama die Entdeckung des Seewegs* nach Indien. Auch wenn der europäische Indienhandel auf dem Seeweg nun deutlich zunahm, änderte sich für die Osmanen fast nichts, denn der allergrößte Teil der exotischen Waren war sowieso für den gigantischen Binnenmarkt des Osmanischen Reichs und nicht für Europa bestimmt. Historiker schätzen, dass der Anteil des Handels mit Westeuropa nur bei fünf bis zehn Prozent aller osmanischen Handelsbeziehungen lag. Westeuropa war wirtschaftlich zwar für einzelne Kaufleute wichtig, aber für das Osmanische Reich insgesamt wenig interessant. Europa hatte außer Edelmetallen und Sklaven bis ins 18. Jahrhundert nur wenige attraktive Güter zu bieten.

Spürbar wirkte sich für die Osmanen aber die Entdeckung Amerikas 1492 aus. Sie führte zu einer Edelmetallschwemme in Europa, was die Geldentwertung im Osmanischen Reich verstärkte, da Silber immer billiger wurde.

Die Europäer häuften im 18. Jahrhundert durch den transatlantischen Handel mit Afrika und Amerika, dem sogenannten „Dreieckshandel"* (M4) enorme Mengen an Kapital an. Neben anderen Faktoren wurde dies eine Voraussetzung für die Industrialisierung in Europa.

M3 Türkische Silbermünze *Akçe*

Vorderseite: Tuğra Sultan Abdülhamids I., Rückseite: „In Qustantiniya [Konstantinopel] geschlagen, 1187 [= 1773 n. Chr.]", Silber, Durchm. 11 mm, 1,05 g

Handelsprivilegien als Zeichen der Gunst

Fremden Nichtmuslimen wurde erst durch eine offizielle Schutzerklärung (*amān,* eine Art Patenschaft) eines osmanischen Muslim der Schutz ihres Lebens und Eigentums im Osmanischen Reich garantiert. In diesem Sinn gewährte der Sultan in einem Schreiben (*ahdnâme*) einigen europäischen Händlern und Gesandten persönlichen Schutz und eine rechtliche Sonderstellung. Im 14. Jahrhundert erhielten Genua, Venedig und weitere italieni-sche Handelsstädte, 1535 Frankreich (M5), 1580 England und 1623 Holland solche Erlaubnisschreiben, die in Europa Kapitulationen* genannt wurden. Im 18. Jahrhundert drängten immer mehr europäische Staaten mit Verweis auf die schon bestehenden Kapitulationen auf Gleichbehandlung. Da Handel und Anzahl der Personen immer umfangreicher wurden, lief ein immer größerer Teil des Handels wegen der Privilegien nun außerhalb des osmanischen Einflusses.

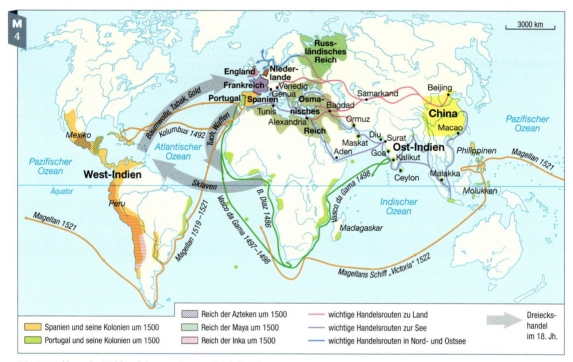

Die Entwicklung des Welthandels vom 16. zum 18. Jahrhundert

Kapitulation (Erlaubnisschreiben) Sultan Süleymans für Frankreich von 1535/36:

Nur der Frieden schafft Ruhe und Sicherheit. Daher wurden zum Wohl der Untertanen die folgenden Abmachungen getroffen:

Die Einhaltung eines guten und sicheren Friedens zu Lebzeiten ihrer Herrscher für ihre Reiche, Provinzen, Schlösser, Städte, Häfen, Meere und Inseln, die sie jetzt und in Zukunft besitzen, mit dem Ziel, dass alle Untertanen der genannten Herrscher in Freiheit und Sicherheit in den jeweiligen Gebieten reisen, reiten und sich zu Handelszwecken niederlassen können, und dass ihre Schiffe bewaffnet und unbewaffnet verkehren dürfen. Außerdem sollen die Untertanen der genannten Herrscher nach Belieben kaufen, verkaufen, tauschen und zu Wasser wie zu Lande Wa-ren von einem zum anderen Land bringen dürfen bei Zahlung der gültigen Steuersätze, d. h. die Türken zahlen im Land des Königs dasselbe wie die Franzosen und die Franzosen im Land des Sultans dasselbe wie die Türken ...

Falls der [französische] König eine Handelsniederlassung in Konstantinopel errichten möchte, ... werden diese Niederlassungen nach Glauben und Recht des Landes verwaltet, das sie unterhält. Kein Richter, Kadi oder anderer Beamter des Sultans darf ... in zivilrechtliche oder strafrechtliche Konflikte eingreifen, die zwischen Händlern und anderen Untertanen des Königs entstehen.

Sources d'histoire de la France moderne – XVIème, XVIIème, XVIIIème siècle, Paris (Larousse) 1994, S. 188. Übers. von Hans-Joachim Cornelißen.✲✲

Die Wissenschaftler Heinz Kramer und Maurus Reinkowski über die osmanische Wirtschaftspolitik (2008):

Als verhängnisvoll erwies sich die osmanische Wirtschaftsphilosophie des „Fiskalismus" und „Provisionismus". In einem fiskalistischen [auf möglichst hohe Staatseinnahmen zielenden] System versucht
5 der Staat möglichst viel Edelmetall im eigenen Wirtschaftskreislauf zu halten. Der Provisionismus sieht das vorrangige Ziel darin, die Versorgung des Staates und der Bevölkerung zu sichern, so dass der osmanische Staat, entgegen heutigen Vorstellungen

10 wirtschaftlicher Vernunft, Einfuhren mit einem geringeren Zoll belegte als Ausfuhren. Wegen dieser auf Bewahrung und Versorgungssicherheit gerichteten Wirtschaftspolitik zwang der Staat in Kriegszeiten das Handwerk, seine Waren unter Marktwert zu ver-
15 kaufen. Damit wurden die Untertanen nicht nur davon abgehalten, die Produktion auszuweiten oder sich an neue Produkte zu wagen; man zwang die osmanische Wirtschaft – nachdem sie in den europäischen Staaten einen immer härteren Gegner hatte –
20 in die Knie.

Heinz Kramer/Maurus Reinkowski, Die Türkei und Europa, Stuttgart (Kohlhammer) 2008, S. 60.

Osmanischer Handel mit Frankreich 1700–1754 (in *livres tournois*, frz. Währung):

	1700–1702	1750–1754
Exporte nach F.		
Seide	2 416 000	2 095 000
Baumwolle	225 000	3 760 000
Baumwollgarn	1 303 000	1 924 000
Schafwolle	737 000	911 000
Kamelhaar	173 000	879 000
Mohair	639 000	1 835 000
Felle	537 000	318 000
Farbstoffe	208 000	746 000
Olivenöl	743 000	1 451 000
Bienenwachs	250 000	387 000
Weizen und Gerste	725 000	3 489 000
Textilien	385 100	1 715 820
Sonstiges	1 628 900	2 289 180
Gesamt	**9 970 000**	**21 800 000**
Importe von F.		
Tuch	–	8 243 000
andere Textilien	–	290 000
Zucker	–	980 000
Kaffee	–	840 000
Farbstoffe	–	2 330 000
Sonstiges	–	1 917 000
Gesamt		**14 600 000**
Franz. Handelsbilanzdefizit	–	**7 200 000**

Zit. nach Edhem Elden, Capitulations and Western Trade, in: Suraiya Faroqhi (ed.), The Cambridge History of Turkey, Vol. 3, Cambridge (Cambridge University Press) 2006, p. 333. Übers. von Silke Möller.**

1 **Kooperative Partnerarbeit:**
Bearbeitet **a)** und **b)** arbeitsteilig.
a) Erkläre die Verteilung des Grundbesitzes im Osmanischen Reich mithilfe des Schaubilds M2.
b) Untersuche das Bild M1 im Hinblick auf die Beziehung zwischen den abgebildeten Personen.
c) Stellt euch eure Ergebnisse vor und überprüft diese mithilfe des Darstellungstextes S. 166.
d) Stellt Vermutungen an hinsichtlich eines Zusammenhangs zwischen Timar-System und Expansion.
Tipp: Nutzt den Darstellungstext S. 167.

2 Erläutere mithilfe des Darstellungstextes S. 167 und von M3 die gesellschaftlichen und politischen Folgen der wirtschaftlichen Krise für das Osmanische Reich.
Tipp: Beachte die Bedeutung der Tuğra auf der Münze M3 und die Konsequenzen für den Sultan, wenn der Kaufwert der Akçe sinkt.

3 Erläutere mithilfe von M4 das im 16.–18. Jahrhundert entstehende globale Welthandelssystem und beurteile seine Bedeutung für das Osmanische Reich.

4 **Wähle eine Aufgabe aus:**
a) Beurteile ausgehend von M5 und mithilfe des Darstellungstextes S. 168 die politische Bedeutung der Kapitulationen für das Osmanische Reich.
b) Analysiere die Handelsbilanz M7 des Osmanischen Reichs mit Frankreich. Beziehe den Darstellungstext S. 168 mit ein.

5 **Partnerarbeit:** Die beiden Historiker in M6 kritisieren die Wirtschaftsweise des Osmanischen Reichs. Gestaltet eine mögliche Antwort eines Sultans aus dem 17. Jahrhundert.

Türkenfurcht und Türkenmode: Das Bild von den „Anderen" und seine Bedeutung für Europa

Das Osmanische Reich wurde über Jahrhunderte in Europa nur als „die Türkei"
wahrgenommen. Die Vorstellung von den Menschen und ihrer Kultur unterlag im
Laufe der Zeit einem erstaunlichen Wandel.
• Wie entwickelte sich das Bild von „den Türken"?
Diese Frage könnt ihr auf zwei Wegen (A und B) untersuchen.

Das Türkenbild in Europa

Die Menschen Europas erlebten über Jahrhunderte das Osmanische Reich als militärisch und kulturell überlegen. Das prägte nicht nur das Bild von „den Türken", sondern auch das europäische Selbstbild. Die Erfahrung
5 der Unterlegenheit und der Bedrohung durch das Osmanische Reich führte zur Entwicklung eines Gemeinschaftsgefühls. Die Idee eines christlich geprägten Abendlandes ist aber erst ein Produkt der Romantik im 19. Jahrhundert.
10 Die Eroberung Konstantinopels im Jahr 1453 durch Sultan Mehmet II. gilt als wichtige Zäsur für beide Seiten. Sie bedeutete das Ende des christlichen Byzantinischen Reichs und leitete den Aufstieg des Osmanischen Reichs zur Großmacht ein.

 A

 M1 **Päpstlicher Aufruf „Etsi Ecclesia Christi" von Papst Nikolaus V. (reg. 1447–1455):**

Einst lebte schon einmal ein unbarmherziger und grausamer Verfolger der christlichen Kirche: Mahomet [Mohammed], Sohn des Satans, Sohn des Verderbens, Sohn des Todes, ... der ein überaus
5 grausamer und blutrünstiger Feind der Erlösung der Seelen durch Christus ist. Nun hat sich in jüngster Zeit ein zweiter Mahomet erhoben, der der Ruchlosigkeit des Ersten nacheifert, der christliches Blut vergießt und die Christen mit großem
10 Feuer vernichtet. Er hat nun kürzlich die Stadt Konstantinopel nach hartem Kampf eingenommen und in sein Reich überführt. Dabei hat er unzählige Christen niedergemetzelt sowie alle Tempel und Heiligtümer geschändet. Dieser ist
15 wahrlich der Vorbote des Antichrist[1], der vernunftlos und ohne Geist den gesamten Westen unter seine Herrschaft bringen und aus dem gesamten Erdkreis den christlichen Namen auslöschen möchte.

Zit. nach Zakariae Soltani, Orientalische Spiegelungen: Alteritätskonstruktionen in der deutschsprachigen Literatur am Beispiel des Orients vom Spätmittelalter bis zur Klassischen Moderne, Berlin (Lit Verlag) 2016, S. 123.

[1] *Gegenspieler von Jesus Christus, der laut der biblischen Apokalypse vor Jesu Rückkehr erwartet wird*

M2 Berittener osmanischer Soldat mit gefangenem Bauernpaar und aufgespießtem Kind, Holzschnitt von Hans Guldenmundt, 1529/30

1 Analysiere Argumentation und Absichten des Papstschreibens M1.

2 Setze das Schreiben in Beziehung zu M2.

3 Erläutere auf der Basis von M1 und M2 das europäische Türkenbild in der Frühen Neuzeit.

B

Schnupftabak-
dose in Gestalt
eines sitzenden
Türken, mit
Goldmontie-
rung, um 1750.
Bis in das
18. Jh. wurden
in Europa Feste
in „türkischer"
Kleidung veran-
staltet sowie ori-
entalische Tep-
piche, Kleidung
und Waffen ge-
sammelt.

*Moscheeähnlicher Bau im Schlosspark Schwetzingen, Ende
18. Jahrhundert, Bauherr war Kurfürst Karl Theodor von der
Pfalz (reg. 1742–1799). Die Schwetzinger Moschee ähnelt der
Karlskirche in Wien, mit der der habsburgische Kaiser seinen
Herrschaftsanspruch symbolisierte.*

1 Beschreibe die Bilder M3 und M4.
2 Begründe ausgehend von M3 und M4 die Übernahme der osmanischen Kultur durch die Europäer.
3 Untersuche das Orientbild des Malers von M5.

*Bauchtänzerinnen vor dem Pascha, Gemälde von Paul
Bouchard, Frankreich, 1893*

....

Aufgabe für alle:
1 Beurteilt die Wirkung solcher Bilder auf zeitgenössische Europäer, die damals mehrheitlich noch keine
  Fernreisen unternahmen oder sich digital informieren konnten.
2 Beurteilt die Bedeutung der historischen Fremdbilder vom Osmanischen Reich und „den Türken" für
  die Gegenwart.

Zusatzaufgabe: siehe S. 233

cornelsen.de/webcodes
Code: tehoju
Türkenmode und Türkenfurcht

Auf dem Weg zum Imperium – osmanische Außenpolitik

Den Osmanen gelang es, aus der europäisch-westanatolischen Großmacht auch eine nahöstlich-nordafrikanische Großmacht auf drei Kontinenten zu machen. Sie erweiterten ihr Herrschaftsgebiet zu einem Weltreich.
- *Wie gestaltete das Osmanische Reich seinen Machtausbau?*
- *Wer waren die wichtigsten Konkurrenten des Osmanischen Reichs um Macht und Einfluss?*

Eine islamische Großmacht

1517 wurden die Osmanen durch die Eroberung Kairos zur Großmacht im islamischen Raum. Ägypten und Syrien wurden ins Reich eingegliedert und das Kalifenamt, inzwischen nur noch ein Ehrentitel, ging an die osmani-
5 schen Sultane über. Die Völker in Nordafrika und auf der Arabischen Halbinsel unterwarfen sich. Dauergegner der Osmanen blieben die schiitischen Safawiden in Persien.

Die europäischen „Türkenkriege"

Sultan Süleyman I. (reg. 1520–1566) gliederte Mesopo-
10 tamien (heutiger Irak) in das Osmanische Reich ein und verfolgte dann den territorialen Machtausbau in Richtung Norden und Westen. Die Osmanen verzeichneten Gebietsgewinne in zahlreichen erfolgreich geführten Kriegen gegen Venedig, Spanien, Portugal, Ungarn, Po-
15 len-Litauen, das Haus Habsburg in Österreich und das aufstrebende Russland. Ende des 17. Jahrhunderts erreichte das Osmanische Reich seine größte Ausdehnung.

Erste Niederlagen

Nach 1529 scheiterte 1683 auch die zweite Belagerung
20 Wiens durch die Osmanen. Im anschließenden „großen Türkenkrieg" unterlagen die Osmanen. Im Frieden von Karlowitz 1699 mussten sie erstmals eroberte Gebiete abtreten. Ungarn fiel an Habsburg, das dadurch auf Kosten des Osmanischen Reichs zur Großmacht aufstieg.
25 Nach einer Niederlage im Russisch-Türkischen Krieg verlor das Osmanische Reich 1774 im Friedensvertrag von Küçük Kaynarca (M3) erstmals muslimisch besiedelte Gebiete am Nordrand des Schwarzen Meeres. Hierdurch wurde Russland Schutzmacht der orthodoxen
30 christlichen Armenier*, Griechen und Georgier.

Krieg der Religionen?

Die Expansion des Osmanischen Reichs wurde von den damals unterlegenen europäischen Mächten als großer Religions- und im 19. Jahrhundert auch als Kulturkon-
35 flikt des Islam mit dem christlichen Europa dargestellt. Historiker weisen darauf hin, dass diese Darstellung eine

unzulässige Vereinfachung ist. Den Osmanen ging es wie allen anderen europäischen Mächten vor allem um Macht und Einfluss. So kämpften auf beiden Seiten mehrfach
40 christliche und muslimische Soldaten im gleichen Heer. Die Osmanen rekrutierten Christen für Ämter in Militär und Reichsverwaltung. Große Teile ihrer europäischen Truppen waren nicht türkisch oder muslimisch. Christliche Mächte wiederum schlossen Bündnisse mit den
45 Osmanen. Neben Byzanz und Venedig waren das vor allem die Gegner Habsburgs: die Niederlande, England, Schweden und jahrhundertelang Frankreich. Die Osmanen benutzten den Islam, um ihre Herrschaft zu legitimieren – so wie die europäischen Mächte das Christentum.

Pragmatische Herrschaftsweise

Auch in der osmanischen Herrschaftsweise zeigte sich Pragmatismus. In eroberten Gebieten, vor allem an den Rändern des Reichs, wurden bestehende Machthaber und regionale politische Strukturen beibehalten, wenn
55 diese die Oberhoheit des Sultans anerkannten und Tribut zahlten. Christen und Juden erhielten dank des Millet-Systems* in inneren Angelegenheiten Autonomie, wenn auch keine Gleichberechtigung.

Belagerung Wiens durch ein Heer des Osmanischen Reichs 1683, zeitgenössische historische Zeichnung. Solche Belagerungen waren typisch für die Zeit.

Bericht über den Empfang des osmanischen Gesandten in Frankfurt durch Kaiser Ferdinand I. (1562):

Für den Kaiser dankte der Reichsvizekanzler Sigismund Seld dem türkischen Legaten[1] und versicherte seinerseits, dass der Frieden auch von kaiserlicher Seite gehalten werden solle. Dieses Verfahren war
5 bei offiziellen Audienzen auch gegenüber den Untertanen des Reichs üblich, um den Rangabstand zwischen dem Kaiser und dem um Audienz Nachsuchenden deutlich zu machen. Aber noch ehe Seld seine Rede beendet hatte, fiel ihm [der osmanische
10 Botschafter] Ibrahim Bey erregt ins Wort: Von wegen friedliche Absichten, in der Vergangenheit seien es gerade die Leute des Kaisers gewesen, die den Frieden gebrochen hätten. Was heute als diplomatischer Fauxpas[2] erscheint, war sehr wahrscheinlich politi-
15 sches Kalkül. Indem ein Pfortendolmetscher[3] dem Reichsvizekanzler das Rederecht nahm, bestätigte er die Oberhoheit der osmanischen Sultane über das habsburgische Kaisertum ...

Anschließend überreichte Ibrahim Bey dem Kaiser
20 zwei Schreiben: den von Süleyman unterzeichneten Friedensvertrag und ein Beglaubigungsschreiben für sich selbst. Dann verließen alle Türken den Raum ... Kurz danach suchte der Legat jedoch erneut um eine Audienz nach, um dem Kaiser die mitgebrachten
25 Geschenke überreichen zu können. Mit dem Verlassen des Audienzraumes hatte er demonstriert, dass die Geschenkübergabe kein Teil und schon gar kein obligatorischer[4] Teil der Audienz war, wie dies umgekehrt für Audienzen am Hof Süleymans zutraf.

Harriet Rudolph, Türkische Gesandtschaften ins Reich am Beginn der Neuzeit, in: Marlene Kurz u. a. (Hg.), Das Osmanische Reich und die Habsburgermonarchie, München (Oldenbourg) 2005, S. 302.*

....

[1] *Gesandter*
[2] *Fehltritt*
[3] *Gemeint ist hier der Botschafter.*
[4] *verpflichtender*

Friedensvertrag von Küçük Kaynarca (1774):

7. Das Osmanische Reich wird die Rechte der christlichen [orthodoxen] Religion respektieren ...
8. Russische Mönche und Menschen anderer Herkunft [Christen] dürfen Jerusalem und andere [christ-
5 liche] Sehenswürdigkeiten besuchen. Von diesen Reisenden dürfen weder in Jerusalem noch auf dem Weg dahin irgendwelche Steuern oder Wegzölle erhoben werden ... Bei Konflikten auf osmanischem Boden wird gemäß den Bestimmungen der Scharia
10 Schutz gewährt ...
11. a) Das Schwarze Meer darf von Schiffen beider Länder frei befahren werden ...
b) Die Unantastbarkeit französischer und englischer Besucher ist auch auf russische Besucher anzuwen-
15 den ...

c) ... Die Osmanen erlauben es Russland, an ihnen geeignet erscheinenden Stellen Konsulate oder Konsulatsvertreter zu installieren. Diese Konsulate sind Konsulaten anderer Länder gleichgestellt ...
20 **14.** So wie andere Staaten dürfen die Russen auf der Galata-Seite [Istanbuls] ... eine [griechisch-orthodoxe] Kirche bauen. Diese Kirche steht unter der Schutzherrschaft des russischen Botschafters und ist vor staatlichem [osmanischem] Zugriff sicher ...
25 **19.** [Abtretung der von Muslimen bewohnten Gebiete nördlich des Kaukasus, der südlichen Ukraine und des Gebiets um die Krim an Russland.]

https://tr.wikisource.org/wiki/K%C3%BC%C3%A7%C3%BCk_Kaynarca_Antla%C5%9Fmas%C4%B1 (Abruf: 25. Juni 2019). Übers. v. Verf.*

....

1 Stelle mithilfe des Darstellungstextes den Wandel der außenpolitischen Lage des Osmanischen Reichs dar.
2 Wähle eine Aufgabe aus:
Beurteile das Verhalten des osmanischen Gesandten in M2 ...
a) aus der Perspektive des Kaisers.
b) aus der Perspektive des Sultans.
3 a) Ordne die Regelungen des Vertrags von Küçük-Kaynarca in M3 nach Themengebieten.

b) Beurteile die außen- und innenpolitische Bedeutung des Vertrages.
Tipp: Beachte die neue Rolle Russlands als Schutzmacht orthodoxer Christen im Osmanischen Reich.
4 Partnerarbeit:
a) Analysiert zunächst das Bild M1.
b) Führt dann eine Diskussion in einer Schulbuchredaktion: Trägt dieses Bild im Schulbuch dazu bei, das Klischee vom aggressiven Islam zu schüren?
Tipp: Beachtet den historischen Kontext.

Der europäische Imperialismus im Nahen und Mittleren Osten

Das Osmanische Reich war als die „Supermacht des 16. Jahrhunderts" bis Ende des 17. Jahrhunderts den anderen europäischen Mächten überlegen. Das änderte sich im 19. Jahrhundert dramatisch. 1820 wurde es in einer griechischen Denkschrift als der „kranke Mann am Bosporus" bezeichnet.

- *Welche Interessen verfolgten die europäischen Mächte gegenüber dem Osmanischen Reich?*
- *Welche Bedeutung hatte die imperialistische Politik der europäischen Staaten für das Osmanische Reich?*

Das europäische „Konzert" der Mächte

Auf dem Wiener Kongress 1815 hatten sich die Monarchen in Europa auf eine Staatenordnung geeinigt, die wie bei einem „Konzert" ein harmonisches Zusammenspiel der Großmächte erreichen sollte. Krisen sollten
5 mithilfe von Konferenzen gelöst werden, das Gleichgewicht der Mächte gewahrt bleiben.

Der europäische Imperialismus

Die Konkurrenz der Europäer verlagerte sich auf außereuropäische Schauplätze. Im Laufe des 19. Jahrhunderts
10 stiegen viele europäische Nationen in ein globales Wettrennen um Rohstoffe, Absatzmärkte und Macht ein. Die Niederlassungen von Privatleuten und Handelsgesellschaften außerhalb Europas wurden nun von staatlichen Institutionen unterstützt, dann selbst von ihnen infor-
15 mell betrieben und in vielen Fällen in eine formelle Herrschaft als Kolonie umgewandelt. Die direkt oder indirekt beherrschten Gebiete wurden politisch, ökonomisch und kulturell abhängig gemacht. So entwickelten sich in der Phase des Hochimperialismus zwischen ca. 1880 und
20 1918 globale europäische Imperien.

Auswirkungen auf das Osmanische Reich

Das Osmanische Reich war zu Beginn des 19. Jahrhunderts infolge von militärischen Niederlagen und wirtschaftlichen Krisen geschwächt. Die „Orientalische Fra-
25 ge" wurde zu einer Gefahr für das Gleichgewicht in Europa: Eine Auflösung des Osmanischen Reichs hätte zu einem großen Konflikt der Europäer untereinander geführt. Dennoch vergrößerten einige Nationen ihre Territorien auf Kosten des Osmanischen Reichs. Schon
30 Ende des 18. Jahrhunderts war Österreich-Ungarn tief in den südosteuropäischen Teil des Osmanischen Reichs eingedrungen, und Russland hatte den Nordrand des Schwarzen Meeres mit der Krimregion unter seine Kontrolle gebracht. Napoleon versuchte von 1798 bis 1801

„Das europäische Konzert", französische Postkarte von 1913

35 Ägypten zu beherrschen. 1830 machte Frankreich Algerien und 1881 Tunesien zu seiner Kolonie.

Beeinflusst von nationalstaatlichen Ideen, erhoben sich die Serben und Griechen im Osmanischen Reich. Der von den europäischen Großmächten unterstützte griechische
40 Aufstand (1821–1830) führte zur Bildung eines griechischen Staates. Da die europäischen Monarchien aber ähnliche Bewegungen in den eigenen Ländern befürchteten, wurde dieser nationale Aufstand als ein Aufstand gegen das „türkische Joch" dargestellt. Hier wurde das
45 moderne Bild vom angeblich „barbarischen, nicht zu Europa gehörenden Türken" begründet.

Orientkrise 1839–1841 und „Great Game"

In Ägypten begehrte der osmanische Gouverneur Muhammad Ali (reg. 1805–1849) auf und rückte bis nach
50 Anatolien vor. Der Sultan des Osmanischen Reichs konnte 1839 seine Herrschaft nur durch die militärische Hilfe Großbritanniens, Russlands, Österreichs und Preußens retten. Er musste aber Muhammad Ali als erblichen

Stellvertreter anerkennen und Ägypten der europäischen Wirtschaft öffnen.

Der Krimkrieg zwischen Russland und dem Osmanischen Reich (1853–1856) erschütterte das Machtgleichgewicht Europas. Im Frieden von Paris 1856 garantierten die europäischen Mächte deshalb ausdrücklich den Erhalt des Osmanischen Reichs. Seine Fortdauer verdankte es nun den Europäern. Es wurde deshalb nun europaweit als der „kranke Mann am Bosporus" (die Meerenge in Istanbul) bezeichnet.

Besonders Großbritannien war am Fortbestand des Osmanischen Reichs als Gegengewicht zu Russland interessiert, weil es im sogenannten „Great Game" mit Russland um Einfluss in Zentralasien und Afghanistan rang. Das Osmanische Reich sollte helfen, Russlands Expansion Richtung Indien zu bremsen, das 1857 britische Kolonie wurde.

Der Sueskanal

Der Franzose Ferdinand de Lesseps erhielt 1854 von Ägypten, das formal weiter unter osmanischer Herrschaft stand, die Genehmigung zum Bau und 99-jährigen Betrieb eines Kanals zwischen Mittelmeer und Rotem Meer. 1856 wurde eine Aktiengesellschaft gegründet, an der sich auch Ägypten mit 44 Prozent beteiligte. Gebaut wurde von 1859 bis 1869. Der 163 km lange Kanal verkürzte die Fahrten nach Ostasien enorm. 1870 fuhren 486 Schiffe durch den Kanal, 1882 waren es schon 3000.

Großbritannien betrachtete das französische Kanalprojekt als Angriff auf seine Vorherrschaft auf den Weltmeeren und versuchte den Bau diplomatisch zu verhindern. Als das hochverschuldete Ägypten 1875 zahlungsunfähig wurde, kaufte Großbritannien Ägypten seine Kanalaktien ab. Jetzt hatte es Zugriff auf den Verbindungsweg nach Indien. Großbritannien und Frankreich übernahmen die Schuldenverwaltung des Landes und regierten es damit faktisch. Ein vom Offizier Urabi angeführter Aufstand unter dem Slogan „Ägypten den Ägyptern" führte 1882 zur Besetzung des Landes durch britische Truppen. 1914 wurde es zum britischen Protektorat* erklärt, 1922 als Königreich unabhängig. Großbritannien behielt aber bis 1956 die Kontrolle über die Kanalzone.

Balkankrise 1875–1878 und Berliner Kongress

Russland sah sich als Schutzmacht aller slawischen Völker auf dem Balkan (Panslawismus) und unterstützte deren nationale Bewegungen. Ein von Russland 1877 erklärter Krieg endete für die Osmanen katastrophal: Sie verloren fast alle europäischen Besitzungen. Der christliche Bevölkerungsanteil im Osmanischen Reich von rund 40 Prozent sank durch diese Gebietsverluste. Das Osmanische Reich wurde islamischer und türkischer.

Russland unterstützte die Gründung eines Großreichs auf dem Balkan, um seine Vormacht in der Region zu festigen. Die anderen europäischen Großmächte sahen deshalb das Mächtegleichgewicht bedroht und beriefen 1878 den Berliner Kongress ein. Russland stimmte zu, Serbien, Montenegro und Rumänien zu selbstständigen Staaten zu machen, und erhielt im Gegenzug einige osmanische Gebiete zugesprochen. Armenien sollte sich selbst verwalten dürfen. Anwesende Vertreter des Osmanischen Reichs mussten machtlos zusehen. Nach den Friedensschlüssen von Karlowitz 1699 (S. 172) und Küçük Kaynarca 1774 (S. 173) war das der dritte große Schritt auf dem Weg zur Entmachtung des Osmanischen Reichs.

Das Sykes-Picot-Abkommen

Im Ersten Weltkrieg hatte sich das Osmanische Reich mit den Mittelmächten Deutschland und Österreich-Ungarn verbündet. Die Briten unterstützten 1916–1918 den Aufstand einiger arabischer Stämme im Osmanischen Reich. Sie versprachen ihnen einen eigenen Staat. Aber schon 1916 hatten Frankreich und Großbritannien im geheimen Sykes-Picot-Abkommen den Nahen Osten unter sich in zukünftige eigene Einflusssphären aufgeteilt.

Britisch-französische Interessensgebietsaufteilung im Nahen Osten 1916

Helmuth von Moltke, preußischer Militärberater im Osmanischen Reich, zur politischen Lage (1836):

Es ist lange die Aufgabe abendländischer Heere gewesen, der osmanischen Macht Schranken zu setzen; heute scheint es die Sorge der europäischen Politik zu sein, diesem Staat das Dasein zu fristen
5 [ihn zu erhalten] ... Schon lange verwickelt die europäische Diplomatie die Hohe Pforte in Kriege, die ihrem Interesse fremd sind, oder nötigt sie zu Friedensschlüssen, die ihre Provinzen kosten ... Die äußeren Glieder des einst so mächtigen Staatskör-
10 pers sind abgestorben, das ganze Leben hat sich auf das Herz zurückgezogen, und ein Aufruhr in den Straßen der Hauptstadt kann das Leichengefolge der osmanischen Monarchie werden ... Was aber die Ruhe Europas bedroht, scheint weniger die Erobe-
15 rung der Türkei durch eine fremde Macht zu sein, als vielmehr die äußerste Schwäche dieses Reichs und der Zusammensturz in seinem eigenen Innern.
Helmuth von Moltke, Unter dem Halbmond. Erlebnis in der alten Türkei 1835–1839, Tübingen, Basel (Erdmann-Verlag) 1979, S. 88, 90, 96.*

Der sächsische Gesandte Graf Vitzthum von Eckstädt erinnert sich an Äußerungen des Zaren Nikolaus I. bei einem Fest in St. Petersburg (1853):

Das Thema war eine Strafpredigt gegen die Türken, „diese Türkenhunde", wie der mehrmals wiederholte Ausdruck Seiner Majestät lautete. „Ihre Herrschaft in Europa könne nicht länger geduldet wer-
5 den, und er rechne darauf, der Kaiser von Österreich, den er wie einen Sohn liebe, werde mit ihm gemeinschaftlich der schmutzigen Wirtschaft am Bosporus und der Bedrückung der armen Christen durch diese verruchten Ungläubigen ein
10 Ende machen."
Zit. nach Günter Schönbrunn, Geschichte in Quellen, Bd. V, München (bsv) 1980, S. 268.

Der französische Kolonialminister Gabriel Hanotaux über die Ziele französischer Kolonialpolitik (1902):

Man möge mich recht verstehen: Es geht nicht allein um eine gewaltige Zurschaustellung von Eroberungen; es geht auch nicht um die Vergrößerung des öffentlichen und privaten Reichtums; es
5 geht darum, über die Meere hinweg in gestern noch unzivilisierten Ländern die Prinzipien einer Zivilisation auszubreiten, deren sich eine der ältesten Nationen der Erde sehr zu Recht rühmen kann; es geht darum, in unserem Umkreis und in
10 weiter Ferne so viele neue Frankreichs zu schaffen wie möglich; es geht darum, inmitten der stürmischen Konkurrenz der anderen Rassen, die sich alle auf denselben Weg begeben haben, unsere Sprache, unsere Sitten, unser Ideal, den Ruf Frank-
15 reichs und des Romanentums zu bewahren.
Zit. nach Peter Alter, Der Imperialismus, Stuttgart (Klett) 1989, S. 27f.

Otto von Bismarck, deutscher Reichskanzler, in einem Diktat (1876):

Die ganze Türkei mit Einrechnung der verschiedenen Stämme ihrer Bewohner ist als politische Institution nicht so viel wert, dass sich die zivilisierten europäischen Völker um ihretwegen in großen
5 Kriegen gegenseitig zu Grunde richten sollten.
Zit. nach Günter Schönbrunn, Geschichte in Quellen, Bd. V, München (bsv) 1980, S. 452.

Rede des britischen Kolonialministers Earl of Carnarvons (1878):

Wir sehen große Völkerschaften wie diejenigen Indiens, die wie Kinder im Schatten von Unwissen, Armut und Leiden sitzen und von uns Führung und Hilfe erwarten. Uns ist die Aufgabe zugefal-
5 len, ihnen weise Gesetze, gute Regierung und ein geordnetes Finanzwesen zu geben, die erst das Fundament eines gedeihlichen menschlichen Zusammenlebens schaffen. Unsere Aufgabe ist es, ihnen ein politisches System zu geben, in dem der
10 Geringste wie der Höchste auf der gesellschaftlichen Stufenleiter frei von Unterdrückung und Benachteiligung leben kann, in dem religiöse und moralische Erleuchtung bis in die dunkelsten Hütten dringen kann. Das ist die wahrhaftige Erfül-
15 lung unserer Pflichten; das – und ich wiederhole es – ist die wahre Stärke und Bedeutung des Imperialismus.
Zit. nach Peter Alter, Der Imperialismus, Stuttgart (Klett) 1989, S. 10.

M 8

Lord Curzon, 1899 bis 1905 Vizekönig von Indien, in einem Vortrag (1909):

Nachdem wir einmal in Indien festen Fuß gefasst haben, war die orientalische Frage, obgleich sie sich um Konstantinopel drehte, in Wirklichkeit durch Rücksichten auf die Sicherheit unseres indischen
5 Besitzes bestimmt. Ohne Indien hätte Lord Beaconsfield[1] nicht die Anteile am Sueskanal gekauft, ohne den Sueskanal wären wir jetzt nicht in Ägypten. Der historische Gegensatz und das Ringen mit Russland beinahe ein Jahrhundert lang ent-
10 sprang der Notwendigkeit, es von den Grenzen Indiens fernzuhalten.

Zit. nach Günter Schönbrunn, Geschichte in Quellen, Bd. V, München (bsv) 1980, S. 658.

....

[1] *Benjamin Disraeli, britischer Premierminister*

M 9

Konvention[1] von Konstantinopel (1888):

Übereinkommen zwischen Frankreich, Deutschland, Österreich-Ungarn, Spanien, Großbritannien, Italien, den Niederlanden, Russland und dem Osmanischen Reich
5 **1.** Der Sueskanal soll in Kriegs- wie in Friedenszeiten für jedes Handels- oder Kriegsschiff frei und offen sein, unabhängig unter welcher Flagge es fährt. Die Vertragsparteien vereinbaren, die freie Nutzung des Kanals in Kriegs- und Friedenszeiten in keiner Weise
10 zu beeinträchtigen. Der Kanal darf niemals blockiert werden ...
8. Die Bevollmächtigten der Unterzeichnermächte dieses Vertrags sind in Ägypten mit der Überwachung seiner Durchführung beauftragt ... Sie werden
15 die ägyptische Regierung über von ihnen erkannte Gefahren informieren, damit sie geeignete Maßnahmen ergreifen kann, um den Schutz und die freie Nutzung des Kanals zu gewährleisten.
9. ... Für den Fall, dass die ägyptische Regierung
20 nicht über ausreichende Mittel verfügt, muss sie die Regierung des Osmanischen Reichs auffordern, die erforderlichen Maßnahmen zu treffen. Diese kommt der Bitte nach, unterrichtet die Unterzeichnermächte ... und stimmt sich, falls erforderlich, mit ihnen ab.

https://fr.wikisource.org/wiki/Convention_de_Constantinople_sur_le_Canal_de_Suez (Abruf: 22. Juli 2019). Übers. v. Verf.*

....

[1] *Vertrag*

M 10 *Der preußische Kronprinz Friedrich Wilhelm bei der Feier zur Eröffnung des Sueskanals, 1869, Gemälde von Wilhelm Pape. Der Kronprinz in der Mitte rechts sitzt als Gast nur in einem Nebenpavillon. Deutsche waren am Bau des Sueskanals nicht beteiligt.*

....

1 **a)** Erläutere die Aussage der Postkarte M1.
   Tipp: Beziehe den Darstellungstext mit ein.
   b) Vergleiche die Aussage von M1 mit der Analyse der politischen Lage in M3 aus dem Jahre 1836.
2 **Wähle eine Aufgabe aus:**
   a) Gestalte mithilfe des Darstellungstextes ein kurzes Erklärvideo zu den Auswirkungen des europäischen Imperialismus im Nahen und Mittleren Osten.
   b) Stelle mithilfe des Darstellungstextes die Auswirkungen des europäischen Imperialismus im Nahen und Mittleren Osten grafisch dar.
   Tipp: Beziehe jeweils eine Umrisskarte ein.
3 Charakterisiere mithilfe von M2 und M4–M7 Einstellungen und Interessen europäischer Imperialmächte.
4 Beurteile auf der Basis von M2, M8 und M9 die Bedeutung des Sueskanals für den europäischen Imperialismus.
5 Erläutere die „deutsche Perspektive" in M10.

Niedergang oder Umgestaltung? – Das Jahrhundert der Reformen

Die Herrschaftsweise der Osmanen hielt jahrhundertelang das multireligiöse und multiethnische Reich zusammen. Krisen und Niederlagen erzeugten Veränderungsdruck. Das 19. Jahrhundert wurde zur Epoche der Reformen. Ihr könnt sie in Gruppen untersuchen und vergleichen.
- *Wie versuchten die Sultane ihr Reich zu reformieren?*
- *Waren die Reformen erfolgreich?*

Vorschlag für ein Gruppenpuzzle:
Untersucht in Gruppen die Reformen des Osmanischen Reichs im 19. Jahrhundert.
Phase 1: Bildet Dreiergruppen (= Stammgruppen).
Stellt mithilfe des Darstellungstextes stichpunktartig in einer Tabelle chronologisch geordnet in Spalte 1 innenpolitische, in Spalte 2 außenpolitische Krisenerscheinungen zusammen und ordnet in Spalte 3 die Reformgesetze der Sultane ein.
Phase 2: Jeder aus der Gruppe wählt ein Reformgesetz aus M2–M4 aus. Dann sucht ihr euch Mitschüler aus anderen Stammgruppen, die dasselbe Reformgesetz bearbeiten (= Expertengruppen), und untersucht gemeinsam das Material:
a) Fasst die Reformbestimmungen zusammen.
b) Untersucht die Begründung für die Reformgesetze.

c) Arbeitet die Absichten des Sultans heraus.
d) Beurteilt die Reformen aus der Perspektive verschiedener sozialer und religiöser Gruppen des Osmanischen Reichs und der der europäischen Großmächte.
Phase 3: Kehrt in eure Stammgruppen zurück:
a) Stellt euch zunächst eure Ergebnisse aus den Expertengruppen vor.
b) Ordnet die Ergebnisse der Reformen den Bereichen Recht, Staatsordnung, Gesellschaft und Wirtschaft zu.
c) „Niedergang oder Umgestaltung?" Beurteilt die Reformbemühungen der osmanischen Sultane.
Tipp: Bezieht den Darstellungstext S. 178 ff. mit ein.
Für Schnelle: Analysiert die Karikatur M5 zur Politik Abdülhamid II. Stellt einen Bezug zu M1 und M6 her.

Krisensymptome und erste Reformansätze
Militärische Misserfolge veranlassten Selim III. (reg. 1789–1807) dazu, das Militär nach europäischem Vorbild zu reformieren. Janitscharen und niedere Ulema fürchteten um ihre Privilegien. Die Gesellschaft spaltete
5 sich in reformorientierte Intellektuelle, Beamte und Militärs sowie eine religionsorientierte, wirtschaftlich vom Abstieg bedrohte Gruppe. Selim III. wurde von den Janitscharen gefangen genommen und ermordet. Sein Nachfolger Mahmud II. (reg. 1808–1839) setzte die Mo-
10 dernisierung des Militärs jedoch fort. 1826 ließ er einen Janitscharenaufstand blutig niederschlagen, löste die Truppe auf und schaffte das Timar-System ab. Damit war den Reformgegnern ihre traditionelle Machtbasis entzogen.

15 ### Die Tanzimat-Periode
Der nächste Sultan, Abdülmecid I. (reg. 1839–1861), war in Frankreich erzogen worden und wie einige hohe Beamte, die zeitweilig in Europa studiert hatten, mit den Ideen der Aufklärung in Berührung gekommen. Zu sei-
20 nem Regierungsantritt 1839 musste er die militärische

Unterstützung europäischer Mächte annehmen, um die Rebellion seines Statthalters in Ägypten niederzuschlagen (s. S. 174). Noch im selben Jahr leitete er mit dem Edikt von Gülhane (M2) eine grundlegende Neu-
25 ordnung (*Tanẓīmāt*) des Staates ein.
1856 bekräftigte und erweiterte Abdülmecid I. in einem zweiten Edikt (M3) die Reformbeschlüsse von 1839. Es

Eröffnung des Parlaments am 19. März 1877 im Dolmabahçe-Palast Istanbul, englischer Holzstich, 1877

wurden ein Straf-, ein Handels- und ein Zivilgesetzbuch nach französischem Vorbild verfasst, säkulare Gerichte und Schulen eingerichtet sowie die Zuständigkeit der religiösen Gerichte auf Ehe- und Familiensachen beschränkt.

Die Verfassung von 1876

Das durch Aufstände in den Randprovinzen auf dem Balkan ohnehin geschwächte Osmanische Reich verschuldete sich im Zuge der Umsetzung der Reformvorhaben so sehr, dass 1876 der Staatsbankrott erklärt werden musste. Die europäischen Geldgeber übernahmen unter Führung von Frankreich und England die Schuldenverwaltung und kontrollierten seither große Teile des osmanischen Staatshaushalts. Um seine weitere Reformbereitschaft zu demonstrieren, erließ Abdül-

hamid II. (reg. 1876–1909) 1876 eine Verfassung zur Schaffung einer konstitutionellen Monarchie für das Osmanische Reich (M4). Nach der verheerenden Niederlage im Krieg gegen Russland (s. S. 175) löste er das gewählte Parlament 1878 jedoch wieder auf. Teile der Verfassung blieben aber in Kraft und bildeten die Basis für die weitere Modernisierung des Staates. Gleichzeitig baute Abdülhamid II. aus Angst vor Machtverlust ein gegen die eigenen Staatsdiener gerichtetes Zensur- und Spitzelsystem auf und regierte despotisch. Dass er nach Jahrhunderten erstmalig den Kalifentitel zur religiösen Legitimierung seiner Sultansherrschaft benutzte, verschaffte ihm bei manchen religionsorientierten Untertanen Sympathien. Die Europäisierung des Landes wurde hingegen von ihnen kritisiert.

Reformedikt Abdülmecid I. von Gülhane (1839):
Wie allgemein bekannt, wurden in den ersten Zeiten unseres ruhmvollen Reiches die erhabenen Bestimmungen des Koran und die gesetzlichen Vorschriften genau beobachtet ... Seit 150 Jahren aber waren
5 eine Kette von unglücklichen Ereignissen und verschiedene andere Umstände der Grund, dass man abließ, die erhabenen Vorschriften der Scheriat- und Kanungesetze[1] zu befolgen, weshalb sich die frühere Macht und der einstige Wohlstand in das Gegenteil,
10 nämlich in Schwäche und Armut, verwandelten ... Somit halten wir im vollen Vertrauen auf die Hilfe des gnädigen Schöpfers und gestützt auf den geistigen Beistand des Propheten die Schaffung einiger neuer Gesetze für wichtig und notwendig ...
15 Die lebenslängliche Dienstzeit der zum Militärdienst Berufenen [ruft] bei diesen Verdruss hervor und trägt zur Entvölkerung des Landes bei. Daher ist es notwendig, dass ... eine allmähliche Herabsetzung des Militärdienstes auf vier oder fünf Jahre vorgenom-
20 men wird ...
In Zukunft [werden] die Prozesse der Übeltäter gemäß den gesetzlichen Vorschriften öffentlich geführt ...
Jedermann kann sein bewegliches und unbewegli-
25 ches Vermögen mit voller Freiheit besitzen und darüber schalten und walten, ohne dass von irgendeiner Seite eine Einmischung gestattet wäre.
Damit nun dieser unserer Begünstigungen alle unsere Untertanen, Muslime und Anhänger der übri-
30 gen Religionsgemeinschaften ohne Ausnahme teilhaftig werden, wurde von uns eine vollkommene

Sicherheit des Lebens, der Ehre und des Vermögens der Bevölkerung aller unserer wohlbehüteten Länder gemäß den Bestimmungen der Scheriatgesetze ge-
35 währleistet.
Da auch die anderen Punkte durch einen einmütigen Austausch der verschiedenen Meinungen beschlossen werden müssen, so werden sich im Justizrat ... die Minister und hervorragende Männer unseres
40 ruhmvollen Reiches an bestimmten noch festzusetzenden Tagen versammeln und ohne Furcht frei ihre Gedanken und Meinungen äußern. Sie werden die notwendigen Gesetze betreffend die Sicherheit des Lebens und Vermögens und die Verteilung der Steu-
45 ern beschließen ...
Jedes Gesetz wird uns, sobald es beschlossen worden ist, vorgelegt. Indem wir an die Spitze das Zeichen unserer kaiserlichen Genehmigung setzen [Tuğra, S. 161], wird es sanktioniert, damit es, so lan-
50 ge es Gott gefällt, in Kraft bleibe. Diese gesetzlichen Vorschriften wurden einzig und allein zu dem Zwecke erlassen, um die Religion, den Staat, das Land und das Volk mit neuen Kräften zu erfüllen. Deshalb verpflichten wir uns, nichts zu unternehmen, was
55 mit ihnen im Widerspruch steht ... Wer ... den gesetzlichen Vorschriften zuwider handelt, wird ... die entsprechende Strafe ohne Rücksicht auf Rang, Würde und persönliches Ansehen erhalten.
Zit. nach Andreas Meier (Hg.), Der politische Auftrag des Islam, Wuppertal (Peter Hammer Verlag) 1994, S. 56ff.*

....

[1] *religiöse und weltliche Gesetze (siehe S. 164)*

Folgen der Reformen

Die Reformen öffneten das Reich für den internationalen Handels- und Kapitalverkehr. Der osmanische Markt
wurde mit Billigwaren geflutet. Einige Staaten nutzten
die in den Kapitulationen vor Jahrhunderten gewährten
Sonderrechte aus, um eigene Verwaltungen und Gerichte im Land zu bilden. Privilegien, z. B. Steuervorteile,
versuchten sie auf ihre osmanischen Schützlinge (v. a.
orthodoxe Christen und Juden) zu übertragen, die daraufhin als verräterische „Agenten Europas" verdächtigt
wurden.

Die Reformen waren von oben durchgesetzt worden.
Nach Macht strebende religiöse Eliten und aufständische Kräfte in den Provinzen konnten zurückgedrängt
werden. Die städtischen und europäisch gebildeten Eliten wurden gestärkt. Damit war es den Sultanen zwar
gelungen, ihr Reich im 19. Jahrhundert vor dem Zerfall
zu bewahren. Doch zentrale Probleme blieben weiter
bestehen: die wirtschaftliche Rückständigkeit, die
Einflussnahme europäischer Mächte und nationale Bestrebungen einzelner Provinzen.

„Großherrliches Handschreiben" von Abdülmecid I. (1856):

Wenn auch der Wohlstand und Reichtum unseres
Landes und Volkes stetig in Zunahme begriffen ist,
so ist es doch unser gerechter Wunsch, die nützlichen Reformen, die wir bisher erlassen und verkündet haben, von Neuem zu bekräftigen und zu ver-
mehren ...

1. Die Sicherheiten, welche allen unseren Untertanen ohne Unterschied der Religion und Sekte durch
das Schreiben von Gülhane [M2] ... versprochen und
gewährt worden sind, werden hiermit erneuert und
bestätigt ...

7. Alle Ausdrücke, Worte und Unterscheidungen,
welche die Geringschätzung einer Untertanenklasse
unseres erhabenen Reiches wegen ihrer Religion,
Sprache oder Nationalität [hier: Ethnie] beinhalten,
werden für immer aus den administrativen[1] Proto-
kollen gestrichen ...

8. Da der Kultus[2] jeder Religionsgemeinschaft ... frei
ausgeübt wird, kann niemand unserer Untertanen
an der Ausübung jener Religion, der er angehört, ge-
hindert oder wegen dieser Ausübung gedrückt oder
verfolgt werden. Niemand wird gezwungen, seine
Religion oder seinen Glauben zu wechseln.

9. ... Da allen unseren Untertanen ohne Unterschied
der Nationalität [hier: Ethnie] die Staatsämter zugänglich sind, so werden sie gemäß den Vorschriften, die für alle Gültigkeit haben werden, in jenen
Ämtern angestellt, für die sie befähigt und geeignet
sind.

10. Alle unsere Untertanen werden ohne Unterschied und Ausnahme in die Zivil- und Militärschu-
len unseres ruhmvollen Reiches aufgenommen,
sobald sie die [Zulassungs-] Bedingungen erfüllt
haben ...

11. Alle Handels- und Strafprozesse zwischen Muslimen, Christen und anderen nicht muslimischen Untertanen ... werden gemischten Gerichtshöfen zugewiesen ...

15. Wie die Gleichheit der Steuern eine Gleichheit
der übrigen Lasten im Gefolge hat, so rufen gleiche
Rechte auch gleiche Pflichten hervor. Daher werden
die Christen und die übrigen nichtmuslimischen Untertanen ebenso wie die muslimische Bevölkerung
sich jenen Bestimmungen unterwerfen müssen, die
in letzter Zeit für die Beteiligung am Militärdienst
erlassen worden sind ...

18. Die allen unseren Untertanen auferlegten Steuern und Abgaben werden ... ohne Rücksicht auf die
Klasse und Religion erhoben.

23. Banken und ähnliche Institute werden gegründet
werden, um dem Reich Kredit zu verschaffen und
das Münzwesen zu verbessern ...

24. Zu diesem Zweck [Förderung der Wirtschaft]
wird man jene Mittel genau im Auge behalten und
allmählich zur Anwendung bringen, die darauf hin-
zielen, von dem Wissen, den Kenntnissen und den
Kapitalien Europas Nutzen zu ziehen ...

*Zit. nach Andreas Meier (Hg.), Der politische Auftrag des
Islam, Wuppertal (Peter Hammer Verlag) 1994, S. 63 ff.* *

....

[1] *behördlichen*
[2] *religiöse Sitten und Gebräuche*

Die Verfassung von Abdülhamid II. (1876):

Das Osmanische Reich:

Art. 1: Das Osmanische Reich besteht aus den gegenwärtigen Ländern und Gebieten und den privilegierten Provinzen. Diese bilden ein einheitliches Ganzes und können niemals und aus keinem
5 Grund geteilt werden ...

Art. 4: Der Sultan ist als Kalif der Beschützer der islamischen Religion, der Beherrscher und Kaiser (padişah) aller osmanischen Untertanen ...

Art. 5: Die Person des Sultans ist geheiligt, er selbst
10 nicht verantwortlich ...

Art. 7: Die Hoheitsrechte des Sultans sind: Die Ernennung und Absetzung der Minister, die Verleihung von Ämtern, Würden und Orden, die Einsetzung der Statthalter der privilegierten Provinzen ..., die Münz-
15 prägung, die Erwähnung seines Namens im öffentlichen Gebet, der Abschluss von Verträgen mit auswärtigen Staaten, die Erklärung von Krieg und Frieden, der Oberbefehl über die Land- und Seestreitkräfte, die Mobilisierung des Heeres, die Aus-
20 übung der Gerichtsbarkeit nach den Scheriat- und Kanungesetzen, die Aufstellung von Grundbestimmungen über die öffentliche Verwaltung, die Milderung oder gänzliche Erlassung der gesetzlichen Strafen, die Berufung, die Vertagung und erforder-
25 lichenfalls die Auflösung des Parlamentes, letzteres jedoch nur unter der Bedingung, dass Neuwahlen ausgeschrieben werden.

Die allgemeinen Rechte der osmanischen Untertanen:

Art. 8: Alle Untertanen des Osmanischen Reiches,
30 welcher Religion oder Konfession sie auch angehören mögen, heißen ohne Ausnahme „Osmanen" ...

Art. 9: Sämtliche Osmanen genießen die persönliche Freiheit und sind verpflichtet, die Freiheitsrechte anderer nicht zu verletzen ...

35 **Art. 11:** Die Staatsreligion des Osmanischen Reiches ist der Islam. Unter Wahrung dieses Grundsatzes steht die freie Ausübung aller in den osmanischen Ländern anerkannten Religionen ... wie bisher unter dem Schutz des Staates.

40 **Art. 12:** Die Presse ist innerhalb der Schranken des Gesetzes frei ...

Art. 17: Alle Osmanen sind vor dem Gesetz gleich und haben, abgesehen von ihrer konfessionellen Stellung, gleiche Rechte und Pflichten gegenüber
45 dem Land ...

Art. 20: Die festgesetzten Steuern werden ... allen osmanischen Untertanen im Verhältnis zu ihrem Vermögen auferlegt.

Art. 21: Jedermann ist sicher im rechtmäßig erwor-
50 benen Besitz seines beweglichen und unbeweglichen Vermögens. Niemandes Liegenschaften können ... enteignet werden.

Art. 22: Jedermanns Wohnung und Domizil ist in den osmanischen Ländern vor Angriffen
55 geschützt ...

Art. 26: Die Folter und alle übrigen Arten der Tortur sind unbedingt und in ihrer Gänze verboten.

Zit. nach Andreas Meier (Hg.), Der politische Auftrag des Islam, Wuppertal (Peter Hammer Verlag) 1994, S. 75ff.

MAKING THE ROPE TO HANG HIMSELF.

Titelblatt der US-Satirezeitschrift „Judge" vom 26. September 1903. Die Seite zeigt Sultan Abdülhamid II., wie er „das Seil macht, um sich zu hängen". Bestandteile des Seiles sind u. a. „Versprechen und Reform", „Massaker an Christen" oder „islamischer Fanatismus".

Ärzte und Apotheker demonstrieren in Istanbul für die Wiederherstellung der Verfassung von 1876. Foto, 9. August 1908

Dekolonisierung und Islamismus

Der europäische Imperialismus, der wachsende Nationalismus sowie die inneren Krisen hatten tiefgreifende Folgen für das Osmanische Reich. Zum einen lösten sich immer mehr Völker aus dem Reich heraus oder kamen unter die Kontrolle einer europäischen Macht. Zum anderen entstanden innerhalb des Reichs neue politische Strömungen, denen die Reformbemühungen des Sultans nicht weit genug gingen. Im 20. Jahrhundert beschleunigten sich diese Prozesse.

- *Wie entwickelte sich die Staatenwelt im Nahen und Mittleren Osten im 20. Jahrhundert?*
- *Was waren die Grundideen des politischen Islam bzw. Islamismus?*

Kolonialismus und Zerfall des Osmanischen Reichs

Bereits 1830 hatten sich die Griechen aus dem Osmanischen Reich mit europäischer Unterstützung herausgelöst und einen eigenen Nationalstaat gegründet. Es folgten Rumänien (1878), Serbien (1878), Montenegro
5 (1878), Bulgarien (1908) und Albanien (1912/13). Auf dem Kerngebiet des Osmanischen Reichs kamen die nationalistischen Jungtürken 1908 an die Regierung und schränkten die Rechte des Sultans ein (s. S. 184 f.).

In Nordafrika hatten die Unabhängigkeitsbestrebungen
10 bereits mit dem Statthalter Muhammad Ali (1806–1848) eingesetzt, der die osmanische Provinz Ägypten weitgehend autonom regierte. 1882 wurde Ägypten offiziell zum britischen Protektorat. Algerien wurde ab 1830 von den Franzosen erobert und zur Kolonie, Tunesien
15 (1881) und Marokko (1912) wurden französische Protektorate.

Ein neuer Kolonialisierungsschub setzte mit dem Ende des Ersten Weltkriegs und der Aufteilung des Osmanischen Reichs ein. Die neu gebildeten Staaten Syrien und
20 Libanon wurden französisches, Palästina, Transjordanien und der Irak britisches Mandatsgebiet, d.h. Frankreich und Großbritannien wurden vom Völkerbund mit der Kontrolle der Gebiete beauftragt. Auf dem Kerngebiet des Osmanischen Reichs konnte General Mustafa
25 Kemal nach einem Befreiungskampf die unabhängige Republik Türkei gründen (s. S. 196 ff.).

Dekolonisierung

Nach dem Zweiten Weltkrieg begann der Prozess der Dekolonisierung*, d.h. Kolonien, Protektorate und
30 Mandatsgebiete wurden zu unabhängigen Staaten. Syrien und Libanon wurden 1946 von Frankreich unabhängig, 1956 folgten Tunesien und Marokko, 1962 Algerien. Großbritannien musste 1946 Jordanien, 1947 Indien und dem neuen Staat Pakistan, 1958 dem Irak die Un-
35 abhängigkeit zugestehen. 1948 wurde Israel gegründet. Bis heute ist die Dekolonisierung Ursache von Krisen.

Gründe sind u.a. Grenzkonflikte, wirtschaftliche Rückständigkeit, soziale, ethnische, religiöse und politische Spannungen.

40 Bereits in den 1920er und 1930er Jahren hatten sich in den kolonial beherrschten Gebieten des Nahen und Mittleren Ostens verschiedene politische Gruppen mit nationalistischer, sozialistischer, liberaler oder religiöser Ausprägung gebildet, die gegen die europäische Fremd-
45 herrschaft kämpften und nach eigenen Formen der staatlichen Ordnung und der Modernisierung suchten. Sie griffen dabei westliche Denkweisen auf, entwickelten aber eigene Konzepte. So verband z.B. die noch heute in Syrien herrschende *Ba'ath-Partei* (arab. „Erweckung")
50 nationalistische, panarabische*, sozialistische und islamische Elemente.

Politischer Islam und Islamismus

Bereits im 19. Jahrhundert entstanden in der islamischen Welt verschiedene Strömungen, die den Islam
55 reformieren wollten. Man wollte den „wahren Islam" gegen die Kultur der Herrschenden verteidigen. Dadurch erhielten die im Kern religiösen Reformbewegungen auch eine politische Dimension. Erst im 20. Jahrhundert kann man von einem organisierten politischen Islam oder
60 Islamismus sprechen. Allen Islamisten (oft auch Fundamentalisten genannt) gemeinsam ist, dass sie für eine Re-Islamisierung des Staates, orientiert an der von ihnen glorifizierten Frühphase des islamischen Reichs plädieren. Das geht oft mit einer stark antiwestlichen Argu-
65 mentation einher.

Wichtiger sind jedoch die Unterschiede. Es gibt viele verschiedene Strömungen des politischen Islam, die von gemäßigt-praktischen Reformprogrammen bis zu radikal-revolutionären Kräften reichen. Der Ägypter Hasan
70 al Banna (1906–1949), Gründer der Muslimbruderschaft 1928, gilt als Vordenker der gemäßigten Kräfte, während sich radikal-islamistische Gruppen oft auf den Ägypter Sayyid Qutb (1906–1966, hingerichtet) beziehen.

Der Ägypter Hasan al-Banna in seinem Traktat „Aufbruch zum Licht", das sich an arabische Staatsoberhäupter richtete (1936):

Auf dem Gebiet der Politik, Justiz und Verwaltung:

1) Beendigung des Parteienwesens und Orientierung der politischen Kräfte der Nation in einer Richtung als einer einzigen Front.

2) Reform des Rechts in dem Sinn, dass es mit der islamischen Gesetzgebung in allen ihren Ableitungen in Einklang steht.

3) Stärkung der Armee und Erhöhung der Jugendabteilungen; moralische Aufrüstung der Jugend auf der Grundlage des Dschihad[1] ...

8) Beendigung der Bestechung und Günstlingswirtschaft und ausschließliche Berücksichtigung der Qualifikation und der gesetzlichen Kriterien.

Auf dem Gebiet des Sozialen und der Bildung:

1) Gewöhnung des Volkes an die Respektierung der öffentlichen Sitten; Aufstellung diesbezüglicher Instruktionen unter dem Schutz des Gesetzes und Verschärfung der Strafen für moralische Vergehen.

2) Die Frage der Frau muss in einer Weise gelöst werden, die ihre Förderung und ihren Schutz gleichermaßen gewährleistet ...

6) Erziehung der Frauen in den Regeln weiblichen Anstandes, um das flirt- und gefallsüchtige Verhalten zu unterbinden. Verschärftes Augenmerk diesbezüglich auf Lehrerinnen, Schülerinnen, Ärztinnen, Studentinnen und ihresgleichen ...

14) Konfiszierung der Theaterstücke, Bücher und Zeitschriften, welche Provokationen ... verbreiten, indem sie die niederen Instinkte des Publikums schamlos ausnutzen.

Zit. nach Andreas Meier, Der politische Auftrag des Islam. Programme und Kritik zwischen Fundamentalismus und Reformen, Wuppertal (Peter Hammer Verlag) 1994, S. 180 ff.*

....

[1] *Arabisches Wort für „Anstrengung, Einsatz". Es meint den Einsatz im inneren Kampf um den eigenen Glauben, wird aber auch als „heiliger Krieg" gegen Andersgläubige interpretiert.*

Der Ägypter Sayyid Qutb über die Idee der absoluten Gottessouveränität (1965):

Diese Deklaration des alleinigen Herr-Seins Gottes gegenüber den Menschen bedeutet: Die universale Reform gegenüber allen Formen der durch den Menschen Gott entzogenen Souveränität in allen Formen und Systemen, die totale Rebellion gegen jede Ordnung auf der ganzen Erde, in der die Entscheidung, in welcher Form auch immer, in der Hand der Menschen liegt ... Diese allgemeine Deklaration der Befreiung des Menschen ... ist keine bloße theoretische Deklaration einer passiven Philosophie: Vielmehr ist sie eine realistische Deklaration, welche sich in einer aktiven politischen Bewegung niederschlagen muss ... Wer das Wesen dieser Religion in der vorgestellten Weise erkannt hat, der begreift zugleich die Unabänderlichkeit, dass der Aufbruch des Islam zu einer aktiven Bewegung die Form des bewaffneten Dschihad annehmen muss, neben dem Dschihad, der sich allein auf die Kraft des Wortes stützt.

Zit. nach Andreas Meier, Der politische Auftrag des Islam. Programme und Kritik zwischen Fundamentalismus und Reformen, Wuppertal (Peter Hammer Verlag) 1994, S. 198 ff.*

....

Sayyid Qutb (1906–1966)

Der ausgebildete Lehrer und Journalist stammte aus einer bürgerlichen Familie in einem ägyptischen Dorf. Er arbeitete viele Jahre für das Bildungsministerium in Kairo und vertrat nationalistische Ideen. 1949 ging er im Auftrag des Ministeriums für zwei Jahre in die USA. Seine Erfahrungen dort verstärkten seine antiwestliche Einstellung. Er brach mit seinen alten Ideen und wendete sich dem Islam zu. Nach seiner Rückkehr nach Ägypten trat er 1951 der Muslimbruderschaft bei und begann seine Ideen eines islamisch geprägten Staates zu entwickeln. Er geriet immer wieder in Konflikt mit der nationalistischen Regierung von Gamal Abdel Nasser, wurde mehrfach verhaftet und 1966 wegen des Vorwurfs der Teilnahme an einer Verschwörung hingerichtet.

....

1 Erläutere auf Basis des Darstellungstextes den Zerfall des Osmanischen Reichs.
   Tipp: Nutze die Karte auf S. 277 unten zur räumlichen Orientierung.
2 Charakterisiere das politische Programm von Hasan al-Banna (M1).
3 Begründe mithilfe von M2, warum Sayyid Qutb als Vordenker der radikalen Islamisten gilt.
4 Vergleiche M1 und M2 mit den politischen und gesellschaftlichen Werten westlicher Demokratien.

Aus alten Osmanen werden junge Türken

*Die oppositionelle Vereinigung der Jungtürken stürzte 1913 die Staatsregierung
und übernahm die Kontrolle über den Osmanischen Staat.*
* *Was brachte sie dazu, gegen den Sultan zu rebellieren?*

Die jungtürkische Bewegung

Die Bewegung der Jungtürken hatte sich im ausgehenden 19. Jahrhundert aus einem Geheimbund an der
militärischen Medizinschule in Istanbul entwickelt. Ihr
Name geht auf die französische Zeitung *„La Jeune Tur-*
5 *quie"* zurück, die von osmanischen Emigranten in Paris
gegründet wurde. Die Mitglieder der Bewegung gehörten überwiegend der intellektuellen Elite, der Beamtenschaft sowie dem Militär an. Sie vertraten unterschiedliche politische Richtungen. Einige orientierten sich an
10 dem westlichen Modell einer Republik, andere strebten
eine liberale Erneuerung auf der Grundlage eines reformierten Islam an. Eine dritte Strömung favorisierte einen
türkischen Nationalstaat. Einig waren sich die Jungtürken in dem Wunsch, die autokratische Herrschaft Sultan
15 Abdülhamids II. einzuschränken. Als Führungsgremium
der Bewegung kristallisierte sich das „Komitee für Einheit und Fortschritt" (KEF) heraus.

*„Das Erwachen der orientalischen Frage", Karikatur, 1908.
Neben den Monarchen von Österreich-Ungarn (links) und Bulgarien (Mitte) ist rechts Sultan Abdülhamid II. zu erkennen.*

Gründe für den Widerstand

Auch wenn sich die Jungtürken eine Modernisierung
20 nach europäischem Vorbild wünschten, erregte die wirtschaftliche und politische Dominanz der Europäer im
eigenen Land ihren Zorn. Der schrittweise territoriale
Zerfall des Osmanischen Staates war ein weiterer Faktor.
Es war kein Zufall, dass die Radikalisierung der jungtür-
25 kischen Protestgruppen gerade in den europäischen Gebieten des Osmanischen Reichs erfolgte. Auf dem Balkan
ließ sich der osmanische Machtverlust unmittelbar
beobachten. Aus Sicht der Jungtürken hatte Sultan Abdülhamid II. diesen Entwicklungen nichts entgegen-
30 zusetzen. Nach ihrer Meinung kümmerte er sich mit
repressiven Mitteln vorrangig um den Erhalt der eigenen
Macht.

Die jungtürkische Revolution

Als 1908 das Gerücht aufkam, der Osmanische Staat sol-
35 le auch die mazedonischen Provinzen verlieren, brachten jungtürkische Armeeoffiziere Mazedonien innerhalb
von zwei Wochen gewaltsam unter ihre Kontrolle. Sie
drohten dem Sultan, gegen Istanbul zu marschieren. Dieser sah sich gezwungen, das 1878 aufgelöste Parlament
40 nach Wahlen wieder zu eröffnen. Die neue Regierung
war dem KEF ergeben.
Ein Jahr später ließ das KEF Sultan Abdülhamid verhaften und ersetzte ihn durch seinen Bruder Mehmed V.,
der nur noch repräsentative Funktionen erhielt. Konser-
45 vative Kräfte am Hof wollten die Position des Sultans
erneut stärken und erreichten 1912 kurzzeitig den Sturz
der Jungtürken. Als im Januar 1913 der amtierende
Großwesir während einer Regierungsversammlung von
einem jungtürkischen Armeekommando mit vorgehalte-
50 ner Waffe zum Rücktritt gezwungen wurde, leitete dies
die endgültige Machtübernahme der Jungtürken ein.
Das Komitee regierte von nun an diktatorisch.

Der jungtürkische Nationalismus

Unter der Leitung eines Dreierkomitees, bestehend aus
55 den einflussreichsten Mitgliedern des KEF, Enver Bey,
Talat Bey und Cemal Bey, verfolgten die Jungtürken immer deutlicher nationalistische Ziele. Schon Ende des
19. Jahrhunderts wurden nichtmuslimische Bevölke-

rungsgruppen wie Griechen, Armenier und Aramäer*
60 spürbar ausgegrenzt und verfolgt. Die Idee des Panturkismus* griff um sich: Aus dem Vielvölkerstaat sollte ein
großtürkischer Nationalstaat mit einer einheitlichen
turksprachigen Bevölkerung werden.

Krieg und Niederlage

65 Obwohl Heer und Flotte in keinem guten Zustand waren,
setzte das KEF gegen kritische Stimmen den Eintritt des
Osmanischen Reichs in den Ersten Weltkrieg an der Seite
Deutschlands und Österreich-Ungarns durch.
In den Kriegsjahren betrieb die osmanische Führung die
70 Vertreibung und Vernichtung großer Teile der armenischen und aramäischen Bevölkerung. Als Vorwand diente der Vorwurf, diese hätten mit dem feindlichen Russland zusammengearbeitet. Noch ehe der Krieg verloren
war, flohen das Dreierkomitee und einige weitere Regie-
75 rungsmitglieder außer Landes, um sich der Verantwortung am Völkermord* an den Armeniern zu entziehen
(s. S. 186 ff.).

Der Jungtürkenführer Enver Bey an der Hohen Pforte nach Ende
des Umsturzversuchs, Februar 1913

**Der Jungtürke Enver Bey in einem Brief an seine
Frau über seinen Heimatverlust (1913):**

Wie könnte ein Mensch die Wiesen, die Ebenen
vergessen, die das Blut unserer Vorväter getränkt
hat! Wie könnte je einer die Orte aufgeben, wo die
streifenden türkischen Reiter vierhundert Jahre
5 lang heimlich ihre Rosse abgestellt haben, ... sollen wir dies alles unseren Sklaven überlassen und
aus Rumelien nach Anatolien zurückkehren? ... Ich
will gerne die restlichen Jahre meines Lebens opfern, um Rache zu nehmen an den Bulgaren, den
10 Griechen und den Montenegrinern.

*Zit. nach Perry Anderson, Nach Atatürk – Die Türken, ihr
Staat und Europa, Berlin (Berenberg) 2009, S. 22 f.*

**Der Historiker und Osmanist Josef Matuz zum
Nationalismus der Jungtürken (1985):**

Fatal für die Zukunft des osmanischen Staates
war, dass die Jungtürken ihrer nationalistischen
Ideologie entsprechend darangingen, den liberalen Osmanismus ... durch ihren an Chauvinismus[1]
5 grenzenden Nationalismus zu verdrängen und
eine forcierte Türkifizierung des Reiches in Angriff
zu nehmen. Der jungtürkische Nationalismus war
gegen alle nichttürkischen Nationalitäten innerhalb des Osmanischen Reiches gerichtet, behan-
10 delte die Nichttürken als Staatsbürger zweiter
Klasse ... Für einen Vielvölkerstaat wie das Osmanische Reich musste eine derart rigide Türkifizie-
rungspolitik verheerende Folgen haben.

*Josef Matuz, Das Osmanische Reich. Grundlinien seiner
Geschichte, Darmstadt (WBG) 1985, S. 253 f.**

....

[1] *aggressives Überlegenheitsgefühl der eigenen Gruppe/
Ethnie*

Ideen der Jungtürken

a) *In der Schweiz studierende Jungtürken werben
1912/13 für einen Studienaufenthalt in Genf:*
Wir segnen euch, Türkensöhne, falls euer Blut
noch unvermischt ist. Kommt nach Europa.
5 **b)** *Aus einer Schrift des Komitees für Einheit und
Fortschritt (KEF):*
Geht in den Westen. Erwerbt euch dort Wissen
und Erkenntnis und bringt es mit euch heim.
Sonst wird unser Heimatland sterben, Islam und
10 Türkentum werden sterben, alles wird sterben. Es
wird von den Füßen des Westens getreten werden
– es wird nicht getreten werden: Es wird ja schon
getreten.

*Zit. nach Hans-Lukas Kieser, Modernisierung und Gewalt
in der Gründungsepoche des türkischen Nationalstaats
(1913–1938), in: Geschichte in Wissenschaft und Unterricht 3/06, S. 160 f.*

....

1 Analysiere die Karikatur M1.
   Tipp: Achte auf die Körperhaltung der Personen.
   Beziehe den Darstellungstext mit ein.
2 **Wähle eine Aufgabe aus:**
   a) Erläutere mithilfe des Darstellungstextes sowie
   M2 und M3 die Gründe für den jungtürkischen
   Nationalismus.

b) Erkläre mithilfe des Darstellungstextes und M5
die widersprüchliche Einstellung der Jungtürken zu
Europa.
3 Beurteile ausgehend von M4, inwiefern der jungtürkische Nationalismus „fatal für die Zukunft des
osmanischen Staates war" (Z. 1 f).

Der Völkermord an den Armeniern

In den Jahren 1915/16 kam es unter der jungtürkischen Regierung des Osmani-
schen Reichs zu einem Verbrechen gegen die Menschlichkeit: Mehr als die Hälfte
der osmanischen Armenier sowie der Aramäer wurde zum Opfer von Deportation
und Massentötungen. Viele Historiker werten diese Taten als einen der ersten
Völkermorde (Genozide).
 • *Untersuche hier, ob diese Bezeichnung angemessen ist.*

„Die Jagd auf die Ar-
menier", Zeichnung
von Jean Veber (1864–
1928), um 1898.
Hintergrund des Bildes
ist die grausame Nie-
derschlagung armeni-
scher Aufstände in
Ostanatolien durch
osmanische Truppen
von 1894 bis 1896.

Die Situation vor dem Ersten Weltkrieg

Nationalismus, Panturkismus und Islam waren die ideologischen Grundpfeiler der diktatorischen jungtürkischen
Regierung, die von 1913 bis 1918 an der Spitze des
osmanischen Staates stand. Ihren Führern Enver, Talat
5 und Cemal, denen inzwischen der Titel Pascha verliehen
worden war, schwebte das Ideal einer Nation vor, deren
Bevölkerung nur aus Türken bestand.
Die Armenier waren nach den Griechen die zweitgrößte
christliche Minderheit im Osmanischen Reich. Sie stellten
10 zu Beginn des Ersten Weltkriegs ca. zehn Prozent der Bevölkerung Anatoliens. Ihre Unabhängigkeitsbestrebungen erregten schon früh das Misstrauen der osmanischen
Führung. Ende des 19. und zu Beginn des 20. Jahrhunderts kam es auf Befehl Sultan Abdülhamids II. immer
15 wieder zu brutalen Ausschreitungen und auch Massakern
osmanischer Kavallerietruppen gegen die Armenier.
Die europäischen Großmächte übten wegen der Pogrome
gegen Armenier und Aramäer Druck auf das Osmanische
Reich aus, und die jungtürkische Regierung verpflichtete
20 sich vertraglich zu Reformen, um die Situation der christlichen Minderheiten zu verbessern.

Die Eskalation während des Ersten Weltkrieges

Mit dem Kriegseintritt radikalisierte sich die jungtürkische Innen- und Nationalitätenpolitik. Die Regierung in
25 Istanbul fühlte sich nicht verpflichtet, die vertraglichen
Vereinbarungen mit den jetzigen Kriegsgegnern einzu-
halten.
Um die Gebiete zurückzuerobern, die das Osmanische
Reich in früheren Kriegen an Russland verloren hatte,
30 befahl die osmanische Regierung Ende 1914 eine groß
angelegte Offensive im Kaukasus. Diese endete jedoch
bereits um die Jahreswende 1914/15 mit einer verheerenden Niederlage in der Schlacht von Sarıkamış. Einige
Armenier der osmanisch-russischen Grenzgebiete unter-
35 stützten die russische Armee.
Die jungtürkische Führung nahm dies zum Anlass, von
einem „großangelegten Sabotageplan" zu sprechen, und
beschuldigte die Armenier insgesamt der Unterstützung
Russlands. Obwohl die Mehrheit der armenischen Zivi-
40 listen und Soldaten gegenüber dem osmanischen Staat
loyal geblieben war, kam es zu organisierten Erschießun-
gen von armenischen Soldaten. In frontnahen Gebieten
wurde die armenische Bevölkerung gewaltsam vertrie-

ben. Man begründete diese Maßnahme mit dem Vorrücken russischer Truppen.

Deportationen und Massentötungen

Im April 1915 erhoben sich Armenier in Van, um sich gegen die an ihnen begangenen Brutalitäten zu wehren. Dieser Aufstand diente der Regierung als Rechtfertigung für die Deportationen der Armenier. Diese Deportationen wurden bald auf das gesamte osmanische Gebiet ausgeweitet.
Bis Juli 1915 wurden die meisten Armenier zunächst in Lagern versammelt und dann entweder von türkischen Polizisten und Soldaten oder kurdischen Hilfstruppen ermordet oder auf Befehl Talat Paschas ab dem 27. Mai 1915 auf Todesmärsche über unwegsame Gebiete geschickt. Nur wenige überlebten. Von den Deportationen und Massentötungen waren Männer, Frauen und Kinder gleichermaßen betroffen.

Schätzungen zufolge wurden insgesamt über eine Million Menschen getötet. Etwa 300 000 Armeniern gelang die Flucht oder das Erreichen eines sicheren Verstecks. Tausende Armenier, vor allem Frauen und Kinder, wurden unter Zwang in muslimischen Familien untergebracht und zu Muslimen umerzogen.

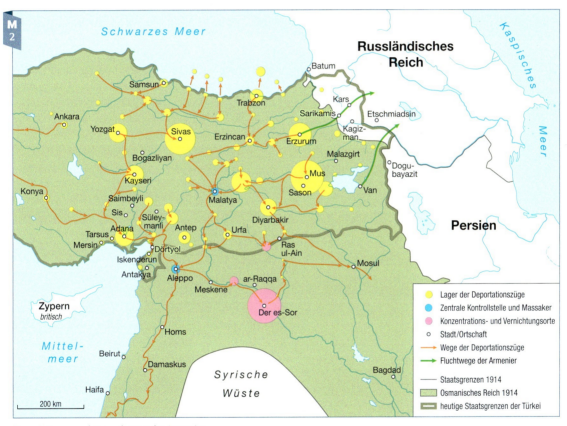

Deportationen und Ermordungen der Armenier

Konsequenzen für die Täter

Nach der Kriegsniederlage und dem Machtverlust der Jungtürken ordnete Sultan Mehmed VI. im Dezember 1918 die strafrechtliche Verfolgung der verantwortlichen jungtürkischen Funktionäre an. Angeklagt waren u. a. Talat, Enver und Cemal Pascha. Sie entzogen sich ihrem Prozess durch Flucht nach Deutschland und wurden in Abwesenheit zum Tode verurteilt. Insgesamt sprach das Militärgericht 17 Todesurteile aus, von denen aber nur drei vollstreckt wurden.

Die weitere Strafverfolgung der Verantwortlichen und Mitwirkenden kam schon bald zum Stillstand, da außer den Armeniern niemand mehr Interesse an der Verfolgung des Unrechts hatte. Unter dem Decknamen „Operation Nemesis" begann deshalb eine verdeckte armenische Mordkampagne, der auch die jungtürkischen Führer Talat, Enver und Cemal in Berlin zum Opfer fielen.

Die Armenierin Aghavni Vartanian über den Todesmarsch durch die syrische Wüste (1915/16):

Sie sind gekommen und haben uns deportiert. Sie haben nicht zugelassen, dass wir etwas mitnehmen. Sie sind plötzlich gekommen.

... Ich hatte einen Bruder, der neunzehn Jahre alt war.
5 Die jungen Männer in diesem Alter haben sie alle weggebracht. Was aus ihnen geworden ist, das weiß ich nicht. Nur ich bin gerettet worden ...

Es hat lange gedauert. Unterwegs haben einige überlebt, andere sind gestorben. Ich habe überlebt. Mein
10 Vater und meine Mutter sind gestorben. Und dann kam Derzor[1]. Wir waren in Derzor. Aber ich bin während des Massakers weggelaufen. Ich bin entkommen.

Und dann hat man mich mit Sand zugedeckt, damit
15 ich nicht gesehen wurde, denn wer lebend gesehen wurde, wurde sofort erschossen. Unter dem Sand habe ich vergessen, dass ich ein Mensch bin. Man glaubt nicht mehr daran, dass man Mensch ist, dass man jemand ist.

Mihran Dabag/Kirstin Platt, Verlust und Vermächtnis. Überlebende des Genozids an den Armeniern erinnern sich, Paderborn (Ferdinand Schöningh) 2015, S. 166 ff.＊

....

[1] *auch geschrieben Deir ez-Zor, eine Stadt im Osten des heutigen Syriens*

Der Armenier Sarkis Manukian über seine Rettung (1915):

Von Erzerum brachen wir 500 Familien stark am 19. Juni d. J. auf und kamen am 2. Juli in Erzingian an ... Von Erzingian kamen wir in Kemach an. Dort, eine Liste in der Hand, hatten der Haupt-
5 mann Kiamil Effendi und mehrere Komitadjis [Komitee-Mitglieder] 200 Personen dem Namen nach abgesondert und ganz einfach erklärt, dass sie für den Tod bestimmt sind. Sie wurden abgeführt. Von Kemach kamen wir in Malatya an ... Frauen
10 und Kinder waren bereits fort. Die Kurden und Gendarmen erklärten uns: „Sie werden jetzt sterben, aber wir sind nicht schuldig, die Regierung verlangt es." Wir wurden gebunden ... Seynal Bey war tätig, er hat alle einzeln durch Kurden und
15 Gendarmen vor sich bringen lassen, jedem wurde, was er hatte, weggenommen, um kaum zehn Schritte weiter hingerichtet zu werden. Es wurde mit Messer und Beil der Kopf abgeschnitten und die Leichen in einen Abgrund geworfen ... 2000
20 Personen haben hier ihren Tod gefunden. Nur 115 Mann haben sich durch Wunder gerettet. Es waren solche, die etwas Kurdisch konnten und durch Geldversprechungen bewirkten, dass sie nicht vor Seynal Bey geführt wurden, auch ich befand mich
25 unter diesen, da ich kurdisch spreche.

Wolfgang Gust (Hg.), Der Völkermord an den Armeniern 1915/16. Dokumente aus dem Politischen Archiv des Auswärtigen Amts, Springe (zu Klampen Verlag) 2005, S. 389 f.＊

Die schwedische Mitarbeiterin eines christlichen Waisenhauses, Alma Johansson, über Ereignisse in der ostanatolischen Stadt Muş (1915):

Einigen wohlhabenden Armeniern wurde ... eröffnet, dass sie in drei Tagen mit der gesamten Bevölkerung die Stadt zu verlassen hätten, aber all ihre Habe, die nunmehr der Regierung gehörte,
5 zurücklassen müssten.

Ohne den Ablauf dieser Frist abzuwarten, begannen die Türken schon nach zwei Stunden in die armenischen Häuser einzudringen und zu plündern.
10 Montag, den 12. hielt das Geschütz- und Gewehrfeuer den ganzen Tag an; die türkische Bevölkerung nahm daran teil.

Am Abend drangen Soldaten in das Mädchenwaisenhaus ein, um nach versteckten Armeniern zu
15 suchen.

Die männliche Armenische Bevölkerung ist gleich vor der Stadt umgebracht worden; die Frauen, Mädchen und Kinder hat man noch eine Tagereise weiter geschleppt und dann beseitigt. Nur drei ar-
20 menische Lehrerinnen vom Waisenhaus sind später freigelassen worden.

Nach Räumung der Stadt wurde das Armenische Viertel in Brand gesteckt und dem Erdboden gleich gemacht; ebenso die armenischen Dörfer.

Wolfgang Gust (Hg.), Der Völkermord an den Armeniern 1915/16. Dokumente aus dem Politischen Archiv des Auswärtigen Amts, Springe (zu Klampen Verlag) 2005, S. 350.＊

Armenische Witwen und Waisen, Foto, September 1915

M 7 Der deutsche Franziskanerpater Joseph Kiera über Konzentrationslager (1915):

Den Höhepunkt der furchtbaren Tragödie … sah ich in den Konzentrationslagern der Wüste in Meskene, Rakka und Deir el-zor … . Der Weg führte mich durch das Biwak dieser zusammengetriebenen
5 Massen, die zeitweilig über 20 000 bis 30 000 wohl betragen haben mögen. Welch schrecklicher Anblick bot sich uns da! Die einen liegen auf dem kalten, feuchten Boden der Wüste, um ihren Erlöser, den Tod, zu erwarten; die anderen, wandelnden Skeletten
10 vergleichbar, strecken uns ihre dürren Hände entgegen, wenn sie sich von den mitleidlosen Gendarmen unbeobachtet wähnten …; jene dort reißen, am Boden kniend, die spärlichen Grashalme aus der Erde, um den Hunger zu betäuben. Die einen suchen sich
15 in dem weichen Erdreich am Euphrat … Löcher zu graben, um wenigstens bei Nacht vor der empfindlichen Kälte geschützt zu sein; denn Stroh oder Decken oder dergleichen gibt es hier nicht. Die anderen, ausgemergelte Greise, denen der Wahnsinn aus
20 den starren Blicken funkelt, bemühen sich mit halbnackten Kindern, die unverdauten Gerstenkörner aus dem Pferdemist zum Munde zu führen.

Zit. nach Michael Hesemann, Völkermord an den Armeniern, München (Herbig) 2015, S. 36f.

Die armenischen Männer von Kharput werden zur Hinrichtung aus der Stadt geführt. Foto, Frühjahr 1915

Armenische Deportierte suchen in Mesopotamien nach Gras und Wurzeln. Foto, 1915

1 Partnerarbeit:

a) Rekonstruiert arbeitsteilig anhand der Materialien die Verfolgung der Armenier.
Tipp: Unterscheidet hierbei unterschiedliche Etappen und Formen der Verfolgung. [Separierung, Enteignung, Deportation, Tötung, Selektion (Beherrschung der kurdischen Sprache) etc.]

b) Einigt euch auf drei zentrale Kriterien für eine allgemeine Definition von „Völkermord (Genozid)".
c) Beurteilt ausgehend von euren bisherigen Ergebnissen, ob die Bezeichnung „Völkermord (Genozid)" berechtigt ist.
Tipp: Berücksichtigt hierbei auch die unterschiedlichen Perspektiven der Zeitzeugen.

Zeitzeugenberichte analysieren

Es gibt zahlreiche Möglichkeiten, etwas über die Vergangenheit zu erfahren. Besonders spannend sind Gespräche oder niedergeschriebene Erinnerungen von Zeitzeuginnen und Zeitzeugen. Das sind Menschen, die bestimmte historische Ereignisse miterlebt haben.
- *Untersuche mithilfe der Materialien und der Arbeitsschritte, wie eine Zeitzeugin oder ein Zeitzeuge den Völkermord an den Armeniern erlebt hat.*

In Zeitzeugenbefragungen oder in niedergeschriebenen Erinnerungen schildern Menschen rückblickend, was sie erlebt haben und welche Gefühle sie dabei hatten. Die Analyse solcher Berichte erfordert ein sehr gutes Hintergrundwissen, denn aus der subjektiven Erfahrung einer einzelnen Person können wir nicht unbedingt schlussfolgern, dass das geschilderte Erlebnis genau so stattgefunden hat. Es ist wichtig, die jeweilige Perspektive der Zeitzeugen zu beachten. Oft können oder wollen Zeitzeugen sich nicht mehr an alles erinnern, oder sie vermischen ihre Erinnerungen mit Dingen, die sie später erfahren haben. Man muss deshalb ihre Angaben mithilfe anderer Quellen überprüfen.

Arbeitsschritte „Zeitzeugenberichte analysieren"

Perspektiven der Zeitzeugen erfragen	Lösungshinweise zu M4
1. Wer erinnert sich? Was ist über die Person bekannt? (z. B. Beruf, Wohn-/Geburtsort)	• …
2. Wann erinnert sich die Person? Wie viel Zeit liegt zwischen dem erinnerten Ereignis und dem Niederschreiben der Erinnerungen? Wie alt war diese Person zur Zeit des Ereignisses?	• *Der Zeitzeuge berichtet über Erinnerungen im Jahr …* • *Zu dem Zeitpunkt war der Zeitzeuge … Jahre alt.*
Inhalt und historische Einordnung der Erinnerungen	
3. Was wird auf persönlicher, politischer und gesellschaftlicher Ebene erinnert?	• *Die Erinnerungen des Zeitzeugen beziehen sich auf …*
4. Auf welche bekannten historischen Ereignisse beziehen sich die Erinnerungen?	• *Der Zeitzeuge erinnert sich an … und dass es sich dabei um einen Befehl der Regierung handelte.*
Aussagekraft und Erkenntniswert der Erinnerungen	
5. Worin liegen Aussagekraft und Erkenntniswert?	• …
6. Handelt es sich bei der Schilderung um eine Ereignis- oder eine Lebensgeschichte?	• *Seine Aussagen sind zusammenfassend eher …*
7. Welche Informationen sollen überprüft werden? Welche Fragen bleiben offen?	• *Es bleibt zu überprüfen, ob … (z. B. angemessene Schilderung der Rolle kurdischer Hilfstruppen)*
Perspektive und Standortgebundenheit der Erinnerungen	
8. Wie lässt sich diese Perspektive im Vergleich zu anderen erklären/einordnen?	• *Deutlich wird, dass Erinnerungen sehr subjektiv sind und auch von der jeweiligen Gegenwart des Erinnerns beeinflusst sind. Dies wird in diesem konkreten Fall deutlich z. B. …*

1 Untersuche die Perspektive des Zeitzeugen in M4 mithilfe der Arbeitsschritte. Ergänze die Lösungshinweise an den entsprechenden Stellen (…).

2 Untersuche die Perspektive der Zeitzeugin aus M5 mithilfe der Arbeitsschritte.

Diskussion um den Genozid an den Armeniern

Deutsche Mitverantwortung am Genozid?

Obwohl das Deutsche Reich als Bündnispartner über die osmanischen Verbrechen an den Armeniern informiert war und es zahlreiche deutsche Augenzeugen der Massaker gab, wurde von deutscher Seite nichts unternommen, um die Verbrechen zu verhindern.

Brief des deutschen Botschafters Hans von Wangenheim aus Istanbul an Reichskanzler von Bethmann Hollweg (Juni 1915):

Dass die Verbannung der Armenier nicht allein durch militärische Rücksichten motiviert ist, liegt zutage. Der Minister des Innern Talat Bey hat sich hierüber kürzlich gegenüber dem zur Zeit bei der Kaiserlichen Botschaft beschäftigten Dr. Mordtmann ohne Rückhalt dahin ausgesprochen, dass die Pforte den Weltkrieg dazu benutzen wollte, um mit ihren inneren Feinden – den einheimischen Christen – gründlich aufzuräumen, ohne dabei durch die diplomatische Intervention des Auslandes gestört zu werden; das sei auch im Interesse der mit der Türkei verbündeten Deutschen, da die Türkei auf diese Weise gestärkt würde.

Wolfgang Gust (Hg.), Der Völkermord an den Armeniern 1915/16. Springe 2005, S. 171.

Reichskanzler von Bethmann Hollweg über den Vorschlag des deutschen Botschafters Wolff Metternich, die Deportationen öffentlich zu machen (15. Dezember 1915):

Die vorgeschlagene öffentliche Koramierung [koramieren: zur Rede stellen] eines Bundesgenossen während laufenden Krieges wäre eine Maßregel, wie sie in der Geschichte noch nicht dagewesen ist. Unser einziges Ziel ist, die Türkei bis zum Ende des Krieges an unserer Seite zu halten, gleichgültig, ob darüber Armenier zu Grunde gehen oder nicht.

Wolfgang Gust (Hg.), Der Völkermord an den Armeniern 1915/16, Springe 2005, S. 395.

Max Erwin von Scheubner-Richter, deutscher Vizekonsul in Erzurum, berichtet an den Botschafter Wangenheim (Ende Juli 1915):

Es wird unumwunden zugegeben, dass das Endziel ihres Vorgehens gegen die Armenier die gänzliche Ausrottung derselben in der Türkei ist. Nach dem Kriege werden wir ,keine Armenier mehr in der Türkei haben' ist der wörtliche Ausspruch einer maßgebenden Persönlichkeit. Soweit sich dieses Ziel nicht durch die verschiedenen Massaker erreichen lässt, hofft man, dass Entbehrungen der langen Wanderung bis Mesopotamien und das ungewohnte Klima dort ein Übriges tun werden. Diese Lösung der Armenierfrage scheint fast allen Militär- und Regierungsbeamten eine ideale zu sein.

*Wolfgang Gust (Hg.), Der Völkermord an den Armeniern 1915/16, Springe 2005, S. 219.** **

UN-Resolution über die Verhütung und Bestrafung des Völkermordes (9. Dezember 1948):

Artikel II: In dieser Konvention bedeutet Völkermord eine der folgenden Handlungen, die in der Absicht begangen wird, eine nationale, ethnische, rassische oder religiöse Gruppe als solche ganz oder teilweise zu zerstören:

a. Tötung von Mitgliedern der Gruppe;

b. Verursachung von schwerem körperlichem oder seelischem Schaden an Mitgliedern der Gruppe;

c. vorsätzliche Auferlegung von Lebensbedingungen für die Gruppe, die geeignet sind, ihre körperliche Zerstörung ganz oder teilweise herbeizuführen;

d. Verhängung von Maßnahmen, die auf die Geburtenverhinderung ... gerichtet sind;

e. gewaltsame Überführung von Kindern der Gruppe in eine andere Gruppe.

*http://www.voelkermordkonvention.de/uebereinkommen-ueber-die-verhuetung-und-bestrafung-des-voelkermordes-9217/ (Abruf: 18. Juni 2019).**

1 Historiker sprechen von einer „Deutschen Mitverantwortung" oder gar von der deutschen „Beihilfe zum Völkermord". Erörtere diese These mithilfe der Quellenauswahl M10 bis M13.

2 **Partnerarbeit:**
a) Vergleicht die Kriterien der UN-Resolution in M13 mit euren Ergebnissen zu Aufgabe 1c, S. 189.
b) Überprüft, ob der Begriff „Völkermord" für die Verbrechen an den Armeniern angemessen ist.

Die Diskussion heute

Die Armenier bezeichnen die Ereignisse von 1915/16 als *Aghet* („Katastrophe"). Sie fordern seit Jahrzehnten international und vor allem von der Türkei ein angemes-
10 senes Gedenken. Die offizielle türkische Geschichts-schreibung sowie alle türkischen Regierungen bestrei-ten, dass es sich um einen Völkermord gehandelt habe.

Der Streit um die Anerkennung des Genozids als histori-sche Tatsache belastet bis heute die Beziehungen zwi-
15 schen der Türkei einerseits und Armenien sowie vielen westlichen Staaten andererseits. 2014 stellten hundert türkische Intellektuelle, unter ihnen der Literaturnobel-preisträger Orhan Pamuk, die Forderung an die Regie-rung, sich bei den Armeniern zu entschuldigen.

Der türkische Umgang mit der Geschichte der Armenier

a) *Aus einem türkischen Schulbuch:*

Mit dem Umsiedlungsgesetz wurden nur jene Arme-nier aus dem Kriegsgebiet entfernt und in die siche-ren Regionen des Landes gebracht, die sich an den
5 Aufständen beteiligt hatten. Diese Vorgehensweise hat auch das Leben der übrigen armenischen Be-völkerung gerettet, denn die armenischen Banden haben jene ihrer Landsleute, die sich an den Terror-akten und Aufständen nicht beteiligt hatten, umge-
10 bracht.

Zit. nach Rainer Hermann, Was Schulweisheit nicht wissen soll, FAZ, 26. März 2015.

b) *Der türkische Ministerpräsident Tayyip Erdoğan (24. April 2014) (inoffizielle Übersetzung):*

15 Es lässt sich nicht abstreiten, dass die letzten Jahre des Osmanischen Reiches ... für Türken, Kurden, Araber, Armenier und Millionen weiterer osmani-scher Bürger eine schwierige Zeit voller Schmerz waren ...

20 Wie bei allen Bürgern des Osmanischen Reiches ist es eine menschliche Pflicht, auch das Gedenken der Armenier an die Erinnerung an das Leid ... zu verste-hen und es mit ihnen zu teilen. Die pluralistische Sichtweise, die demokratische Kultur und die Mo-
25 derne erfordern, dass in der Türkei unterschiedliche Meinungen und Gedanken zu den Ereignissen von 1915 frei geäußert werden ... Jedoch ist es inakzepta-bel, dass die Ereignisse von 1915 als ein Vorwand für eine Anfeindung gegenüber der Türkei benutzt und
30 zu einem politischen Streitthema stilisiert werden. Die Vorfälle, die sich während des Ersten Weltkriegs ereigneten, sind unser gemeinsames Leid ...

Zit. nach http://www.voltairenet.org/article183443.html (Abruf: 6. November 2019).*

Die Armenien-Resolution des Deutschen Bundestags (2016):

Der Deutsche Bundestag verneigt sich vor den Op-fern der Vertreibungen und Massaker an den Arme-niern und anderen christlichen Minderheiten des Osmanischen Reichs, die vor über hundert Jahren
5 ihren Anfang nahmen. Er beklagt die Taten der da-maligen jungtürkischen Regierung, die zur fast vollständigen Vernichtung der Armenier im Osmani-schen Reich geführt haben. Ebenso waren Angehöri-ge anderer christlicher Volksgruppen, insbesondere
10 aramäisch/assyrische und chaldäische Christen von Deportationen und Massakern betroffen. Im Auftrag des damaligen jungtürkischen Regimes begann am 24. April 1915 im osmanischen Konstantinopel die planmäßige Vertreibung und Vernichtung von über
15 einer Million ethnischer Armenier ... Der Bundestag bedauert die unrühmliche Rolle des Deutschen Rei-ches, das als militärischer Hauptverbündeter des Osmanischen Reichs trotz eindeutiger Informatio-nen auch von Seiten deutscher Diplomaten und
20 Missionare über die organisierte Vertreibung und Vernichtung der Armenier nicht versucht hat, diese Verbrechen gegen die Menschlichkeit zu stoppen.

Zit. nach http://dip.bundestag.de/btd/18/086/1808613.pdf (Abruf: 18. Juni 2019).*

3 Charakterisiere anhand von M14 die türkische Haltung zu den Verbrechen an den Armeniern.

4 Wahlaufgabe zur Armenien-Resolution M15:

a) Die Resolution wirkte sich negativ auf die deutsch-türkischen Beziehungen aus. Erörtere vor diesem Hintergrund den Sinn einer solchen Reso-lution.

b) Der türkische Justizminister Bozdağ sagte mit Bezug auf den Holocaust: „Erst verbrennst du die Juden im Ofen, dann stehst du auf und klagst das türkische Volk mit Genozidverleumdungen an." Er forderte von Deutschland: „Kümmere Dich um Deine eigene Geschichte." Gestalte ein Schreiben an Bozdağ, in dem du auf seine Vorwürfe reagierst.

Das Osmanische Reich

Im ersten Kapitel des Buches sind auf S. 16 **Vergleichskriterien für Imperien** eingeführt worden. Anhand dieser Kriterien kannst du Imperien strukturell miteinander vergleichen. Gleichzeitig kannst du mithilfe dieser Kriterien aber auch die Entwicklung und Veränderung innerhalb der einzelnen Imperien beschreiben. Im Folgenden geht es nun darum, in einem Rückblick auf das bisher Erarbeitete die Struktur des Osmanischen Reichs mittels dieser Vergleichskriterien zu charakterisieren.

1. Herrschaft:	
Wer herrscht im Rahmen welcher Herrschaftsform?	*Herrschaftsform* ... (seit ca. 1300, Haus Osman, Sultan; Zentrum Konstantinopel; islamisches Recht, Sultansrecht, Verfassung von 1876) *Eliten* ... (großherrlicher Haushalt am Hof des Sultans, Ulema/Religionsgelehrte, Militärs, Janitscharen, Askerî/Osmanlı, Osmanisch, Können und Leistung)
2. Legitimation und Akzeptanz der Herrschaft:	
Wie wird die Herrschaft, wie das Imperium legitimiert? Verhältnis von Herrschenden/Beherrschten – Formen der Loyalität?	*Legitimation* ... (Islam, gerechte Ordnung, Scharia, islamisches Recht und Sultansrecht, Wachsen des Reichs, Tanzimat-Reformen, Verfassung, Kalifentitel) *Reichsidee* ... (Zentrum und Peripherie, islamisches Recht, Sultansrecht, Anerkennung der Sultansherrschaft) *Staatsvolk* ... (Steuerpflicht, Askerî/Osmanlı, Reâyâ; rechtliche, religiöse und kulturelle Unterschiede, Stadt/Land)
3. Verwaltung und Militär:	
Wie ist die Herrschaft organisiert, strukturiert und gesichert?	*Verwaltung* ... (Diwan, Tuğra, Beamte, Religionsgelehrte, Militär, hierarchisch, effizient) *Militär* ... (Herrschaftssicherung, Expansion, Janitscharen, Knabenlese/Devşirme, Timare, Spahis, Vasallen, straffe Führung)
4. Außenpolitik und Handel:	
Wie stellt sich das Imperium nach außen dar?	*Handel, Landwirtschaft* ... (Agrarstaat, Subsistenzwirtschaft, Binnenmarkt, Handelsprivilegien in Form von Kapitulationen/Ahdnâme, Asienhandel, Seidenstraße) *Außenpolitik* ... (Eroberungs- und Expansionspolitik, „Supermacht des 16. Jahrhunderts", keine Religions- und Handelskriege, Zeit des europäischen Imperialismus)
5. Umgang mit gesellschaftlicher und ethnischer Vielfalt:	
Wie wird im Innern integriert?	*Umgang mit ethnischer und religiöser Vielfalt* ... (ethnische und religiöse Minderheiten, Millet-System, Konflikte, Toleranz) *Umgang mit gesellschaftlicher Vielfalt* ... (Pragmatismus, Anerkennung der Oberhoheit und Steuerzahlungen, Tanzimat-Reformen, Verfassung von 1876, politische Partizipationsmöglichkeiten)

1 Erläutere die in der rechten Spalte jeweils vorgegebenen und fett gedruckten Sachverhalte. Die in den Klammern genannten Hinweise sollen dir zur Orientierung dienen und bei der Erläuterung helfen.

Die Türkei

Mit dem Ende des Ersten Weltkrieges enden vier große Monarchien: das Deutsche Kaiserreich, das Habsburgerreich, das Russländische Zarenreich und das Osmanische Reich. Am Beispiel der Türkei, der Nachfolgerin des Osmanischen Reichs, könnt ihr sehen, wie eine neue Nation geschaffen wird. Das Gemälde „Auf dem Weg zur Revolution" von Zeki Faik İzer (1905–1988) aus dem Jahr 1933 thematisiert die Staatsgründung durch Mustafa Kemal. İzer bezieht sich auf das berühmte Gemälde von Eugène Delacroix „Die Freiheit führt das Volk", das die Souveränität der französischen Nation nach der Julirevolution 1830 feiert.

1   Beschreibe das Gemälde von İzer.
2   Vergleiche es mit dem Bild von Delacroix.
3   Gestalte eine Informationstafel für das Museum: Welches Bild von der Staatsgründung möchte İzer dem Betrachter vermitteln?

großes Bild: „Auf dem Weg zur Revolution" von Zeki Faik İzer, 1933
Oben: Mustafa Kemal Atatürk, Foto, um 1925
Links: „Die Freiheit führt das Volk" von Eugène Delacroix, 1830

Vom „Diktat von Sèvres" zum Friedensvertrag von Lausanne

Das Osmanische Reich hatte im Ersten Weltkrieg auf der Seite der Mittelmächte Deutschland und Österreich-Ungarn gekämpft und gehörte am Ende zu den Kriegsverlierern. Die Bestimmungen des Friedensvertrags von Sèvres (1920) waren weitreichend und trafen die Bevölkerung hart.
• Wie sahen diese Bestimmungen aus und wie waren die Reaktionen darauf?

Der Friedensvertrag von Sèvres

Die Siegermächte des Ersten Weltkrieges hatten im Rahmen der „Pariser Vorortverträge", zu denen auch der Versailler Vertrag gehört, den Friedensvertrag von Sèvres erarbeitet. Darin war die Aufteilung des Osmanischen
5 Staates unter England, Frankreich und Italien vorgesehen. Auch Griechenland sollte einen Anteil bekommen, obwohl es sich erst 1917 den Siegermächten angeschlossen hatte. Das Staatsgebiet sollte auf Zentralanatolien zusammenschrumpfen und der osmanische Staat sollte
10 seine Souveränität verlieren. Als Staatsoberhaupt ohne Machtbefugnisse wurde Sultan Mehmet VI. eingesetzt. Den Kurden sicherte der Vertrag die lokale Autonomie zu. Die Armenier, die im Krieg Opfer von Vertreibung und Völkermord durch die Türken geworden waren
15 (siehe S. 186 ff.), sollten ein unabhängiges Staatsgebiet erhalten.

Gegen die Vertragsbestimmungen von Sèvres rührte sich schnell Widerstand, vor allem bei den im Land verbliebenen Jungtürken, die nach der Kriegsniederlage poli-
20 tisch machtlos geworden waren. Der 38-jährige General Mustafa Kemal, Mitglied der jungtürkischen Bewegung und dank seiner militärischen Leistungen im Ersten Weltkrieg eine angesehene Persönlichkeit, wurde nun zur führenden Figur im Kampf gegen den Friedensver-
25 trag von Sèvres.

Nationalversammlung und Befreiungskrieg

Mustafa Kemal handelte auf zwei Ebenen: auf der politischen und auf der militärischen Ebene. Um dem Land eine neue politische Ordnung zu geben, lud er die Abge-
30 ordneten des entmachteten Parlaments in Istanbul am 23. April 1920 zu einer Großen Nationalversammlung nach Ankara ein. Da viele Abgeordnete mit den Widerständlern sympathisierten, folgten sie der Einladung. Eine der ersten Entscheidungen des Gremiums war die
35 Nichtanerkennung des Sultans als Staatsoberhaupt und damit faktisch die Abschaffung des Sultanats. Stattdessen fungierte nun das Parlament als oberste Macht, an dessen Spitze Mustafa Kemal gewählt wurde.

Auf militärischer Ebene führten Mustafa Kemal und sei-
40 ne Mitstreiter einen „Befreiungskrieg", vor allem gegen die griechischen Truppen, die bereits 1920 große Teile Westanatoliens besetzt hatten. Es dauerte insgesamt drei Jahre, die Griechen aus Kleinasien zu vertreiben. Nachdem sich auch die französischen, italienischen und
45 britischen Truppen aus den von ihnen besetzten Gebieten zurückgezogen hatten, waren die Bestimmungen von Sèvres faktisch außer Kraft gesetzt.

M1

Bulgarien · Schwarzes Meer · Georgien · Edirne · Istanbul · Trabzon · Kars · Eriwan · Aserbaidschan · Armenien · Ankara · Sivas · Erzurum · Griechenland · Izmir · Osmanisches Reich · Persien · Antalya · Adana · Euphrat · Tigris · Dodekanes *italienisch* · Aleppo · Britisches Mandatsgebiet · Zypern *britisch* · Französisches Mandatsgebiet · Mittelmeer · Beirut · Damaskus · 200 km

Osmanisches Reich 1914
internationale Zone
italienische Zone
französische Zone
kurdisches Abstimmungsgebiet
heutige Türkei

Die Türkei nach dem Vertrag von Sèvres 1920. Tatsächlich hatten Griechenland, Italien und Frankreich weit größere Gebiete des Osmanischen Reichs besetzt. Der militärische Widerstand begann in Zentralanatolien rund um die Stadt Ankara.

Der Friedensvertrag von Lausanne

Seine militärischen Erfolge, aber auch seine politischen
Maßnahmen brachten Mustafa Kemal hohe Anerkennung bei den internationalen Mächten ein. So gelang es
ihm im Juli 1923, einen neuen Friedensvertrag zu erwirken, in welchem dem von ihm neu gegründeten Staat
namens *Türkiye Cumhuriyeti* (Republik Türkei) die volle
Souveränität sowie das heutige Staatsgebiet zugestan-
den wurde (siehe M1). Von Souveränität der Kurden
und Armenier war jedoch keine Rede mehr. Im neuen
Vertrag wurde außerdem ein Bevölkerungsaustausch
verfügt: Ungefähr 1,2 Millionen anatolische Griechen
und vierhunderttausend Türken aus Griechenland wurden dazu gezwungen, ihre Heimat zu verlassen, um sich
gemäß ihrer ethnischen und religiösen Zugehörigkeit
neu anzusiedeln. Die Umsiedlungsmaßnahmen wurden
teilweise brutal durchgeführt und beendeten Jahrhunderte während Gemeinschaften.

M2 Der Historiker Eberhalb Kolb zu den Verträgen von Sèvres und Versailles (2019):

Wenn es den Türken gelungen ist, den desaströ-
sen Vertrag von Sèvres durch Nichtratifizierung
zum Scheitern zu bringen, so geschah dies unter
einzigartigen Voraussetzungen, die – wie Gerhard
Schulz mit Recht anmerkt – „keinerlei Vergleich
mit anderen besiegten Ländern des Weltkriegs"
erlauben ... Der entscheidende Unterschied zwischen der Türkei und etwa dem Deutschen Reich
bestand in der ungleich größeren Bedeutung des
deutschen Problems für die Hauptalliierten, weshalb die Erzwingung der Annahme des Versailler
Vertrags durch Deutschland für die Alliierten zur
Prestigefrage schlechthin wurde.

*Eberhard Kolb, Der Frieden von Versailles, 3. Aufl., Mün-
chen (C. H. Beck) 2019, S. 89f.*

M3 Vertrag von Sèvres 1920:

Art. 62 Eine Kommission mit Sitz in Konstantinopel,
die sich aus jeweils einem von der britischen, der
französischen und der italienischen Regierung er-
nannten Mitglied zusammensetzt, wird innerhalb
von sechs Monaten nach Inkrafttreten des gegenwärtigen Vertrages einen Plan für die lokale Autonomie der vorwiegend kurdischen Gebiete entwerfen.

Art. 64 Wenn innerhalb eines Jahre nach Inkraftre-
ten dieses Vertrages die Kurden innerhalb des in
Art. 62 festgelegten Gebietes sich an den Völkerbundsrat in einer Art wenden, die zeigt, dass die
Mehrheit der Bevölkerung dieser Gebiete die Unabhängigkeit von der Türkei wünscht, und wenn der
Völkerbundsrat befindet, dass die Kurden zu einer
solchen Unabhängigkeit fähig sind und empfiehlt,
dass sie ihnen gewährt werden soll, stimmt die Türkei hiermit zu, solch eine Empfehlung umzusetzen
und auf alle Rechte und Ansprüche über dieses Gebiet zu verzichten.

Art. 69 Die Stadt Smyrna [Izmir] und das in Artikel
66 definierte Gebiet verbleiben unter türkischer Ho-
heit. Gleichwohl überträgt die Türkei der griechischen Regierung die Ausübung der Hoheitsrechte
über die Stadt Smyrna und das benannte Gebiet.

Art. 83 Wenn eine Zeit von fünf Jahren nach Inkrafttreten des gegenwärtigen Vertrages verstrichen ist,
kann das lokale Parlament, auf das in Artikel 72 hingewiesen wurde, den Völkerbundsrat durch Mehr-
heitsbeschluss um die endgültige Aufnahme der
Stadt Smyrna und des in Artikel 66 definierten Gebiets in das Königreich Griechenland bitten. Der Rat
kann als Einleitung ein Plebiszit unter Bedingungen,
die er niederlegen wird, fordern.

Art. 88 Die Türkei erkennt, in Übereinstimmung mit
den von den Alliierten Kräften bereits getroffenen
Maßnahmen, hiermit Armenien als einen freien
Staat an.

*Zit. nach Geschichte betrifft uns, 3/2006, Die Türkei im
20. Jahrhundert, S. 11f.*

---

1 Nenne auf Basis des Darstellungstextes die Schritte,
die von türkischer Seite unternommen würden, um
einen neuen Friedensvertrag zu erwirken.

2 Erarbeite mithilfe von M1 und M3 die Bestimmungen des Vertrags von Sèvres.

3 **Recherche:**
   a) Vergleiche die Bestimmungen zu den Gebiets-
   abtretungen der Friedensverträge von Sèvres und
   Versailles.
   b) Beurteile die in M2 vertretene Position.

4 Bewerte die Durchsetzung des Vertrags von Lausanne aus der Perspektive verschiedener Zeitgenossen: Mustafa Kemals, eines national gesinnten
Deutschen, eines Kurden und eines von den Umsiedlungsmaßnahmen betroffenen Griechen.

📄⏵ **cornelsen.de/webcodes**
➕🔊 *Code: qeciqe*
Friedensverträge 1919 bis 1923

Mustafa Kemal –
Gründer der modernen Türkei

Sein Name ist in der Türkei in aller Munde, im ganzen Land begegnet man seinen Statuen und Porträts: Mustafa Kemal, der später den Beinamen Atatürk („Vater der Türken") erhalten sollte. Er war der Gründer der türkischen Republik.
* *Was hat ihn geprägt und angetrieben?*
* *Welche Bedeutung hat Atatürk heute noch für die Türkei?*

M1

Atatürk erklärt das lateinische Alphabet. Koloriertes Foto, 1929

M2

Türkischer Schülereid
Der „öğrenci andı" wurde bis vor wenigen Jahren regelmäßig von türkischen Schülerinnen und Schülern aufgesagt.
Ich bin Türke, aufrichtig und fleißig,
mein Grundsatz ist, meine Jüngeren zu schützen,
meine Älteren zu achten,
mein Heimatland, meine Nation mehr zu lieben
5 als mich selbst.
Mein Ideal ist es, aufzusteigen, voranzugehen.
O großer Atatürk!
Ich schwöre, dass ich unaufhaltsam auf dem von
dir eröffneten Weg zu dem von dir gezeigten Ziel
10 streben werde.
Mein Dasein soll der türkischen Existenz ein
Geschenk sein.
Wie glücklich derjenige, der sagt: „Ich bin Türke."
https://app.meinunterricht.de/
doc/53ff71e8a5fb7f306f6ac8f1 (Abruf: 28. Februar 2019).

Mustafa Kemal Atatürk und die Republik Türkei
Der erste Staatspräsident der Türkei, Mustafa Kemal (1881–1938), später Atatürk genannt, genießt bis heute eine große Verehrung in der Türkei. An vielen öffentlichen Orten und Gebäuden ist sein Porträt zu finden.
5 Kein nationaler Feiertag, keine Parade ohne sein Konterfei. Dabei geht die Verehrung seiner Person nicht nur auf seine militärischen Erfolge und sein diplomatisches Geschick zurück. Sie gilt vor allem auch seinen Ideen von einer modernen Türkei, die das Land prägten und noch
10 heute ein wichtiger Bestandteil des türkischen Selbstverständnisses sind. Heute stehen Atatürks Vorstellungen jedoch zunehmend die Ideen von Staatspräsident Recep Tayyip Erdoğan und seiner Partei, der konservativ-islamischen AKP („Partei für Gerechtigkeit und Auf-
15 schwung"), gegenüber, die eine stärkere Islamisierung der Gesellschaft vorantreibt.
Am 29. Oktober 1923, dem Tag der Ausrufung der Republik Türkei und der Wahl Mustafa Kemals zum Staatspräsidenten, stand das Land jedoch noch ganz am
20 Anfang. Als „Befreier" seines Landes bejubelt, trat Mustafa Kemal ein schweres Erbe an: Nahezu 80 Prozent der Türken lebten in Dörfern, rund 90 Prozent waren Analphabeten. Die Mehrheit der rund 13,6 Mio. Einwohner konnte mit dem Begriff Modernisierung wenig anfan-
25 gen. Außerdem musste das Land nach Kriegsende mit großen Flüchtlingsströmen zurechtkommen. Nach seinen militärischen Erfolgen soll Atatürk gesagt haben: „Der Krieg ist vorbei – es lebe der Krieg." Damit bezog er sich auf den Aufbau des neuen Nationalstaates.

Der deutsche Autor Gerhard Schweizer über Mustafa Kemal Atatürk (2016):

Mustafa Kemal wurde 1881 in Saloniki geboren. Die nordgriechische Stadt … gehörte unter dem türkischen Namen Selanik zum Osmanischen Reich. Kirchen und Moscheen in unmittelbarer Nachbarschaft
5 bestimmten zu jener Zeit das Stadtbild. Aber im Geburtsjahr Atatürks stand in Südosteuropa nur noch ein schmaler Streifen Land unter der Herrschaft der Sultane – mit Saloniki als der wichtigsten Stadt. Der junge Mustafa wuchs in dem Bewusstsein heran,
10 dass auch diese Region bald durch Eroberungszüge der Nachbarstaaten dem Osmanischen Reich verloren gehen könnte.
Mustafa war Sohn eines Zollbeamten und einer Bauerntochter. Der Vater zeigte sich an westlich ausge-
15 richteter Bildung interessiert, wohingegen die Mutter im traditionellen Islam tief verwurzelt war. Sie wollte den Sohn in eine Koranschule schicken, … doch der Vater setzte sich durch und ließ Mustafa in einer Schule unterrichten, in der nach westlichem Vorbild
20 gelehrt wurde …

1893 wechselte der zwölfjährige Mustafa auf die Militärschule von Saloniki. Dort verlieh ihm einer der Lehrer einen Beinamen, um die vielen Schüler mit dem Namen Mustafa zu unterscheiden. Dies war in
25 der islamischen Welt damals durchaus üblich … Der Lehrer, der den begabten Schüler schätzte, gab ihm den arabischen Beinamen „Kemal", was „Vollendung" bedeutet …
Mustafa Kemal rückte 1899 in die Infanterieklasse
30 der Kriegsschule in Istanbul ein, wo er seine Französischkenntnisse perfektionierte, denn Französisch war Pflichtfach für jeden Offiziersanwärter. Durch das Erlernen dieser Sprache stand ihm auch die Lektüre französischer Autoren offen … Der junge Offi-
35 zier Mustafa Kemal las in seiner dienstfreien Zeit vor allem Werke über die Philosophie der Aufklärung … Mustafa Kemal holte sich hier das geistige Rüstzeug, um später den „Aberglauben" islamischer Religiosität zu bekämpfen.

Gerhard Schweizer, Türkei verstehen – von Atatürk bis Erdoğan, Stuttgart (Klett-Cotta) 2016, S. 44–46.*

Äußerungen Mustafa Kemals
a) *Pläne aus dem Jahr 1918:*
Sollte ich eines Tages großen Einfluss oder Macht besitzen, halte ich es für das Beste, unsere Gesellschaft schlagartig – sofort und in kürzester Zeit – zu verändern. Denn im Gegensatz zu anderen glaube
5 ich nicht, dass sich diese Veränderung erreichen lässt, indem die Ungebildeten nur schrittweise auf ein höheres Niveau geführt werden … Nicht ich darf mich ihnen, sondern sie müssen sich mir annähern.
Zit. nach Dietrich Gronau, Mustafa Kemal Atatürk oder die
10 *Geburt der Republik, Frankfurt/M. (Fischer) 1994, S. 125f.**

b) *Zum türkischen Nationalismus:*
Man bezeichnet uns zwar als Nationalisten. Wir sind aber Nationalisten, die den Nationen, die mit uns zusammenarbeiten, Achtung entgegenbringen. Wir
15 erkennen alles an, was diesen Nationen berechtigt zusteht. Denn unser Nationalismus ist weder egoistisch noch arrogant.
Zit. nach Bernd Rill, Kemal Atatürk, Reinbek (Rowohlt) 2004, S. 53.

Atatürk-T-Shirts an einem Stand in Ankara, Foto, 2017

1 Erkläre Mustafa Kemals politische Einstellung vor dem Hintergrund seiner Biografie M3.
2 Wähle eine Aufgabe aus:
a) Erläutere ausgehend von M1, M2 und M4 die Bezeichnung Mustafa Kemals als „Lehrer der Nation".
b) Gestalte einen inneren Monolog einer Person, in dem sie erklärt, warum sie eines der in M5 abgebildeten T-Shirts trägt.
3 Vergleiche die Bewunderung, die Atatürk entgegengebracht wird, mit dem Personenkult um Stalin und Mao.

Zusatzaufgabe: siehe S. 234

Kemalismus – Programm für eine moderne Türkei

Fahne mit den sechs Pfeilen, dem Parteilogo der CHP, Foto 2015. Seit 2002 ist die CHP, die in den 1960er Jahren sozialdemokratische Ideen in ihr Programm aufnahm, auf der nationalen Ebene in der Opposition. Sie stellt jedoch in zahlreichen Städten die Bürgermeister und bildet die wichtigste politische Gegenkraft zu Staatspräsident Erdoğan und seiner Partei AKP.

Nach der Gründung der Republik 1923 startete Mustafa Kemal ein Reformprogramm, das die Türkei zu einem modernen Staat machen sollte. Die dabei von ihm geprägte Ideologie des „Kemalismus" orientierte sich an westlichen Ideen und staatsrechtlichen Vorbildern.

- *Welche Reformen setzte Mustafa Kemal durch und wie erfolgreich waren sie?*

Kemalismus

Die sogenannten „kemalistischen Prinzipien" bildeten die ideologischen Grundpfeiler zur Durchsetzung des Reformprogramms von Mustafa Kemal:

- Republikanismus (republikanische Staatsform auf Grundlage der Volkssouveränität)
- Populismus (Orientierung an den Interessen der gesamten Bevölkerung)
- Etatismus (staatliches Eingreifen in die Wirtschaft, wenn das erforderlich ist)
- Revolutionismus (Grundsatz, die modernisierenden Maßnahmen fortzuführen)
- Laizismus (Trennung von Staat/Politik und Religion),
- Nationalismus (Stärkung des nationalen Zugehörigkeitsgefühls aller Türken)

Grundlagen der Republik

Laut Verfassung vom 20. April 1924 war die Türkei eine liberale und pluralistische Demokratie. Der demokratische Anspruch wurde jedoch von Anfang an nicht konsequent verwirklicht. Die 1923 von Mustafa Kemal ge-
5 gründete Republikanische Volkspartei (CHP), deren Parteiprogramm auf den sechs Pfeilern des Kemalismus beruhte, war seit 1925 die einzige anerkannte Partei. Die Fortschrittliche Republikanische Partei war verboten worden, politische Gegner verhaftet oder sogar hinge-
10 richtet worden. Die Republik bekam immer mehr einen diktatorischen Anstrich.

Reformen

Seine Reformideen setzte Mustafa Kemal in verschiedenen Gesetzen um. Im Sinne des Laizismus* war er zu-
15 nächst darum bemüht, den alten muslimischen Traditionen entgegenzuwirken und den Einfluss der Geistlichkeit auf die Gesellschaft zu verringern. So wurde 1928 der Islam als Staatsreligion aus der Verfassung gestrichen. Kurz darauf wurde das lateinische Alphabet zur offiziel-
20 len Schriftsprache erklärt und die islamische Zeitrechnung durch den gregorianischen Kalender ersetzt. Um den Analphabetismus zu reduzieren, wurden Nationalschulen für Erwachsene gegründet. Auch die rechtliche Stellung der Frauen verbesserte sich in diesen Jahren:
25 Sie erhielten 1934 das Wahlrecht.

Um die Anbindung an westliche Staaten auch im Alltag sichtbar zu machen, verbot Atatürk im sogenannten „Hutgesetz" das Tragen des Fez, der traditionellen Kopfbedeckung der Osmanen, und legte stattdessen den Hut
30 als erwünschte Alternative fest.

Die Einführung von Nachnamen stellte ebenfalls eine Neuerung nach westlichem Vorbild dar. Mustafa Kemal selbst erhielt im Zuge dessen auch einen neuen Namen: Atatürk – Vater der Türken.

Auszüge aus Reden, Interviews und Aufzeichnungen Atatürks

a) *Zur Rolle von Nation und Religion:*

1. Die Nation verlangt, dass die Republik in der Gegenwart und in der Zukunft für immer und unbedingt vor jedem Angriff geschützt wird ...

5 **3.** Ebenso sind wir uns über die Wahrheit klar, dass es unerlässlich ist, die Wiedererhebung der Religion dadurch zu sichern, dass sie aus der Lage, ein politisches Werkzeug zu sein, befreit wird, in die sie durch Gewohnheit seit Jahrhunderten versetzt
10 ist.

*Zit. nach Klaus Kreiser, Atatürk. Eine Biographie, München (C. H. Beck) 2008, S. 225.**

b) *Zur Emanzipation der Frauen:*

15 Wenn sich eine Gesellschaft damit begnügt, dass von beiden Geschlechtern nur eines die Errungenschaften des Jahrhunderts erwerben kann, dann bleibt diese Gesellschaft mehr als zur Hälfte schwach.

Zit. nach Bernd Rill, Kemal Atatürk, Reinbek (Rowohlt) 1999, S. 95.

Der Islamwissenschaftler Udo Steinbach zum Kemalismus (2001):

Es war Mustafa Kemals tiefste Überzeugung, dass Europas Überlegenheit auf seiner Wissenschaft beruhe. Bildung und Aufklärung des Volkes waren deshalb für ihn Kernpunkte der Mobilisierung und
5 Modernisierung der Türken. Die allgemeine und unentgeltliche Schulpflicht wurde per Gesetz eingeführt. Das „Gesetz über die Vereinheitlichung des Unterrichts" stellte sicher, dass der Klerus keinen Einfluss mehr auf die allgemeine Erziehung
10 erhielt ... Mit der Einführung des italienischen Strafrechts und des Schweizer Zivilrechts im Jahr 1926 nahm die türkische Regierung der Geistlichkeit den letzten ihr verbliebenen Rechtsbereich, das Familienrecht, aus den Händen. Dies griff tief
15 in das Leben eines jeden Türken ein: Die Einehe wurde darin ebenso rechtlich verankert wie es Auflage wurde, eine Ehe nicht mehr vor dem Imam, dem Dorfgeistlichen, sondern dem staatlich bestallten Standesbeamten zu schließen.

Udo Steinbach, Geschichte der Türkei, München (C. H. Beck) 2001, S. 32. *

Atatürk mit Vertreterinnen der „Türkischen Union der Frauen", Foto, 1928. Die der CHP nahestehende „Türkische Union der Frauen" hatte sich gebildet, nachdem die Gründung einer Frauenpartei 1923 untersagt worden war. Sie hatte den Charakter einer Hilfsorganisation. Die staatliche Dominanz bei der Umsetzung von Frauenrechten verhinderte bis in die 1970er Jahre die Herausbildung einer politisch unabhängigen Frauenbewegung.

Der Historiker Perry Anderson über Atatürks politisches Wirken (2008):

Es ist üblich und auch vernünftig, Kemals Herrschaft mit den anderen mediterranen Diktaturen seiner Epoche zu vergleichen. In diesem trüben Licht treten seine relativen Verdienste hervor ... Er war ein ent-
5 schlossener Modernisierer, der nicht als Schutzherr von Grundbesitzern und Bankiers an die Macht gekommen war. Für ihn war der Staat alles – Familie und Religion waren nichts oder doch nur verzichtbare Hilfskonstruktionen. Andererseits sann er im
10 Gegensatz zu Mussolini[1], der auch ein Modernist war ..., nicht auf aggressive Erweiterung; er träumte nicht davon, in der Region ein Imperium aufzubauen ... 1934 bekamen die türkischen Frauen das

Stimmrecht ... Doch zeigten sich hier auch die
15 Grenzen seiner kulturellen Revolution: neunzig Prozent der Frauen waren bei seinem Tod noch immer Analphabetinnen. Das Land hatte sich nicht in die moderne Gesellschaft verwandelt, von der er geträumt hatte. Es blieb arm, vorwiegend landwirt-
20 schaftlich strukturiert, es lag eher halberstickt als emanzipiert im festen Griff des Vaters der Türken, wie er sich im letzten Lebensabschnitt nennen ließ.

Perry Anderson, Nach Atatürk. Die Türken, ihr Staat und Europa, Berlin (Berenberg Verlag) 2009, S. 48f. **

....

[1] *Benito Mussolini (1883–1945) stand seit 1925 als Diktator an der Spitze eines faschistischen Regimes in Italien. Ziel seiner Außenpolitik war eine Vormachtstellung Italiens im Mittelmeerraum.*

....

1 **Partnerarbeit:** „Der Kemalismus – ein erfolgreiches Reformprogramm für eine moderne Türkei?"
a) Untersucht zur Beantwortung dieser Frage arbeitsteilig die Materialien dieser Doppelseite. Bezieht auch den Darstellungstext mit ein.
Tipp: Achtet besonders auf folgende Aspekte:
• Verwirklichung demokratischer Elemente?
• Errichtung eines „europäischen Staates"?
• Veränderungen im Leben türkischer Frauen?
b) Der Turkologe Klaus Kreiser bezeichnet Atatürk als einen „Demokrat(en), der am liebsten allein regiert". Diskutiert, inwiefern diese Formulierung zutreffend ist.

Die Türkei im Zweiten Weltkrieg – ein Staat zwischen zwei Fronten

Nach der Katastrophe des Ersten Weltkrieges vermied es die Türkei im Zweiten Weltkrieg, sich auf eine Seite der Kriegsparteien festzulegen. Die Türkei hielt sich lange alle Optionen offen.
- *Was waren die Gründe für diese Haltung? Und wie ging es für die Türkei nach dem Krieg weiter?*

Situation vor dem Zweiten Weltkrieg

Als Mustafa Kemal Atatürk 1938 starb, hinterließ er seinem Nachfolger Ismet Inönü einen Einparteienstaat, in dem Opposition nicht geduldet wurde. Der revolutionäre Nationalismus der Gründungszeit war mehr und mehr
5 einer Diktatur gewichen. Der Staatsapparat war mit regimetreuen Kemalisten besetzt und kontrollierte sämtliche Lebensbereiche.

Türkische „Neutralität"

Außenpolitisch sicherte sich die Türkei den Rückhalt
10 verschiedener Vertragspartner. Nachdem Italien unter Mussolini im April 1939 Albanien annektiert hatte, das früher osmanische Provinz gewesen war, unterzeichnete die Türkei am 12. Mai 1939 eine Beistandserklärung mit Großbritannien – aus Furcht vor dem expansiven Italien.
15 Bald schloss sich auch Frankreich diesem Verteidigungsvertrag an. Als Italien jedoch im Juni 1940 Frankreich angriff, kam die Türkei ihren Verpflichtungen nicht nach. Um nicht Zielscheibe der deutschen Aggression zu werden, schloss die Türkei am 18. Juni 1941 einen
20 Freundschaftsvertrag mit dem nationalsozialistischen Deutschland. Als die Deutschen vier Tage später in die Sowjetunion einmarschierten, schien die Angriffsgefahr für die Türkei gebannt. Die Türkei hatte nun vertragliche Verpflichtungen sowohl gegenüber England als auch
25 dessen Kriegsgegner Deutschland – ein diplomatisches Dilemma.
Panturkische Kräfte drängten auf eine Zusammenarbeit mit Deutschland. Sie versprachen sich von einem Anschluss an die „siegreichen" Deutschen die Möglichkeit
30 der „Befreiung" von stammverwandten Turkvölkern auf sowjetischem Territorium. Die Alliierten drängten dagegen die Türkei, ihrer Koalition beizutreten.
Erst als sich Ministerpräsident Inönü sicher war, dass Deutschland den Krieg endgültig verlieren würde, er-
35 klärte die Türkei dem Deutschen Reich am 23. Februar 1945 den Krieg – zwei Monate vor Kriegsende. Von türkischer Seite war während des gesamten Krieges kein einziger Schuss gefallen.

Außenpolitische Folgen – Westanbindung

40 Die Kriegserklärung an Deutschland war reine Formsache, stellte die Türkei aber auf die Seite der Sieger. Nur die Sowjetunion kritisierte, die Türkei habe die Lasten des Krieges nicht mitgetragen. Als Ausgleich forderte sie Zugriff auf die Meerengen, um ungehindert ins Mittel-
45 meer gelangen zu können, und die Erlaubnis, militärische Stützpunkte in der Türkei zu errichten. Daraufhin

Austausch der ratifizierten Dokumente des deutsch-türkischen Freundschaftsvertrages im Außenministerium in Berlin, Juli 1941. Im Zentrum des Bildes am Tisch sitzend: der türkische Botschafter in Berlin, Hüsrev Gerede, und der deutsche Staatssekretär im Außenministerium Ernst von Weizsäcker.

US-Präsident Roosevelt, der türkische Staatspräsident Inönü und der britische Premierminister Churchill auf der Konferenz von Kairo, Foto, 5. Dezember 1943

distanzierte sich Inönü von der Sowjetunion. Um Wirtschaftshilfen des amerikanischen Marshall-Plans zu erhalten, kam die Türkei den politischen Vorstellungen der
50 USA entgegen. Die USA erhielten die Genehmigung, in der Nähe von Adana Nuklearwaffen zu stationieren. 1952 war die Türkei Gründungsmitglied der NATO.

Innenpolitische Folgen

Die USA sowie einflussreiche türkische Politiker forder-
55 ten nun mehr Demokratie und die Abschaffung des Einparteiensystems. Atatürks Volkspartei war inzwischen ohnehin in mehrere Lager gespalten und fiel nun tatsächlich in verschiedene Parteien auseinander. So entstand 1947 die *Demokrat Partesi* (DP), die welt-
60 anschaulich dem Kemalismus nahestand, aber mehr Marktwirtschaft forderte und durch Zugeständnisse in Religionsfragen der Landbevölkerung entgegenkommen wollte. Die Wahlen von 1950 wurden im In- und Ausland von vielen als erste wirklich freie Wahl in der Türkei
65 bezeichnet. Die „Demokraten" erreichten die absolute Mehrheit. Neuer Staatspräsident wurde Celâl Bayar, Ministerpräsident wurde Adnan Menderes.

Der Turkologe Klaus Kreiser über die Haltung der Türkei während des Zweiten Weltkrieges (2012):

Nachdem die 6. Deutsche Armee in Stalingrad ab November 1942 von sowjetischen Truppen eingeschlossen worden war, verstärkten die Westalliierten ihre Anstrengungen, die Türkei auf ihrer Seite in den
5 Krieg zu ziehen. Im Januar 1943 reiste Churchill nach Adana, wo er Inönü … vor sowjetischen Ansprüchen auf die Meerengen warnte – keine unzutreffende Panikmache, wie sich 1945 erweisen sollte. Inönü lehnte aber eine Abkehr von der Neutralität ab, in-
10 dem er auf die bedrohliche Nähe deutscher Luftbasen auf dem Balkan hinwies. Ende 1943 traf Inönü … in Kairo erneut auf Churchill, der dieses Mal mit Roosevelt gekommen war. Der britische Premier bestand jetzt auf einem Kriegseintritt der Türkei noch
15 vor dem 20. Januar 1944 und auf der Stationierung von 20 britischen Geschwadern auf türkischen Luftbasen … Die Türkei blieb jedoch angesichts der anhaltenden Umkreisung durch die Wehrmacht von der Krimhalbinsel bis zum Dodekanes bei ihrer Hal-
20 tung … Am 2. August 1944 folgte die Türkei endlich der Empfehlung der Westalliierten, die Beziehungen zu Deutschland abzubrechen … Die im letzten Moment erfolgte Kriegserklärung an Deutschland und Japan verschafften der Türkei eine Einladung zur
25 Gründungskonferenz der Vereinten Nationen in San Francisco (25. April 1945). „Die türkischen Politiker hatten richtig gepokert". (Fikret Adanır [türkischer Historiker])

Klaus Kreiser, Geschichte der Türkei. Von Atatürk bis zur Gegenwart, München (C. H. Beck) 2012, S. 69 f.

Der britische Historiker Perry Anderson über deutsch-türkische Kontakte während des Zweiten Weltkrieges (2009):

„Hitler", so berichtete General Erkilet mit großem Enthusiasmus, „empfing uns mit einer unbeschreiblichen Bescheidenheit und Schlichtheit in seinem Hauptquartier … Es ist ein großer Raum. Der lange
5 Tisch in der Mitte und die Wände waren mit Karten bedeckt, welche die jeweiligen Positionen in den Kampfgebieten zeigten. Trotzdem verbargen oder bedeckten sie diese Karten nicht, ein deutliches Zeichen, dass sie uns vertrauen und achten …"
10 Nachdem er den Türken mitgeteilt hatte, sie seien von direkten Verbündeten abgesehen die ersten Ausländer, die in der Wolfsschanze vorgelassen worden wären, und ihnen die vollständige Zerstörung Russlands versprochen hatte, „betonte der Führer auch:
15 ‚Dieser Krieg ist eine Fortsetzung des alten, und jene, die am Ende des letzten Krieges Verluste hinnehmen mussten, würden in diesem Krieg entschädigt werden.'" Erkilet und Fuad dankten ihm überschwänglich …

Perry Anderson, Nach Atatürk. Die Türken, ihr Staat und Europa. Berlin (Berenberg Verlag) 2009, S. 53 f.

---

1 Partnerarbeit:

a) Nennt Gründe für das Zögern der Türkei, auf der einen oder anderen Seite in den Krieg einzutreten. Analysiert dazu arbeitsteilig M3 und M4.

b) Vergleicht eure Ergebnisse zu M3 und M4.

c) „Mangel an Entschlossenheit", „Drückebergertum" oder „kluges Kalkül?" Beurteilt gemeinsam die Haltung der Türkei während des Zweiten Weltkrieges. Bezieht in euer Urteil Informationen des Darstellungstextes und die Bilder M1 und M2 ein.

Das türkische Militär – mehr als nur eine Armee

Die türkischen Streitkräfte sehen sich als Hüter der kemalistischen Prinzipien. Um diese zu bewahren, griffen sie mehrfach in die Politik ein und setzten mithilfe eines Putsches die Regierung ab.

- *Wie gelangte das türkische Militär in diese Machtposition? In welchen Situationen wurde geputscht?*

Bedeutung des Militärs in der Türkei

Die Gründung der Republik wurde im Wesentlichen von Militärangehörigen getragen. So war Atatürks Macht und die seines Nachfolgers Ismet Inönü von Anfang an eng mit der türkischen Armee verbunden. Die Streit-
5 kräfte sahen sich stets in der Pflicht, das Land nicht nur vor äußeren Feinden zu bewahren, sondern auch im Land Atatürks Ideale – die kemalistischen Prinzipien – zu beschützen.

Militärintervention 1960

10 Zu einer innenpolitischen Krise kam es 1960. Minister-präsident Adnan Menderes von der Demokratischen Partei – seit 1945 gab es wieder mehrere Parteien in der Türkei – gestattete den Menschen auf dem Land wieder die öffentliche Religionsausübung. Dies stieß bei über-
15 zeugten Kemalisten auf Kritik. Als Reaktion verschärfte Menderes seinen autoritären Regierungsstil: Die Presse wurde zensiert, Zeitungen verboten und es kam zu Ver-haftungen. Die Studentenschaft reagierte mit Protest-märschen, auf denen freiheitliche Rechte für Opposition
20 und Presse eingefordert wurden. Auch Kadetten der Militärakademie schlossen sich dem Protest an. Als Menderes einen General entließ und so versuchte, die militärische Führung der Regierung unterzuordnen, putschte das Militär am 27. Mai 1960. Das gesamte Ka-
25 binett wurde verhaftet, Adnan Menderes wurde vom Militärgericht zum Tode verurteilt und hingerichtet.
Die unter militärischer Kontrolle verabschiedete neue Verfassung führte zum ersten Mal in der Geschichte der Republik Garantien für Grundrechte ein, und der Grund-
30 satz des Laizismus wurde unter besonderen Schutz ge-stellt.

Militärintervention 1971

Bei den Wahlen von 1965 erreichte Süleyman Demirel, der Vorsitzende der liberal-konservativen *Adalet Partesi*
35 (Gerechtigkeitspartei), fast 53 Prozent der Stimmen und wurde Ministerpräsident. Er trieb die Industrialisierung in der Türkei voran, was aber auch die sozialen Gegen-sätze verschärfte und damit zu Protesten führte. Am 12. März 1971 intervenierte das Militär deshalb erneut.
40 Mit dem Argument, dass die Zunahme linker, extrem rechter und auch radikal muslimischer Kräfte die politi-sche Ordnung gefährde, verlangte es die Einsetzung ei-ner überparteilichen Regierung. Unter Anwendung des Ausnahmezustandes wurde die Regierung Demirel zum
45 Rücktritt gezwungen und vor allem Intellektuelle und linke Abgeordnete verhaftet, verhört und gefoltert.
Erst zwei Jahre später beendete das Militär den Ausnah-mezustand und gab die Macht wieder in die Hände von Politikern. Eine erneute Verfassungsänderung führte zu
50 Einschränkungen von Grundrechten – den Errungen-schaften von 1961.

Militärintervention 1980

Terror und Gegenterror von linken und rechten Gruppen bescherten der Türkei zwischen 1975 und 1980 bürger-
55 kriegsartige Zustände. Politische Morde fanden fast täg-

Soldat bei einer Parade am „Tag des Sieges" in Ankara, 30. August 2008. An dem Tag wird die „Befreiung" der Türkei von der griechischen Besatzung 1922 gefeiert.
Im Hintergrund ist ein Bild Mustafa Kemal Atatürks zu sehen.

lich statt. Die Regierungskoalition hatte dem nichts entgegenzusetzen und die Generäle sahen sich wieder genötigt, als „Wächter Atatürks" aufzutreten. Unter der Leitung des Generalstabschefs Kenan Evren kam es am
60 12. Sepember 1980 zum dritten Militärputsch. Mehr als 200 000 Personen wurden vor Gericht gestellt. Mehrere hundert Todesurteile wurden ausgesprochen, von denen 50 vollstreckt wurden. Hunderte Menschen kamen un-

ter „mysteriösen Umständen" ums Leben. In vielen Fäl-
65 len kann ein Tod durch Folter belegt werden.

Zum „Neubeginn der Demokratie" wurde wieder eine neue Verfassung ausgearbeitet. Sie bot einen großen Spielraum, die Grundrechte einzuschränken. Man stärkte die Macht des Präsidenten und beschnitt die Rechte
70 des Parlamentes. Als „Retter vor Anarchie und Chaos" wurde Kenan Evren zum neuen Präsidenten bestimmt.

Der türkische Politikwissenschaftler Şahin Alpay zur Rolle des türkischen Militärs (2009):

Es gehört zur Ironie türkischer Politik, dass die Republik Türkei trotz der relativ langen Geschichte ihrer verfassungsmäßigen Ordnung, die bis ins frühe 20. Jahrhundert zurückreicht, trotz ihrer
5 Mitgliedschaft in den meisten internationalen Organisationen westlicher Demokratien seit dem Ende des Zweiten Weltkriegs, trotz der 15 freien und fairen Parlamentswahlen seit 1950 und trotz der im Jahre 2005 aufgenommenen Beitrittsver-
10 handlungen mit der Europäischen Union (EU) nach

wie vor nicht als vollständig konsolidierte Demokratie gelten kann …

Nach wie vor ist das türkische Militär die Institution der Republik, die in der Bevölkerung das größte Ver-
15 trauen genießt, obwohl ihr Ansehen aufgrund einer Reihe fehlgeschlagener Putschversuche und Enthüllungen stark gelitten hat. Dies ist nicht nur durch die vorherrschende Überzeugung erklärbar, dass das Militär der wichtigste Garant für die Sicherheit und
20 Stabilität des Landes sei, sondern auch durch die militaristischen Tendenzen, die selbst unter der zivilen Bevölkerung weit verbreitet sind.

https://www.bpb.de/apuz/31728/die-politische-rolle-des-militaers-in-der-tuerkei (Abruf: 2. Mai 2019).*

Banner vor einem Gerichtsgebäude in Ankara mit Bildern von Opfern der Militärdiktatur von 1980, Foto, 2012

1 Arbeite aus dem Darstellungstext Anlass und Folgen der einzelnen Militärinterventionen heraus.

2 **Wähle eine Aufgabe aus:**
a) Erläutere Bedeutung und Selbstverständnis des Militärs in der Türkei. Beziehe M1 und M2 mit ein.
b) Erörtere im Hinblick auf die Rolle des Militärs, ob das politische System der Türkei als „konsolidierte Demokratie" gelten kann. Beziehe M1 und M2 mit ein.

3 Generalstabschef Evren hatte sich 1980 folgendermaßen über die Proteste geäußert: „Die Vaterlands-

verräter …, die die demokratische Ordnung und Einheit des Vaterlandes zerstören wollten, … werden … unter der vernichtenden Faust der türkischen Streitkräfte zerquetscht werden und in den Sünden des vergossenen brüderlichen Blutes ertrinken."
Eine türkische Bürgerrechtsbewegung beabsichtigt in einem Schreiben an den Europäischen Gerichtshof für Menschenrechte, die Umbenennung der Kenan-Evren-Straße zu fordern. Gestalte ein solches Schreiben – beziehe M3 mit ein.

Türkische Arbeitsmigration nach Westeuropa am Beispiel der Bundesrepublik

Von 1961 bis 1973 kamen fast 900 000 Menschen aus der Türkei nach Deutschland, um dort zu leben und zu arbeiten. Viele von ihnen sind geblieben. Gemeinsam mit ihren Nachkommen prägen sie heute die Bundesrepublik – gesellschaftlich, kulturell und wirtschaftlich.
- *Was bewegte sie damals dazu, ihr Land zu verlassen und sich in Deutschland niederzulassen?*
- *Wie gut ist ihre Integration gelungen?*

Auslöser der Anwerbung

In der boomenden Nachkriegswirtschaft der Bundesrepublik stieg Anfang der 1950er Jahre der Bedarf an Arbeitskräften. Besonders für den landwirtschaftlichen Sektor und im Bergbau sowie für den Straßen- und Brü-
5 ckenbau wurden dringend Arbeiter gesucht. So kam die Idee auf, Arbeitskräfte aus strukturschwächeren Regionen des Auslands anzuwerben. 1955 wurde ein Abkommen mit Italien abgeschlossen, das es deutschen Unternehmen ermöglichte, dringend benötigte Arbeitskräfte
10 aus Italien einzustellen. Es folgten weitere Abkommen mit anderen Staaten wie Griechenland (1960) und Jugoslawien (1968).

Anwerbeabkommen mit der Türkei

1961 wurde ein Anwerbeabkommen* mit der Türkei ge-
15 schlossen. Die Initiative dafür ging zunächst von der Türkei aus. Sie hatte aufgrund einer hohen Arbeitslosenrate großes Interesse daran, einen Teil der rasch anwachsenden Bevölkerung als „Gastarbeiter" ins Ausland zu schicken. Außerdem versprach sie sich davon dringend
20 benötigte Deviseneinnahmen.
Die Angeworbenen waren überwiegend männlich und lebten zunächst ohne Familien in einfachen Sammelunterkünften. Ihr Aufenthalt war zunächst auf zwei Jahre

befristet. Die Befristung wurde jedoch 1964 aufgeho-
25 ben, da viele Unternehmen an einer Weiterbeschäftigung interessiert waren. Um nicht länger von der Familie getrennt leben zu müssen, kam es in vielen Fällen zum Familiennachzug.
Im November 1973 wurde im Zuge der sogenannten Öl-
30 krise und einer wirtschaftlichen Rezession* ein „Anwerbestopp" für „Gastarbeiter" aus Nicht-EG-Staaten verhängt. Durch den Familiennachzug ging die Anzahl der türkischen Migranten dennoch nicht zurück. Auch das Vorhaben vieler, in die türkische Heimat zurückzukeh-
35 ren, sobald sie genug Geld für eine Existenzgründung in der Türkei angespart hatten, erwies sich überwiegend als unrealistisch.

Integration

Verglichen mit anderen „Gastarbeitergruppen" bemüh-
40 ten sich viele türkische Migranten darum, ihre eigene kulturelle Identität zu bewahren. Integrationsangebote von deutscher Seite waren außerdem lange Zeit nicht vorgesehen. Erschwerend kam hinzu, dass gerade die türkischen Migranten von vielen Deutschen als beson-
45 ders „fremd" wahrgenommen wurden. Zahlreiche Türken mussten Diskriminierungserfahrungen machen.

Assoziierungsabkommen EWG – Türkei

Am 12. September 1963 unterzeichneten die Europäische Wirtschaftsgemeinschaft (EWG) und die Türkei ein Abkommen, das die schrittweise Heranführung der Türkei an Europa einleitete. Es folgten verschiedene weitere Vereinbarungen: 1976 Bestimmungen zur Freizügigkeit, 1995 eine Zollunion, 1999 der Status als Beitrittskandidat der EU. Doch in den letzten Jahren stockten die Verhandlungen und wurden von beiden Seiten eher kritisch betrachtet. Alternativ wird das Konzept einer privilegierten Partnerschaft diskutiert.

Türkische „Gastarbeiter" im Zug nach Deutschland, Foto, 3. Februar 1966

In den 1990er Jahren kam es zu einer Reihe von rassistischen Brandanschlägen, von denen auch türkische Einwandererfamilien betroffen waren. Zwischen 2000 und
50 2006 wurden neun Personen mit Migrationshintergrund von der Terrororganisation NSU (Nationalsozialistischer Untergrund) ermordet. Die meisten von ihnen waren türkischer Herkunft.

Es gibt aber auch positive Entwicklungen: So steigt heu-
55 te der Anteil der Personen türkischer Abstammung, die einen Hochschulabschluss machen, deutlich an. Ebenso erhöht sich die Anzahl wirtschaftsrelevanter Unternehmen, die von türkischen Migranten der zweiten oder dritten Generation betrieben werden. Bekannte Persön-
60 lichkeiten wie der Regisseur Fatih Akin und der Grünen-Politiker Cem Özdemir zeigen, dass Personen mit türkischem Migrationshintergrund heute in Deutschland sehr wichtige Funktionen einnehmen.

Haus der Familie Genç in Solingen nach einem Brandanschlag, bei dem fünf Personen starben, Foto, 1993

Ausschnitt aus dem deutsch-türkischen Anwerbeabkommen (1961):

Die Arbeitnehmer sind dazu anzuhalten, dass sie sich unverzüglich nach ihrer Ankunft in dem Ort ihres gewöhnlichen Aufenthaltes in der Bundesrepublik Deutschland bei der örtlichen Meldebehör-
5 de anmelden und spätestens innerhalb von drei Tagen, jedoch möglichst vor der Arbeitsaufnahme ... Aufenthaltserlaubnis beantragen. Beabsichtigt der Arbeitnehmer, länger als ein Jahr eine Beschäftigung in der Bundesrepublik Deutschland auszuüben, so

10 muss er einen Monat vor Ablauf der Gültigkeitsdauer der Legitimationskarte bei dem für einen Aufenthaltsort zuständigen Arbeitsamt eine Arbeitserlaubnis beantragen, deren Erteilung sich nach den allgemeinen Vorschriften einer Beschäftigung durch
15 nichtdeutsche Arbeitnehmer richtet ... Die Aufenthaltserlaubnis wird über eine Gesamtaufenthaltsdauer von zwei Jahren hinaus nicht erteilt.

*Der Bundesminister für Arbeit und Sozialordnung (Hg.), Bundesarbeitsblatt, 13. Jg., Nr. 3, Bonn, 10. Februar 1962.**

Ausschnitt aus dem Gedicht „Gedanken über die Rückkehr" von Yüksel Pazarkaya (1977):

Hier sind alle meine Kindheitstage
Alle Worte meiner Zunge sind von hier
Mit Ausnahme meines eigenen Namens
Mit Ausnahme meiner Eltern Namen

5 In Kindergarten und Schule ging ich hier ...
Hier findet die Geburtstagsfeier meiner Freunde statt
Wie könnte ich von weit her dazu kommen
Wie könnte ich sie einladen zu meinem Geburtstag
10 Wenn ich eines Tages fort ginge von hier ...

Ich bin doch von nirgendsher gekommen
Nirgendshin kann ich zurückkehren.

*https://tuerkei.diplo.de/blob/1558992/26cb86f7187c4e6590 9bf4432e79f2fd/datei-pazarkaya-data.pdf (Abruf: 15. Juli 2019).**

1 Erarbeite aus dem Darstellungstext die Gründe für die türkische Arbeitsmigration.
2 Gestalte Sprechblasen, in denen die drei Männer aus M1 ihre Hoffnungen und Befürchtungen zum Ausdruck bringen.
3 **Wähle eine Aufgabe aus:**
   a) Stelle anhand des Gedichtauszugs M4 dar, mit welchen Schwierigkeiten sich die Migranten der zweiten Generation konfrontiert sahen.
   b) „Man hat Arbeitskräfte gerufen und es kommen Menschen." (Max Frisch, 1966) Beurteile diese Feststellung unter Einbeziehung des Anwerbeabkommens M3.
4 **Wähle eine Aufgabe aus:**
   a) Recherchiere und gestalte einen Zeitungskommentar zu den Vorkommnissen in Solingen 1993 in M2.
   b) Recherchiere den aktuellen Stand der Beziehungen zwischen der EU und der Türkei und stelle dein Ergebnis grafisch dar.

Islam und Laizismus in der modernen Türkei

Mustafa Kemal Atatürk schränkte durch das Prinzip des Laizismus die Bedeutung der Religion in Staat und öffentlichem Leben deutlich ein. 1925 wurde die Scharia, das islamische Recht, in der Türkei abgeschafft, 1928 der Islam als Staatsreligion aus der Verfassung gestrichen.

- *Wie stehen islamische Religion und Staat in der Türkei heute zueinander?*
- *Welche Rolle spielt dabei das Symbol des Kopftuchs?*

Laizismus

Atatürk betrachtete den Islam mit seinen aus seiner Sicht rückständigen Traditionen als Hindernis für eine Modernisierung des Landes. Politische Herrschaft und religiöse Führung wurden deshalb in der Türkei voneinander ge-
5 trennt (Laizismus). Anders als in Frankreich gibt es in der Türkei aber keine wirkliche Trennung von Religion und Staat, sondern der Staat kontrolliert die Religion.

Amt für Religionsangelegenheiten und DITIP

Alle staatlich anerkannten muslimischen Einrichtungen
10 werden von einer Behörde, dem Amt für Religionsangelegenheiten, verwaltet. Alle Moscheen in der Türkei sind dem Amt unterstellt, das gesamte Personal (Muftis, Imame und Muezzine) wird von ihm eingestellt und bezahlt. Jeder Prediger in der Türkei ist damit ein Beamter des
15 türkischen Staates. Dass das ursprünglich als Aufsichtsorgan eingesetzte Religionsamt inzwischen die Interpretationshoheit für den Islam beansprucht, wird von vielen Menschen kritisiert.

Der Arm des Religionsamtes reicht bis nach Deutschland.
20 Dort sind mehr als 1000 muslimische Geistliche tätig, die von der türkischen Behörde entsandt wurden und in der „Türkisch-Islamischen Union der Anstalt für Religion" (DITIP) organisiert sind.

Islamisierung der Türkei

25 In den 1950er Jahren erhielt der Islam in der Türkei mit der Wiedereinführung des Religionsunterrichts in den Schulen und dem Bau neuer Moscheen ein größeres Gewicht in Staat und Gesellschaft. Islamische Parteien und Gruppierungen erhielten immer mehr Zulauf und stiegen
30 in ihrer Bedeutung. 1976 trat die Türkei der „Organisation der Konferenz islamischer Staaten" bei.

Die überwiegende Mehrheit der Bevölkerung, vor allem in den Städten, sah jedoch bis Mitte der 1960er Jahre im Westen ein Vorbild und bewunderte seine Errungen-
35 schaften. Erst als die Modernisierung und Industrialisierung auch negative Folgen mit sich brachten, nämlich Verschuldung, Geldentwertung und Arbeitslosigkeit, entdeckten manche den Westen als neues Feindbild. Sie
40 kritisierten die Auflösung der traditionellen Familienstrukturen und den Werteverfall und wünschte sich ein Erstarken islamischer Werte.

Kopftuch-Streit

Gegenwärtig treten die Widersprüche zwischen Laizismus und Islam nirgends deutlicher zutage als im soge-
45 nannten Kopftuch-Streit. Für die Mehrheit der Frauen in der Türkei ist das Kopftuch zwar religiöse Tradition, aber kein öffentliches politisches Signal – viele würden sich ohne Kopftuch einfach unwohl fühlen. Jahrzehntelang lebte die Republik in Frieden mit dem Kopftuch – bis es
50 von der Militärregierung nach dem Putsch von 1980 in Schulen, Universitäten und Ämtern verboten wurde. Die Folge war, dass viele türkische Frauen wegen des Verbots nicht studieren, verbeamtet oder in Ämter gewählt werden konnten.

55 Dass der Anteil der Kopftuch oder Schleier tragenden Frauen dennoch deutlich zugenommen hat – z.B. von 2003 bis 2007 von ca. 64 auf ca. 69 Prozent – kann als Zeichen einer zunehmenden Islamisierung der Türkei gewertet werden oder auch als Ausdruck des Protests
60 gegen politische Bevormundung.

Abgeordnete der AKP mit Kopftuch im Parlament in Ankara, Foto, 20. Mai 2016. Die Abgeordneten handelten damit gegen das ungeschriebene Gesetz, im Parlament kein Kopftuch zu tragen.

Die Journalistin Claudia Steiner über das Kopftuchverbot (2001):

Eigentlich ist es nur ein Stück Stoff. Doch die Kopftücher der Studentinnen sorgen an einer Istanbuler Universität seit Wochen für erbitterten Streit ... Seit gut einem Monat sitzen vor den Ein-
5 gängen Tag für Tag zahlreiche Studentinnen, die sich weigern, ihr Kopftuch abzunehmen und daher nicht mehr auf das Universitätsgelände gelassen werden ... „Kopftuch-Freiheit" steht auf den schwarz-weißen Ansteckbändern der Mädchen.
10 Doch in der laizistischen Türkei sind Staat und Religion getrennt. Das Kopftuch gilt als politisches Symbol und ist in öffentlichen Einrichtungen verboten, etwa im Parlament und in Universitäten ... „Wir haben ein Recht auf Bildung, und es ist ein
15 Menschenrecht, ein Kopftuch zu tragen", meint Melek, 21, mit einem violetten Kopftuch ... Alle Studentinnen behaupten, dass sie das Kopftuch einzig und allein aus religiösen Gründen tragen.

https://www.spiegel.de/lebenundlernen/uni/tuerkische-studentinnen-streit-um-ein-stueck-stoff-a-117284.html
(Abruf: 23. Oktober 2019).*

Die Journalistin Cigdem Toprak über die Aufhebung des Kopftuchverbots an türkischen Schulen (2014):

In den zwölf Jahren, seit die islamisch-konservative AKP in der Türkei an der Regierung ist, musste sich die säkulare Elite daran gewöhnen, dass in den beliebten Restaurants, Cafés und Bars in den
5 schicken Vierteln der türkischen Metropole Istanbul neben ihnen auch Frauen mit Kopftüchern sitzen. Jetzt hat sich die Partei von Präsident Recep Tayyip Erdoğan aber an einem Tabu zu schaffen gemacht, das am Bosporus tiefe ideologische
10 Gräben aufwirft. Lockerungen des Kopftuchverbots kratzen am laizistischen Staatsverständnis der Türkei. Türkische Schülerinnen dürfen nun ab der 5. Klasse in der Schule ein Kopftuch tragen ... Bereits vor vier Jahren begann die AKP das ...
15 Kopftuchverbot in staatlichen Einrichtungen zu lockern. So dürfen seit 2010 Studentinnen mit Kopftuch türkische Universitäten besuchen.

https://www.welt.de/politik/ausland/article132590904/AKP-hebt-Kopftuchverbot-an-staatlichen-Schulen-auf.html
(Abruf: 7. Oktober 2019).*

Die Journalisten Susanne Güsten und Thomas Seibert über die religiösen Gepflogenheiten in der Türkei (2007):

Rein statistisch gesehen ist die Türkei ein religiös homogenes Land: 99 Prozent aller Türken werden von der amtlichen Statistik als Moslems geführt, und die allermeisten bekennen sich auch zum Islam.
5 ... Aufgrund ihrer Geschichte, ihrer geographischen Lage zwischen den Zivilisationen und ihrer heterogenen Bevölkerung hat die Türkei einen eigenen Zugang zum Islam entwickelt, der in vieler Hinsicht entspannter ist als anderswo.
10 Augenfälligstes Beispiel ist die verbreitete Akzeptanz von Alkohol in der türkischen Gesellschaft: Mit einem Glas Bier anzustoßen oder das Essen mit dem Nationalschnaps Raki runterzuspülen, ist für Millio-

nen türkischer Moslems normal – anders etwa als
15 der Verzehr von Schweinefleisch, den selbst weniger fromme Türken als ekelhaft ablehnen. Ähnlich eigenwillig ist der Umgang mit den heiligen Pflichten, die der Koran allen Gläubigen vorschreibt: Während die fünf täglichen Gebete ... nur von einer
20 Minderheit verrichtet werden und nicht einmal jeder zehnte Türke sich dazu täglich in der Moschee einfindet, halten sich über 80 Prozent der Türken an das Fastengebot im heiligen Monat Ramadan. Ähnlich wie im christlichen Westeuropa, wo die Kirchen nur
25 zu Weihnachten voll sind, sind auch hier die gesellschaftlichen Rituale der Religion oft wichtiger als die theologischen Inhalte.

Susanne Güsten/Thomas Seibert, Was stimmt? Türkei. Die wichtigsten Antworten, Freiburg (Herder) 2007, S. 33f.*

---

1 Stelle mithilfe des Darstellungstextes das Verhältnis zwischen Religion und Staat in der heutigen Türkei dar.

2 **a)** Beschreibe das Foto M1.
b) Erläutere die politische Bedeutung der Aktion der AKP-Abgeordneten.

3 **Partnerarbeit:**
a) Begründet mithilfe des Darstellungstextes und M2–M4, warum das Kopftuch von vielen als politisches Symbol verstanden wird.
b) Beurteilt die Bedeutung der Aufhebung des Kopftuchverbots für das politische Klima in der Türkei.

Von Atatürk zu Erdoğan

Während Atatürk die Türkei im europäischen Sinne modernisieren wollte, besinnt sich der aktuelle Präsident Recep Tayyip Erdoğan als islamisch-konservativer Politiker auf Religion, Tradition und die osmanische Vergangenheit.
- *Wie lässt sich Erdoğans Politik mit dem in der Verfassung verankerten Kemalismus vereinbaren?*

Oberbürgermeister von Istanbul

1994 wurde Recep Tayyip Erdoğan (*1954), der der religiös-konservativen Tugendpartei (FP) angehörte, Oberbürgermeister von Istanbul. Zunächst kündigte er einige konservativ-islamisierende Maßnahmen an, doch
5 der Widerstand der Kemalisten brachte ihn zum Einlenken. Respekt verschaffte sich Erdoğan, indem es ihm gelang, dringend erforderliche Sanierungsprojekte zu verwirklichen. In der Öffentlichkeit ließ er sich mitunter zu islamistisch anmutenden Äußerungen verleiten. 1998
10 musste er deshalb als Bürgermeister zurücktreten und wurde wegen „Volksverhetzung" zu zehn Monaten Gefängnis verurteilt. 1999 wurde die Tugendpartei verboten. Mit der Absichtserklärung, in Zukunft ausschließlich Sozial- und Wirtschaftspolitik zu betreiben,
15 gründete Erdoğan zusammen mit anderen im Sommer 2001 die AKP, die Partei für Gerechtigkeit und Entwicklung.

Regierung der AKP

Im Herbst 2002 war die wirtschaftliche Situation in der
20 Türkei äußerst angespannt. Zahlreiche Betriebe mussten schließen, die Zahl der Arbeitslosen stieg rapide an, Inflationsrate und Auslandsschulden waren gestiegen. Die Türkei stand kurz vor dem Staatsbankrott. Erdoğan präsentierte seine Partei als in erster Linie marktwirtschaft-
25 lich ausgerichtet. Bei der Parlamentswahl im November erreichte die AKP mit 34 Prozent einen Erdrutschsieg, und Recep Tayyip Erdoğan übernahm das Amt des Ministerpräsidenten. Es gelang ihm, die Wirtschaft in der Türkei wieder zu stärken. Die Inflationsrate sank, eine
30 Währungsreform ermöglichte die Stabilisierung der türkischen Lira und das Pro-Kopf-Einkommen sowie der Konsum stiegen an. Des Weiteren verabschiedete das Parlament Reformen zur Demokratisierung des Landes: Ethnischen und religiösen Minderheiten wurden mehr
35 Rechte eingeräumt, Meinungs- und Redefreiheit wurden gestärkt.

Kurswechsel

Seit 2005 ist ein Kurswechsel der AKP-Regierung zu verzeichnen. Ein Gesetz leitete eine Einschränkung der
40 Meinungsfreiheit in die Wege. Eine Reform des Justiz-

Erdoğan vor einem Bild von Atatürk, Foto, 2017

wesens bewirkte, dass die Obersten Richter nun nicht mehr dem Militär, sondern dem Parlament unterstellt sind. De facto wurde die Justiz fortan von der AKP kontrolliert. Verurteilungen aufgrund von „Herabwürdigung
45 des Türkentums" und der „Verunglimpfung des Islam" nahmen deutlich zu.

Erdoğans Nähe zum Islam zeigte sich nun auch wieder in seiner Politik: Seit seinem Wahlsieg 2007 wurde das Kopftuchverbot in der Türkei sukzessive abgeschafft. Es
50 kam verstärkt zu Protestbewegungen von Kemalisten und Liberalen gegen die AKP. Man warf Erdoğan und seiner Partei eine zunehmende Verfolgung Andersdenkender vor sowie eine schleichende Gleichschaltung der Medien. Seinem Erfolg tat dies keinen Abbruch. Bei der
55 Präsidentschaftswahl 2014 wurde Erdoğan zum türkischen Staatspräsidenten gewählt.

Putschversuch und Konsequenzen

Am 15. Juli 2016 unternahmen Teile des Militärs einen Versuch, die Regierung zu stürzen. Der Putsch ging nicht
60 von der militärischen Führung, sondern von Angehörigen niederer Ränge aus. Er scheiterte am geringen Rückhalt in den eigenen Reihen sowie am Widerstand der Bevölkerung. Nach dem Putschversuch beschloss das Parlament zunächst einen dreimonatigen Ausnahmezustand, der
65 mehrfach verlängert wurde. Die damit einhergehenden Sonderbefugnisse ermöglichten dem Präsidenten und dem Parlament, über 80 000 Personen aus dem Staats-

dienst zu entlassen. Unzählige Soldaten, Polizisten, Abgeordnete, Richter und Staatsanwälte wurden inhaftiert.

Verfassungsreferendum 2017

Am 16. April 2017 fand eine Volksabstimmung zu Verfassungsänderungen statt. Hierbei ging es vor allem um eine Erweiterung der Befugnisse des Präsidenten. Damit ging auch die Änderung der Regierungsform von einem Parlamentarischen System zu einem Präsidialsystem einher. Das Referendum fiel mit 51,41 Prozent für die Verfassungsänderung aus. Die Opposition und externe Wahlbeobachter vermuteten Wahlbetrug.

Das Präsidialsystem der Türkei

M2

Staatspräsident und Regierungschef — erlässt Dekrete mit Gesetzeskraft
- kann gemeinsame Neuwahl von Präsident und Parlament beschließen
- parteilich

berät → **Nationaler Sicherheitsrat**

kann Gesetze ablehnen

ernennt → **Regierung**
- bestimmt Regierungsvertreter in Provinzen und Verwaltung
- kann keine Gesetze vorschlagen

ernennt → **Staatskontrollrat**
kontrolliert → **öffentliche Verwaltung**

ernennt 6 Mitglieder / ernennt 7 Mitglieder → **Rat der Richter und Staatsanwälte** (13 Mitglieder)

Große Nationalversammlung (Parlament)
- 600 Abgeordnete
- kann Gesetze vorschlagen, beraten u. beschließen
- kann mit 60-prozentiger Mehrheit Neuwahl von Präsident und Parlament beschließen

gleichzeitige | Wahl für 5 Jahre

Wahlberechtigte türkische Bevölkerung

M3 **Der türkische Journalist Can Dündar über Atatürk und Erdoğan (2017):**

Der eine gründete eine moderne laizistische Republik mit westlichen Werten, der andere höhlt seit fünfzehn Jahren diese Prinzipien aus: Parlamentarische Demokratie, Gewaltenteilung, Unabhängigkeit der Justiz, Meinungs- und Pressefreiheit setzt er aus und strebt danach, die gesamte Macht in seiner Hand zu konzentrieren.

Seit Atatürk verfügte niemand in diesem Amt über eine derartige Macht ... Kein Politiker stellte je die unantastbare Staatsdoktrin des Laizismus infrage ... Von Anfang an war klar, dass er und die Kreise, für die er steht, Atatürk und dessen Reformen nicht geneigt sind ... So blieb Erdoğan als Ministerpräsident zumeist unter einem Vorwand Atatürk-Gedenkveranstaltungen und Republikfeiern fern ... Laizistische Bildung wurde torpediert, islamistische dagegen gefördert. Die Beziehungen zu Europa wurden ausgesetzt, Symbole der westlichen Kultur, Skulpturen, Opern, klassische Musik verteufelt ...

Letzte Woche aber geschah Unerwartetes. Am 10. November, dem 79. Todestag Atatürks, sagte Erdoğan: „Lautet sein Name Atatürk, könnte nichts normaler sein, als dass wir ihn aussprechen ... " Mehr noch, seine Partei ... organisierte diesmal Busse zum Besuch des Atatürk-Mausoleums. Bei der Basis ... löste die Wende einen Schock aus. Ein Teil der loyalen Medien vollzog sie hastig mit ...; der Rest wollte wissen, was da auf einmal los sei. Die Antwort kam aus der größten, einst von Atatürk gegründeten Oppositionspartei: „Erdoğans Sympathie kommt nicht von Herzen, sie rührt aus den Umfragen her ..."

https://www.zeit.de/2017/47/tuerkei-atatuerk-recep-tayyip-erdogan (Abruf: 7. Oktober 2019).

....

1 Stelle mithilfe des Darstellungstextes Erdoğans politischen Werdegang dar.

2 Partnerarbeit:
a) Analysiert M1.
b) Vergleicht M1 mit der Position von Can Dündar in M3.

3 Erläutere anhand von M2, warum man beim aktuellen politischen System der Türkei von einem „Präsidialsystem" spricht.

4 Erdoğan wurde schon mit den Worten charakterisiert, er sei ein „Wolf im Schafspelz". Nimm Stellung.

Aktuelle Entwicklungen in der Türkei

Außenpolitisch versucht die Türkei ihre Rolle als regionale Führungsmacht im Nahen und Mittleren Osten zu stärken, indem sie militärisch in den Syrienkonflikt eingreift. Eng damit verbunden ist auch der Kurdenkonflikt in der Türkei, der eine neue Eskalationsstufe erreicht hat. Beide Konflikte haben historische Wurzeln.
- *Welche Rolle spielt die Türkei als regionale Macht?*
- *Wie hat sich der Kurdenkonflikt bisher entwickelt?*

Die Rolle der Türkei im Nahen Osten

Bis 2003 galt das NATO-Mitglied Türkei als verlässlicher Partner des Westens. Zur arabischen Welt hielt sie weitgehend Distanz. Das änderte sich mit dem Regierungsantritt Erdoğans. Nach den erfolglosen EU-Beitrittsver-
5 handlungen verstärkte dieser das türkische Engagement im Nahen Osten und im nordafrikanischen Libyen. Die Türkei sah sich dort immer mehr als eigenständige Regionalmacht und strebte eine Führungsrolle an. Im Westen sprach man deshalb vom Neoosmanismus und betonte
10 damit, dass die türkische Außenpolitik an das imperiale Erbe des Osmanischen Reichs anknüpft.

Mit dem Ausbruch des „Arabischen Frühlings" 2010, bei dem sich Menschen u. a. in Tunesien, Ägypten, Libyen und Syrien gegen ihre autoritären Regierungen auflehn-
15 ten, schien dieser Plan aufzugehen. Die türkische Regierung stellte sich auf die Seite der Aufständischen und hoffte, bei deren Machtübernahme mehr Einfluss in der Region zu gewinnen. Die Hoffnungen erwiesen sich aber als trügerisch. In Ägypten etwa wurde die neue
20 Regierung bald wieder abgesetzt und in Syrien herrscht bis heute ein erbitterter Bürgerkrieg bzw. Stellvertreterkrieg. Gute Verbindungen hat die Türkei derzeit zu Saudi-Arabien, den Golfstaaten und neuerdings zum Iran.

Der Kurdenkonflikt

25 Die Volksgruppe der Kurden lebt vor allem im Südosten der Türkei (siehe Karte S. 157) und bildet die größte ethnische Minderheit des Landes. Auch jenseits der Grenze zum Iran, zum Irak und zu Syrien gibt es große Gruppen kurdischer Minderheiten. Zahlreiche Kurden sind in ver-
30 schiedene europäische Staaten emigriert. Obwohl Kurden in der Türkei türkische Staatsbürger sind, betrachten sich viele nicht als solche und erwarten, dass ihre eigene Sprache und Kultur anerkannt werden. Immer wieder wurden auch Forderungen nach einem eigenen Staats-
35 gebiet „Kurdistan" laut, das ihnen bereits 1920 im Friedensvertrag von Sèvres (siehe S. 196) in Aussicht gestellt worden war.

1978 wurde unter der Führung Abdullah Öcalans die kurdische Arbeiterpartei (PKK) gegründet, die mehr
40 Autonomie für die Kurden forderte. Als die Militärregierung nach dem Putsch 1980 die Kurden zu „Bergtürken" erklärte, das Hören von kurdischer Musik verbot und Tausende kurdischer Aktivisten und Journalisten verhaften und foltern ließ, nahm die PKK 1984 den bewaff-
45 neten Kampf gegen die Türkei auf. Die türkische Armee brannte daraufhin unzählige Dörfer nieder, um den PKK-Rebellen die Deckung zu nehmen, während diese den Krieg mit Terroranschlägen in westtürkische Städte trugen.
50 Die Lage beruhigte sich erst, als Öcalan 1999 gefasst wurde. Im Verlauf der folgenden Jahre wurden einige prokurdische Reformen auf den Weg gebracht. Diese blieben jedoch weit hinter den kurdischen Erwartungen zurück und der Konflikt entbrannte erneut.
55 Im Oktober 2019 wurde eine neue Eskalationsstufe erreicht: Türkische Streitkräfte marschierten in syrisches Staatsgebiet ein mit dem Ziel, die syrische Kurdenmiliz YPG aus dem türkisch-syrischen Grenzgebiet zu vertreiben. Kritiker bezeichneten den Angriff, der unter der
60 dort ansässigen Zivilbevölkerung eine humanitäre Katastrophe auslöste, als völkerrechtswidrig.

Demonstration von Kurden in London aus Anlass der türkischen Militäroffensive gegen Kurden in Syrien, Foto, 27. Januar 2018; auf den Fahnen ist Abdullah Öcalan zu erkennen.

Der Sozialwissenschaftler Yasar Aydin über die türkische Außenpolitik (2018):

Ohne die NATO-Mitgliedschaft ernsthaft infrage zu stellen und die EU-Beitrittsverhandlungen abzubrechen, wird Ankara langfristig auf die Vertiefung seiner Wirtschafts- und Handelsbeziehungen zu den
5 Ländern des Nahen und Mittleren Ostens sowie Asiens setzen. Eine Schlüsselrolle spielt dabei die Annäherung an Russland. Bei der strategischen Neuausrichtung geht es nicht nur um die Erschließung neuer Absatzmärkte, sondern auch um die
10 Sicherung der territorialen Integrität der Türkei, die Errichtung eines „Sicherheitsgürtels" in ihrem geostrategischen Umfeld und um die Erzielung von

Macht- und Autonomiegewinnen gegenüber dem Westen. Ein vollständiger Bruch mit dem Westen
15 und Austritt aus der NATO sind aus heutiger Sicht jedoch wenig wahrscheinlich. Dies würde die Machtposition der Türkei, unter anderem gegenüber Russland und Iran, signifikant schwächen. Die Türkei scheint vielmehr entschlossen, die aus ihrer geogra-
20 fischen Mittellage resultierenden wirtschaftlichen, politischen und militärischen Chancen zu nutzen. Wenn der Balanceakt gelingt, könnten sich die West- und die Südost-Orientierung in der türkischen Außen- und Sicherheitspolitik gegenseitig ergänzen.

https://www.bpb.de/internationales/weltweit/innerstaatliche-konflikte/221595/neue-tuerkei-neue-aussenpolitik-und-nahost-politik (Abruf: 4. November 2019)

Aus einer Mitteilung des Online-Sportnachrichtendienstes Sportbuzzer (2019):

Der FC St. Pauli stellt mit sofortiger Wirkung seinen Angreifer Cenk Sahin frei – und reagiert damit auf Forderungen der eigenen Fanbasis. Der 25-Jährige hatte nach der völkerrechtlich höchst umstrittenen
5 Offensive des türkischen Militärs in Syrien in türkischer Sprache auf Instagram seine Unterstützung für die Operation bekundet: „Wir sind an der Seite unseres heldenhaften Militärs und der Armeen. Unsere Gebete sind mit euch!" ...
10 Es sei nicht der erste „sprachliche und mediale Ausrutscher", schrieben Fans ... „Bereits in der Vergangenheit äußerte er sich pronationalistisch, regime-

treu und verächtlich über das Sterben der kurdischen Bevölkerung." ...
15 Der FC St. Pauli erklärte die Maßnahme wie folgt: „Nach zahlreichen Gesprächen mit Fans, Mitgliedern und Freund*innen, deren Wurzeln in der Türkei liegen, ist uns bewusst geworden, dass wir differenzierte Wahrnehmungen und Haltungen aus anderen
20 Kulturkreisen nicht bis ins Detail beurteilen können und sollten. Ohne jegliche Diskussion und ohne jeglichen Zweifel lehnen wir dagegen kriegerische Handlungen ab. Diese und deren Solidarisierung widersprechen grundsätzlich den Werten des Vereins."

dpa, 14. 10. 2019, zit. nach https://www.sportbuzzer.de/artikel/fc-st-pauli-cenk-sahin-entlassung-trennung-turkei-militar-syrien-reaktionen/ (Abruf: 4. November 2019)

Karikatur zur Diskussion um ein EU-Waffenembargo (Lieferstopp) gegenüber der Türkei nach deren Militäroffensive in Syrien, 14. Oktober 2019

1 Stelle mithilfe des Darstellungstextes die Entwicklung der türkischen Außenpolitik seit 2000 dar.
2 **Partnerarbeit:**
   a) Analysiert arbeitsteilig M2 und M4.
   Tipp: Beachtet bei M4 auch die türkischen Interessen in Nordsyrien.
   b) Beurteilt dann die Chancen der Türkei, den Balanceakt zwischen West- und Südost-Orientierung bewältigen zu können.
3 **Partnerarbeit: Wählt eine Aufgabe aus:**
   a) Diskutiert, unter welchen Umständen eine Beilegung des Kurdenkonflikts möglich sein könnte. Bezieht den Darstellungstext und M1 mit ein.
   b) Bewertet die Entscheidung des FC St. Pauli in M3. Beachtet besonders den letzten Abschnitt (Z. 15 ff.).

```
  |1300        |1400          |1500        |1600        |1700
```

ca. 1299 Kleinfürst Osman löst sich
von den Rum-Seldschuken

14. Jh. Errichtung Kernreich auf dem Balkan
und in Westanatolien

1453 Einnahme Konstantinopels durch Mehmed II., Türkenfurcht

16. Jh. Expansion im Nahen Osten, Arabien und Nordafrika

1520–1566 Süleyman I. der Gesetzgeber, der Prächtige

1529 1. Belagerung Wiens

1683 2. Belagerung Wiens,
Türkenmode

17./18./19. Jh. politische und ökonomische Krisen,
wachsende Dominanz des westlichen Europa

Vom Osmanischen Reich zur modernen Türkei

Entstehung des Osmanischen Reichs

Um 1299 errichtete Kleinfürst Osman in Westanatolien eine eigene Herrschaft. Seine Nachfolger eroberten im Laufe des 14. Jahrhundert den Balkan, der zum Kern des Osmanischen Reichs wurde. Die Eroberung Konstantinopels besiegelte den Status als europäische Großmacht. Mit der Eroberung des Nahen Ostens, Arabiens und Nordafrikas im 16. und 17. Jahrhundert wurde das Osmanische Reich zum islamischen Großreich und zur „Supermacht". Es war ein multiethnisches und multireligiöses Imperium.

Verwaltung und Herrschaft

Das Herrschaftsprinzip des Osmanischen Reichs beruhte auf einem ausdifferenzierten, hierarchischen und disziplinierten Verwaltungs- und Militärapparat. Die osmanische Funktionselite wurde nach Leistung ausgewählt, nicht nach ethnischer oder religiöser Zugehörigkeit. Das Reich wurde zentral von Konstantinopel aus regiert und verwaltet. Am osmanischen Hof befand sich das Machtzentrum mit dem Sultan an der Spitze. Die Regelung des Alltags wurde den Religionsbeamten überlassen. Vasallen- bzw. Tributstaaten sowie nichtmuslimische Religionsgruppen erhielten Selbstverwaltungsrechte für ihre inneren Angelegenheiten. Der Islam wurde genutzt, um die Herrschaft der Osmanen zu legitimieren. Islamisches Recht wurde pragmatisch nach dem Willen des Sultans ergänzt.

Die Bevölkerung bestand zu 90 Prozent aus Bauern und lebte halb frei im Timar-System, d. h. das Land gehörte dem Sultan, der es als eine Form der Bezahlung an Beamte und Soldaten weitergab, die es an die Bauern verpachteten. Aufgabe des Sultans war es, für Sicherheit in einer durch islamisches Recht geordneten Gesellschaft zu sorgen, an das er auch selbst gebunden war.

Krisen, Reformen und das Ende des Osmanischen Reichs

Das osmanische Regierungssystem sorgte jahrhundertelang für eine stabile Herrschaft und Lebensumstände. Langanhaltende ökonomische, soziale und militärische Krisen im 17. und 18. Jahrhundert konnte das starre System aber nur schwer bewältigen. Die Erhöhung der Staatsausgaben brachte keine Verbesserungen. Im Gegenteil: Die Staatsverschuldung stieg enorm an und brachte neue Probleme mit sich. Zeitgleich entwickelten sich die anderen Staaten Europas durch einen zunehmenden kapitalistischen Umbau ihrer Gesellschaften und technologischen Fortschritt immer schneller. Dieser Prozess gipfelte im europäischen Imperialismus des 19. Jahrhunderts. Das Osmanische Reich wurde immer mehr zum Spielball europäischer Großmachtinteressen. Die

1800	1900	2000

ab 1839 Beginn der Tanzimat-Reformen (bis 1876)

1908 jungtürkische Revolution

1914–1918 Teilnahme am Ersten Weltkrieg, Völkermord an den Armeniern und Aramäern

1919–1923 Türkischer Befreiungskrieg

1920 Vertrag von Sèvres

1923 Vertrag von Lausanne

1922/1924 Absetzung des Sultans, Abschaffung des Kalifats

1923 Gründung der Türkei

1923–1938 Mustafa Kemal Atatürk ist Präsident, Umbau des Staates nach kemalistischen Prinzipien

1945 Eintritt in den Zweiten Weltkrieg auf Seiten der Alliierten, Gründungsmitglied der UN

1952 NATO-Mitgliedschaft

1961 Anwerbeabkommen zwischen der BRD und der Türkei

1960, 1971, 1980 Putsche des Militärs, Verfassungsänderungen

2001 Wirtschaftskrise, Gründung der AKP unter Führung von Recep Tayyip Erdoğan

2002 Recep Tayyip Erdoğan wird Ministerpräsident

2005 Beginn Beitrittsverhandlungen mit der EU

2016 versuchter Militärputsch gegen die Regierung Erdoğan

2017 Einführung des Präsidialsystems

50 von den Sultanen im 19. Jahrhundert eingeleiteten Reformen waren erfolgreich, lösten aber nicht das gleiche Entwicklungstempo aus wie im restlichen Europa. Relativ gesehen fiel das Osmanische Reich deshalb immer mehr zurück. Diese von vielen als Demütigung empfun-
55 denen Entwicklungen spalteten die Gesellschaft in eine Gruppe national gesinnter, sich an Europa und der Moderne orientierender Beamter, Militärs und Intellektueller sowie einen großen Teil der Bevölkerung, der traditionell und religiös gesinnt war. In dieser Zeit setzte eine
60 zunehmende Politisierung und im 20. Jahrhundert auch Radikalisierung des Islam ein.

Im Ersten Weltkrieg (1914–1918) gehörte das Osmanische Reich als Verbündeter der Mittelmächte zu den Verlierern. Anatolien sollte unter den Siegern aufgeteilt
65 und das Osmanische Reich nur noch als ein Zwergstaat in Zentralanatolien fortbestehen.

Die Gründung der Türkei

Im türkischen Befreiungskrieg von 1919 bis 1922 kämpfte General Mustafa Kemal erfolgreich gegen diese
70 Pläne. 1923 wurde die Republik Türkei ausgerufen. Der neue Präsident Mustafa Kemal, der später den Ehrennamen Atatürk (Vater der Türken) erhielt, gestaltete die junge Republik nach europäischem Vorbild um. Zu seinen Reformen gehörten u. a. Alphabetisierungsmaßnah-
75 men, die Einführung der lateinischen Schrift, die Verpflichtung zu westeuropäischer Kleidung, Frauenrechte und die Einführung des gregorianischen Kalenders. Ein besonderes Anliegen war ihm die Trennung von Religion und Staat (Laizismus).

80 **Außenpolitik**

Im Zweiten Weltkrieg nahm die Türkei lange Zeit eine unklare Haltung ein. Ihre Kriegserklärung an Deutschland im Jahr 1945 ließ sie zu den Gewinnern gehören. Im Kalten Krieg wurde sie auch aufgrund ihrer geostrategi-
85 schen Lage in den Westen eingebunden: Beteiligung am Marshallplan, NATO-Mitgliedschaft, EWG-Assoziierung und seit 2005 EU-Beitrittsgespräche.

Innenpolitik

Bis heute beansprucht das Militär die Aufgabe als
90 „Wächter Atatürks" und griff immer dann ein, wenn die laizistische Ordnung bedroht schien: durch Politiker, die der Religion mehr Raum im Staat geben wollten, oder soziale Verwerfungen als Folge von Wirtschaftsreformen. Die Putsche waren begleitet von Verhaftungen,
95 Morden und Verfassungsänderungen.

Die Wirtschaftskrise zur Jahrtausendwende und die Verschleppung der EU-Mitgliedschaft führten zur Stärkung konservativer, EU-skeptischer und religiöser Kräfte. 2001 gründete Recep Tayyip Erdoğan die konservativ-
100 islamische Partei AKP, die 2002 einen erdrutschartigen Wahlsieg einfuhr. Als Ministerpräsident gelang es Erdoğan, einen Wirtschaftsaufschwung herbeizuführen. 2016 scheiterte der Putschversuch einiger Militärangehöriger. Erdoğan reagierte mit umfangreichen repressi-
105 ven Maßnahmen. 2017 erfolgte die Veränderung der Verfassung zu einem autoritären Präsidialsystem. Dieses System gibt Erdoğan in seiner Funktion als Präsident so viele Vollmachten, dass die freiheitlich-demokratische Rechtsstaatlichkeit der Türkei infrage steht.

In diesem Kapitel konntest du folgende Kompetenzen erwerben:

- die Entstehung und Ausbreitung des Osmanischen Reichs erläutern
- das Osmanische Reich als Imperium charakterisieren
- die Zusammenhänge zwischen der Expansion des Osmanischen Reichs und der Verlagerung der Handelswege erklären
- den europäischen Imperialismus im Nahen und Mittleren Osten charakterisieren und seine Folgen bewerten

- die Entstehung der Türkei als Nationalstaat erklären
- die inneren Konflikte in der Türkei seit Atatürk sowie ihre Auswirkungen erläutern und beurteilen
- die türkische Arbeitsmigration nach Westeuropa charakterisieren und ihre Folgen bewerten
- aktuelle Herausforderungen der Türkei in historischer Perspektive analysieren
- **Methode:** Zeitzeugenberichte analysieren

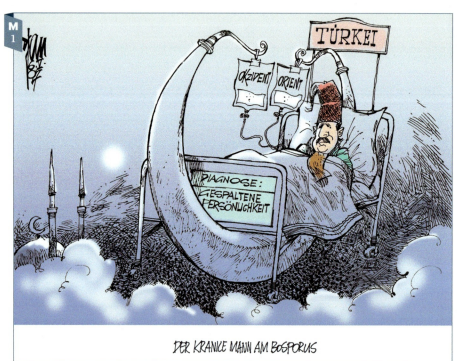

Karikatur von Jürgen Janson, 15. Mai 2012

DER KRANKE MANN AM BOSPORUS

Der Politikwissenschaftler Dietrich Jung über osmanische Modernisierung und politische Kultur der modernen Türkei (2007):

Im Rückblick fällt die Bilanz der osmanischen Modernisierung [im 19. Jh.] widersprüchlich aus. Der Reformprozess hatte zu einem relativ machtlosen, aber dennoch starken Staat geführt. Es war der poli-
5 tischen Elite zunächst gelungen, die staatlichen Machtmittel zu konzentrieren und unabhängig von anderen gesellschaftlichen Akteuren über sie zu verfügen. Im Vergleich zu den meisten modernen Nationalstaaten Europas jedoch blieb das Volumen
10 staatlicher Macht im Osmanischen Reich äußerst gering. Eine Mobilisierung gesellschaftlicher Res-
sourcen und der eigenen Bevölkerung, wie sie das Beispiel des europäischen Nationalstaats demonstrierte, war dem „starken" osmanischen Staat nicht
15 einmal ansatzweise gelungen. Das Verhältnis von Staat und Gesellschaft war durch eine tiefe Kluft gekennzeichnet, insbesondere der Landbevölkerung begegnete der Staat nur in Form von repressiven und Furcht erweckenden Repräsentanten, denen
20 man am besten aus dem Wege ging ...
Mit Recht hat Ergun Özbudun[1] darauf hingewiesen, dass die politische Kultur der Türkei nachhaltig von dieser autoritären osmanischen Staatstradition geprägt wurde. Die führende Rolle von Militär und
25 Bürokratie im politischen Institutionengefüge der

türkischen Republik sowie die relative Marginalisierung[2] der ökonomisch aktiven Bevölkerungsschichten in der türkischen Staatsbildung können ebenfalls mit den gesellschaftlichen Entwicklungen in Verbindung gebracht werden, die die osmanische Moderne geprägt haben.

Dietrich Jung, Staatsbildung und Staatszerfall. Die osmanische Moderne und der europäische Staatenbildungsprozess, in: Gabriele Clemens (Hg.), Die Türkei und Europa, Hamburg (Lit Verlag) 2007, S. 75.*

....

[1] *türkischer Jurist*
[2] *an den Rand drängen*

Deutsch-Türken in einer Fernsehsendung zur Integration in Deutschland (2017):

„Ich hab mir ein Auto gekauft, dann hieß es: ‚Wie kannst du dir das leisten? Was für Geschäfte machst du nebenbei?' Nur weil ich ein Türke bin! Dabei arbeite ich, ich zahle Steuern. Ich bin 29 Jahre alt, wenn ein Deutscher sich in meinem Alter ein Auto kauft, dann fragt keiner: ‚Was für Geschäfte machst du?'", erzählt Renan Toprak[1]. Er sitzt gemeinsam mit seinen Freunden am Rand eines Fußballfeldes. Jeder von ihnen kennt Diskriminierungen wie diese. Mal werden sie einfach nur Ali genannt, obwohl keiner von ihnen so heißt, mal machen sich die Kollegen über ihre Religion lustig oder ihr Äußeres wird kritisch beäugt.

„Den Bart habe ich nicht, weil ich eine politische Richtung verfolge, sondern eher, weil es hip ist, meine Frau mag den. Aber ich passe deswegen immer mehr in dieses Klischeebild und werde auch immer mehr so behandelt. Das ist aber sehr frustrierend, das hat mit Lebensqualität nichts mehr zu tun", beschreibt Şayan Elmas[2] den Generalverdacht, unter den er häufig gestellt wird. „Immer wird mir etwas unterstellt. Ich werde nicht so behandelt, wie ich bin, sondern wie die Leute mich vermuten." ...

Zümrüt Kara[3] ist Anwältin. Die Türkei kennt sie nur durch Urlaubsreisen. Trotzdem wird sie immer wieder auf ihre Herkunft reduziert. „Wenn ich im Rahmen meiner rechtsanwaltlichen Tätigkeit irgendetwas gesagt, gemacht oder geschrieben habe und hinterher die Aussage kommt: ‚Oh, Sie sprechen aber sehr gut deutsch'. Ich bin hier geboren und aufgewachsen, ich habe hier Jura studiert und beide Examina bestanden. Da fragt man sich schon, woher kommt jetzt diese Aussage?" ...

Renan Toprak[1] bringt es am Ende der Diskussion so auf den Punkt: „Integration ist keine Einbahnstraße. Wenn ich mich mit jemandem anfreunden will, muss ich mich für sein Leben interessieren und er sich für meins. Wenn ich mich nur für sein Leben interessiere, werden wir niemals Freunde."

Mareike Fuchs & Philipp Hennig, vom 14. 03. 2017, zit. nach http://www.ndr.de/fernsehen/sendungen/panorama3/ Die-Unverstandenen-Deutsch-Tuerken-im-Norden, deutsch-tuerken118.html (Abruf: 2. Dezember 2019)**

....

[1–3] *Namen der Personen aus lizenzrechtlichen Gründen vom Verlag geändert.*

Methoden- und Reflexionskompetenz

1 Analysiere die Karikatur M1.

2 **a)** Fasse M2 in eigenen Worten zusammen.
  b) Überprüfe die These von Ergun Özbudun (M2 Z. 22–24).

Sach- und Reflexionskompetenz

3 **Partnerarbeit:** Auf S. 193 habt ihr bereits mithilfe der Vergleichskriterien für Imperien (S. 16) das Osmanische Reich charakterisiert.
  a) Charakterisiert nun mithilfe dieser Kriterien auch die Türkei.
  b) Vergleicht dann eure Ergebnisse zu den zwei Phasen der osmanisch-türkischen Geschichte: Welche Gemeinsamkeiten/Unterschiede, Entwicklungen/Veränderungen lassen sich feststellen?

Methoden- und Orientierungskompetenz

4 Untersuche die Perspektive der Zeitzeugen in M3 mithilfe der Arbeitsschritte S. 190.

Reflexions- und Orientierungskompetenz

5 **Wähle eine Aufgabe aus:**
  a) Der französische Staatschef Emmanuel Macron stellte 2018 fest, dass die Türkei Erdoğans nicht die Türkei Atatürks sei. Erörtere diese These.
  b) Die amerikanischen Historiker Jane Burbank und Frederick Cooper stellten 2012 fest: „Die Welt leidet noch immer unter der stümperhaften Demontage des Osmanischen Reichs." Erörtere diese These.

Neue Weltordnung

5
Ehemalige Imperien und die Europäische Integration im Vergleich

Die Europäische Union, ursprünglich ein Interessensbund verschiedener unabhängiger Nationalstaaten, erhebt immer mehr den Anspruch, als wirtschaftlicher und politischer Akteur die europäischen Positionen in der Welt zu vertreten. Zugespitzt ist von „neo-imperialen Strukturen" (gr. neo = neu) der EU die Rede. Manche sagen, dass Europa nur so eine wichtige Rolle neben den großen Mächten USA, Russland und China spielen könne. Andere argumentieren wiederum, dass die einzelnen Mitgliedstaaten ihre nationalen Interessen nicht aufgeben sollten und können.

Analysiere die Aussage der Karikatur.

„*Neue Weltordnung", Karikatur von Oliver Schopf, Februar 2018*

Ehemalige Imperien und die Europäische Integration im Vergleich

Verglichen mit Russland, China und dem Osmanischen Reich/Türkei, ist die Europäische Union ein junges politisches Gebilde. Vor allem aber ist sie eine überstaatliche oder supranationale Organisation. Der Prozess der Europäischen Integration schuf zentrale Institutionen und gemeinsame Außengrenzen.

- **Wie unterscheidet sich die Europäische Union in historischer Perspektive von Imperien wie Russland, China und der Türkei?**

Die Idee der europäischen Einigung stammt aus der Zeit des Ersten Weltkrieges. Graf Coudenhove-Kalergi begründete die Paneuropa-Bewegung. Ein europäischer Zusammenschluss sollte den Frieden sichern. Doch erst nach dem Zweiten Weltkrieg wurden die ersten wirtschaftlichen, politischen und militärischen Integrationsmaßnahmen ergriffen. Die Organisation für europäische wirtschaftliche Zusammenarbeit (OEEC) wurde gegründet. Aus ihr ging 1961 die Organisation für wirtschaftliche Zusammenarbeit und Entwicklung (OECD) hervor. 1949 entstand der Europarat zur politischen Zusammenarbeit.

Die Montanunion zwischen der Bundesrepublik Deutschland, Frankreich, Italien und den Benelux-Staaten 1952 wurde zur Keimzelle der Europäischen Union.

Wichtige Stationen waren:

1957 Die Römischen Verträge begründen die Europäische Wirtschaftsgemeinschaft (EWG) und die Europäische Atomgemeinschaft (Euratom).

1960 Freihandelszone (EFTA)

1968 Abschaffung der europäischen Binnenzölle

1979 Einführung des europäischen Währungssystems und erste Direktwahl des EU-Parlaments

1985 Das Schengener Abkommen beendet die Grenzkontrollen zwischen den beteiligten Staaten.

1992 Der Vertrag von Maastricht baut die Wirtschaftsgemeinschaft zur politischen Union aus (u. a. gemeinsame Außen- und Sicherheitspolitik, Wirtschafts- und Währungsunion).

2002 Einführung des Euro

2005 Eine Verfassung für Europa scheitert.

2009 Der Vertrag von Lissabon vertieft die EU-Integration, mehr Rechte für EU-Parlament und Bürger.

Umstritten bleibt die Frage, ob die Zukunft der EU als Staatenbund oder Bundesstaat (Vereinigte Staaten von Europa) vorangetrieben werden soll. Durch den Brexit*-Prozess sowie Wahlerfolge von rechtsnationalen Parteien in mehreren Mitgliedsländern ist der Integrationsprozess bedroht.

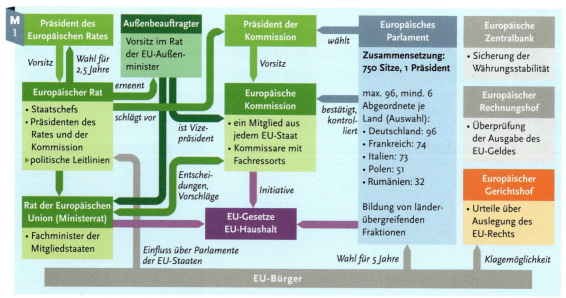

Die Institutionen der EU nach dem Vertrag von Lissabon (2012)

Der indisch-amerikanische Politikwissenschaftler Parag Khanna in der „Zeit" über die EU als „Imperium" (2008):

Was ist gemeint, wenn wir Europa als postmodernes Imperium des 21. Jahrhunderts bezeichnen? Es heißt: Europa ist nicht Rom, das einen kulturellen Verfall erlebt hat, den viele heutzutage in Amerika
5 erkennen. Europa ist auch nicht das Heilige Römische Reich Deutscher Nation, dessen Einheit eine Illusion war und das von innen her kollabierte. Und natürlich ist Europa keine Kolonialmacht im Sinne des 19. Jahrhunderts, das ferne Länder für eigenen
10 Profit ausplündert. Trotzdem hat Europa eine Einflusssphäre aufgebaut, die über staatliche Grenzen hinausreicht und staatliche Souveränität relativiert. Europa ist ein kooperatives Netzwerk von Nationen, die Bürgerrechte und Währung miteinander teilen,
15 Handel und Investitionen, Gesetze und Kultur. Dass sie auf diesen engmaschigen Konsens gründet, ist die Besonderheit der EU im Vergleich mit den beiden anderen Imperien des 21. Jahrhunderts: den Vereinigten Staaten und China. Europa integriert Länder
20 nicht durch politische Eroberung, sondern mehr in der Art eines Firmenzusammenschlusses. Und es integriert sie enger als die USA und China, die mit ihren Verbündeten und Vasallen durch kühle Interessen verbunden sind.

https://www.zeit.de/2008/38/EU (Abruf: 17. Oktober 2019)

Der deutsche Politikwissenschaftler Hans-Jürgen Bieling über die EU als „Imperium" (2009):

Im Unterschied zu anderen Imperien weist das EU-Imperium allerdings einige Besonderheiten auf, von denen vor allem zwei erwähnenswert sind:
Erstens werden mit der Herausbildung des EU-
5 Imperiums die tradierten nationalstaatlichen Ordnungsstrukturen nicht einfach hinfällig. Zwischen der EU und den Nationalstaaten besteht vielmehr ein Ergänzungs- und Überlappungsverhältnis. Das heißt, die EU stützt sich selbst maßgeblich auf die
10 nationalstaatlichen Verwaltungs- und Machtapparate, um diese zugleich zu überlagern und zu transformieren, also auf die Anforderungen des EU-Imperiums auszurichten.
Die spezifische nationalstaatliche Unterfütterung
15 des EU-Imperiums weist zweitens darauf hin, dass sich diese auch klar von den Groß- und Weltreichen der Antike, des Mittelalters und der jüngeren Neuzeit – etwa dem britischen, US-amerikanischen oder russischen Imperium – unterscheidet. So wird der
20 imperiale Expansionsprozess der EU nicht zentralistisch, sondern „nur" durch eine supranational koordinierte und national vernetzte Mehrzahl formal gleichberechtigter, faktisch jedoch zum Teil sehr ungleicher Mitgliedstaaten organisiert. Die EU wird
25 in diesem Sinne als ein „postmodernes" (Cooper 2002), „posthegemoniales" (Schneckener 2005) Imperium charakterisiert, das durch die Förderung von Rechtsstaatlichkeit, Demokratie und Menschenrechten, also die Verallgemeinerung kosmopolitischer
30 Prinzipien, die europäische und globale Politik zu stabilisieren bestrebt ist.

http://blog.dvpb.de/wp-content/uploads/2015/03/7_Bieling_Hans-Juergen_MachtPolitik_und_Demokratie_im_neuen_EU-Imperium.pdf (Abruf: 17. Oktober 2019)

---

1 Charakterisiere auf der Basis des Darstellungstextes und des Schaubilds M1 den Prozess der Europäischen Integration.

2 Gruppenarbeit:
Ist die EU ein politisches Gebilde mit „neo-imperialen Strukturen" (S. 219)? Untersucht zur Beantwortung dieser Frage den Prozess der Europäischen Integration anhand der Kriterien von S. 16.
a) Bildet Gruppen und teilt die Arbeit auf die verschiedenen Kriterien auf.
Recherchiert ggf. weitere notwendige Informationen. Informiert euch gegenseitig über eure Ergebnisse.

b) Vergleicht eure Ergebnisse mit den Positionen der beiden Politikwissenschaftler in M2 und M3. Bildet euch ein begründetes Urteil in Bezug auf die gestellte Frage.
c) Gestaltet ein Präsentationsmedium (Plakat, Padlet, PowerPoint, Board) und präsentiert eure Gruppenergebnisse in der Klasse.

Zusatzaufgabe: siehe S. 235

Liegt die Zukunft in der Vergangenheit? Chancen und Probleme verschiedener Herrschaftsformen im 21. Jahrhundert

Die Erforschung der imperialen Vorgeschichte sowie der aktuellen Herausforderungen Russlands, Chinas und der Türkei werfen die grundlegende Frage auf, ob die imperiale oder hegemoniale Vormacht einiger mächtiger Staaten oder die supranationale Koope-ration von Staaten besser für eine gelingende internationale Ordnung sind.

- *Welche Chancen und Probleme bieten die verschiedenen Herrschaftsformen im 21. Jahrhundert?*

Der Politikwissenschaftler Herfried Münkler in einem Interview (2006):

Im ausgehenden 20. Jahrhundert beobachten wir zweifellos neue Formen der Imperiumsbildung. Elemente wie wirtschaftliche Integration, Kontrolle technologischer Innovationen und Wirtschaftsrecht

5 erhalten eine zentrale Funktion ... Die militärische Komponente bleibt eine unverzichtbare Vorausset-zung, doch sie hat nicht mehr dieselbe Bedeutung wie in vielen früheren Imperien. Hinzu kommt, dass bestimmte Formen brutaler Repression den Imperi-

10 en der Gegenwart nicht mehr zur Verfügung stehen und sie in ihrem eigenen Selbstverständnis auch nicht wollen, dass sie ihnen zur Verfügung stehen. Formen des Ordnens imperialer Räume, wie der türkische Völkermord an den Armeniern oder die

15 großen Bevölkerungsverschiebungen Hitlers und Stalins, kommen heute nicht mehr in Frage. Impe-rien müssen sehr viel sensibler agieren, und sie unterliegen durch die Präsenz der Medien einer grö-ßeren Kontrolle.

20 ... Was die positiven Seiten imperialer Herrschaft im 20. Jahrhundert angeht, so haben Imperien nun sehr viel stärkere Möglichkeiten, mit ihrer zivilisatorisch-kulturellen Attraktivität Räume zu prägen und Eliten zu fixieren. Es ist bislang zu wenig beachtet worden,

25 welche Funktion etwa die amerikanische Musik hat – vom Jazz angefangen bis zu den jüngsten Formen des Hiphop –, die sozusagen als leichte Kavallerie Räume durchdringt und Heranwachsende orientiert.

Herfried Münkler, Zeithistorische Forschungen 3 (2006), S. 96.*

Der Historiker Hans Heinrich Nolte (2017):
Die Übersicht legt nahe, dass Imperien besser in der Lage sind, weltweite Probleme zu bearbeiten, dass aber Nationalstaaten besser Vorteile er-kämpfen, konkrete Kontrolle sichern und Identi-

5 fizierung ermöglichen. Das spricht für Unionen, da sie auf globale Probleme adäquater reagieren können und doch Raum für nationale (oder an-dere) Identitätsbildungen lassen. Der universale Trend lautet also nicht „from Empires to Nations"

10 (wie man nach dem 2. Weltkrieg annahm) oder gar „from Nations back to Empires" (wie manche hoffen), sondern „from Empires to Unions".

Hans Heinrich Nolte, Kurze Geschichte der Imperien, Wien (Böhlau) 2017, S. 7.

Der britische Historiker Niall Ferguson (2003):
Kurz gesagt, das Britische Empire hat bewiesen, dass ein Imperium eine Form internationaler Regierung ist, die funktionieren kann – nicht nur zum Nutzen der herrschenden Macht. Es strebte

5 danach, nicht nur ein wirtschaftliches, sondern auch ein Rechtssystem und letztlich ein politi-sches System zu globalisieren.

Niall Ferguson, Empire: How Britain Made the Modern World, London (Penguin Books) 2003, S. 371. Übers. v. Verf.

Der Politikwissenschaftler Harald Müller (2008):

Nun könnte wieder ein Einwand kommen ... nichts eigne sich besser zur Verhütung großer und kleiner Kriege als ein funktionierendes Imperium. Die imperiale Macht ist überall ein bisschen präsent, hat ihre
5 Truppen hier und dort, verteilt Begünstigungen für Wohlverhalten und schlägt zu, wenn ein unbotmäßiger Akteur den imperialen Frieden stört. Dann kommen in Blitzesschnelle Verstärkungen aus der Metropole und ersticken den Widerstand im Keim, bevor
10 er sich zu einem verzehrenden Buschfeuer auswachsen oder sich in einer Region als dauerhaftes Gewaltsystem festsetzen kann ...
In einer Welt der Verschiedenheit ist die imperiale Herrschaft noch des gnädigsten Herrschers für allzu
15 viele Akteure nicht annehmbar. Ihre Ehre, Würde, Identität, ihre Werteorientierung, Ideologie und Religion verbieten die Unterwerfung und gebieten die Rebellion ... Der imperiale Herrscher, willens, der Welt den Frieden zu bringen, beschert ihr in Wirk-
20 lichkeit die allumfassende Gewalt. Was in früheren Jahrhunderten noch denkbar war, als der größere Teil

der Menschheit damit beschäftigt war, sich in Subsistenzwirtschaft[1] ohne größere Kontakte zur Außenwelt mühselig das tägliche Auskommen zu erarbei-
25 ten, ist heute im Zeitalter weitreichender Mobilisierung, der Lesefähigkeit von Bevölkerungsmehrheiten, der Kommunikation über Mobiltelefon und Internet, der durch alle technischen Möglichkeiten gesteigerten Organisationsfähigkeit auch noch
30 der marginalisierten[2] Unterschichten, schlicht nicht mehr machbar ... Für uns ist wichtig festzuhalten: sie [die imperiale Hegemonie] kann in unserer pluralistischen Welt mit ihrer modernen Technologie, die jeglichem Akteur, so schwach er auch sein mag, im-
35 mer ein gerüttelt Maß an Chaosmacht in die Hand gibt, prinzipiell nicht funktionieren. Vergesst Imperien, Leute – nichts ist heute politisch weniger nachhaltig als sie.
Harald Müller: Wie kann eine neue Weltordnung aussehen? Frankfurt/M. (Fischer) 2008, S. 162 f. *

....

[1] *Selbstversorgungswirtschaft*
[2] *ins Abseits geschoben*

Der Historiker Ulrich Leitner (2011):

Die moderne Imperialismusdebatte und das starke Interesse am Forschungsfeld imperialer Ordnungskomplexe weisen ... auf ein Grundproblem bei der Argumentation mit historischen Sachverhalten zur
5 Deutung der Gegenwart. Es handelt sich um die Frage danach, inwieweit die Orientierung an historischen Vorbildern der Gegenwart nützlich oder hinderlich ist. „Spiegelt sich im Grunde hier nicht auch

ein Stück von jenem Dilemma wider, vor das sich in
10 Zeiten tiefgreifender Wandlungen eigentlich jede Generation gestellt sieht, wenn sie sich bemüht, mithilfe bereits vorgegebener Begriffe und Vorstellungen die Rätsel der eigenen Gegenwart aufzulösen?"
[Zitat des Historikers Wilhelm Hoffmann]
Ulrich Leitner, Imperium. Geschichte und Theorie eines politischen Systems, Frankfurt/M., New York (Campus) 2011, S. 259 f. *

....

1 Partnerarbeit:

Imperiale oder hegemoniale Vormacht einiger mächtiger Staaten oder supranationale Kooperation der Staaten: Welche Chancen und Probleme bieten diese verschiedenen Herrschaftsformen im 21. Jahrhundert?

a) Analysiert dazu arbeitsteilig die Materialien M1 bis M5 und tragt die verschiedenen Argumente zusammen.

b) Ulrich Beck, Soziologe, schrieb 2003: „Wir leben in einem Zeitalter der falschen Begriffe, die zur Quelle einer falschen Politik werden." Diskutiert, ob *Imperium* und *Nationalstaat* solche „falschen Begriffe" sind.

Tipp: Bezieht eure Ergebnisse zu Aufgabe 1 auf S. 19 mit ein.

Debattiert nach den Regeln von „Jugend debattiert" (www.jugend-debattiert.de):

1 Rechtfertigen Frieden und Stabilität in einem Reich die Einschränkung von Grundrechten?

2 Was sollte Vorrang haben: Effizienz einer zentralen Macht oder politische Teilhabe aller?

3 Sind supranationale Organisationen die Rettung der Welt?

4 Leben wir bereits in einem Zeitalter „Imperialismus 2.0"?

Ein Zukunftsszenario entwerfen

Aus der Kenntnis der Geschichte lässt sich keine Zukunft voraussagen, denn Geschichte wiederholt sich nicht. Menschen gestalten ihr Zusammenleben immer neu und anders. Aber die Kenntnis der Vergangenheit ermöglicht es, alte und im Kontrast dazu auch neue politische, ideologische, soziale, wirtschaftliche und kulturelle Phänomene, Strukturen und Kräfte zu identifizieren, die auf die Gestaltung der Zukunft einwirken. Das befähigt zum Entwurf von Entwicklungsszenarien. Die Szenariotechnik hilft dabei.

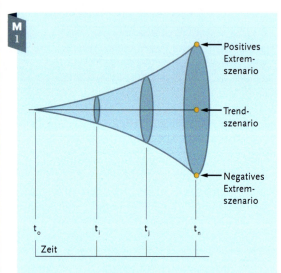

Nach Thomas Retzmann: Die Szenariotechnik,
in: https://www.sowi-online.de/praxis/methode/
szenario_technik.html (Abruf: 20.11.2019)

Die Szenariotechnik wird in der Politik und der Wirtschaft verwendet, um sich auf absehbare Zukünfte vorzubereiten. Es geht nicht darum, die Zukunft vorauszusagen, sondern man will rechtzeitig Strategien und
5 konkrete Maßnahmen entwickeln, um vorbereitet zu sein oder sich an einer positiven Zukunftsentwicklung zu beteiligen. Auf der Basis von Daten und Fakten werden deshalb „Erzählungen über mögliche Zukünfte" (Sascha Meinert/Michael Stolt, 2010) entwickelt.
10 Die Zukunft lässt sich dabei wie ein Trichter darstellen. Die größer werdende Öffnung zeigt die wachsende Zahl an Möglichkeiten. Der Rand wird von der besten und schlechtestmöglichen Entwicklung gebildet. Zwischen ihnen bewegt sich der mögliche und absehbar realisti-
15 sche Trend. Alle drei Trends werden bei ihrer Erstellung von den Beteiligten erörtert. Auch darin besteht ein Mehrwert der Szenariotechnik.

*Szenariotrichter und die
drei Szenariotypen*

Vorschläge für im Jahr 2019 relevante Zukunftsfragen

a) *Russland*:

1 Welche Rolle wird die orthodoxe Kirche in Russland spielen?

2 Wie wird sich der Konflikt zwischen Russland
5 und der Ukraine entwickeln?

3 Wie wird sich der Umgang mit der politischen Opposition in Russland gestalten?

4 Wird Russland seine Position auf dem Weltmarkt als Energielieferant ausbauen?

10 **5** Wird sich Russland zur neuen globalen Supermacht entwickeln?

b) *China*:

1 Wie wird sich der Konflikt in Hongkong weiterentwickeln?

15 **2** Wird der weltpolitische Einfluss Chinas durch die neue Seidenstraße zunehmen?

3 Wird China zum Überwachungsstaat?

4 Wie wird sich die Menschenrechtssituation in China entwickeln?

20 **5** In welcher Form wird sich das politische System unter Staatspräsident Xi Jinping verändern?

c) *Türkei*:

1 Wie wird sich die gesellschaftliche Spaltung der Türkei entwickeln?

25 **2** Welche Rolle wird die Türkei im regionalen/im globalen Kontext spielen?

3 Wie gestaltet sich die Menschenrechtssituation?

4 Welchen Einfluss bekommt die Religion auf Staat und Gesellschaft?

30 **5** Wie entwickelt sich die Verfassung der Türkei?

Arbeitsschritte „Ein Zukunftsszenario entwerfen"

Problemanalyse	Tipps und Lösungshinweise
1. Zukunftsproblem bestimmen, Fragestellung klären und angepeilten Zukunftszeitraum festlegen	• *siehe Liste in M2*
Einflussanalyse	
2. Benötigte Informationen sammeln: Zahlen, Fakten, auch Meinungen und Einstellungen Betroffener	• *ideologiekritische Prüfung der Quellen*
3. Einflussfaktoren ermitteln und clustern	• *Faktoren z. B. in einer Mindmap ordnen*
4. Wirkungsgrad und Veränderbarkeit der Faktoren einschätzen	• *z. B. Faktoren einfärben mit rot, gelb, grün*
5. Faktoren vernetzen: den Grad gegenseitiger Beeinflussung beurteilen	• *Zur Vernetzung eine Tabelle anlegen, bei der sowohl in den Reihen- als auch den Spaltenüberschriften alle Einflussfaktoren eingetragen werden (also zweimal). In den Feldern den Grad der Beeinflussung eintragen (0=keiner, 1=wenig, 2=viel).*
Entwicklung von Extremszenarien	
6. In Gruppen auf der Basis der Fakten, Entwicklungsfaktoren und weiterer Recherchen zwei mögliche (nicht fantasierte) Extremszenarien der Zukunft entwickeln: • bestmögliche Zukunftsentwicklung • schlechtestmögliche Zukunftsentwicklung	
7. Szenarien vor der Klasse kreativ präsentieren	• *mögliche Methoden: Briefe aus der Zukunft, Rollenspiele, Zeitreiseberichte, Plakate, Feature, Reden, digitaler Newsflash …*
Entwurf eines Trendszenarios	
8. Auf der Basis der beiden Extremszenarien in Gruppen je ein realistisches Trendszenario entwickeln	• *z. B. eine Erzählung über die mögliche Zukunft schreiben*
9. Trendszenarien präsentieren, vergleichen und diskutieren	• *siehe Punkt 7*
Entwicklung von Strategien und Maßnahmen zur Problemlösung	
10. Mögliche Handlungsoptionen und -spielräume der Akteure und Beteiligten erörtern	• *auch eigene Betroffenheit und Beteiligung reflektieren*
11. Maßnahmen und Strategien für eine positive Zukunftsentwicklung entwerfen	

Gruppenarbeit:

1 Greift auf eure Länderrecherchen aus Kapitel 1 (S. 15) zurück. Wählt zu eurem bearbeiteten Land eine Zukunftsfrage aus M2 aus und erarbeitet dazu ein Entwicklungsszenario. Bezieht eure Erkenntnisse aus diesem Schuljahr mit ein.

Themenvorschläge für eine GFS in Geschichte

Auch in diesem Schuljahr hast du die Möglichkeit, im Fach Geschichte eine GFS (Gleichwertige Feststellung von Schülerleistungen) zu halten. Da die GFS als „gleichwertige" Klassenarbeit zählt, hat deine Schule Regeln für die Durchführung einer GFS festgelegt. Bei einer GFS erarbeitest du dir selbstständig ein von dir selbst gewähltes Thema und präsentierst deine Ergebnisse vor der Klasse. Meist wird von dir auch eine schriftliche Zusammenfassung (Dokumentation) deiner Ergebnisse erwartet. Auf dieser Seite sind Vorschläge für mögliche GFS-Themen in Klasse 10 aufgeführt. Hilfen und Tipps, wie du bei deiner GFS vorgehen kannst und worauf du besonders achten solltest, findest du auf S. 248 f.

Russländisches Reich und Sowjetunion:
- „Kreml und Roter Platz" – ein historischer Ort schreibt/erzählt Geschichte
- „Für eine Handvoll Dollar verhökert" – warum der Verkauf Alaskas zuerst Amerikaner, dann Russen empörte
- Die Bedeutung der Raumfahrt für die sowjetische Selbstdarstellung und Propaganda

Chinesisches Kaiserreich und Volksrepublik China:
- „Der Platz des Himmlischen Friedens" – ein historischer Ort schreibt/erzählt Geschichte
- „Eine Revolution ist kein Gastmahl" (Mao 1927): Maos Haltung zu Gewalt und Terror
- Hongkong – von der britischen Kolonie zur „Sonderverwaltungsregion" – zur … ?

Osmanisches Reich und Türkei:
- „Die Türken vor Wien": Mythen, Realitäten, Folgen – bis heute?
- „Mozart und die Janitscharen" – die Bedeutung der historischen Janitscharenkapellen für die Entwicklung der Marsch- und Militärmusik Europas
- Die Bedeutung des Baus der Bagdad- oder der Hedschasbahn für das Osmanische Reich

Imperien übergreifend:
- Vergleich der Rolle der Frau in der Sowjetunion – in der Volksrepublik China – in der Türkei
- Mao, Stalin und Atatürk – Personenkult im Vergleich

Zusatzaufgaben

Kapitel 1: Ehemalige Imperien und ihre gegenwärtigen Herausforderungen in historischer Perspektive

Zu S. 16–19:

Der Historiker Jürgen Osterhammel über Nationalstaaten und Imperien im 20. Jahrhundert (2006):

Der Nationalstaat ist, entwicklungsgeschichtlich gesehen, im Verhältnis zum Imperium, ein sekundäres Phänomen. Man kann es auch anders sagen: Das Imperium, eine Erfindung früher Zivilisationen, ist
5 der weltgeschichtliche Normalfall, der Nationalstaat die spätneuzeitliche Ausnahme. Der Nationalstaat hat das Imperium als Typus auch keineswegs ein für allemal überwunden. In Gestalt der Sowjetunion bestand bis 1991 ein Herrschaftsgebilde mit einer
10 postimperialen Ideologie, das gleichwohl viele strukturelle Merkmale eines klassischen Kontinentalimperiums trug und dessen Ähnlichkeiten mit dem Zarenreich in dieser Hinsicht stärker auffielen als die Unterschiede. Die Volksrepublik China konserviert
15 bis heute mit ihrer Herrschaft über Tibet und über weite Regionen Innerasiens ... das territoriale Erbe des Reiches der Qing-Dynastie in jener Form, die bis zum Vordringen der europäischen Imperialmächte um Mitte des 19. Jahrhunderts erreicht war. Vollends
20 haben Struktur und Praxis der US-amerikanischen Machtsicherung und Machtentfaltung nach dem Ende des Kalten Krieges und zumal unter der Präsidentschaft von George W. Bush die Frage in den Mittelpunkt weltpolitischer Debatten gerückt, ob man es
25 bei den USA mit einem „neuen" oder „letzten" Imperium zu tun habe oder vielleicht gar mit dem ersten wahren „Welt"-Reich der Geschichte, das die Möglichkeiten von Kapitalismus, Kommunikationstechnologie, Kulturexport und militärischer Interven-
30 tionsfähigkeit zu einer alles durchdringenden Kontrolle nutze. Schließlich wird diskutiert, ob und in welchem Maße die Europäische Union neoimperiale Züge trage. Die Antwort darauf dürfte sein, dass die EU etwas historisch Neues repräsentiert, nämlich
35 Supranationalität bei Fortbestehen nationalstaatlicher Autonomie auf vielen Gebieten, doch verdient anerkannt zu werden, dass historische Analogien mit einer karolingischen[1] oder habsburgischen[2] Reichsvergangenheit zumindest als Gedankenspiele
40 nicht völlig aus der Luft gegriffen sind.

[1] *Reich Karls des Großen*
[2] *Heiliges Römisches Reich Deutscher Nation unter der Dynastie der Habsburger*
Jürgen Osterhammel, Imperien, in: Transnationale Geschichte: Themen, Tendenzen und Theorien, Göttingen (Vandenhoeck & Ruprecht) 2006, S. 57 f.

1 Arbeite aus M1 heraus, welche Ausprägungen von Imperien in der jüngeren Vergangenheit und in der Gegenwart laut Autor erkennbar sind.

Kapitel 2: Das Russländische Reich und die Sowjetunion

Zu S. 30–35:

Der Außenminister Russlands, Alexander M. Gortschakow, über die Motive russischer Expansionspolitik (1864):
Die Situation Russlands in Zentralasien ist die aller zivilisierten Staaten, welche sich in Kontakt mit nomadisierenden, halbwilden Völkerscharen ohne feste Organisation befinden. Die Sicherheit der Grenzen
5 und des Handels verlangt in solchem Falle, dass der zivilisierte Staat ein gewisses Übergewicht über seine Nachbarn ausübe. Zunächst sind ihre Einfälle und Plünderungen zurückzuweisen. Um denselben ein Ende zu machen, ist man genötigt, die Grenz-
10 bevölkerung zu einer mehr oder minder direkten Unterwerfung zu zwingen. Ist dies Resultat erreicht, so nehmen die Grenzbewohner ruhigere und sesshaftere Gewohnheiten an, dafür werden sie nunmehr von ferner lebenden Stämmen beunruhigt. Der Staat
15 ist verpflichtet, jene zu schützen, diese zu züchtigen.
Zit. nach Peter Alter (Hg.), Der Imperialismus (= Tempora Quellen zur Geschichte und Politik), Stuttgart (Klett) 1989, S. 40ff.

1 Arbeite aus M1 die Motive für die russische Expansionspolitik heraus. Beziehe die Karte S. 26f. mit ein.

2 Im Vergleich mit dem auf überseeische Kolonien ausgerichteten französischen und britischen Imperialismus charakterisieren Historiker die Ausdehnung des Zarenreichs mit dem Begriff „Kontinentalimperialismus". Begründe diese Bezeichnung mithilfe der Karte S. 26f.

Zu S. 60–63:

In einem Lied von 1938 heißt es:
Stalin, Freund, Genosse!
In den weiten, wunderschönen Landen,
Aus der freien Arbeit froh, beschwingt, –
Ist der Freiheit hellstes Lied erstanden,
5 Das vom großen Freund der Menschheit singt:
Stalin führte uns zu Glück und Frieden –
Unbeirrbar wie der Sonne Flug.
Langes Leben sei dir noch beschieden,
Stalin, Freund, Genosse, treu und klug! ...
10 Alle Wüsten werden wir bezwingen,
Alle Not der Welt durch eigne Kraft!
Und die allerschönsten Lieder klingen,
Wo der Mensch auf freier Erde schafft!
Text: A. Surkow (Deutsch von Alexander Ott), zit. nach http://erinnerungsort.de/lied/stalin-freund-genosse/ (Abruf: 5. 12. 2019).

„Lang lebe Stalin, Großer Architekt des Kommunismus", Propagandabild Stalins, 1930er Jahre

1 Arbeite aus M2 die Eigenschaften heraus, die Stalin zugeschrieben werden.

2 Analysiere M3. Vergleiche die Bildaussage mit M2.

Zu S. 76–79:

Der Journalist Roman Goncharenko über Russlands neue Symbole (2016):

Fürst Wladimir ist nur das jüngste Beispiel für eine Art Denkmalfieber, das Russland erfasst zu haben scheint. Vor wenigen Wochen wurde in der südrussischen Stadt Orjol ein Denkmal für den ersten russi-
5 schen Zaren, den Moskauer Großfürsten Iwan IV., eröffnet. Er ist auch als Iwan, der Schreckliche, in die russische Geschichte eingegangen. Auch er wurde mit einem Kreuz und einem Schwert dargestellt – so sieht sich offenbar das moderne Russland ... Doch
10 es gab Widerstand. Aktivisten protestierten sowohl gegen den ausgewählten Ort als auch gegen die Glorifizierung einer umstrittenen historischen Figur. Iwan IV. regierte das im Moskauer Fürstentum entstandene russische Reich im 16. Jahrhundert mit
15 eiserner Hand: ... Seine brutale Herrschaft brachte Iwan den Zusatznamen „der Schreckliche" ... Für den Gebietsgouverneur Wadim Potomski sind solche Schattenseiten kein Problem. „Iwan, der Schreckliche, hat Russland stark gemacht und seine
20 Grenzen ausgeweitet", sagte er einem staatlichen Sender. Die Stadt ließ eine Umfrage durchführen, wonach sich die meisten Bürger, rund drei Viertel, für das Denkmal aussprachen ... Es ist eine Epoche, in der vor allem umstrittene Herrscher der Vergan-
25 genheit wieder verehrt werden – Hauptsache, sie haben Russlands Reich stärker und größer gemacht.
DW, 04. 11. 2016, zit. nach https://www.dw.com/de/ kreuz-und-schwert-russlands-neue-symbole/a-36262954 (Abruf: 5. 12. 2019).

1 „Russland auf dem Weg zurück in die zaristische Vergangenheit!"
Überprüfe diese These mithilfe von M1.

Kapitel 3: China – ein Imperium im Wandel

Zu S. 112–114:

Chinesische Arbeiterinnen und Arbeiter traf man ab dem Ende des 19. Jahrhunderts überall auf der Welt an: beim Eisenbahnbau in Nord- und Südamerika, in den Goldminen Südafrikas oder auf den Plantagen der Karibik und Nordamerikas. Sie wurden Kulis genannt. Etwa 15 Prozent waren Frauen.

Der österreichische Forschungsreisende und spätere Diplomat Karl von Scherzer über chinesische „Kulis" (1859):

Nicht wenige werden durch Alkohol oder Opium betäubt und wachen erst in abgeriegelten Depots auf. Wir haben abgezehrte, hagere Jammergestalten gesehen, die sich verpflichteten für 4 Dollar im Jahr
5 bei irgendeinem ihnen in der Ferne zugewiesenen Dienstherren zu arbeiten. Die Überfahrt, welche in der Regel vier bis fünf Monate dauert, geschieht gewöhnlich auf englischen, amerikanischen, portugiesischen, aber leider auch einigen wenigen deut-
10 schen Schiffen. Andere Berichte sprechen sich äußerst günstig über die Anstrengung deutscher Missionare aus, um diesen Menschenhandel zu
beschränken und namentlich den sogenannten „Kulifang" (Kidnapping) zu verhindern. Welchen
15 Qualen die armen Menschen schon während der Überfahrt ausgesetzt sind, geht aus der Tatsache hervor, dass nicht selten eine Anzahl dieser Unglücklichen über Bord springt, um durch den Tod in den Wellen ihrem Leiden ein Ende zu machen. Es sind
20 nach Aussagen von Kapitänen dieser Sklaven-Schiffe, mit denen wir in verschiedenen Häfen sprachen, Fälle vorgekommen, dass durch schlechte Kost und Misshandlung 38 Prozent der eingeschifften Chinesen vor dem Erreichen des Ankunftshafens starben.
Karl von Scherzer, Reisen der österreichischen Fregatte Novara um die Erde, Wien (K.K. Hof- und Staatsdruckerei) 1861, S. 126.

M2

Aussage eines „Kuli" (Januar 1860):

Eine Gruppe von Kulijägern, 13 an der Zahl, kamen in unser Haus und schnappten mich. Ich wurde gebunden und geknebelt und … zu einer Dschunke gebracht, wo ich gefragt wurde, ob ich auswandern
5 wolle. Ich wurde mit einem Tau geschlagen, weil ich mich weigerte, auswandern zu wollen. Dann wurde ich nach Macau gebracht. Man sagte mir, dass ich, wenn ich an Bord des ausländischen Schiffes die Frage, ob ich ausreisen wolle, verneine, dann zurück-
10 gebracht und getötet werde. Man fragte mich an

Bord des ausländischen Schiffes. Ich weigerte mich, auszureisen. Ich wurde wieder auf die chinesische Dschunke gebracht und erneut mit dem Tau ge-schlagen. Daraufhin sagte ich, dass ich bereit bin,
15 auszuwandern. Viele andere sagten sofort ohne nochmals geschlagen zu werden, dass sie auswan-dern wollen, weil die Kulijäger damit gedroht hatten, sonst die Familie zu töten.

Rolf-Harald Wippich, Kein respectables Geschäft. Oldenburg und der chinesische Kulihandel im 19. Jahrhundert, in: Oldenburger Jahrbuch 104, 2004, S. 157f.*

1 Beschreibe mithilfe von M1 und M2 die Umstände, unter denen chinesische Arbeiterinnen und Arbeiter im 19. Jahrhundert nach Nord- und Südamerika gekommen sind.

Zu S. 118–120:

Chinesische Demonstranten skandieren anti-japanische Parolen während einer Demonstration in Beijing am 9. April 2005. Mehr als 6000 Chinesen protestierten an diesem Tag gegen Geschichtsschulbücher in Japan, in denen Gräueltaten wie jene während des „Massa-kers von Nanjing" nur beiläufig erwähnt und verharmlost werden. Im Frühjahr 2005 gab es in China mehrere solcher Demonstrationen. Aufgrund ihrer lückenhaften und beschönigenden Darstellung waren die Schulbücher auch in Japan selbst umstritten. Foto, 2005

1 Recherchiere zum „Massaker von Nanjing" und seinem Stellenwert in der chinesischen Erinnerung.

Zu S. 138/139:

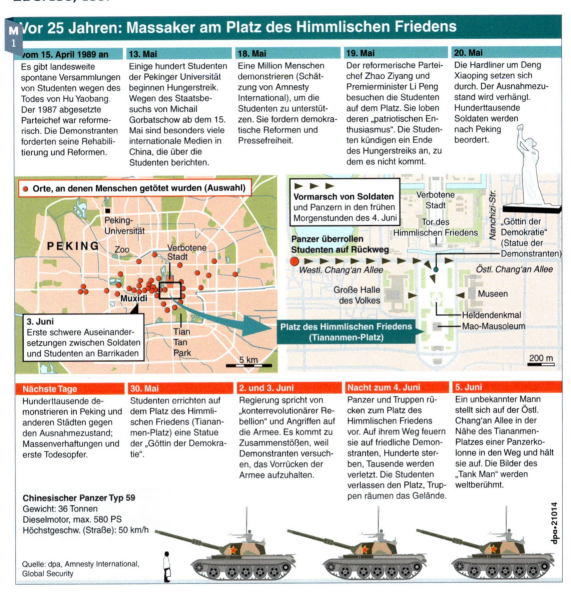

M1 Vor 25 Jahren: Massaker am Platz des Himmlischen Friedens

Vom 15. April 1989 an
Es gibt landesweite spontane Versammlungen von Studenten wegen des Todes von Hu Yaobang. Der 1987 abgesetzte Parteichef war reformerisch. Die Demonstranten forderten seine Rehabilitierung und Reformen.

13. Mai
Einige hundert Studenten der Pekinger Universität beginnen Hungerstreik. Wegen des Staatsbesuchs von Michail Gorbatschow ab dem 15. Mai sind besonders viele internationale Medien in China, die über die Studenten berichten.

18. Mai
Eine Million Menschen demonstrieren (Schätzung von Amnesty International), um die Studenten zu unterstützen. Sie fordern demokratische Reformen und Pressefreiheit.

19. Mai
Der reformerische Parteichef Zhao Ziyang und Premierminister Li Peng besuchen die Studenten auf dem Platz. Sie loben deren „patriotischen Enthusiasmus". Die Studenten kündigen ein Ende des Hungerstreiks an, zu dem es nicht kommt.

20. Mai
Die Hardliner um Deng Xiaoping setzen sich durch. Der Ausnahmezustand wird verhängt. Hunderttausende Soldaten werden nach Peking beordert.

● Orte, an denen Menschen getötet wurden (Auswahl)

PEKING

Peking-Universität
Zoo
Verbotene Stadt
Muxidi

3. Juni
Erste schwere Auseinandersetzungen zwischen Soldaten und Studenten an Barrikaden

Tian Tan Park

5 km

► ► ►
Vormarsch von Soldaten und Panzern in den frühen Morgenstunden des 4. Juni

Panzer überrollen Studenten auf Rückweg

Westl. Chang'an Allee

Große Halle des Volkes

Platz des Himmlischen Friedens (Tiananmen-Platz)

Verbotene Stadt

Tor des Himmlischen Friedens

Nanchizi-Str.

„Göttin der Demokratie" (Statue der Demonstranten)

Östl. Chang'an Allee

Museen

Heldendenkmal
Mao-Mausoleum

200 m

Nächste Tage
Hunderttausende demonstrieren in Peking und anderen Städten gegen den Ausnahmezustand; Massenverhaftungen und erste Todesopfer.

30. Mai
Studenten errichten auf dem Platz des Himmlischen Friedens (Tiananmen-Platz) eine Statue der „Göttin der Demokratie".

2. und 3. Juni
Regierung spricht von „konterrevolutionärer Rebellion" und Angriffen auf die Armee. Es kommt zu Zusammenstößen, weil Demonstranten versuchen, das Vorrücken der Armee aufzuhalten.

Nacht zum 4. Juni
Panzer und Truppen rücken zum Platz des Himmlischen Friedens vor. Auf ihrem Weg feuern sie auf friedliche Demonstranten, Hunderte sterben, Tausende werden verletzt. Die Studenten verlassen den Platz, Truppen räumen das Gelände.

5. Juni
Ein unbekannter Mann stellt sich auf der Östl. Chang'an Allee in der Nähe des Tiananmen-Platzes einer Panzerkolonne in den Weg und hält sie auf. Die Bilder des „Tank Man" werden weltberühmt.

Chinesischer Panzer Typ 59
Gewicht: 36 Tonnen
Dieselmotor, max. 580 PS
Höchstgeschw. (Straße): 50 km/h

Quelle: dpa, Amnesty International, Global Security

dpa·21014

1 Analysiere die Grafik zu den Ereignissen vom Mai und Juni 1989 auf dem Platz des Himmlischen Friedens.

Zu S. 142:

Auszug aus einem Interview mit dem deutschen Chinaforscher Adrian Zenz zum chinesischen Lagersystem in Xinjiang (November 2019):

Spiegel: Was bezweckt die chinesische Regierung mit diesem Lagersystem?

Zenz: Es geht nicht nur um das Lagersystem. Beijing hat einen langfristigen Plan, eine ganze Gesellschaft
5 in Unfreiheit heranzuziehen. Die Menschen im Autonomiegebiet Xinjiang, vor allem ethnische Uiguren und Kasachen, werden von einem System der sozialen Kontrolle erfasst, das von der Zwangsausbildung und der Zwangsarbeit in den Lagern tief in das Le-
10 ben der Menschen, bis in ihre Dörfer, ja bis in die Haushalte hineinwirkt. Selbst wenn jemand aus dem Lager entlassen wird, ist das nur die Entlassung in die Ohnmacht eines Freiluftgefängnisses. Alle, die einmal im Lager saßen, wissen, dass ihre Familien
15 auf Generationen hinaus nicht mehr frei sein werden, dass sie als Eltern mit ihren Kindern nicht frei sprechen dürfen, weil die alles ihren Lehrern erzählen müssen. Es ist ein perfides, allumfassendes Konzept der sozialen Kontrolle, das einem kulturellen
20 Genozid gleichkommt ...

Spiegel: Chinas Regierung argumentiert mit mehreren schweren Anschlägen, die in und aus Xinjiang verübt wurden.

Zenz: Die Gewaltbereitschaft ist nach 2009 deutlich
25 gestiegen und man muss anerkennen, dass Beijing nach den Anschlägen (in Beijing 2013 und Kunming 2014) auf den Plan gerufen wurde ... Die chinesische Bevölkerung erwartet, dass ihre Regierung sie vor solchen Attacken schützt. Doch der Staat hat so hart
30 zurückgeschlagen, dass inzwischen viele Menschen brutalisiert wurden, die nicht nur nichts getan haben, sondern Beispiele gelungener Integration waren. Wir sprechen von Uiguren, die fließend Chinesisch sprechen, sich teilweise als Chinesen fühlen.
35 Viele Minderheiten sind vom Ausmaß und Schrecken des Lagersystems so schockiert, dass sie heute

sagen: Wenn wir überleben wollen, brauchen wir die Unabhängigkeit ...

Die Chinesen haben schon andere Völker assimiliert,
40 ironischerweise manchmal auch ihre eigenen Besatzer. Doch diese Assimilierung lief nach einem anderen Muster ab als heute in Xinjiang. Sie wurde nicht von oben verordnet, sondern die Attraktivität der chinesischen Kultur zog andere Völker an. So war es
45 selbst an den Rändern chinesischer Siedlungsgebiete, wo sich Tibeter über Generationen freiwillig assimilierten, weil das Vorteile hatte.

Spiegel: Warum funktioniert das in Xinjiang nicht?

Zenz: Weil der Ansatz des modernen China im Um-
50 gang mit Xinjiang plump und undifferenziert war, weil schon seit Mao Zedong dramatische Fehler gemacht wurden und ganze Dörfer gezwungen wurden, Schweinefleisch zu essen. Der Kommunismus verfolgt in China das System der Umerziehung
55 durch Propaganda. Und wenn das nicht funktioniert, dann greift er eben zu noch härteren Mitteln wie Umerziehungslager ...

Spiegel: Wie erklären Sie sich das Schweigen der islamischen Welt?

60 **Zenz:** Regierungen islamischer Länder sind oft autoritär und haben selbst Probleme mit ethnischen und religiösen Minderheiten ... Machterhalt ist ihr größter Wert. In China haben sie einen Partner, der ihr eigenes autoritäres Modell unterstützt ... Auf zynische
65 Weise sind sie und die atheistische Regierung in Beijing natürliche Verbündete ...

Spiegel: Über die Werkzeuge des Überwachungsstaates verfügt auch der Westen. Worin besteht der Unterschied?

70 **Zenz:** Er besteht darin, dass wir im Westen über die Mittel des Staates und die Rechte des Individuums kritisch debattieren. Eine solche Debatte gibt es in China nicht ...

DER SPIEGEL 48/2019, Seite 86 ff. Das Gespräch führte Bernhard Zand.

1 Bewerte auf Grundlage von M1 das chinesische Lagersystem in Xinjiang.

Kapitel 4: Vom Osmanischen Reich zur modernen Türkei

Zu S. 164/165:

Der Islamwissenschaftler Maurus Reinkowski über die Rolle des Islam im Osmanischen Reich (2006):

Es wäre kurzsichtig, bei einem kontrastierenden Vergleich mit Donaumonarchie und Zarenreich etwaige Unterschiede auf eine essenzielle [wesensmäßige] „Islamizität" des osmanischen Staatswesens zurück-
5 führen zu wollen. Eine grundsätzliche Verschiedenheit zwischen den christlich geprägten europäischen Staaten und dem von einer muslimischen Dynastie und Oberschicht regierten Osmanischen Reich war zwar prägend für das Selbstverständnis beider Sei-
10 ten. Das Verhältnis der Osmanen, die in der Tradi-
tion einer islamischen „Tolerierungspolitik" standen, zu ihren nichtmuslimischen Untertanen war aber pragmatischer Natur. Im Umgang mit der nicht-osmanischen Welt bestand ebenfalls ein deutlicher
15 Unterschied zwischen den sultanischen Erlassen, die die offizielle staatliche Ideologie intransigent [unnachgiebig] verfochten, und den weitaus mehr die Wirklichkeit anerkennenden Schreiben eines Großwesirs [oberster Beamter] in derselben Angelegenheit.

Maurus Reinkowski, Das Osmanische Reich – ein antikoloniales Imperium? in: Zeithistorische Forschungen 3 (2006) S. 38.

1 Erläutere auf der Basis von M1 die Bedeutung der Religion für die osmanischen Herrscher.

Zu S. 171/172:

Das Türkenbild in der westeuropäischen Musik (2019):

1782 schließlich bringt Mozart sein Singspiel „Die Entführung aus dem Serail" auf die Bühne. Schauplatz des Geschehens ist ein Landhaus in der Türkei, Hauptpersonen sind neben drei als Sklaven gefange-
5 nen Europäern und einem vierten, der zu ihrer Befreiung naht, der Besitzer des Landhauses, Bassa Selim, und sein Diener Osmin, der außerdem Herr der europäischen Sklavin Blonde ist. Mozart greift in seinem Stück die gängigen Türkenklischees seines
10 Jahrhunderts auf: Osmin ist der tölpelhafte, blutrünstige und übertrieben bramarbasierende [prahlerische] Türke, der schon allein durch seine großspurigen Worte („Erst geköpft, dann gefangen, dann gespießt auf lange Stangen") dazu herausfordert, dass man
15 ihn überlistet. Dennoch erliegt er nicht der List der Europäer, sondern muss vor der Weisheit seines Herrn, der nicht umsonst Selim (= Salomo) heißt, weichen. Beide repräsentieren die Abwehrmechanismen Europas gegenüber dem überlegenen Feind
20 früherer Zeiten: Weder war ein dummer, plumper Türke wirklich noch ein Feind, noch einer, dessen Weisheit man unumschränkt anerkennen wollte ... Als Beethoven allerdings in seiner Schauspielmusik zu August von Kotzebues „Die Ruinen von Athen"
25 seine „Marcia alla Turca" schreibt, hat sich das Türkenbild gewandelt. Das Osmanische Reich ist kaum mehr Ort des Exotischen und Geheimnisvollen, sondern mehr der Unterdrücker des freiheitsliebenden Griechenland. Exotik und Geheimnis gehen folgerich-
30 tig auf andere Teile des Orients über ... In Istanbul bleibt nur noch der Serail, der Harem des Sultans, auf den sich die erotischen Fantasien des europäischen Bürgertums richten. Und auch der württembergische König schafft sich in seiner Stuttgarter
35 „Wilhelma" ein solches exotisches „maurisches" Refugium. Und hier ist es vor allem ... die weiße Sklavin im Harem ... , die Maler wie Ingres oder Delacroix fasziniert.

https://www.zum.de/Faecher/G/BW/Landeskunde/rhein/kultur/denkpflg/denkmal/proj/turquerie.pdf (Abruf: 6.11.2019).*

1 Erläutere den Zusammenhang von kulturellen Übernahmen und der Bewältigung von Angst vor den „Türken".

Zu S. 198/199:

Der Wissenschaftler Heinz Kramer über den türkischen Nationalismus (2011):

Für Atatürks Idee des Nationalismusprinzips steht die heute überall im Lande zu findende Formel: „*Ne mutlu Türküm diyene!*" („wie glücklich derjenige, der sagt: Ich bin Türke!"), mit der er 1933 seine Rede zur 5 Zehnjahresfeier der Republik schloss. Diese Formel beinhaltet vor allem das Bekenntnis zur türkischen Kultur und Sprache und zur Republik und ihren Grundlagen. Damit ging allerdings bereits Atatürk über ein rein staatlich geprägtes Verständnis der 10 Nation hinaus und fügte ihm ein kulturelles Element hinzu. Die Nation war für ihn eine unteilbare, durch bestimmte kulturelle Eigenarten wie Sprache und Geschichte geprägte Einheit. In ihr konnte es deshalb auch keine anderen, durch eine eigene Identität, das 15 heißt eine andere Kultur, definierte Gruppen geben.

Heinz Kramer, Ideologische Grundlagen und Verfassungsrahmen, in: Informationen zur politischen Bildung 313, Türkei, 4/2011, S. 12.

Der Journalist Rainer Hermann über den „Kulturkampf" in der Türkei (2008):

Wie viel Einfluss soll ein Staat auf die Religion nehmen? Ist ein frommer Bürger, der privat seine Religion praktiziert, auch ein loyaler Staatsbürger? In Deutschland hat im letzten Viertel des 19. Jahr-5 hunderts der Kulturkampf diese Fragen beantwortet. Was sich unter Bismarck in Deutschland abspielte, lässt sich nicht ganz auf die Türkei übertragen. Parallelen sind aber unverkennbar: Bismarck schloss Klöster und verbot den Jesuitenorden; Atatürk schloss ein 10 halbes Jahrhundert später die Klöster der Derwische (*tekke*), und er verbot ihre Orden (*tarikat*). Bismarck führte die Zivilehe ein und ließ im Kanzelparagrafen diejenigen Geistlichen mit Gefängnis bestrafen, die „die Angelegenheiten des Staats in einer den öffent-15 lichen Frieden gefährdenden Weise zum Gegenstand einer Verkündigung" machten. Atatürk beschnitt in der Türkei die Macht der islamischen Geistlichkeit nicht viel anders. Bismarck und Atatürk wollten Staat und Religion trennen. Denn jeder der beiden sah in 20 den Geistlichen eine Gefahr für seinen Staat. Beide wollten in ihren Ländern die religiösen Institutionen reglementieren ... Beide hatten dabei Erfolg ebenso wie Misserfolg.

Bismarck und Atatürk legten in ihren Ländern den 25 Grundstein für die Trennung von Staat und Religion. In Deutschland wurde dieser radikale Schritt zentraler Bestandteil der Modernisierung. Er wurde es auch in der Türkei. Politisch stärkten die im preußischen Kulturkampf erlassenen Gesetze aber jene Partei, 30 die gerade die Institution vertrat, die Bismarck entmachten wollte. In der heutigen Türkei wurde die „Partei für Gerechtigkeit und Entwicklung" (*Adalet ve Kalkınma Parti, AK Parti*) Nutznießer der wachsenden Kritik an der restriktiven Praxis des Säkularis-35 mus, ausgeübt von einer Staatselite, die sich auf Atatürk beruft ...

Noch viel mehr ... profitiert die AK Parti von der Spaltung des Landes in eine abgehobene, urbane Staatselite und in eine demografische Mehrheit, die sich 40 nicht länger von dieser Staatselite führen lassen will. Diese Mehrheit ist an der Peripherie Anatoliens aufgebrochen und im Zentrum der großen Städte angekommen. Die AK Parti wurde ihre politische Partei.

*Rainer Hermann, Wohin geht die türkische Gesellschaft? Kulturkampf in der Türkei, München (dtv) 2008, S. 13f.**

1 Erläutere anhand von M1 Atatürks Nationalismusprinzip und beurteile die Folgen für ethnische Minderheiten in der Türkei.

2 Erörtere die Anfangsfragen von Rainer Hermann in M2 aus heutiger Perspektive.

Kapitel 5: Ehemalige Imperien und die Europäische Integration im Vergleich

Zu S. 220/221:

Ein Interview mit dem amerikanischen Historiker Timothy Snyder (30. Januar 2019):

Es gibt inzwischen eine Reihe populistischer Regierungen in Osteuropa, nicht nur in Polen oder Ungarn, sondern auch in Rumänien, Bulgarien oder der Slowakei. Läuft die EU Gefahr, dass sie von zwei
5 *Seiten zerbricht: im Westen durch den britischen Brexit und im Osten durch einen ungezügelten Populismus? Wie lange hält das Zentrum noch?*

Zum einen: Die Europäische Union bewegte sich lange Zeit in einer Art geopolitischem Paradies. Jetzt
10 findet sie sich wieder in einer Welt, in der es auch Feinde gibt. Das ist neu. Die Konstante war stets: Es gibt keine große Macht an ihrer Grenze, die die EU tatsächlich verdrängen wollte. Doch dann fand die einschneidende geopolitische Veränderung statt.

15 *Sie meinen die Annexion der Krim und die russische Intervention im Donbass ...?*

Ja, seitdem hat die russische Außenpolitik die Europäische Union als einen Gegner, einen Feind klassifiziert. Damit hat das Zentrum Europas nun auch
20 einen Gegner. Und zum anderen gibt es den Populismus. Für diese Herausforderung muss die EU eine Sprache für die Zukunft entwickeln. Das ist das Ironische: Die EU ist die einzige politische Einheit in der Welt, welche gut genug ausgerüstet ist, um mit
25 den Problemen des 21. Jahrhunderts umzugehen. Aber gleichzeitig ist sie völlig unfähig, diese Qualitäten auch zu artikulieren ...

... und muss sich nun einer Renaissance des Nationalstaats erwehren.

30 Die Populisten gewinnen, indem sie über eine nationale Vergangenheit sprechen, die es nie gegeben hat. Polen, Ungarn und jeder andere europäische Staat kann im 21. Jahrhundert nur gewinnen, wenn er sich mit anderen zu einer größeren Einheit zusammen-
35 schließt. Nur so kann man mit den anstehenden Problemen fertigwerden.

Sie sagen in Ihrem jüngsten Buch mit dem Titel „Der Weg in die Unfreiheit": Den Nationalstaat, auf den die Populisten immer wieder Bezug nehmen, gab es gar
40 *nicht.*

Die Europäer leben meistenteils mit einem Mythos, eigentlich sogar mit einem doppelten Mythos. Der eine Mythos sagt: Wir waren einst Nationalstaaten. Der andere Mythos lautet: Die Nationalstaaten ha-
45 ben ihre Lektion aus der Vergangenheit gelernt und deshalb begonnen zu kooperieren. Aber das ist nicht, was wirklich geschehen ist. Was passierte, war etwas anderes: Eine Reihe von europäischen Imperien ist im Laufe des 20. Jahrhunderts zerfallen – ob es sich
50 dabei um territoriale oder maritime Imperien, das „Dritte Reich" der Nazis oder die Sowjetunion gehandelt hat. Und was von diesen Imperien übrig blieb, das fand seinen Weg zunächst in die Handelszonen und dann in die europäischen politischen
55 Institutionen.

Europa als Ersatz für das Imperium?

In gewisser Weise ja. Es ist wichtig, dass wir uns an diese historischen Ursprünge erinnern ...

Sie sehen nur die Alternative: Integration oder
60 *Imperium.*

Ja. Und es gibt ja auch nicht gerade viele Europäer, die sagen würden: Imperien sind eine gute Sache. Staaten in Europa blühten immer dann auf, wenn sie mit größeren politischen Konstrukten verbunden
65 waren, wie eben etwa der EU. Um also Imperien zu vermeiden und Staaten zu unterstützen, ist die EU schon aufgrund ihrer Größe das richtige Instrument. Sie ist in der Lage, mit den großen Problemen unserer Zeit umzugehen. Als Beispiele seien hier nur
70 genannt: digitale Menschenrechte, Klimawandel, Monopole oder Steuerflucht.

NZZ, das Gespräch führte Markus Ziener. Zit. nach https://www.nzz.ch/feuilleton/der-historiker-timothy-snyder-es-gibt-keine-rueckkehr-zum-nationalstaat-ld.1455135 (Abruf: 6.11.2019).*

1 Fasse die Position Snyders in M1 zusammen und nimm dazu Stellung.

Lösungshilfen zu den Seiten „Kompetenzen prüfen"

Kapitel 2 (S. 43)

1. Herrschaft:	
Wer herrscht im Rahmen welcher Herrschaftsform?	*Herrschaftsform …* *Seit 1613 herrschte ununterbrochen bis 1917 die **Dynastie** der Herrscherfamilie **Romanow**. Das Russländische Zarenreich war eine Autokratie, in welcher der **Zar** als **uneingeschränkter** Monarch herrschte. Er war an keinerlei **weltliche Rechtsnormen** gebunden und niemandem in seinem Staat **Rechenschaft** schuldig.* *Eliten …* *Der russländische **Adel** hatte zwar keine **politischen Mitspracherechte**, aber **gesellschaftlich** hatte er die **Führungsrolle** inne (**Großgrundbesitzer**, hohe Beamte und Offiziere). Im Vergleich zu westeuropäischen Staaten hatte das **Bürgertum** nur einen relativ geringen Einfluss. Neben einer kleinen Schicht reicher Bauern (**Kulaken**) bestand der größte Teil der Landbevölkerung aus **Kleinbauern** und Landarbeitern. Auch die formale **Aufhebung der Leibeigenschaft** 1861 änderte wenig an deren **elenden** Lebensverhältnissen. Nur in den großen Städten im Westen fand sich eine an westlichen Standards orientierte Intelligenz (russ. **Intelligenzija**). Diese kleine Schicht bestand aus **Angehörigen aller Schichten**.*
2. Legitimation und Akzeptanz der Herrschaft:	
Wie wird die Herrschaft, wie das Imperium legitimiert? Verhältnis von Herrschenden/Beherrschten – Formen der Loyalität?	*Legitimation …* *Legitimiert von Gott (**Gottesgnadentum**) und bestätigt durch den Segen der orthodoxen Kirche (**Einheit von Thron und Altar**) herrschte der Zar von Gottes Gnaden.* *Reichsidee …* *Das russländische Zarenreich sah sich **als christlich-orthodoxes Imperium** in der Nachfolge des untergegangenen oströmischen Kaiserreichs (= „Drittes Rom").* *Staatsvolk …* *Staatsvolk sind alle **Bewohner** des Zarenreichs, auch die im Rahmen der **Expansion** unterworfenen Völker. Alle sind sie als **Russländer** gleichermaßen **Untertanen** der Zaren.*
3. Verwaltung und Militär:	
Wie ist die Herrschaft organisiert, strukturiert und gesichert?	*Verwaltung …* *Das Reich wurde mithilfe einer sehr großen **Beamtenschaft** zentralistisch von der Hauptstadt aus verwaltet. Hohe Beamte stammten seit Peter dem Großen aus dem **Adel** und dem **Großbürgertum**.* *Militär …* *Für die **Herrschaftssicherung** im Reich insbesondere an der **Peripherie** und für die bis 1900 fortgesetzte **Expansion** war das Militär der entscheidende **Machtfaktor**. Die aus dem **Adel** stammenden **Offiziere** fühlten sich **der Autokratie** besonders **verpflichtet**, denn ihre gesellschaftliche Stellung war untrennbar an die intakte Zarenherrschaft gebunden.* *Polizeistaat …* *Im Verlauf des **19. Jahrhunderts** spielte die **Geheimpolizei** eine wichtige Rolle für die Stabilisierung der **Autokratie** des Zaren. Ihr Ziel war die lückenlose **Überwachung** der Untertanen. Die **politische Opposition** wurde rücksichtslos verfolgt, verhaftet und nach Sibirien und in den Fernen Osten **verbannt**.*

4. Außenpolitik und Handel:	
Wie stellt sich das Imperium nach außen dar?	*Handel/Industrie ...* *Die **Industrialisierung** begann erst sehr spät und war auf wenige Regionen beschränkt. Wegen des Fehlens eines gewinnorientierten **Bürgertums** übernahm der Staat dessen Rolle („**Modernisierungsdiktatur**"). Mithilfe von **Kapital aus Westeuropa** konnte 1891 der Bau der **Transsibirischen Eisenbahn** begonnen werden. Auf niedrigem Niveau wurden **Agrarprodukte** nach Westeuropa **exportiert**. Dennoch blieb das Zarenreich ein weiterhin **rückständiges** Bauernland (z. B. Dreifelderwirtschaft).* *Außenpolitik ...* *Seit dem 16. Jahrhundert erfolgte ausgehend vom Moskauer Reich die **Expansion** im **Osten** bis an den **Pazifik**. Im 18. Jahrhundert musste das **Osmanische Reich** die südliche Ukraine, die Schwarzmeerküste mit der Halbinsel Krim und den nördlichen Kaukasus an das Zarenreich abtreten (**Gebietserweiterung im Südwesten**). Seither war das Zarenreich auch **Schutzmacht** der **orthodoxen** Christen im Osmanischen Reich. Unter **Nikolaus II.** erreicht das Reich seine **größte Ausdehnung**.* *Die Kriegsniederlagen im Russisch-Japanischen Krieg 1905 und im Ersten Weltkrieg 1914 gefährdeten die Stabilität der zaristischen **Autokratie** nachhaltig. Unfähig zu politischen Reformen, endete das Zarenreich mit der **Februarrevolution** 1917.*
5. Umgang mit gesellschaftlicher und ethnischer Vielfalt:	
Wie wird im Innern integriert?	*Umgang mit ethnischer Vielfalt ...* *Das Zarenreich war ein multiethnisches Imperium, in dem die ethnische **Vielfalt** prinzipiell **akzeptiert** wurde.* *Solange die **russländischen Völker** die Zarenherrschaft als **Untertanen** anerkannten, herrschte eine **kulturelle und religiöse Toleranz** gegenüber den nichtrussischen Ethnien. **Selbständige Territorien** als mögliche Machtkonkurrenz wurden allerdings nicht geduldet. Aufkommender **Widerstand** wurde mit brutaler Härte durch das Militär gebrochen (z. B. in **Polen**). Der russische Nationalismus (**Panslawismus**) unter Zar Nikolaus II. führte dann aber zu einer verstärkten **Russifizierungspolitik** gegenüber Nichtrussen.* *Umgang mit gesellschaftlicher Vielfalt ...* *Das Zarenreich war eine **Agrargesellschaft**. 80 Prozent der russländischen Bevölkerung waren Bauern. Es gab kaum ein mit Westeuropa vergleichbares **Bürgertum**. Im Bildungsstand herrschte ein massives **Stadt-Land-Gefälle**. Nur in den großen Städten im Westen fand sich eine an westlichen Standards orientierte Intelligenz (russ. **Intelligenzija**). Die Mehrheit von **Adel und Bürokratie** stand allen **Modernisierungsversuchen** des Zaren eher **misstrauisch** gegenüber. Bis zum Ende der Zarenherrschaft gab es keine Möglichkeit der **politischen Partizipation** für den Großteil der Bevölkerung.*

Kapitel 2 (S. 86/87)
Methoden- und Reflexionskompetenz
1   Arbeitsschritte „Historische Gemälde analysieren"
    1. Erster Eindruck: individuelle Lösung
    2./3. Informationen zum Bild: Juri Iwanowitsch Pimenow (1903–1977); „Das neue Moskau" 1937; Entstehungsanlass und Auftraggeber nicht genannt; Öl auf Leinwand (140 × 170 cm); Staatliche Tretjakow-Galerie in Moskau; Pimenow ist Zeitzeuge.

4./5. Bildbeschreibung: Aus der Perspektive einer elegant frisierten und gekleideten Frau am Steuer eines offenen Kabrioletts blickt der Betrachter auf das Verkehrsgewühl einer lang gezogenen Prachtstraße Moskaus. Links und rechts der dicht befahrenen Straße sind zahlreiche Passanten zu sehen. Durch die Bewegung der Autos und der Passanten wirkt die Szene sehr lebendig. Entlang der Straße sind größere, in kräftigen Farbtönen gemalte und deshalb monumental wirkende Gebäude

zu erkennen. Von diesen heben sich die in Pastell-
tönen gehaltenen, zahlreichen und dicht nebenein-
nander errichteten Hochhäuser im Hintergrund ab.

6./7. Historischer Kontext: Alle Gebäude auf
dem Bild waren 1937 noch im Bau und Teil eines
gewaltigen Bauprogramms: Moskau sollte das Aushängeschild der Sowjetunion werden. Auch die
Autoindustrie war erst im Entstehen. Das Gemälde
als Zukunftsvision diente der propagandistischen
Verbreitung der Modernisierungspläne Stalins.

8. Gesamtaussage und Wirkung: Pimenow ent-
wirft in seinem Gemälde die Zukunft der neuen
sozialistischen Gesellschaft: Diese ist gekennzeichnet durch technischen Fortschritt, verbesserte
Wohn- und Lebensverhältnisse, zunehmende Mobilität und moderne und selbstbewusste Frauen.

Zusatzinformation: Aufgrund der hier geweckten
Hoffnungen und Wünsche wurde dieses Gemälde
in der Sowjetunion sehr populär.

2 **a)** Vorweggenommene Zukunftsvisionen Mitte
der Dreißigerjahre (wie z. B. M4) schienen den
Glauben an die scheinbar unbegrenzten technischen Möglichkeiten zu bestätigen. Diese Auf-
bruchstimmung wurde durch die sowjetische Propaganda verstärkt: Unter Stalins Führung schien
eine Modernisierung und Verbesserung der Lebensbedingungen in kürzester Zeit machbar – der
Anfang war gemacht. So wurde die immer noch
unter elenden Bedingungen lebende Bevölkerung
auf eine „baldige" bessere Zukunft vertröstet.

b) Mögliche Aspekte für eine kritische Überprü-
fung: Politik (z. B. stalinistische Diktatur mit Terror, Deportationen, Gulag); Wirtschaft und Gesellschaft (z. B. Industrialisierung um jeden Preis;
Zwangskollektivierung und Hungersnöte; Kontrolle aller Bereiche in Politik, Gesellschaft, Wirtschaft und Alltag durch die KPdSU; allgemeiner
Zugang zur Bildung; Anspruch und Wirklichkeit
der Frauenemanzipation).

Sach-, Reflexions- und Orientierungskompetenz

3 **a)** Insgesamt zeigen die Umfrageergebnisse den
unterschiedlichen Stellenwert ausgewählter
Aspekte und Phasen der russischen Geschichte
in der kollektiven Erinnerung der heutigen russischen Gesellschaft. Eine Tendenz zur positiven
Rückbesinnung auf die ehemalige Sowjetunion
wird deutlich. Der Sieg über Hitlerdeutschland
(und der Aufstieg zur zweiten Supermacht neben
den USA) nimmt auch gegenwärtig den wichtigsten Platz in der russischen Erinnerungskultur ein
(87 % stehen für einen breiten gesellschaftlichen
Konsens). Die Sehnsucht nach der einstigen

Macht und Größe der Sowjetunion wird auch in
den folgenden Merkmalen deutlich, wenn auch
nicht ganz so stark ausgeprägt: Die vor allem als
symbolischer Erfolg empfundene Rückkehr der
Krim (45 %); die führende Rolle der Wissenschaft
(37 % – von zentraler Bedeutung sicher die Welt-
raumforschung, vgl. S. 29 M4); der Aufstieg zu
einer der führenden Industriemächte (32 %). Das
kollektive Gedächtnis an das Gesellschaftsmodell
der Sowjetunion fällt dagegen deutlich ab (14 %).
Hier überwiegen die negativen Erinnerungen (vgl.
Aufgabe 2b). Auffällig ist die sehr negative Bewertung der Schlussphase der Sowjetunion unter Gorbatschow und vermutlich auch mitgedacht die erste nachsowjetische Phase unter Jelzin (5 %): Die
Perestroika und die anschließende marktwirtschaftliche Öffnung in den Neunzigerjahren werden im Rückblick für die bis dahin im Sozialismus
unbekannte Arbeitslosigkeit vieler Bürger verantwortlich gemacht. Im Gegensatz dazu wird die
jüngste Phase unter Putin positiver eingeschätzt
(18 %): Wegen der Rückbesinnung auf die einstige
Größe und der Wiederherstellung von Ordnung
genießt der Präsident ein hohes Ansehen.

b) individuelle Lösungen (auffällige Übereinstimmung der Umfragewerte S. 29 M2 mit M3 auf
S. 87)

c) individuelle Lösungen

4 **a)** Die Bürgerrechtlerin Scherbakowa beurteilt
einerseits die Politik Russlands unter Putin: Innenpolitisch sieht sie den Abbau der Demokratie zugunsten eines starken Staates; außenpolitisch erkennt sie ausgehend von der Ukrainepolitik und
der Rückbesinnung auf die Sowjetunion eine expansive Haltung, die auf die nichtrussischen Nachfolgestaaten der Sowjetunion bedrohlich wirken
muss. Andererseits wehrt sie sich aber gegen eine
pauschale Verurteilung Russlands als „Imperium
des Bösen". Sie wünscht sich eine differenziertere
Wahrnehmung des ganzen Landes mit allen seinen
Bewohnern. Ein Problem dabei ist allerdings das
weit verbreitete Misstrauen der Menschen Fremden gegenüber.

b) individuelle Lösungen (vgl. Material C auf
S. 79)

Sach- und Reflexionskompetenz

5 **a/b)** Zarenreich = **Z**; Sowjetunion = **SU**; Russländische Föderation = **RUS**

1. Herrschaft:

Z: dynastische Autokratie (absolute Monarchie);
traditionelle Eliten: Adel, orthodoxer Klerus, Militär

SU: seit 1922 föderale UdSSR – real ein zentralistischer Staat unter Führung der KPdSU; neue Elite der Parteifunktionäre (Parteikader)

RUS: Seit 1993 föderaler Bundesstaat – real zentralistische Präsidialrepublik („gelenkte Demokratie"); neue Elite der Superreichen („Oligarchen")

2. Legitimation und Akzeptanz von Herrschaft:

Z: Gottesgnadentum, Einheit von Thron und Kirche: christlich-orthodoxes Imperium („Drittes Rom"); alle Völker des Reichs sind Untertanen des Zaren.

SU: Ideologie des Marxismus-Leninismus (Sozialismus, „Partei neuen Typs"); Idee einer klassenlosen Gesellschaft (Sowjetvolk); Supermacht

RUS: Mehrparteiensystem mit Wahlen – aber: gelenkte Informationspolitik und Zensur; Suche nach einer „russländischen Identität": Anknüpfung an Traditionen aus der Zarenzeit (Zarenkult, Orthodoxie) und der Sowjetzeit („Großer Vaterländischer Krieg", Supermacht)

3. Verwaltung und Militär:

Z: bürokratischer Zentralismus; vorbehaltlos loyales Militär (Herrschaftssicherung, Expansion)

SU: demokratischer Zentralismus – die KPdSU bestimmte alle Bereiche in Politik, Gesellschaft, Wirtschaft und Alltag; führende Rolle der Roten Armee in Staat, Wirtschaft und Gesellschaft

RUS: öffentliche Verwaltung, aber abhängig von der Regierung; führende Rolle des Militärs (in der Tradition der Roten Armee)

4. Außenpolitik und Handel:

Z: wirtschaftliche Rückständigkeit, späte Industrialisierung von oben („Modernisierungsdiktatur"); Expansion im Osten (Pazifik) und im Südwesten (Schwarzmeerküste, Kaukasus), unter Nikolaus II. größte Ausdehnung, territoriale Großmacht

SU: „Modernisierungsdiktatur" Stalins (Zwangskollektivierung, Zwangsarbeit, Planwirtschaft), Mangelwirtschaft; nach 1945: Expansion der SU v. a. im Westen, militärische und wirtschaftliche Blockbildung unter Hegemonie der SU, Supermacht, Hochrüstung (Rüstungswettlauf mit USA)

RUS: Marktwirtschaft, Export von Rohstoffen (v. a. Erdgas), Raumfahrtprogramm; Hegemonie über GUS-Staaten, Besorgnis um sichere Westgrenze (NATO-Osterweiterung, EU), aggressive Außenpolitik (z. B. Ukraine), Interventionen als Ordnungsmacht (z. B. Syrien)

5. Umgang mit gesellschaftlicher und ethnischer Vielfalt:

Z: multiethnisches Imperium – kulturelle und religiöse Toleranz bei Akzeptanz der Zarenherrschaft, Unterdrückung von Autonomiebestrebungen, russischer Nationalismus unter Nikolaus II.; rückständige Agrargesellschaft (Stadt-Land-Gefälle), westlich orientierte oppositionelle Intelligenzija – Verfolgung und Verbannung der Opposition (Polizeistaat), keine Möglichkeit politischer Partizipation

SU: multiethnisches Imperium – SU als einheitliche sozialistische Nation, Unterdrückung von Autonomiebestrebungen, Aufbrechen der schlummernden Nationalitätenkonflikte unter Gorbatschow (Zerfall der UdSSR); Terrorregime unter Stalin (Gulag); auch nach Stalin Verfolgung von Dissidenten durch Geheimdienst und Polizei – keine von der Parteilinie abweichende Meinungsfreiheit

RUS: multiethnisches Imperium – prinzipielle Akzeptanz der ethnischen Vielfalt bei faktischer Dominanz des Russischen (russischer Nationalismus), Unterdrückung von Autonomiebestrebungen (z. B. Tschetschenien); gelenkte Informationspolitik, Zensur, Unterdrückung zivilgesellschaftlicher Bestrebungen (z. B. Memorial)

Kapitel 3 (S. 121)

1. Herrschaft:	
Wer herrscht im Rahmen welcher Herrschaftsform?	*Herrschaftsform ...* *Monarchie/Kaiserreich:* „**Mythische Herrscher**" *lassen sich bis ins* **dritte Jahrtausend v. Chr.** *zurückverfolgen. Die* **Reichseinigung** *erfolgt unter dem* „*Ersten Kaiser*" *Qin Shi Huang-di (259–210 v. Chr.). Es wechseln dann* **Zeiten des einheitlichen Großreichs** *mit* **Zeiten des Zerfalls:** *fremde Herrscher wie die Mongolen der Yuan-Dynastie und die* **Mandschu** *der Qing-Dynastie übernehmen die* **Institutionen,** *die* **Sprache** *und die Kultur des Kaiserreichs China.* *Eliten ...* **Beamte** *bilden ab dem* **7. Jahrhundert** *die herausragende Führungselite unterhalb der Herrscherdynastie – gekennzeichnet durch absolute Loyalität zur Monarchie. Der Zugang zur Beamtenschaft erfolgt über harte* **Auswahlprüfungen,** *es gilt also das Leistungsprinzip. Die Qualifikation erfolgt nur durch* **Können und Leistung.** *Die Beamten zeichnet eine starke* **Loyalität** *gegenüber dem Kaiser aus.*
2. Legitimation und Akzeptanz der Herrschaft:	
Wie wird die Herrschaft, wie das Imperium legitimiert? Verhältnis von Herrschenden/Beherrschten – Formen der Loyalität?	*Legitimation und Reichsidee ...* *Selbstbezeichnung als* „**Reich der Mitte**" *und Idee des* „*Alles unter dem Himmel*": *Chinesische Herrscher sehen ihr Land als* „**Mitte der Welt**", *während um China herum* **Barbaren** *leben. Es gibt* **keine Staatsreligion,** *aber die Philosophie des Konfuzius bildet die Grundlage der Weltsicht und ist zentraler Bestandteil der Beamtenprüfungen.* *Staatsvolk ...* *Das Chinesische Kaiserreich ist ein* **multiethnisches Reich,** *in dem die* **Han-Chinesen** *die große Mehrheit bilden. Andere Ethnien werden* **unterworfen.** *Die* **Zentralgewalt** *erhebt Tributforderungen für Randgebiete des Reichs.*
3. Verwaltung und Militär:	
Wie ist die Herrschaft organisiert, strukturiert und gesichert?	*Verwaltung ...* *Der Kaiser steht im* **Zentrum** *und überwacht Auswahl und Ausbildung der Beamten, studiert die Akten, vgl. auch Nr. 1, Eliten. Die Beamten, zur Zeit der Qing-Dynastie waren es 25 000, verwalten die Provinzen in der* **Peripherie.** *In neu eroberten Gebieten (Xinjiang und Mongolei) gibt es Militärverwaltungen.* *Militär ...* *Das Militär im chinesischen Kaiserreich ist ein wichtiges Instrument der* **Herrschaftssicherung.** *Es ist* **straff geführt** *und gut organisiert. Die Grenzen zu den Nomaden im Norden werden auch mithilfe langer* **Mauern** *abgesichert. Die kaiserlichen Heere sorgen für* **Expansion** *und erobern weitere Gebiete für das Reich.*

4. Außenpolitik und Handel:	
Wie stellt sich das Imperium nach außen dar?	*Handel, Landwirtschaft ...* *Der **Agrarstaat** produziert v. a. **Seide** und **Naturalien** für die **Nomadenvölker** im Norden als Schutzmaßnahme gegen Überfälle.* *Außenpolitik ...* *Das Chinesische Kaiserreich erhebt im 15. Jahrhundert unter der **Ming-Dynastie** Anspruch auf die Weltherrschaft und verfolgt die **Expansion** des Reichs: Admiral **Zheng He** sichert die chinesische kulturelle **Vorherrschaft** in den Meeren und Häfen Ostasiens und befiehlt **Handelsexpeditionen** nach Indien und Ostafrika. Im 18. Jahrhundert führt die Eroberungspolitik unter den Qing zur größten **Ausdehnung** Chinas. Eine Umkehrung der Machtverhältnisse erfolgt im „**Jahrhundert der Schande**" (19. Jahrhundert) durch das Eindringen der **imperialistischen Mächte**. Es kommt zum „**Opiumkrieg**" und zum „**Boxeraufstand**". Ausländische Mächte erzwingen eine „**open door**"-Politik: Sie teilen China in Interessengebiete auf. Europäer und Japaner richten **Vertragshäfen** ein.*
5. Umgang mit gesellschaftlicher und ethnischer Vielfalt:	
Wie wird im Innern integriert?	*Umgang mit ethnischer und religiöser Vielfalt ...* *Im chinesischen Kaiserreich herrschte weitgehende **Toleranz** in Religionsfragen. Allerdings wurde hoher **Anpassungsdruck** gegenüber den **Nicht-Han-Völkern** in Bezug auf die chinesische Sprache und Kultur ausgeübt.* *Umgang mit gesellschaftlicher Vielfalt ...* *Überwiegend ist China eine **Agrargesellschaft**, besitzt aber auch einige bedeutende **Städte**. Die gesellschaftliche Vielfalt wird durch eine klare Rangordnung nach konfuzianischem Vorbild organisiert und zusammengehalten. In China werden **bedeutende Erfindungen** gemacht. Es existiert ein vergleichsweise **hohes handwerkliches Können**.*

Kapitel 3 (S. 150/151)
Sachkompetenz

1 Die „vier Erfindungen" dienen im heutigen China der Vergewisserung eigener Größe und Erfindungskunst. In Europa wurden und werden diese Erfindungen nicht oder nur zum Teil als ursprünglich „chinesische Erfindungen" wahrgenommen. Auch diese europäische Perspektive hat die Aufgabe, das europäische Selbstverständnis als kultureller Vorreiter zu unterstreichen. Erst in den 1920er Jahren erfolgte laut Autor die weltweite Anerkennung der chinesischen Leistung. Zu diesem Zeitpunkt war man offensichtlich in Europa nicht mehr auf die Beanspruchung dieser grundlegenden Erfindungen angewiesen, sondern bezog sein Selbstbewusstsein eher aus der voranschreitenden Industrialisierung und modernen technischen Erfindungen wie beispielsweise dem Automobil.

Zusatzinformationen: Nach vorherrschender europäischer Lesart kam das Papier am Ende des Mittelalters aus dem islamischen Kulturkreis nach Europa. Die islamische Welt lernte die in China seit dem 2. Jahrhundert bekannte Papierherstellung von chinesischen Gefangenen der Schlacht am Talas 751 in Zentralasien, wo islamische und chinesische Heere aufeinandertrafen. Der Buchdruck gilt mit Johannes Gutenberg als originär europäische Erfindung, obwohl seit dem 9. Jahrhundert bereits Verfahren des Buchdrucks in China verwendet wurden, deren Kenntnis nicht nach Europa gelangte. Der Magnetkompass war seit dem 4. Jahrhundert in China bekannt und kam zur Zeit der Kreuzzüge über die islamische Welt aus China nach Europa. Das Schießpulver oder Schwarzpulver nutzten Chinesen seit dem 13. Jahrhundert vor allem für Feuerwerk. Seine waffentechnische Verwendung erfuhr es erstmals in Europa.

2 **Großer Sprung nach vorn:** Kampagne Maos zur Modernisierung Chinas sowie zur Sicherung der kommunistischen Herrschaft und Ideologie. Die Kampagne löste eine Hungerkatastrophe mit 30–45 Millionen Toten aus und zeigte tiefgreifende Meinungsverschiedenheiten innerhalb der KPCh über die „richtige" Politik.

Umerziehung: Menschen mit „abweichenden Meinungen" konnten auf Geheiß der KPCh seit den 1950er Jahren zur „Umerziehung" im Sinne der Partei in spezielle Einrichtungen eingewiesen werden. In den 2010er Jahren entstanden in Xinjiang Lager, in denen vor allem Angehörige des muslimischen Turkvolks der Uiguren zur „Entradikalisierung" inhaftiert wurden.

Ein-Kind-Politik: Kampagne zur Eindämmung des Bevölkerungswachstums durch staatliche Regulierung mit Strafen bei Nichtbeachtung. Eheverbote, Zwangsabtreibungen und Zwangssterilisierungen waren Teil der Kampagne.

Kulturrevolution: Eine Kampagne Maos mit dem Ziel der Ausschaltung aller „kapitalistischen und bürgerlichen Denkweisen". Die Kulturrevolution warf China wirtschaftlich um Jahre zurück. Die Mao ergebenen jugendlichen Roten Garden zerstörten unzählige Kulturdenkmäler. Nach der ersten Phase wurde eine ganze Generation Jugendlicher aufs Land verbannt und von Bildung ausgeschlossen. Mit der Kulturrevolution entstand der Maokult. Heute wird in China die Kulturrevolution als Rückschritt betrachtet, Mao jedoch keine Verantwortung dafür zugeschrieben.

Sozialkreditsystem: Ein mittels modernster Datentechnik entwickeltes System der Punktevergabe für aus der Sicht der KPCh wünschenswertes Verhalten. Bei negativem Verhalten drohen Strafen in Form von eingeschränktem Zugang zu sozialen Diensten, bei der Arbeitsplatzsuche oder der Bewegungsfreiheit im Land.

Methoden- und Reflexionskompetenz

3 Im Vergleich zur Ausdehnung der heutigen Volksrepublik China umfasste das Qing-Reich auch die seit 1921 unabhängige Mongolei (aus chinesischer Sicht die „äußere Mongolei") und Taiwan. Rund 1,5 Millionen Quadratkilometer Territorium im Nordosten fielen im Rahmen der „ungleichen Verträge" im 19. Jahrhundert an Russland, was auf dem Höhepunkt des chinesisch-sowjetischen Zerwürfnisses noch 1969 zu bewaffneten Konflikten am Grenzfluss Ussuri führte. Auch in den Grenzregionen zu Indien, Sikkim und Kaschmir kam es seither zu Grenzänderungen.

4 Arbeitsschritte „Fachtexte vergleichen"

1. Leitfrage: Warum sorgt die wirtschaftliche Modernisierung in China nicht für Demokratisierung?

2. Historischer Kontext: China seit den 1990er Jahren

3. Autoren: Sinologin Sarah Kirchberger; Journalist Josef Joffe

4. Art des Textes: M5: wissenschaftliche Darstellung; M6: Essay/Zeitungsartikel

5. Thema: siehe Leitfrage und historischer Kontext

6. Zielgruppe: M5: Wissenschaftler und historisch-politisch interessiertes Publikum; M6: historisch-politisch interessiertes Publikum

7. Thesen zur Leitfrage: Die Sinologin Sarah Kirchberger (M5) vertritt die These, dass China sich am Erfolgsmodell Singapur orientiere, wo eine „Entwicklungsdiktatur" wirtschaftliche Modernisierung ohne die Freiheiten der westlichen Demokratien ermöglichte. Dieses System funktioniere aber nur solange, wie die politische Führung und ihre Vorgaben von einer Mehrheit akzeptiert bliebe.

Der Journalist Josef Joffe (M6) verweist auf das Demokratiedefizit Chinas, indem er den Begriff des „Ermächtigungsgesetzes" zur Beschreibung der Aufhebung der Begrenzung der Amtszeit des chinesischen Präsidenten Xi Jinping verwendet. Der Autor betont, dass in China der wirtschaftlichen Liberalisierung keine demokratischen Freiheiten gefolgt seien, wie anderswo üblich. Den Grund für das Gelingen der Fortdauer autoritärer politischer Strukturen sieht er in den Überwachungsmöglichkeiten der Digitaltechnologie, die den Staatsorganen unumschränkte Macht in die Hand gebe.

8. Mögliche Vergleichsaspekte: Methoden der Unterdrückung von Demokratisierungstendenzen; mögliche Zukunftsszenarien

9. Beurteilung Argumentation: Die Autorin von M5 beschränkt sich auf die Feststellung, dass die Mehrheit der chinesischen Gesellschaft der „despotischen Führungsschicht" (Z. 4 f.) folgt, nennt aber keine Gründe dafür. Für die Zukunft schließt sie aber verstärkte Forderungen nach Anpassung nicht aus. Der Journalist (M6) argumentiert differenzierter. Er verweist auf die Unterdrückung von Anpassungsforderungen durch das zunehmend „totalitäre System", unterstützt durch die neuen Methoden der „Gleichschaltung per Mausklick" (Z. 22).

10. Eigenes Urteil: individuelle Beantwortung der Leitfrage

Reflexions- und Orientierungskompetenz

5 **a)** Die These von Kai Strittmatter (M4) lautet, das nach außen im Sinne von Konfuzius tugendhaft wirkende Kaisertum habe sich nur durch Zwangs-

maßnahmen und eine Politik der „harten Hand" Respekt verschaffen können.

Anknüpfungspunkte zu a): Umgang mit Minderheiten, äußerliche Merkmale der Trennung (Zopf) von Han und Mandschu in der Zeit der Qing-Dynastie,

b) Die Bilder M1 und M2 zeigen die wichtige Rolle des Militärs für die Ausübung von Herrschaft in China, sowohl im 18. als auch im 21. Jahrhundert. Sie unterstützen damit die These von Stritt-

matter, dass tatsächlich „Zwangsmaßnahmen" und starke Autorität die Basis für die Herrschaft in China bildeten und bilden.

Anknüpfungspunkte zu b): Sozialkreditsystem, Umerziehungslager, Unterdrückung von Meinungspluralismus und Versammlungsfreiheit, Unterdrückung jeglicher Kritik an der KPCh, Abschaltung westlicher Internet-Dienste etc.

6   individuelle Lösung

Kapitel 4 (S. 193)

1. Herrschaft:	
Wer herrscht im Rahmen welcher Herrschaftsform?	*Herrschaftsform ...* *Seit ca. 1300 errichtete das **Haus Osman** eine autokratische Herrschaft. Der osmanische Sultan regierte monarchisch vom Zentrum, seinem Palast in **Konstantinopel**, aus ein wachsendes Großreich, das zu einem Imperium wurde. Der Sultan war auch an das **islamische Recht** gebunden. Mit dem **Sultansrecht** wurde zusätzlich Recht geschaffen und die Herrschaft gestaltet. Mit der **Verfassung von 1876** wurde eine konstitutionelle Monarchie eingeführt.* *Eliten ...* *Angehörige des **großherrlichen Haushalts am Hof des Sultans**, hohe und niedere Verwaltungsbeamte, die **Ulema (Religionsgelehrte)**, **Militärs**, allen voran die **Janitscharen**, bildeten die Gruppe der **Askerî**, die privilegierte Elite des Osmanischen Reichs. Nicht ganz exakt bestimmbare Teile von ihnen galten bis 1876 als **Osmanlı**, die Osmanen. Wichtig war die Amtssprache **Osmanisch**. Einen geburtsständischen Adel im europäischen Sinne gab es nicht. Mitglied der Elite wurde man aufgrund von **Können und Verdiensten**. Ethnische Zugehörigkeit war kein Kriterium.*
2. Legitimation und Akzeptanz der Herrschaft:	
Wie wird die Herrschaft, wie das Imperium legitimiert? Verhältnis von Herrschenden/Beherrschten – Formen der Loyalität?	*Legitimation ...* *Der Sultan legitimierte seine Herrschaft durch die Idee, für eine **gerechte Ordnung** im Sinne des Islam (Scharia) verantwortlich zu sein. Das **islamische Recht und das Sultansrecht** dienten der Legitimation und Gestaltung der Herrschaft. Die von ihm hergestellte staatliche und gesellschaftliche Ordnung, ihre Stabilität und das **Wachsen des Reichs** waren Beleg für die Rechtmäßigkeit seiner Herrschaft. Das heißt, es gab auch eine militärische Legitimation. Gegen Ende des Osmanischen Reichs versuchten die Sultane ihre Herrschaft durch die **Tanzimat-Reformen**, eine **Verfassung** und die Reaktivierung des **Kalifentitels** zu stabilisieren.* *Reichsidee ...* *Das Imperium bestand aus einem **Zentrum** und verschiedenen Provinzen und Regionen in der **Peripherie**. Die Provinzen und Regionen wurden vom Zentrum aus regiert und verwaltet, sie waren an das **islamische Recht** und das **Sultansrecht** gebunden, konnten aber auch eigene regionale Traditionen pflegen. Wesentlich war, dass die **Sultansherrschaft anerkannt**, die Steuern gezahlt und Soldaten gestellt wurden.*

	Staatsvolk ... *Ein wichtiges Kriterium bei der Unterteilung war die **Steuerpflicht**. Die Oberschicht der **Askerî/Osmanlı** war von der Steuer befreit. Alle anderen Bewohner des Osmanischen Reichs, unabhängig von Ethnie und Religionsgruppe, wurden als **Reâyâ**, die Herde, bezeichnet. Über 90 Prozent von ihnen waren Bauern. Sie waren steuerpflichtig und hatten Anspruch auf Schutz durch den Sultan. Bedeutsam für die Lebensweise und Kultur war der **Unterschied zwischen Stadt und Land**.*

3. Verwaltung und Militär:

Wie ist die Herrschaft organisiert, strukturiert und gesichert?	*Verwaltung ...* *Das Osmanische Reich wurde zentral vom Sultanspalast in Konstantinopel aus verwaltet. Der **Diwan** als Teil des großherrlichen Haushalts war Entscheidungszentrale, dessen Beschlüsse in den Provinzen ausgeführt werden mussten. Mit der **Tuğra**, dem Zeichen des Sultans, erhielten Urkunden und Beschlüsse ihre Gültigkeit. Wesire, **militärische Oberbefehlshaber**, hohe **Religionsgelehrte** wie der Scheich ül-islam, Muftis und Kadis sowie **Beamte** stellten die Umsetzung sicher. Die Verwaltung war **hierarchisch** gegliedert und **effizient** organisiert.* *Militär ...* *Das Militär diente der **Herrschaftssicherung** und der Herrschaftsausübung. Es ermöglichte die **Expansion** des Reichs. Der Armee gehörten z. B. die **Janitscharen**, die in der **Knabenlese** ausgewählt wurden, an, außerdem die **Spahis**, das waren Reitersoldaten, sowie Truppen von **Vasallen**. Das osmanische Heer war für seine Disziplin und **straffe Führung** bekannt.*

4. Außenpolitik und Handel:

Wie stellt sich das Imperium nach außen dar?	*Handel, Landwirtschaft ...* *Das Osmanische Reich war ein **Agrarstaat**. Der Grundbesitz war zu ca. 80 Prozent in der Hand des Sultans. Im Rahmen des Timarsystems vergab der osmanische Staat leihweise Pfründe (Timare) an Soldaten und Beamte, aus denen sie sich versorgen konnten. Die osmanische Wirtschaft war eine **Subsistenzwirtschaft**. Oberstes Ziel war die unmittelbare Versorgung des Hofs und der Bevölkerung. Nach innen gab es einen enormen **Binnenmarkt**. Importierte Produkte und Rohstoffe verblieben zu über 90 Prozent im Land. An andere europäische Mächte wurden als Gunsterweise **Handelsprivilegien** vergeben, sog. **Kapitulationen/Ahdnâme**. Sie ermöglichten europäischen Vertretern, orientalische und **asiatische Güter** der Seidenstraße nach Europa zu handeln.* *Außenpolitik ...* *Die osmanische Außenpolitik war meist eine **Eroberungs- und Expansionspolitik**. Ihren Höhepunkt erreicht sie im 16. Jahrhundert, als das Osmanische Reich zur „Supermacht" wurde. Auch wenn Religion eine Rolle spielte, gab es **keine Religions- und Handelskriege**. Andere Staaten und Reiche galten als Feinde oder als Vasallen. Erst im 19. Jahrhundert war das Osmanische Reich so geschwächt, dass seine Existenz von den anderen Europäern abhängig wurde und es sich in der Zeit des **europäischen Imperialismus der europäischen Einflussnahme** beugen musste.*

5. Umgang mit gesellschaftlicher und ethnischer Vielfalt:	
Wie wird im Innern integriert?	*Umgang mit ethnischer und religiöser Vielfalt ...* *Ethnische Zugehörigkeit war von geringer Bedeutung, deshalb gab es keine Probleme für **ethnische Minderheiten**. Relevant war die religiöse Zugehörigkeit. **Religiöse Minderheiten** wurden geduldet und auf einem niedrigeren Rechtsstatus im **Millet-System** geschützt. Millets konnten sich bis zu einem gewissen Grad nach eigenem Recht selbst verwalten. Bei **Konflikten** zwischen Angehörigen verschiedener Religionsgruppen waren das islamische Recht und das Sultansrecht maßgeblich. Insgesamt herrschte beim Umgang **Toleranz** vor.* *Umgang mit gesellschaftlicher Vielfalt ...* *Generell war der Umgang des Sultans mit gesellschaftlichen Unterschieden **pragmatisch**, solange seine **Oberhoheit akzeptiert und die Steuern gezahlt** wurden. Die **Tanzimat-Reformen** und die **Verfassung von 1876** versuchten eine rechtliche und gesellschaftliche Gleichstellung aller Untertanen als Osmanlı zur erreichen, was aber nicht recht gelang. Die Einführung einer konstitutionellen Monarchie 1876 sollte alle durch **politische Partizipationsmöglichkeiten** integrieren.*

Kapitel 4 (S. 216/217)

Methoden- und Reflexionskompetenz

1   Die Karikatur mit dem Titel „Der kranke Mann am Bosporus" von 2012 zeigt einen Fez tragenden Kranken in einem Bett. Der Kranke repräsentiert die Türkei, wie auf dem Schild zu lesen ist. Er hängt an einem doppelten Tropf „Okzident" und „Orient", während das Bett mit der Diagnose „Gespaltene Persönlichkeit" auf einem Halbmond in den Wolken schwebt, aus der zwei Moscheetürme ragen. Die Anspielung auf das Klischee vom „kranken Mann am Bosporus" aus dem 19. Jahrhundert wird hier auf die moderne Türkei des Jahres 2012 übertragen. Der Karikaturist meint, dass auch die moderne Türkei immer noch von westlichen und östlichen Traditionen geprägt ist, die aber in ihrem Gegensatz miteinander im Konflikt liegen und zu einer Schwächung des Landes führen.

2   **a)** Dietrich Jung beurteilt unter Bezugnahme auf Ergun Özbudun den widersprüchlichen Einfluss der osmanischen Modernisierung auf die Entwicklung und die aktuelle Situation der modernen Türkei. Die nationalstaatlichen Errungenschaften führten für das Osmanische Reich verglichen mit den anderen europäischen Staaten nicht zur Stärkung einer zentralen staatlichen Gewalt, der Ausbildung einer bürgerlichen Gesellschaft und eines integrierenden Nationalstaates. Die Spaltung zwischen den Machthabern mit ihrem ausführenden Verwaltungsapparat und der normalen Bevölkerung wirke bis heute nach. Auch der Ausschluss relevanter gesellschaftlicher und ökonomischer Gruppen und Kräfte setze sich heute fort.

b) Ergun Özbuduns Urteil kann zugestimmt werden. Die Spaltung des Landes in ökonomischer, kultureller, kulturgeografischer, sozialer und mentaler Hinsicht ist nach wie vor gültig, wie sich z. B. an weitgehend ausgeglichenen Wahlergebnissen für eher moderne Parteien auf der einen und eher traditionalistische Parteien auf der anderen Seite oder dem Umgang von Machthabenden mit Opposition und Oppositionellen ablesen lässt. Fraglich ist hingegen, inwieweit die Ursachen allein in einer osmanischen oder orientalischen Tradition liegen. Auch westliche moderne Staaten weisen eine zunehmende kulturelle, ökonomische, soziale und politische Spaltung auf. Es ist zu hinterfragen, ob Ergun Özbudun monoperspektivisch und monokausal urteilt, indem er andere Faktoren nicht berücksichtigt.

Sach- und Reflexionskompetenz

3   **a)** Im Unterschied zum Osmanischen Reich erfüllt die moderne Türkei alle Kriterien für einen modernen Nationalstaat.

1. Herrschaft: demokratische Präsidialverfassung und eine auf Zeit gewählte Regierung

2. Legitimation und Akzeptanz von Herrschaft: Mehrparteiensystem, Wahlen, Republik; Zugang zu allen staatlichen Ämtern nach Qualifikation durch Auswahl oder Wahl

3. Verwaltung und Militär: Öffentliche Verwaltung, die das Staatsleben rechtsstaatlich organisiert. Das Militär verstand und versteht sich neben seinen militärischen Aufgaben als Garant der laizistischen Verfassung.

4. Außenpolitik und Handel: Der Versuch, sich in die EU zu integrieren, kann wegen der europäischen Ablehnung als gescheitert gelten. Die Türkei strebt nun nach regionaler Hegemonie und macht dies außenpolitisch durch die Suche nach neuen militärisch und ökonomisch starken Partnern und militärische Aggression in Nachbarländern deutlich.

5. Umgang mit gesellschaftlicher und ethnischer Vielfalt: Der von dem Republikgründer Atatürk geprägte türkische Nationalismus bildete den Kern des neuen politischen Selbstverständnisses der Türkei. Ethnische Minderheiten wie die Kurden gerieten dadurch unter Anpassungsdruck, erlebten zunächst jedoch keine massive Unterdrückung. Das änderte sich in den 1970er Jahren, als die Kurden sich politisch organisierten und mehr Autonomie forderten. Der Staat reagierte mit Unterdrückung, die die kurdischen Aktivisten mit einem bewaffneten Kampf beantworteten, der mit Unterbrechungen bis heute andauert. Seit den 2000er Jahren wird der Islam von der AKP-Regierung zunehmend gefördert und als gesellschaftliches Integrationsmittel verwendet. Religiöse Minderheiten werden immer mehr unter Druck gesetzt. Abweichende politische Meinungen werden aus der Öffentlichkeit verbannt und rechtlich verfolgt.

b) 1. Das Osmanische Reich war ein imperialer monarchischer Rechtsstaat, der sich in seiner Endphase durch demokratisierende Reformen nach europäischem Vorbild zu erhalten versuchte. Die Türkei brach bewusst mit der monarchischen Tradition und wendete sich in Staats- und Gesellschaftsorganisation der europäischen Moderne zu. Aus der konstitutionellen Monarchie wurde eine moderne parlamentarische Demokratie, die neuerdings zu einem Präsidialsystem verändert wurde.

2./3./4. Anstelle des Islam wurde in der Türkei der Kemalismus als säkulare Ideologie zum Identifikationsangebot für die Bevölkerung gemacht. Die osmanische Herrschaft stützte sich neben einer funktionierenden Verwaltung wesentlich auf Gewalt in Form des Militärs. Expansion war herrscherliches Ziel und legitimierte die Sultansherrschaft. In der säkularisierten modernen Türkei wird die Verwaltung rechtsstaatlich organisiert. Die Außenpolitik der Türkei scheint in jüngster Zeit wieder expansiv ausgerichtet zu werden. Der Außenhandel, der im Osmanischen Reich dem Binnenmarkt diente und dem keine gezielte staatliche Wirtschaftspolitik zugrunde lag, ist für die moderne Türkei in einer globalisierten Welt elementar, auch für die Legitimation und Akzeptanz der Regierungen.

5. Die Koexistenz von Religionen, Kulturen und Ethnien unter einem monarchischen Schirm im Osmanischen Reich wurde in der Türkei durch einen Nationalismus abgelöst, der die sprachliche und kulturelle Einheit aller Türken betonte. Die Religion sollte eine rein private Angelegenheit sein. Die Politik der weitgehenden Toleranz im Osmanischen Reich wurde durch staatlich verordnete Anpassungsforderungen zunächst vor allem an ethnische Minderheiten (z. B. die Kurden) ersetzt. Mit der wachsenden Islamisierung der Türkei wurden von der Regierung auch Maßnahmen gegen religiöse Minderheiten ergriffen.

Methoden- und Orientierungskompetenz

4 Arbeitsschritte Zeitzeugenanalyse:

Zu 1./Wer erinnert sich: In einem Moderationstext werden wörtliche Aussagen von drei erwachsenen Deutschtürken bei einer Diskussion wiedergegeben.

Zu 2./3./Wann und was erinnert die Person: Sie berichten von ihren gegenwärtigen persönlichen Erfahrungen mit Alltagsrassismus in Deutschland. Sie erleben, dass sie nicht als Individuen wahrgenommen, sondern stattdessen Klischees von Türken auf sie projiziert werden.

Zu 4./historischer Bezug Erinnerungen: Die Deutschtürken erinnern alltägliche Erlebnisse, die unterschiedlich lang zurückliegen. Diese Erfahrungen beziehen sich auf das soziale Phänomen des Fremdmachens.

Zu 5./6./Erkenntniswert und Art der Schilderung: Als lebensgeschichtliche Erzählung von Betroffenen haben die Aussagen einen hohen Erkenntniswert, weil sie die Wirkungsweise und die Folgen des Othering/Fremdmachens für Betroffene offenlegen.

Zu 7./8./offene Fragen und Einordnung: Da Betroffene ihr unmittelbares eigenes Erleben schildern, müssen die Aussagen als authentische Selbstzeugnisse behandelt werden, die nicht relativiert werden können. Es könnte überprüft werden, wie weit verbreitet dieses Erleben unter Menschen mit migrantischen Vorfahren in Deutschland ist.

Reflexions- und Orientierungskompetenz

5 a) Macron legt eine Abwertung der Politik Erdoğans nahe, indem er die „Türkei Erdoğans" mit einer wohl als vorbildlich verstandenen „Türkei Atatürks" vergleicht. Diese Zuspitzung wird der historischen Realität nicht gerecht. Gerade die Staatsgründung durch Atatürk und seine Politik in der Türkei ähneln im rigorosen Vorgehen und Durchsetzen seiner für richtig gehaltenen Ansichten durchaus der Politik und Haltung Erdoğans. Gezielt wurden oppositionelle Kräfte und die Religion ausgeschaltet, unterdrückt oder neutralisiert. Atatürk steht hier im Grunde in der Tradition des Osmanischen Reichs und seinen von oben verordneten Reformen. Indiz für diese Herrschaftsweise ist auch die Rolle des Militärs als „Wächter der Republik". Die Türkei Atatürks war ein zwangsweise säkularisierter Staat, der die Bevölkerung zu erziehen versuchte und international nach Anerkennung und Anbindung suchte. Die moderne „Türkei Erdoğans" ist wiederum ein längst in die Globalisierung verwobener Industriestaat, dessen liberal und demokratisch gesinnte Bürger (im Gegensatz zu den Traditionalisten) sich längst als Teil der westlichen Welt sehen. Erdoğans Politikstil ähnelt dem Atatürks, nur dass er mehr die eigene Macht im Blick hat als die Entwicklung des Landes.

b) Der These kann zugestimmt werden, erklärt aber bei Weitem nicht alles, denn es gibt viele weitere Faktoren für das heutige „Leiden der Welt". Sicher trifft die These für die misslungene Neuordnung des Nahen und Mittleren Ostens und seine über die Region weltweit hinausstrahlenden Konflikte zu. Die von kolonialen Interessen gesteuerten staatlichen Neugründungen, die von den Europäern installierten ganz oder teilweise abhängigen Regierungen und Herrscherhäuser, die gezielte Nichtlösung von Problemen (Israel/Palästina), das Ausspielen verschiedener Gruppen gegeneinander sowie die Dominanz politischer und ökonomischer Interessen Englands und Frankreichs führten zwangsläufig zu gewalttätigen Konflikten, die bis heute nachwirken und immer noch einer konstruktiven Lösung harren.

Übersicht über die Fachmethoden in Forum Geschichte

Die Seitenzahlen in dieser Übersicht verweisen auf den vorliegenden Band. Im zweiten Teil sind die Methoden-Arbeitsschritte, die in den Bänden 5/6 bis 8 eingeführt wurden, abgedruckt.

Methoden aus Band 5/6 bis 9:

• Das Internet nutzen

Suche beginnen
1. Welche Internet-Suchmaschine wähle ich aus?
2. Welche Internethinweise gibt das Schulbuch?

Suchabsicht festlegen
3. Welche Suchwörter helfen mir zur Beantwortung meiner Fragen weiter?

Überblick über das Suchergebnis bekommen
4. Welche Links sind interessant und brauchbar für mich?
5. Welche Links stammen von glaubwürdigen Anbietern?

Ergebnisse ordnen
6. Wie gehe ich mit den Informationen einer Webseite um?

Informationen sichern und auswerten
7. Wie halte ich die gefundenen Informationen fest?

• Eine GFS erarbeiten und präsentieren

1. Thema festlegen und eingrenzen
Welches Thema interessiert mich? Wie lautet das Thema genau?
Wie viel Zeit habe ich für die Erarbeitung?
Wie lange soll die Präsentation dauern?
Welchen Umfang soll die Dokumentation haben?

2. Informationen sammeln und ordnen
Wo finde ich Material für mein Thema?
Wie kann ich das gesammelte Material ordnen?
Wie kann ich den genauen Fundort des Materials (Bild, Textquelle, Zitat etc.) dokumentieren?

3. Inhalt der GFS sinnvoll gliedern
Was gehört in die Einleitung?
Wie gliedere ich den Hauptteil – welche Unterpunkte sind zentral für das Thema?
Wie kann ich im Schlussteil das Wichtigste noch einmal knapp zusammenfassen und beurteilen?

4. Schriftliche Dokumentation verfassen

Welche formalen Vorgaben muss ich beachten?

5. GFS präsentieren

Wie stelle ich meine GFS vor?

Wie kann ich Daten, Kernaussagen und Zusammenhänge veranschaulichen (= visualisieren)?

Welches Medium nutze ich dafür (z. B. Overhead-Projektor, Visualizer, Powerpoint-Animation mit Beamer, Flipchart, Plakat, Tafelanschrieb)?

Habe ich noch genügend Zeit für Fragen und Rückmeldungen zu meiner GFS eingeplant?

• Eine Zeitzeugenbefragung durchführen

Die Befragung vorbereiten/Rahmenbedingungen festlegen

1. Worüber möchten wir mit einem Zeitzeugen sprechen? Was wollen wir erfahren?
2. Wo können wir uns vorab über das Thema informieren?
3. Wo finden wir Zeitzeugen zum ausgewählten Thema? Wie viele Personen laden wir ein?
4. Wo soll das Gespräch stattfinden? Wann? Wie lange soll es dauern?
5. Welche Fragen möchten wir stellen?

Die Befragung durchführen

6. Wer übernimmt welche Aufgaben?

Die Befragung nachbereiten

7. In welcher Form und wo sollen die Ergebnisse präsentiert werden? (Erlaubnis des Zeitzeugen einholen)
8. Wurden zum Thema neue Erkenntnisse gewonnen?
9. Was lief gut? Was sollte besser gemacht werden?

• Eine Exkursion durchführen

Informationen beschaffen

1. Besorgt euch Informationsmaterial im Internet oder bei der Verwaltung der Sehenswürdigkeit.

Exkursion organisieren

2. Klärt, welcher Termin infrage kommt. Beachtet Termine in der Schule und die Öffnungszeiten der Sehenswürdigkeit. Ermittelt Fahrpreise, Fahrzeiten sowie Preise für Eintritt und Führungen.

Inhalte der Exkursion in der Schule vorbereiten

3. Sichtet das Material und entscheidet euch für einige Schwerpunkte eurer Exkursion.

4. Überlegt euch, wie eure Exkursion ablaufen soll, ob z. B. Schüler Informationsvorträge halten oder Arbeitsmaterialien zum selbstständigen Erkunden erstellen sollen. Wie wollt ihr eure Ergebnisse dokumentieren (Ausstellung in der Schule, Artikel für die Schülerzeitung etc.)?
5. Teilt die Klasse in Gruppen ein, die dann Einzelfragen zu ihrem Thema formulieren.

Die Exkursion durchführen

6. Verschafft euch gemeinsam einen ersten Überblick, z. B. durch eine Führung.
7. Fertigt Notizen, Skizzen und Fotos oder Videos an oder befragt das Personal. Teilt dazu die Klasse in Kleingruppen ein.

Befunde auswerten und dokumentieren

8. Wertet eure Ergebnisse in der Schule in Arbeitsgruppen aus und tragt sie der Klasse vor.
9. Dokumentiert eure Ergebnisse, wie von euch vor der Exkursion festgelegt.

• Im Archiv arbeiten

Thema und Fragestellung(en) formulieren

1. Was ist das Thema? Welcher Zeitraum soll untersucht werden?

Ein geeignetes Archiv finden

2. Welche Archive gibt es in meiner Nähe und welches ist für unser Thema besonders interessant (z. B. Staatsarchiv, Kreisarchiv, Stadtarchiv, Zeitungsarchiv)?

Archivalien sichten und analysieren

3. Wie finde ich geeignete Materialien?
4. Was ist im Umgang mit Originalen zu beachten? Wie kann ich Wichtiges festhalten?
5. Welche Schwierigkeiten erwarten mich?

Ergebnisse auswerten und präsentieren

6. Wie und wo können wir die gesammelten Informationen und Auswertungen präsentieren?

• Einen Sachtext lesen und verstehen

1. Schritt: Ersten Überblick verschaffen

Welche Überschrift hat der Text?

Wie ist der erste Eindruck von Inhalt und Aufbau des Textes?

2. Schritt: Fragen stellen

Was weiß ich schon über das Thema?

Wer kommt in dem Text vor?

Wo und wann findet das Dargestellte statt?

Worum geht es?

Welche Fragen bleiben offen?

3. Schritt: Schlüsselwörter klären

Welche schwierigen Wörter oder Unklarheiten muss ich klären?

Welche Schlüsselwörter hat der Text?

4. Schritt: Textaufbau erfassen

In welche Abschnitte lässt sich der Text gliedern?

Welche Überschriften passen zu den Textabschnitten?

5. Schritt: Inhalt wiedergeben

Gib mithilfe der Überschriften und Schlüsselwörter den Inhalt des Textes wieder.

• Eine Geschichtskarte auswerten

Kartentitel auswerten

1. Welche Informationen kannst du dem Kartentitel entnehmen?

Kartenlegende entschlüsseln und Maßstab feststellen

2. Nimm dir Zeit, die Legende genau zu studieren. Sie ist der Schlüssel zum Verständnis der Karte: Wofür stehen die verwendeten Symbole?
3. Welche Bedeutung haben die kursiv gesetzten Namen?
4. In welchem Maßstab ist die Karte angefertigt?

Karte lesen

5. Häufig gehst du von vorformulierten Fragen aus, manchmal stellst du selbst Fragen an die Karten.
6. Was ist die Hauptaussage der Karte?

Weitere Fragen zur Karte stellen

7. Karten können nicht alle wichtigen Informationen zu einem Thema aufnehmen, da sie ansonsten mit Symbolen überfrachtet und kaum mehr lesbar wären. Ausgehend von einer Karte ergeben sich deshalb oft Fragen, zu deren Klärung du weitere Hilfsmittel benötigst.

• Ein Verfassungsschaubild untersuchen

Historische Einordnung (Zusatzinformationen)

1. Für welchen Staat galt/gilt die Verfassung? Wann trat sie in Kraft? Wie lange galt sie? Durch wen wurde die Verfassung ausgearbeitet?

Formalen Aufbau des Schaubilds erfassen

2. Wie ist das Schaubild zu lesen (von unten nach oben, von links nach rechts)?
3. Welche Bedeutung haben Farben, Pfeile, Symbole etc.?
4. Welche Fachbegriffe werden verwendet und müssen geklärt werden?

Inhalt des Schaubilds erschließen

5. Welche Staatsorgane sind dargestellt? Welche Aufgaben haben sie jeweils?
6. Wie ist die Macht verteilt? Ist eine Gewaltenteilung mit gegenseitiger Kontrolle erkennbar? Ist eine Machtkonzentration erkennbar?
7. Welche Grundrechte werden der Bevölkerung garantiert?
8. Wer darf wen wie und für wie lange wählen?
9. Um welche Staatsform handelt es sich?
10. Wie ist das Verhältnis zwischen Gesamtstaat und Einzelstaaten geregelt?

Die Verfassung beurteilen

11. Erkennt man aus heutiger Sicht „Stärken" und „Schwächen" dieser Verfassung?
12. Welche Fragen stellst du dir nach dem Untersuchen des Schaubildes? Was ist unklar?

• Eine Statistik auswerten

Ersten Eindruck festhalten

1. Welcher Gegenstand/Zeitabschnitt/historisches Ereignis wird dargestellt?
2. Welche Kurvenverläufe oder Sprünge fallen auf den ersten Blick auf?

Äußere Merkmale untersuchen

3. Wer ist Urheber der Daten (Institution/Person)?
4. Adressatenbezug: Wer wird angesprochen?
5. Wie wird das Zahlenmaterial präsentiert? (Tabelle oder Diagramm? Art des Diagramms?)

Zahlenwerte einordnen

6. Welche Strukturierungshilfen, Jahreszahlen, Spalten- oder Achsenbezeichnungen gibt es? In welchen Maßeinheiten sind die Zahlenwerte angegeben?

7. Legende, z. B. die Zuordnung von Farben zu bestimmten Staaten
8. Aussageart des Diagramms: Wird ein Vergleich angestrebt oder eine Entwicklung aufgezeigt?

Aussage beurteilen und deuten

9. Fasse die Kernaussagen mit eigenen Worten zusammen und erläutere sie jeweils kurz.
10. Setze die Aussagen in ihren historischen Zusammenhang.
11. Bewerte die Aussagekraft der statistischen Daten: Ist die grafische Darstellung angemessen? Wird der Sachverhalt zu sehr vereinfacht?

• Eine schriftliche Quelle analysieren

Quelle und Autor (Verfasser) einordnen

1. Wer ist der Autor der Quelle?
   (Augenzeuge; besondere Beziehungen zwischen ihm und einer der beschriebenen Personen)
2. Wann und wo wurde die Quelle geschrieben?
   (zeitlicher und örtlicher Abstand zum Ereignis)
3. Um welche Art von Text handelt es sich?
   (z. B. Brief, Urkunde, Gesetz, Geschichtsbuch)
4. An wen ist der Text gerichtet?

Textinformationen entnehmen

5. Welche Begriffe muss ich klären?
6. Wie ist die Quelle aufgebaut?
   Finde Überschriften für die dir wichtig erscheinenden Abschnitte.
7. Welche Schlüsselbegriffe (= wichtige oder wiederholte Wörter) werden verwendet?
8. Was ist die Hauptaussage des Textes?
   Fasse sie in ein bis zwei Sätzen zusammen.

Tatsachen von Meinungen unterscheiden und selbst Stellung nehmen (beurteilen)

9. Welche Aussagen des Textes scheinen dir historisch zuverlässig zu sein, welche sind eher persönliche Meinungen des Autors? Aus welcher Perspektive betrachtet der Autor das Geschehen?
   Prüfe Textaussagen mithilfe anderer Informationsquellen (Schulbuch, historisch zuverlässige Texte im Internet, Fachbücher).
10. Welche Meinung vertrittst du zum Thema der Quelle? Wie erscheint dir das Ereignis aus heutiger Sicht?

• Politische Reden analysieren und vergleichen

Ersten Eindruck festhalten

1. Was ist das Thema der Reden?
2. Formuliere eine Untersuchungsfrage.

Informationen zur Redesituation herausarbeiten

3. Wer hat die Reden gehalten? Wann wurden sie gehalten?
4. In welchem Kontext wurden die Reden gehalten und an wen (Adressat) wenden sich die Redner?

Inhalt der Reden herausarbeiten

5. Wie sind die Reden aufgebaut?
6. Was sind die Kernaussagen? Welche Argumente bringen die Redner vor?

Reden vergleichen

7. Nehmen die Reden aufeinander Bezug?
8. Mithilfe welcher Kriterien lassen sich die Quellen vergleichen? Vergleichsaspekte können z. B. sein: Politische Überzeugung der Redner, Beschreibung der gegenwärtigen Situation, Absicht der Redner.

Ergebnisse beurteilen

9. Beantworte die Untersuchungsfrage.
10. Beurteile die Argumente der Redner im Vergleich.
11. Bewerte die Argumente aus heutiger Sicht.

Tonaufnahmen von Reden analysieren

12. Wie arbeiten die Redner mit ihrer Stimme (Lautstärke, Tempo, Deutlichkeit, Emotionalität)?
13. Wie reagieren die Zuhörer?
14. Wie reagieren die Redner auf das Publikum?

• Ein historisches Lied analysieren

Ersten Eindruck festhalten

1. Welche Wirkung hat das Lied auf dich?

Einzelheiten des Liedes erfassen

2. Welchen Titel hat das Lied?
3. Um welche Liedart handelt es sich? Welche sprachlichen und musikalischen Mittel werden eingesetzt?
4. Welche Informationen, Behauptungen, Anspielungen enthält der Liedtext in den einzelnen Strophen?

Zusätzliche Informationen heranziehen

5. Was weiß man über die Entstehung des Liedes (Komponist, Texter, Entstehungszeit, Entstehungsort)?
Wie verbreitet/bekannt war das Lied?

6. Welchen Bezug zu historischen Ereignissen enthält das Lied? Hat das Lied selbst eine Geschichte?

Aussage formulieren und Absicht deuten

7. Welche Gesamtaussage lässt sich formulieren?

8. Wer waren die Adressaten? Wie hat das Lied wohl auf sie gewirkt?

9. Mit welcher Absicht wurde dieses Lied gesungen?

10. Welche Perspektive wird im Lied eingenommen?

11. Wie lassen sich die Informationen/Behauptungen überprüfen und beurteilen?

• Ein Kunstwerk entschlüsseln

Einzelne Elemente beschreiben

1. Welche Art von Kunstwerk liegt vor?

2. Was ist dargestellt (Personen oder Gegenstände)?

3. Welche Einzelheiten (z. B. Körperhaltung, Gesichtsausdruck, Kleidung, Frisur) sind zu erkennen?

4. Was erscheint mir merkwürdig oder fremd?

Bildunterschrift auswerten und weitere Informationen hinzuziehen

5. Welche Hinweise gibt die Bildunterschrift?

6. Welche Kenntnisse habe ich bereits über Entstehungszeit, -ort und das Dargestellte?

7. Welche weiteren Informationen brauche ich?

Kunstwerk deuten

8. Um wen handelt es sich bei den dargestellten Personen? Welche Bedeutung haben die Gegenstände?

9. Welche Gesamtaussage lässt sich formulieren?

10. Welche Fragen bleiben offen?

• Textquellen vergleichen

Leitfrage formulieren

1. Welche Leitfrage könnte den Vergleich bestimmen?

Informationen zu Autor und Entstehungszeit herausarbeiten

2. Von wem und wann wurden die Quellen verfasst?

3. Was ist das Thema der Quellen?

4. Um welche Textarten handelt es sich?

5. An wen sind die Texte gerichtet?

Inhalt der Texte zusammenfassen und vergleichen

6. Wie sind die Texte aufgebaut? Was sind die Kernaussagen?

7. Welche Aussagen sollten erläutert werden?

8. Mithilfe welcher Aspekte lassen sich die Quellen vergleichen?

Ergebnisse einordnen und beurteilen

9. In welchen historischen Zusammenhang lassen sich die Quellen einordnen?

10. Wie beurteilst du die Quellen (Überzeugung der Argumentation; Interessen der Autoren)?

11. Wie beantwortest du die Leitfrage (Pro- und Kontra-Argumente unter Berücksichtigung des historischen Zusammenhangs und Sachurteils; Gewichtung der Argumente; Fazit)?

• Darstellungen vergleichen

Leitfrage formulieren

1. Welche Leitfrage könnte die Analyse und den Vergleich der Darstellungen bestimmen?

Formale Analyse

2. Von wem und wann wurden die Darstellungen verfasst? Um welche Textart handelt es sich?

3. Was ist das Thema der Darstellungen?

4. An wen sind die Darstellungen gerichtet?

Inhaltliche Analyse

5. Was sind die wesentlichen Aussagen der Texte? Welche Positionen vertreten die Autoren im Hinblick auf die Leitfrage?

6. Mit welchen Argumenten begründen die Autoren ihre Positionen? Berücksichtigen sie auch Gegenargumente?

7. Inwiefern wird jeweils der historische Kontext berücksichtigt?

8. Sind jeweils Überzeugungen, Interessen erkennbar? Wie ist die Textsprache (z. B. sachlich, bildhaft, emotional, vorwurfsvoll, polemisch)?

Darstellungen vergleichen

9. Welche Aspekte sind für den Vergleich geeignet? Welche Unterschiede und Gemeinsamkeiten zeigen die Darstellungen?

Darstellungen beurteilen

10. Sind die Positionen der Autoren überzeugend? Erscheint die Argumentation jeweils logisch? Wird einseitig oder widersprüchlich argumentiert? Erscheinen die Positionen auch im historischen Kontext plausibel?

11. Fazit: Welche Darstellung ist insgesamt überzeugender?

• Eine historisches Urteil bilden

Themenstellung – Leitfrage formulieren

1. Was genau soll beurteilt werden? Eine Person, eine Epoche, ein Ereignis, ein Konflikt, eine Aussage etc.

Voraburteil formulieren

2. Halte deine erste, spontane Einschätzung zu der Leitfrage fest.

Ein begründetes Sachurteil formulieren

3. Unter welchen sozialen, wirtschaftlichen und politischen Voraussetzungen handelten die Beteiligten? Welche Handlungsspielräume hatten sie?

4. Wie beurteilten die Zeitgenossen die Situation?

5. Welche Interessen verfolgten die Zeitgenossen? Haben sie ihre Ziele erreicht?

6. Welche Aussagen/Argumente sind durch Quellen belegbar, welche sind nur Vermutungen?

Ein begründetes Werturteil formulieren

7. Welche Normen und Werte dienen als Grundlage deines Urteils (deine heutige Perspektive)?

8. Welche Argumente sind für die Beantwortung der Leitfrage entscheidend? Wie sind diese Argumente aus heutiger Perspektive zu bewerten?

9. Fazit: Weshalb lohnt sich die Beschäftigung mit dieser Frage auch für uns heute?

• Eine Bildquelle auswerten

Einzelheiten des Bildes erfassen

1. Welche Personen sind dargestellt?
2. Wie sind sie gekleidet?
3. Welche weiteren Gegenstände oder Tiere sind zu sehen?
4. Wo befinden sich die Personen und Gegenstände?

Zusammenhänge erklären

5. In welcher Beziehung stehen die abgebildeten Personen, Tiere oder Gegenstände zueinander?

6. Findest du Merkmale, die auf bestimmte Eigenschaften, Beruf oder gesellschaftliche Stellung der dargestellten Personen hinweisen?

Zusätzliche Informationen heranziehen

7. In der Bildlegende findest du wichtige Hinweise. Sie gibt dir Auskunft darüber, wer wann für wen warum ein Bild gemalt hat. Manchmal hat das Bild auch einen Titel.

8. Weitere Fragen lassen sich oft durch eine zusätzliche Textquelle klären.

• Ein Herrscherbild analysieren

Einzelne Bildelemente beschreiben

1. Welche Personen sind zu sehen?
2. Wie sind die Personen dargestellt (z. B. im Profil, von vorn, Größenverhältnisse)?
   In welcher Position bzw. Bewegung werden sie gezeigt?
   Welche Gesten sind erkennbar?
   Was sagt ihr Gesichtsausdruck?
   Wie sind sie ausgestattet (z. B. Kleidung, Frisur, Standeszeichen, Herrschaftszeichen)?
3. Welche größeren Gegenstände sind erkennbar? Wie ist der Hintergrund gestaltet?

Bildelemente zusammenfügen und erste Deutung vornehmen

4. Wie gehören die Bildelemente zusammen?
5. Was erscheint merkwürdig?

Zusätzliche Informationen hinzuziehen und Bedeutung der Bildelemente entschlüsseln

6. Welche Hinweise gibt die Bildunterschrift (z. B. Entstehungszeit, bestimmter Anlass, Entstehungsort, Künstler, Auftraggeber, Adressaten)?

7. Recherchiere Hintergrundinformationen zu den Symbolen, Gesten und Personen. Lassen sich die bisherigen Deutungen durch andere Quellen bestätigen oder ergänzen bzw. korrigieren?

8. Was wollte der Künstler mit seinem Bild ausdrücken?
   Ergreift er Partei für eine bestimmte Person oder Auffassung?

Bildaussage formulieren

9. Welche Gesamtaussage lässt sich formulieren? Gibt es mehrere Deutungen?

• Historische Karten analysieren

Karte und Kartografen einordnen

1. Wann und wo ist die Karte entstanden und veröffentlicht worden?
2. Wer ist der Kartograf? Woher stammt sein Wissen?
3. Ist ein besonderer Anlass für die Zeichnung der Karten bekannt? War es eine Auftragsarbeit?

Kartenelemente beschreiben und deuten

4. Was ist das Thema der Karte? Welche Information gibt die Bildunterschrift?
5. Was ist dargestellt?
6. Ist die Welt maßstabgetreu dargestellt?
7. Welche Besonderheiten sind in der Karte eingezeichnet (Symbole, landschaftliche Merkmale wie Flüsse, Berge, Orte)?
8. Wie wird die Karte eingerahmt?
9. Welches Bild von der Welt lässt sich der Kartendarstellung entnehmen?

Mit anderen Karten vergleichen

10. Welche Gebiete/Kontinente werden dargestellt?
11. Wie unterscheiden sie sich in Symbolik und Einrahmung? Welche Gemeinsamkeiten gibt es?
12. Welche Gemeinsamkeiten und Unterschiede bestehen in der Gesamtaussage?

• Ein Flugblatt untersuchen und deuten

Einzelne Text- und Bildelemente beschreiben

1. Wer oder was wird dargestellt? Beschreibe:
   - dargestellte Personen (Kleidung, Aussehen, Mimik, Gestik, Blickrichtung, Blickkontakt, Größenverhältnis, Nähe/Distanz zueinander)
   - Gegenstände
   - Hintergrund und Farbgebung
2. Gibt es einen Titel, eine Bildunterschrift?
3. Gibt es einen weiteren Text? In welcher Beziehung stehen Text und Bild zueinander?

Zusätzliche Informationen heranziehen

4. Ist der Künstler bekannt?
5. Wann und wo wurde das Flugblatt hergestellt?

Bild- und Textelemente zusammenfügen und deuten

6. Welche Symbole werden zu welchem Zweck genützt?
7. Welches Verhältnis zwischen den Personen wird angedeutet?
8. Welchen Bezug zur Geschichte enthält das Bild?

Aussage formulieren

9. Wie hat das Flugblatt wohl auf Zeitgenossen gewirkt? Wie wirkt es auf dich? (Was ist für einen heutigen Betrachter scheinbar vertraut, was fremd?)
10. Welchem Zweck diente das Flugblatt? Ergreift der Künstler durch seine Darstellung Partei?

• Eine Karikatur analysieren

Ersten Eindruck festhalten

1. Wie wirkt die Karikatur auf dich?

Einzelne Text- und Bildelemente beschreiben

2. Welche Personen, Gegenstände und anderen Details lassen sich erkennen? Achte auf den Gesichtsausdruck, die Kleidung und die Körperhaltung. Beziehe die Beschriftungen neben der Karikatur mit ein.

Zusätzliche Informationen heranziehen und erste Deutung vornehmen

3. Wer ist der Zeichner?
4. Wann und wo ist die Karikatur entstanden?
5. Gibt es einen Titel?
6. Welches Thema hat die Karikatur?
7. Welche Bedeutung haben die Personen und Gegenstände?
8. Auf welches Ereignis bezieht sich die Karikatur?

Aussage formulieren

9. Was ist die Botschaft?
10. Was wird kritisiert?
11. Welche Wirkung könnte die Karikatur haben?

• Historische Fotos analysieren

Ersten Eindruck festhalten

1. Was ist der erste Eindruck von der Fotografie?

Einzelne Bildelemente beschreiben

2. Welche Personen, Gegenstände und anderen Details lassen sich erkennen? Achte auf den Gesichtsausdruck, die Kleidung und Körperhaltung.
3. Welche Bildtechnik ist zu erkennen (Perspektive, Brennweite, Entfernung, Ausschnitt)?

Entstehung der Fotografie prüfen

4. Wann ist das Foto entstanden?
5. Wer hat in wessen Auftrag fotografiert?
6. Für welchen Adressaten ist die Fotografie angefertigt worden?

Aussage formulieren und Absicht deuten

7. Welche Gesamtaussage lässt sich formulieren?
8. Welche Fragen bleiben offen?

• Feldpostkarten analysieren

Ersten Eindruck festhalten

1. Wie wirkt die Postkarte auf dich? Was fällt dir unmittelbar auf?

Einzelne Bild- und Textelemente beschreiben

2. Welche Personen/Gegenstände sind zu erkennen?
3. Wie sind die Personen dargestellt (Haltung, Position, Nähe-Distanz, Gesten, Gesichtsausdruck, Blickrichtung, Blickkontakt, Kleidung, Accessoires)?
4. Welche Umgebung, welcher Hintergrund wird gewählt?
5. Welchen Kartentext oder Kartentitel gibt es?
6. Welche Elemente beziehen sich auf den Krieg?

Zusätzliche Informationen heranziehen

7. Welche Hinweise gibt die Bildunterschrift (Entstehungszeit, Anlass, Ort, Künstler, Auftraggeber, Adressat)?

Aussage formulieren und Feldpostkarte deuten

8. Welche Gesamtaussage lässt sich formulieren?
9. Welchen Zweck verfolgt die Darstellung?
10. Wenn der Text des Kartenabsenders bekannt ist: Wie passen Darstellung auf der Vorderseite und Kartentext auf der Rückseite zusammen?

• Politische Plakate analysieren

Ersten Eindruck festhalten

1. Notiere deinen ersten Eindruck: Welche Gedanken und Gefühle erzeugt das Plakat? Was fällt unmittelbar auf? Welches ist das Hauptmotiv des Plakates?

Einzelne Bild- und Textelemente beschreiben

2. Welche Personen und Gegenstände sind zu erkennen?
3. Wie sind die Personen dargestellt (Haltung, Position, Gesten, Gesichtsausdruck, Blickrichtung, Kleidung)?
4. Welcher Hintergrund wird gewählt?
5. Welche Textelemente gibt es? Wie erscheint der Text (Schriftart und Größe)?
6. In welchem Verhältnis stehen Bild und Text?

Zusätzliche Informationen zur Entstehung des Plakats heranziehen

7. Wann ist das Plakat entstanden? Wer hat es entworfen und ist der Auftraggeber bekannt?
8. Was lässt sich über das dargestellte Ereignis sagen? Wer sind die Personen auf dem Plakat? Was ist der Anlass der Darstellung?

Aussage formulieren und Absicht deuten

9. Welche Gesamtaussage zum Plakat kannst du treffen, ist es z. B.
   - aggressiv, feindselig, appellierend oder sachlich,
   - nachprüfbar, wahr oder unwahr,
   - typisch für seine Zeit oder für eine bestimmte Partei?
10. Welchen Zweck verfolgt die Darstellung?

• Bilder analysieren und vergleichen

Einzelne Bildelemente beschreiben

1. Welche Personen und/oder Gegenstände sind im Vordergrund/im Bildmittelpunkt dargestellt?
2. Wie ist die Szene dargestellt? Welches Verhältnis zwischen den Personen wird angedeutet?
3. Ist es eine naturgetreue, realistische oder eine vereinfachte Darstellung?
4. Beschreibe:
   - Kleidung und Aussehen
   - Gegenstände, Details und Symbole
   - Umgebung, Hintergrund, Bildrahmen (Landschaft, Architektur usw.)
   - Beschriftung

Zusätzliche Informationen heranziehen und erste Deutung vornehmen

5. Wie ist der Titel des Gemäldes? Wann ist das Bild entstanden? Wer ist der Künstler?

Bildaussage formulieren

6. Welche Gesamtaussage hat das Bild? Welchen Zweck verfolgt die Darstellung (Erinnerung, Erhöhung, Kritik, Veranschaulichung, Verschleierung, Illustration u. a.)?

Bilder vergleichen

7. Welche Gemeinsamkeiten lassen sich erkennen?
8. Wie unterscheiden sich die Bilder in Aufbau, Farbgebung, Gestaltung?
9. Wie lassen sich besondere Unterschiede, aber auch besondere Gemeinsamkeiten erklären?

• Einen Geschichtsspielfilm untersuchen

Ersten Eindruck festhalten

1. Wie gefällt dir der Film?

Formale Aspekte untersuchen

2. Wer ist der Regisseur, wer schrieb das Drehbuch?
   Wann und aus welchem Anlass wurde der Film gedreht?
   Welche Schauspieler spielen die Hauptrollen?
   Welches (historische) Thema behandelt der Film?
   An wen richtet sich der Film?

Inhaltliche Aspekte untersuchen

3. Wie lässt sich die Handlung kurz zusammenfassen?
   Gibt es ggf. mehrere Handlungsebenen?
   Gibt es einen dramatischen Höhepunkt?

4. Welche Entwicklung nimmt die Hauptfigur?
   In welcher Beziehung stehen die Figuren zueinander?
   Werden bestimmte Typen dargestellt?

5. Welche Gestaltungsmittel (Ton, Musik, Licht, Farbe, Kontraste, Kameraführung) werden eingesetzt?

Gesamtaussage formulieren und bewerten

6. Wie lässt sich die zentrale Aussage des Films zusammenfassen?
   Welche Wirkung soll beim Betrachter erzielt werden?

7. Wie fiel die Filmkritik aus?
   Wie bewertest du den Film?

Unterrichtsmethoden

1 Pro- und Kontra-Diskussion

- Rollen verteilen: Die Teilnehmerinnen und Teilnehmer der Pro- und Kontra-Diskussion übernehmen eine Rolle und vertreten diese argumentativ in der Diskussion. Ein oder zwei Personen übernehmen die Rolle des Moderators oder der Moderatorin. Der Rest der Klasse beobachtet das Geschehen als Zuschauerinnen und Zuschauer. Sie machen sich zu dem Gesagten Notizen.
- Podiumsdiskussion durchführen: Der Moderator eröffnet die Diskussion und stellt die einzelnen Teilnehmerinnen und Teilnehmer vor. Jeder hat die Möglichkeit, ein kurzes Statement abzugeben. Anschließend kommt es zur Eröffnung der Diskussion, bei der die Teilnehmerinnen und Teilnehmer alle weiteren Argumente austauschen. Es dürfen unter Umständen auch persönliche Meinungen in die Argumentation einfließen. Im Idealfall antworten die Teilnehmerinnen und Teilnehmer auf jedes Argument eines anderen Teilnehmers oder einer anderen Teilnehmerin mit einem Gegenargument. Zum Schluss schließt der Moderator die Diskussion und eröffnet den Zuschauern die Möglichkeit, Fragen zu stellen oder ebenfalls kurze Statements abzugeben.
- Podiumsdiskussion auswerten: Die Podiumsdiskussion wird gemeinsam bewertet. Sind alle Rollen glaubhaft gespielt? Wurden alle Argumente vorgebracht? Sind die Argumente nachvollziehbar und schlüssig? Gibt es weiteren Diskussionsbedarf oder offene Fragen?

2 Einen Kurzvortrag halten

- Vorbereitung: Sammle und ordne alle Informationen zu deinem Thema in einer Mindmap.
- Entwickle eine Gliederung für deinen Vortrag: Lege zu jedem Hauptpunkt eine Karteikarte mit den wichtigsten Informationen an und nummeriere die Karteikarten in einer sinnvollen Reihenfolge.
- Überlege dir einen interessanten Einstieg und Schluss für deinen Vortrag.
- Versuche, möglichst frei vorzutragen. Sprich laut, deutlich und nicht zu schnell.
- Schau dein Publikum an. So siehst du auch, wenn es Zwischenfragen gibt.
- Unterstütze deinen Vortrag durch Anschauungsmaterial (Bilder, Grafiken, Gegenstände).

3 Ein Lernplakat gestalten

- Verwende für das Plakat mindestens die Größe DIN A2, besser DIN A1 (= 8 DIN-A4-Blätter).
- Beschränke dich auf die wesentlichen Informationen.
- Die Informationen auf dem Plakat müssen sachlich stimmen (z. B. richtige Jahreszahlen).
- Das Thema des Plakats muss deutlich zu lesen sein.
- Schreibe in Stichpunkten oder in kurzen Sätzen.
- Unterstreiche Schlüsselbegriffe oder rahme sie ein.
- Verwende für die Schrift einen schwarzen oder dunkelblauen Stift. Andere Farben eignen sich für Pfeile, Linien oder Hervorhebungen.
- Achte auf die Lesbarkeit der Schrift (Größe und Ordnung). Du kannst Hilfslinien mit Bleistift zeichnen und später wegradieren.
- Gliedere deine Informationen durch unterschiedliche Schriftgrößen. Verwende Ordnungszahlen, wenn du eine bestimmte Reihenfolge darstellen möchtest.

4 Entscheidungslinie

- Einigt euch auf eine Fragestellung, zu der ihr in der Klasse eure Meinung austauschen möchtet, und notiert sie an der Tafel, z. B.: „Ist die Wiedervereinigung ein Erfolg"?
- Legt auf den Boden der Klasse etwa drei Meter Paketschnur aus und legt an das eine Ende der Schnur einen auf Pappe gemalten lachenden Smiley, an das andere Ende einen traurigen Smiley.
- Positioniert euch nun entsprechend eurer Meinung entlang der Paketschnur. Der lachende Smiley steht dabei für ein klares „Ja", der traurige entsprechend für ein klares „Nein". Zwischen diesen Polen sind alle Abstufungen denkbar.
- Verschafft euch als Klasse einen Überblick: Wo stehen die meisten, wo die wenigsten? Sind die Meinungen gleich verteilt oder gibt es starke Gewichtungen?
- Diskutiert das Ergebnis.

Varianten:
- Bleibt ein paar Minuten an der gewählten Stelle stehen und tauscht euch mit euren unmittelbaren Nachbarn über eure Positionierung aus.
- Ihr könnt die Entscheidungslinie auch an der Tafel mithilfe von Kreide und Klebepunkten erstellen.
- Ihr könnt mit dieser Methode auch euer Wissen am Anfang oder Ende einer Unterrichtseinheit darstellen und auswerten.

5 Fish-Bowl-Methode

Die Fish-Bowl-Methode ist ein Verfahren zur Diskussion oder zum Austausch von Gruppenarbeitsergebnissen.
Zwei oder drei Schüler/innen diskutieren in einem Innenkreis, sie sind, bildlich gesprochen, „die Fische im Aquarium". Die zuhörenden Schüler sitzen im Außenkreis und beobachten „das Geschehen im Aquarium". Sie können sich jederzeit in die Diskussion einschalten. Die Lehrkraft oder ein/e Schüler/in leiten und moderieren die Diskussion.

Vorgehen:
Zwei bis drei „Sprecher/innen" nehmen in der Mitte des Raumes Platz. Ein Stuhl für den Moderator und ein zusätzlicher freier Stuhl werden in den Innenkreis gestellt. Die übrigen Personen bilden den äußeren Sitzkreis.
Die Sprecher/innen diskutieren über das vorgegebene Thema. Es gibt keine strenge Abfolge der Beiträge. Wer von den Sprecher/innen zu den Diskussionsbeiträgen etwas ergänzen möchte oder eine widersprüchliche Ansicht vortragen will, kann sich direkt an den Vorredner anschließen. Auch aus dem Zuhörerkreis können sich Schüler/innen beteiligen. Wenn sie etwas zu der Diskussion im Innenkreis äußern möchten, setzen sie sich auf den leeren Stuhl und bringen ihren Redebeitrag vor. Anschließend gehen sie wieder in den Außenkreis zurück.
nach: Lothar Scholz, Methodenkiste, hg. v. der Bundeszentrale für politische Bildung, 7. Aufl. 2016

6 Gallery Walk

Die Methode Gallery Walk dient zur Präsentation von Gruppenergebnissen. Hierbei verbindet die einzelnen Stationen dieses Gallery Walks eine gemeinsame Themenstellung. Die Schüler/innen rotieren einzeln oder in kleinen Gruppen von einer Station zur anderen und tauschen sich über die jeweils in der Station präsentierten Ergebnisse aus. Dabei diskutieren sie die Plausibilität der jeweiligen Argumentationen.

Bei Unklarheiten notieren sich die Schüler/innen Fragen – diese sollen im Plenum besprochen werden. So ergibt sich im Vergleich der einzelnen Ergebnisse ein interessantes Gesamtbild im Hinblick auf die gemeinsame Themenstellung.

Lexikon

Im Lexikon findest du Fremdwörter, historische Begriffe und Ereignisse, die in den Texten dieses Buches vorkommen. Viele sind vorne mit einem * versehen und werden hier erläutert. Bei Fachbegriffen, die vorne in Begriffskästen erklärt werden, findest du einen Verweis auf die entsprechende Seite.

A

Abbasiden, muslimische Herrscherdynastie, die auf den Onkel Mohammeds zurückgeht. Von 749/750 bis 1258 stellten die Abbasiden die → Kalifen.

Agrarreform, staatliche Umgestaltung der Landwirtschaft mit dem Ziel die Lebensbedingungen der Landbevölkerung zu verbessern und gleichzeitig die Produktion in der Landwirtschaft zu steigern. Vorrangiges Ziel von Agrarreformen war häufig die Enteignung von Großgrundbesitzern und die Aufteilung des Bodens unter der Landbevölkerung.

Anwerbeabkommen, Verträge oder Abkommen zwischen Staaten und/oder Staatenbündnissen, die die Zu- und Abwanderung von Arbeitskräften zwischen diesen Staaten/Staatenbündnissen regeln. Meist beinhalten Anwerbeabkommen daher Regelungen zum Aufenthalts- und Arbeitsrecht. Die Bundesrepublik Deutschland und die Türkei trafen 1961 ein Anwerbeabkommen. Infolge dessen reisten bis zum Anwerbestopp 1973 insgesamt 867 000 Menschen aus der Türkei nach Deutschland, von denen 500 000 später wieder in die Türkei zurückkehrten. Diese angeworbenen türkischen Arbeiter wurden in Deutschland als „Gastarbeiter" bezeichnet.

Aramäer, Bezeichnung für die christlichen Nachfahren der antiken Aramäer, einer semitischen Völkergruppe aus der Levante und Nordmesopotamien. Sie sprechen die klassisch-aramäische Sprache, die zu Lebzeiten von Jesus Christus verwendet wurde. Aramäer leben heute über weite Teile der Welt verstreut, mehrheitlich in Europa und in den USA.

Armenier, Bewohner im Gebiet zwischen dem Hochland Ostanatoliens und dem Südkaukasus, das daher auch als armenisches Hochland bekannt ist. In der Republik Armenien bilden sie den Großteil der Bevölkerung. Weltweit gibt es etwa acht Millionen Armenier. Außerhalb von Armenien u. a. in Frankreich, Iran, Russland und den USA. In der Türkei hingegen leben seit dem Völkermord in den 1910er Jahren deutlich weniger Armenier als zuvor, der Großteil von ihnen in Istanbul.

Assoziierungsabkommen EWG–Türkei, siehe S. 206

Aussiedler, Bezeichnung für Deutsche, die nach 1950 aus den damals kommunistischen Staaten in Ost- und Mitteleuropa in die Bundesrepublik Deutschland eingewandert sind und deren Vorfahren wiederum einst aus Deutschland in diese Regionen emigriert waren. Das Grundgesetz garantiert den Aussiedlern die deutsche Staatsangehörigkeit, also auch die gleichen Rechte wie allen anderen Deutschen. Insgesamt sind etwa 4,5 Millionen Aussiedler nach Deutschland gekommen. Bis Ende der 1980er Jahre kamen die meisten Aussiedler aus Polen und Rumänien, seit 1990 zumeist aus den Nachfolgestaaten der Sowjetunion.

Autokratie (griech. autokráteia = Selbstherrschaft), eine Regierungsform, in der die Staatsgewalt unkontrolliert bei einer Einzelperson oder einer Personengruppe (Autokraten) liegt und diese/r die politische Macht ohne verfassungsmäßige Beschränkungen ausüben kann/können (→ Zarismus).

B

Beamte/Beamtenschaft, Personal, das vom Staat (Bund, Land oder Kommune) angestellt ist. Beamte erfüllen im Auftrag des Staates „hoheitliche" Aufgaben, weswegen man sie auch Staatsdiener nennt. Heutige Beispiele für Beamte sind etwa Polizisten oder die meisten Lehrer.

Bolschewiki (russ. für bolsche = mehr), auf dem Parteikongress von 1903 kam es bei der Frage der zukünftigen Organisation der Sozialdemokratischen Partei zur Spaltung. Eine knappe Minderheit (→ Menschewiki) trat für eine demokratisch organisierte Massenpartei ein und wollte verschiedene Formen der politischen Entwicklung zulassen. Die Mehrheit der Abgeordneten (Bolschewiki) entschied sich für den revolutionären Kurs Lenins. Danach musste eine revolutionäre Partei eine Kaderpartei sein, d. h. streng von oben nach unten gegliedert, mit dem Anspruch, dass ihre Mitglieder wichtige Posten in allen Massenorganisationen innehaben, um die verschiedenen gesellschaftlichen Gruppen (Arbeiter, Bauern, Jugend, Frauen usw.) auf den Weg zum Sozialismus zu führen. Innerhalb der russischen Arbeiterbewegung (Sozialrevolutionäre, Menschewiki, Bolschewiki u. a.) blieben die Vertreter des Bolschewismus allerdings in der Minderheit.

Bourgeoisie, in der Theorie des Marxismus die Bezeichnung für die herrschende und besitzende Klasse in der kapitalistischen Gesellschaft. Zu diesem Besitzbürgertum gehören demnach z. B. Unternehmer und Bankiers, weil sie im Besitz der Produktionsmittel sind und das Proletariat ausbeuten.

Brexit, Kurzbezeichnung, die sich zusammensetzt aus „Britain" (englisch = Britannien) und „exit" (englisch = Weggang, Fortgang). Es entstand als Ausdruck für den Austritt des Vereinigten Königreichs Großbritannien und Nordirland aus der Europäischen Union. Für diesen hatten die Briten 2016 in einem Referendum mit knapper Mehrheit gestimmt. Seit dem 1. Februar 2020 ist das Vereinigte Königreich das erste und bislang einzige Mitgliedsland, das die Europäische Union verlassen hat.

Bürgertum, im 19. und 20. Jh. die Angehörigen einer durch Besitz, Bildung und Einstellungen gekennzeichneten Bevölkerungsschicht, die sich von Adel und Klerus, Bauern und Unterschichten (einschließlich der Arbeiter) unterscheidet. Zu ihr gehören Besitz- und Wirtschaftsbürger (Kaufleute, Unternehmer, Bankiers), Bildungsbürger (Angehörige freier Berufe, höhere Beamte und Angestellte zumeist mit akademischer Bildung) und Kleinbürger (Handwerker, Kleinhändler).

D

Dekolonisierung, Ablösungsprozesse und soziale, wirtschaftliche und kulturelle Entwicklungen, im Zuge derer Kolonien, → Protektorate oder Mandatsgebiete, die unter Fremdherrschaft standen, sich zu unabhängigen Staaten wandeln.

Demokratie, nach den griechischen Wörtern demos (Volk) und kratein (herrschen) Bezeichnung für eine Staatsform, in der das Volk über die Politik eines Staates entscheidet. Gewählte und vom Volk kontrollierte Vertreter (Abgeordnete) lenken den Staat.

Deportation, Zwangsverschleppung u. a. von ausländischen Arbeitskräften, politischen Gegnern oder anderen Bevölkerungsgruppen, z. B. während der Herrschaft Stalins oder während des Nationalsozialismus.

Derwisch (persisch darwisch = arm), Angehöriger einer muslimischen Ordensgemeinschaft, die sich durch besondere Bescheidenheit und Disziplin auszeichnet. Besonders bekannt sind u. a. ekstatische Trancetänze, die manche der Orden praktizieren.

Diktatur, bezeichnet ein Herrschaftssystem, in dem eine einzelne Partei oder eine Person als Führer (Diktator) alles bestimmt. Diktatoren bringen sich meistens selbst gewaltsam an die Macht. Auch wenn in Diktaturen formal oft noch eine Gewaltenteilung und Grundrechte existieren, werden diese aber nur noch eingeschränkt angewandt bzw. durch Regierungsverordnungen eingeschränkt oder außer Kraft gesetzt (z. B. in Deutschland 1933/34). Viele Lebensbereiche stehen unter einer staatlichen Überwachung, oft verbunden mit Einschüchterung und Gewalt. Eine Diktatur ist das Gegenteil einer → Demokratie.

„Diktatur des Proletariats", siehe S. 51

„Dreieckshandel", besser: transatlantischer Handel, an diesem Handel waren alle europäischen Seefahrernationen beteiligt. Die Handelsschiffe verkehrten in einem Dreieck von Europa über Afrika und Amerika zurück zu ihrem Ausgangspunkt. Zwischen den Kontinenten wurden solche Waren gehandelt, die im Tausch jeweils hohe Gewinne versprachen und für die jeweils eine hohe Nachfrage bestand.

Dreifelderwirtschaft, bei dieser landwirtschaftlichen Nutzung des Bodens wird das Ackerland eines Dorfes dreigeteilt. Auf einem wird Wintergetreide und auf einem anderen Sommergetreide angebaut; der dritte Teil bleibt ungenutzt (Brache). Auf jedem Feld wechseln diese An-bauformen im festen Rhythmus; es kann sich also in jedem dritten Jahr erholen.

Dynastie (griech. dynástēs = Herrscher), eine Herrscherfamilie, die über mehrere Generationen hinweg umfangreiche Macht in einem Land besitzt. Eine solche Familie stellt oft über lange Zeiträume den Landesherrn, indem die Macht an eines der Kinder vererbt wird. Beispiele für Dynastien sind in Ägypten die Ptolemäer, im alten China die Tang-Dynastie, im europäischen Frühmittelalter die Merowinger und Karolinger, im Heiligen Römischen Reich des Hoch- und Spätmittelalters die Salier und die Staufer, ab dem Spätmittelalter die österreichischen Kaiser der Habsburger, die Sultane der → Osmanen und in der Neuzeit die preußischen Könige und Kaiser des Deutschen Reichs, die dem Geschlecht der Hohenzollern angehörten.

E

Emir/Emirat (arab. befehlen), Emir ist ein Titel für einen Befehlshaber, Herrscher, Stammesfürst oder Gouverneur. Das Gebiet, über das der Emir herrscht, wird als Emirat bezeichnet. Im frühen Islam waren Emire ursprünglich Anführer muslimischer Soldatentruppen, die mit erfolgreichen Eroberungen ihre Macht ausweiteten. Einige Emire konnten auf diese Weise souverän regieren, waren aber meist auch um die Anerkennung durch den → Kalifen bemüht. Heutige souveräne Emirate im arabischen Raum sind Katar, Kuwait oder die Vereinigten Arabischen Emirate. Auch in Afrika gibt es Emirate und Herrscher, die sich Emir nennen.

Ethnie (griech. éthnos = Volk), eine Volks- oder eine Menschengruppe, die sich zusammengehörig fühlt und eine Gemeinschaft bildet aufgrund ihrer gemeinsamen Geschichte, Herkunft, Kultur, Religion, Sprache und/oder Wirtschaftsweise. Innerhalb eines Landes können also viele verschiedene Ethnien existieren, die sich mitunter deutlich voneinander abgrenzen. Die Ethnie ist daher auch nicht gleichbedeutend mit der Nationalität oder Staatsbürgerschaft eines Menschen. Ethnien, die in einem Gebiet die Minderheit bilden, sind häufig betroffen von Ausgrenzung, Diskriminierung und Unterdrückung. Das kann sich u. a. dadurch äußern, dass ihnen weniger Rechte eingeräumt oder sie sogar verfolgt und vertrieben werden. Neben der historischen und kulturellen Bedeutung des Begriffs wird „Ethnie" auch als neutralere Beschreibung verwendet, um äußerliche Unterschiede zwischen verschiedenen Volksgruppen zu benennen. Dabei unterscheidet er sich vom Begriff „Rasse", der Menschengruppen pseudowissenschaftlich aufgrund äußerlicher Merkmale sowie zugeschriebener innerlicher Merkmale stark abwertend und diskriminierend, also rassistisch beschreibt.

Europa, der Kontinent, der geografisch zwar als westlicher Teil Asiens (eurasischer Kontinent) gilt, aufgrund seiner individuellen Entwicklung neben Afrika, Amerika, der Antarktis und Asien aber als eigenständiger Erdteil betrachtet wird. Die Grenzen Europas sind nicht überall eindeutig zu bestimmen. Im Osten wird gemeinhin das russische Ural-Gebirge als Grenze zu Asien angesehen, im Süden ist das Mittelmeer die Grenze zu Afrika und westlich und nördlich bildet der Atlantische Ozean eine natürliche Grenze. Je nach Betrachtung umfasst Europa bis zu 50 Staaten und 730 Millionen Einwohner. Im Europarat sind 47 Staaten vertreten (ohne Kosovo, Vatikanstaat und Weißrussland), die Europäische Union hingegen zählt 27 Mitgliedsstaaten.

Europäische Integration, steht für den Prozess, der zu einer zunehmend engen politischen Einheit Europas führen soll. Der europäische Integrationsprozess begann auf wirtschaftlicher Ebene, weitete sich bald aber auch aus auf das politische System und besonders auf die Justiz- und Innenpolitik sowie eine gemeinsame Außen- und Sicherheitspolitik. Heute stehen zusätzlich Bereiche wie die Digitalpolitik und die Medienpolitik im Fokus.

G

Gemeinschaft unabhängiger Staaten (GUS), loser Zusammenschluss von zunächst zwölf Teilrepubliken der ehemaligen Sowjetunion (1991). Mit einem gemeinsamen Markt wollte man die großen wirtschaftlichen Probleme beim Übergang zur Marktwirtschaft und zur Unabhängigkeit ehemaliger Teilrepubliken der Sowjetunion mildern. Außerdem waren Absprachen zu einer gemeinsamen Außenpolitik, beim Umweltschutz und bei der Kriminalitätsbekämpfung geplant. Die baltischen Staaten (Estland, Lettland, Litauen) schlossen sich nicht an, und Georgien trat 2008 aus. Die GUS hat heute praktisch keine Bedeutung mehr, da es eine Fülle bilateraler und multilateraler Abkommen zwischen den Mitgliedern gibt. Die Ukraine lässt angesichts des Konflikts mit Russland wegen der Krim ihre Mitgliedschaft seit 2014 ruhen.

Glasnost, wie → Perestroika ein Schlagwort der Reformpolitik in der Sowjetunion ab 1986 unter dem russischen Ministerpräsidenten Gorbatschow. „Glasnost" (Offenheit) steht für Transparenz der Entscheidungen in Staats- und Parteiorganen, öffentliche Diskussionen über Probleme und Aufgaben. Sie trug, verschärft durch Machtkämpfe, Wirtschaftsprobleme und Nationalitätenkonflikte, zum Zerfall der Sowjetunion bei.

Globalisierung, Prozess der weltweiten Verflechtung von Kommunikation, Kultur, Politik, Technik, Wirtschaft und Umwelt. Diese Vorgänge spielen sich sowohl unter Individuen und Gesellschaften als auch Institutionen und Staaten ab. Als Voraussetzung für die Globalisierung gelten einerseits der europäische Kolonialismus und die → Dekolonisierung, andererseits u. a. technische Fortschritte, Liberalisierungen des Welthandels und das steigende Bevölkerungswachstum. Die geopolitischen Änderungen nach dem Zusammenbruch der Sowjetunion und dem Ende des Kalten Krieges haben die Globalisierung beeinflusst.

„Der große Sprung nach vorn", offizielle Bezeichnung für die Politik Chinas von 1958 bis 1960. Ziel war es, China zu einer wirtschaftlichen Großmacht zu entwickeln. Grundlage war die Überzeugung Mao Zedongs, dass eine Reihe von radikalen wirtschaftlichen Maßnahmen das Bewusstsein der Bevölkerung für den Kommunismus stärken könne.

Guerillakrieg (span. Verkleinerungsform von guerra (Krieg) = kleiner Krieg), Kampf irregulärer einheimischer Truppen gegen eine Besatzungsmacht, eine feindliche Armee oder im Bürgerkrieg. U. a. in China (1927–1949), Vietnam (1946–1973) und Kuba (1956–1959) waren Guerillakriege die vorherrschende Kampfform für die nationale und soziale Befreiung.

GUS → Gemeinschaft unabhängiger Staaten (GUS)

H

Hadith/-e, Überlieferung/-en von Aussprüchen und Handlungen, die der islamische Prophet Mohammed entweder selbst getätigt oder Aussprüche und Handlungen Anderer, die Mohammed zugelassen haben soll.

Handelsbilanz, bezeichnet im Außenhandel (grenzüberschreitenden Warenverkehr) einer Volkswirtschaft die rechnerische Gegenüberstellung aller Exporte (Ausfuhren) und Importe (Einfuhren) innerhalb eines bestimmten Zeitraums.

Hegemonie, siehe S. 17

Historischer Materialismus, siehe S. 51

Hochkultur, eine komplexere Gesellschaftsordnung im Gegensatz zu solchen, die als archaisch gelten. Kennzeichen einer Hochkultur können u. a. eine entwickelte Technik (Metalltechnik) und Landwirtschaft (Pflugbau), Marktwesen und Geldwirtschaft, Schriftgebrauch, zentralisierte und institutionalisierte Herrschafts- und Verwaltungsstrukturen in der Politik, Städtewesen und Monumentalbauten sein. Als Hochkulturen gelten in erster Linie einige Gesellschaften des Alten Orients und Amerikas vor der Entdeckung durch Kolumbus, die Indus-Kultur und die chinesische Erlitou-Kultur.

I

Ideologie, Denkrichtung und umfassende Deutung gesellschaftlich-politischer Verhältnisse und historischer Entwicklungen. Die Deutung ist meist einseitig und verzerrt; sie dient den Interessen bestimmter Gruppen und soll bestehende Verhältnisse oder gesellschaftliche Umbrüche begründen und rechtfertigen.

Imam (arab. = Führer, Vorsteher), Vorbeter beim muslimischen Gebet aber auch ein Moslem, der religiöse und politische Autorität verkörpert. So ist z. B. bei → Sunniten der Imam wie der → Kalif das Oberhaupt der islamischen Gemeinschaft (Umma). Bei den → Schiiten bezeichnet Imam einen „göttlich geleiteten" Führer aus der Nachkommenschaft des Kalifen ʿAlīs.

Imperialismus, siehe S. 17

Imperialismus, informeller/open door policy, siehe S. 112

Industrialisierung (lat. industria = Fleiß), tiefgreifende technische, wirtschaftliche und soziale Veränderungen seit der ersten Hälfte des 19. Jh. Wichtige Merkmale: der Einsatz von Maschinen, die Arbeitsteilung, die Massenfabrikation in den Fabriken (lat. fabrica = Werkstätte) und neue gesellschaftliche Schichten, die Industriearbeiterinnen und Industriearbeiter, Angestellte und Techniker (Ingenieure).

Islam (arab. islam = Hingabe an Gott, Ergebung in Gottes Willen), eine der großen monotheistischen Weltreligionen. Das bedeutet, dass der Islam sich wie Judentum und Christentum zu nur einem Gott bekennt. Grundlage des Islam ist der → Koran („Verkündung"), der in 114 Suren (= Abschnitte) geteilt ist und Erzählungen, Lobpreisungen und Gleichnisse enthält. Die Gläubigen des Islam heißen Muslime, was übersetzt „Die sich Gott unterwerfen" bedeutet.

Islamismus, unterschiedliche islamische Ideologien und Bewegungen, die sich durch strenggläubige Forderungen an Politik und Gesellschaft ausdrücken. Islamisten möchten die im Koran und durch die Tradition überlieferten Gesetze des Islams in den muslimischen Ländern (wieder) einführen und ihre strenge Befolgung kontrollieren. Diese Regeln sollen für alle Bereiche des Lebens gelten: Politik, Wirtschaft, den Umgang zwischen Männern und Frauen, Bildung und Erziehung und für allgemein geltende Gesetze. Es gibt Gruppierungen radikaler Islamisten, die diese Ziele auch mit Gewalt durchsetzen wollen.

K

Kader, führende Beamte oder Parteifunktionäre in → autokratischen, besonders in sozialistischen Staaten wie z. B. der Volksrepublik China. Sie verfügen über besondere Fachkenntnisse und Fähigkeiten, die sie für Ihre Aufgaben qualifizieren.

Kalif (arab. chalifa = Stellvertreter), Titel islamischer Herrscherr, die sich im Gegensatz zum → Sultan auf die Nachfolge Mohammeds berufen. Ein Kalif sollte ursprünglich sowohl geistliches als auch weltliches Oberhaupt der Gemeinschaft aller Muslime (Umma) sein.

Kalifat, Bezeichnung für das Amt, die Herrschaft oder das Reich eines → Kalifen.

Kapital, Besitz in Form von Grundbesitz und Geld.

Kapitalismus, Wirtschafts- und Gesellschaftsordnung, bei der private Unternehmer nach Gewinn streben. Ihnen gehören Fabriken oder Land. Der Markt bestimmt über Angebot und Nachfrage, Preise und Löhne. Anders in der → sozialen Marktwirtschaft: Hier greift der Staat regulierend ein.

Kapitulation (Unterwerfungserklärung), bezeichnet den Prozess und den offiziellen Vertrag, in und mit dem eine Kriegspartei den Kampf aufgibt und sich dem Gegner (unter bestimmten Bedingungen oder bedingungslos) unterwirft. Im Osmanischen Reich bezeichnet der Begriff

Schreiben des → Sultans, in denen er auswärtigen Herrschern die Erlaubnis u. a. zu Handelsniederlassungen erteilt.

Kemalismus, siehe S. 200

Klassenkampf, siehe S. 51

Kollektivierung (lat. collectivus = angesammelt, gemeinschaftlich), staatlich organisierter Prozess, in dem landwirtschaftliche Betriebe und Industriebetriebe zu „Produktionsgemeinschaften" zusammengeschlossen werden. In sozialistischen Diktaturen wie der Sowjetunion und China wurden solche Zusammenschlüsse mit ökonomischer, physischer und psychischer Gewalt erzwungen.

Kolonialismus, Errichtung von Handelsstützpunkten und Siedlungskolonien in wenig entwickelten Ländern, vor allem außerhalb Europas, seit dem Ende des 15. Jahrhunderts; später Inbesitznahme der Länder durch die überlegenen Staaten und Beherrschung als Kolonien.

Kommunismus, politische Lehre, die eine von Ausbeutung und Unterdrückung befreite klassenlose Gesellschaft anstrebt. Um dieses Ziel zu erreichen muss das private Eigentum an Produktionsmitteln abgeschafft und in gesellschaftliches Eigentum überführt werden. Da sich die Menschen nun selbst organisieren und verwalten, wird die Herrschaft von Menschen über Menschen (klassische Staatsgewalt) überflüssig. Wichtigste Vordenker waren Karl Marx und Friedrich Engels.

Koran, das bedeutendste Buch des Islam. Im Arabischen bedeutet das Wort Qur'an so viel wie „Lesung" oder „Vortrag". Darin enthalten sind die Offenbarungen des Erzengels Gabriel, die dieser ab dem Jahre 610 Mohammed verkündet haben soll. Der Koran besteht aus 114 Kapiteln, den sogenannten Suren. Diese umfassen mehr als 6000 Verse.

Korruption (von lat. corruptio = Bestechlichkeit, Verderbtheit, Verfall), bedeutet, dass jemand seine berufliche Funktion oder sein öffentliches Amt in Verwaltung, Justiz, Wirtschaft oder Politik dazu missbraucht, sich oder Anderen einen Vorteil zu verschaffen, auf den kein rechtlicher Anspruch besteht. Bei Korruption wird also zugunsten eines individuellen Vorteils das allgemeine Interesse beschädigt. Weltweit wird Wirtschaftswachstum durch unterschiedliche Formen von Korruption geschwächt.

Kulturrevolution, auch „Große Proletarische Kulturrevolution", bezeichnet die 1966 gestartete innenpolitische Kampagne Mao Zedongs in der Volksrepublik China, die das Land von alten chinesischen und „westlich-kapitalistischen" Elementen befreien sollte. Sie zielte letztlich auf die Machtsicherung Maos und ging mit der Verhaftung politischer Gegner, der massenhaften Mobilisierung von Jugendlichen und Maßnahmen der „Umerziehung" einher.

Kurden, westasiatische Ethnie muslimischen Glaubens (ca. 80 % Sunniten, 20 % Schiiten), die sich aus bis zu ca. 35 Mio. Menschen und aus vielen und zum Teil verfeindeten Gruppen zusammensetzt. Ihr Hauptsiedlungsgebiet wird als Kurdistan bezeichnet. Sie bilden eine bedeutende Minderheit in der Türkei, im Irak, in Iran, in Syrien und in einigen Staaten der GUS. Die Kurden wurden wiederholt Opfer massiver Unterdrückung und Vertreibung. Es kam zu zahlreichen gewaltsamen Konflikten, viele Kurden gingen ins Exil. Die kriegerischen Auseinandersetzungen zwischen der kommunistisch ausgerichteten Arbeiterpartei Kurdistans (PKK) und der Türkei sind zuletzt infolge des langjährigen Bürgerkriegs in Syrien seit 2015 wieder aufgebrochen. Auch die Bestrebungen zur Gründung eines eigenen kurdischen Staates nehmen wieder zu.

L

Laizismus, bezeichnet das Prinzip der Trennung von Staat und Religion, das oft auch verfassungsrechtlich festgeschrieben ist.

M

Maoismus, ist eine Variante des → Marxismus-Leninismus, die auf den Ideen Mao Zedongs beruht. Einige seiner Ideen wurden als „Das Rote Buch" („Mao-Bibel") zusammengefasst und millionenfach verbreitet.

Marktwirtschaft, soziale, soziale Wirtschaftsordnung, die ihrem Anspruch nach im Gegensatz zum frühliberalen Kapitalismus wie zum sozialistischen Wirtschaftssystem (→ Planwirtschaft) steht. Zu ihren wichtigsten Elementen gehören die Garantie und der Schutz des wirtschaftlichen Wettbewerbs, die soziale Abfederung negativer Auswirkungen marktwirtschaftlicher Prozesse (z. B. Arbeitslosigkeit) durch den Staat sowie die Verbreitung des Privateigentums an Produktionsmitteln.

Marxismus, die von Karl Marx und Friedrich Engels entwickelten philosophischen, politisch-sozialen und ökonomischen Lehren, ihre Interpretation und Weiterentwicklung.

Menschenrechte, Idee seit der Aufklärung im 18. Jahrhundert, dass jeder Mensch unantastbare Rechte besitzt: Recht auf Leben, Glaubens-, Meinungs- und Versammlungsfreiheit, freie Wahl des Wohnorts, persönliche Sicherheit und Eigentum; sowie Recht auf Widerstand bei Verletzung der Grundrechte. Im 20. Jahrhundert kamen soziale Rechte wie das Recht auf Arbeit und Bildung hinzu.

Menschewiki, zahlenmäßig stärkerer Flügel der russischen Sozialdemokratischen Arbeiterpartei. Nach einer zufälligen Abstimmungsniederlage 1903 so benannt: Minderheitler, im Gegensatz zu den → Bolschewiki. Endgültige Spaltung 1912.

Militär, Gesamtheit der Streitkräfte, also aller Soldaten eines Staates. Das Militär besteht in der Regel aus Heer (Landstreitkräften), Luftwaffe (Luftstreitkräften) und Marine (Seestreitkräften). Das deutsche Militär bildet die Bundeswehr.

Millet-System (arab. milla = Religionsgemeinschaft), im Osmanischen Reich eine religiös definierte Rechtsordnung. Das Millet-System beruhte auf dem islamischen Recht und regelte auf dieser Grundlage den Status der nichtmuslimischen Religionsgemeinschaften. Diese bekamen im Gegenzug für besondere Steuerleistungen etwa Anspruch auf den Schutz des → Sultans und vor allem Christen und Juden auch das Recht auf freie Religionsausübung.

Moderne, Moderne als Epochenbegriff umfasst die vielfältigen Umbrüche in verschiedenen Lebensbereichen ab der Frühen Neuzeit: geistesgeschichtlich ab dem 15. Jh. (Renaissance), ökonomisch Mitte des 18. Jh. (Industrialisierung), politisch Ende des 18. Jh. (Französische Revolution) und Beginn des 19. Jh. (Nationalismus). Die Zeit seit circa Mitte des 20 Jahrhunderts bis heute wird auch als Postmoderne bezeichnet.

Modernisierung, der soziale Wandel einer Gesellschaft von traditionalen Formen hin zu moderneren Formen durch Prozesse der Demokratisierung, Individualisierung, Industrialisierung, Urbanisierung oder → Globalisierung.

Modernisierungsdiktatur, ein totalitärer Staat, in dem eine → Modernisierung der Gesellschaft unter Missachtung von Grund- und Menschenrechten und der Anwendung von Gewalt und → Terror durchgesetzt wird.

N

Nationalismus, politische Bewegung, die darauf beruht, dass sich die in einem bestimmten Gebiet zusammenlebenden Menschen ihrer Gemeinsamkeiten als Nation bewusst werden. Nationalismus wird in unserer Zeit als Übertreibung des Nationalbewusstseins, oft verbunden mit der Abgrenzung oder Abwertung anderer Nationen, kritisiert. Der Begriff wurde im 19. Jh. weniger negativ bewertet als heute.

NATO (North Atlantic Treaty Organization = Nordatlantik-Vertrags-Organisation), 1949 gegründete Verteidigungsgemeinschaft mit Sitz in Brüssel. Ursprünglich von Großbritannien, Frankreich und den USA als Bündnis gegen eine erneute deutsche Aggression gegründet, wandelte sie sich im Kalten Krieg schnell zum Gegenpol gegen den Warschauer Pakt. Aktuell gehören der NATO 29 Staaten an, die Bundesrepublik (Westdeutschland) trat ihr 1955 bei.

O

open door, siehe S. 112

„Opiumkrieg", insgesamt zwei Kriege zwischen dem Vereinigten Königreich und China, der erste Opiumkrieg (1839–1842) und der zweite Opiumkrieg (1856–1860). Dabei ging es einerseits um die britischen Opiumexporte nach China, andererseits aber grundlegend um die wirtschaftliche Öffnung und Kontrolle Chinas durch auswärtige Mächte.

orthodoxe Kirche, (griech. orthós = richtig, geradlinig + dóxa = Meinung, Glaube; also rechtgläubig, strenggläubig), orthodoxe Glaubensrichtungen gibt es im Christentum, im Judentum sowie im Islam. Sie definieren sich über eine strenge, wortwörtliche Auslegung der heiligen Schriften. Die christlichen Ostkirchen haben sich im Jahr 1054 von der römisch-katholischen Kirche getrennt und praktizieren einen besonders orthodoxen Glauben. U. a. gibt es die griechische, die russische, die serbische, die rumänische und die bulgarische orthodoxe Kirche mit weltweit insgesamt ca. 300 Millionen Mitgliedern.

Osmanen, die → Dynastie des nach ihr benannten Osmanischen Reichs. Begründet von Osman I., stellten die Osmanen von 1299 bis 1922 die türkischen → Emire und → Sultane und von 1517 bis 1924 die → Kalifen des → Islam.

P

Panarabismus, eine Ideologie, die einen arabischen Nationalstaat anstrebt und dabei die arabische Sprache als Grundlage für die nationale Identität versteht. Religion ist im Panarabismus also theoretisch irrelevant. Damit steht der Panarabismus im Gegensatz zum → Panislamismus.

Panislamismus, eine Ideologie, die den islamischen Glauben als einigendes Identitätsmerkmal sieht. Er entstand unter osmanischen Intellektuellen, als ab ca. 1870 Europäer in den Nahen Osten und auf den Indischen Subkontinent vordrangen. Ende des 19. Jh. wurde der Panislamismus unter den → Osmanen zur Staatsdoktrin. Der osmanische → Sultan verstand sich zeitweise auch als → Kalif, das heißt als spirituelles und weltliches Oberhaupt aller Muslime. Mit dem Panislamismus wollte er nationalistischen Strömungen entgegenwirken. Die Abschaffung des Kalifats 1924 trug zum Bedeutungsverlust des Panislamismus gegenüber Nationalismen bei. Seit Ende des Zweiten Weltkriegs wird der Panislamismus wieder stärker vertreten und steht in Konkurrenz zum → Panarabismus.

Panslawismus, siehe S. 35

Panturkismus, die Idee eines großtürkischen Staates, der alle turksprachigen Völker des Kaukasus, des Wolga-Ural-Gebietes, der Krim und Vorder- und Zentralasiens vereint. Ausgangspunkt dafür ist die zweifelhafte Annahme, dass die Turkvölker neben einer verwandten Sprache weitere gemeinsame Merkmale haben, wie etwa die vermeintlich gemeinsame Abstammung, eine gemeinsame Geschichte und kulturelle Traditionen. Bei den Turkvölkern im Russländischen Reich, besonders im Wolga-Ural-Gebiet, äußerte sich der Panturkismus im Zusammenhang mit einem wachsenden Nationalbewusstsein. Im Osmanischen Reich entwickelte er sich um 1900 zu einer Unabhängigkeitsbewegung.

Parlamentarische Demokratie, Staat mit einem gewählten Präsidenten als Staatsoberhaupt. Die Gesetzgebung liegt beim Parlament. Die Regierung wird vom Präsidenten ernannt, muss aber im Parlament Mehrheiten gewinnen, um ihre Politik umzusetzen.

Perestroika, wie → Glasnost ein Schlagwort der Reformpolitik in der Sowjetunion ab 1986 unter dem russischen Ministerpräsidenten Gorbatschow. „Perestroika" (Umbau) steht ursprünglich für die geplante Modernisierung der Führungsrolle der Kommunistischen Partei. Sie trug, verschärft durch Machtkämpfe, Wirtschaftsprobleme und Nationalitätenkonflikte, zum Zerfall der Sowjetunion bei.

Personenkult, Verehrung und Überhöhung einer Person, meist eines politischen Führers zu einem gesellschaftlichen Vorbild. Berühmte Beispiele sind Stalin in der Sowjetunion und Mao Zedong in China. Um einen Personenkult zu etablieren, eignen sich besonders die Mittel der Propaganda.
Daher tritt er auch häufig in Diktaturen in Erscheinung, wie heute etwa die Glorifizierung Kim Il Sungs und Kim Jong Ils in Nordkorea.

Pfründe (lat. praebenda = Unterhalt), ursprünglich eine Schenkung; allgemein Bezeichnung für jene Einkommen, die jemand einzig auf Grundlage eines weltlichen oder kirchlichen Amts also ohne konkrete Gegenleistung erhält.

Planwirtschaft, zentrale, Wirtschaftsordnung, in der die ökonomischen Prozesse einer Volkswirtschaft, insbesondere die Produktion und die Verteilung von Gütern und Dienstleistungen, planmäßig und zentral gesteuert werden.

Privilegien, Sonderrechte, die ein Herrscher Einzelnen oder Gruppen verlieh. Dazu gehörten z. B. die vollständige oder teilweise Befreiung von Steuern und Zöllen oder die Besetzung hoher Posten in Heer, Verwaltung oder Wirtschaft. Privilegien galten als Auszeichnung und wurden mit der Zeit erblich.

Proletariat, siehe S. 51

Propaganda, Werbung für politische Ideen und Zwecke unter massivem Einsatz von Massenmedien aller Art.

Protektorat (lat. protegere = schützen), auch Schutzstaat oder Schutzgebiet genannt, völkerrechtlich ein Gebiet, das nur zum Teil selbstständig (teilsouverän), grundsätzlich aber abhängig ist von dem Schutz eines anderen, indem die auswärtige Vertretung und die Landesverteidigung einem anderen Staat unterstellt sind. Im Inneren hat ein Protektorat jedoch Selbstverwaltungsrecht und unterscheidet sich dadurch von einer Kolonie.

Putsch/Militärputsch, auch: Staatsstreich genannt, bezeichnet einen meist gewaltsamen und plötzlich durchgeführten Umsturz oder Umsturzversuch durch das Militär, Teile des Militärs oder Milizen, manchmal auch begleitet durch eine Gruppe von Politikern. Ziel ist es, die amtierende Regierung zu stürzen und die (dann meist diktatorische) Herrschaft im Staat zu übernehmen.

R

Reform/Reformen (lat. re = zurück, formatio = Gestaltung), im politischen Bereich eine Umgestaltung der bestehenden politischen Ordnung.

– in der UdSSR, massenhafte Krisenerscheinungen in Staat, Gesellschaft und Wirtschaft führten unter Gorbatschow ab 1986 zu einem Kurswechsel. Grundlegende Reformen innerhalb des sozialistischen Systems scheiterten jedoch an den starren Herrschafts- und Wirtschaftsstrukturen. Erst die Auflösung dieses Systems schuf Voraussetzungen für Demokratie und Marktwirtschaft.
– in China, nach dem Tod Maos leitete der Staatspräsident Deng Xiaoping ab 1978 Reformen in Landwirtschaft, Industrie, Militär sowie Wissenschaft und Technik ein, die China marktwirtschaftlich ausrichteten und seinen Aufstieg zur führenden Wirtschaftsmacht begründeten.

Republik (lat. res publica = Gemeinwesen), Staatsform, in der das Staatsvolk die oberste Gewalt hat und über die Gesetze bestimmt. Eine Republik ist keine Monarchie.

Revolution (lat. revolutio = Umwälzung), absichtlicher, zeitweise gewaltsamer und rascher Umsturz der bestehenden politischen und gesellschaftlichen Ordnung. Eine Revolution erfährt Unterstützung durch breite Bevölkerungsschichten.

Rezession, Konjunkturphase, in der die Wirtschaft im Gegensatz zu einem Aufschwung oder einem Stillstand einen Abschwung erlebt. Man spricht dann von einer Rezession, wenn das Bruttoinlandsprodukt sinkt, d. h. wenn die Wirtschaft in zwei aufeinanderfolgenden Quartalen im Vergleich zu den Vorquartalen nicht wächst oder einen Rückgang zeigt.

S

Scharia, religiöse bzw. rechtliche Normen und Interpretationsvorschriften des → Islam. Im Islam gibt es die Vorstellung einer von Gott gesetzten Ordnung im Sinne eines „islamischen Rechts". In diesem „Rechtssystem" gilt Allah als der oberste Gesetzgeber. Die Scharia ist kein klassisches Rechtssystem, sondern ein Regelwerk, das unterschiedlich ausgelegt wird. In vielen muslimischen Staaten gibt es Bestrebungen und Kontroversen darüber, die Scharia als allgemeines Gesetz einzuführen.

Schiiten, zweitgrößte Glaubensrichtung des Islam. Sie führt sich zurück auf Ali, den Schwiegersohn Mohammeds, den sie als ersten Imam ansehen (Schia = die Partei, Schia-t-Ali = die Partei Alis). Schiiten bilden im Iran und im Irak eine Mehrheit.

Seeweg nach Indien, auch „Gewürzroute" genannte Schifffahrtsstraße von Europa um Afrika herum zum indischen Subkontinent und zu den Gewürzinseln Hinterindiens (Molukken). Diese Route wurde durch zahlreiche Expeditionen des späten 15. Jahrhunderts erschlossen und eröffnete Europa die Möglichkeit, direkten Handel mit Asien (Indienhandel) zu betreiben. Die Entdeckung des Seewegs nach Indien war Voraussetzung für die koloniale Expansion Europas in den folgenden Jahrhunderten.

Seidenstraße, in der Antike und im Mittelalter ein Netz der wichtigsten Handelsrouten zwischen China und Europa (insbesondere von Rom und Venedig aus). Die Karawanen brauchten bis zu zwei Jahre für die 6 400 Kilometer lange Strecke. Neben Waren (in westlicher Richtung hauptsächlich Seide, nach Osten vor allem Gold, Silber und Wolle) förderte die Seidenstraße sowohl den kulturellen Austausch von Erfindungen, Glauben und Wissen als auch die Ausbreitung der Pest.

Sonderwirtschaftszone, ein räumlich abgegrenztes Gebiet innerhalb eines Wirtschaftsraums, in dem für Güter, die nicht für den inländischen Warenverkehr vorgesehen sind, Sonderbestimmungen gelten. Diese Sonderbestimmungen betreffen vorrangig begünstigende Zoll- und Steuerrechte und sollen die wirtschaftliche Aktivität steigern und Attraktivität für Investoren erhöhen.

Sowjet (russ. = Rat), ursprünglich spontan gewählte Arbeitervertretungen, deren Ausschüsse die gesetzgebende und vollziehende Gewalt ausübten. Erstmalig in der Russischen Revolution von 1905. Arbeiter-, Soldaten- und Bauernräte bildeten den wichtigsten Faktor in den beiden russischen Revolutionen von 1917, sanken dann aber zu Instrumenten der kommunistischen Parteiführung herab. Die staatliche Gewalt auf höchster, d. h. Landesebene wurde in der Sowjetunion offiziell bis zu ihrer Auflösung von dem aus zwei Kammern bestehenden Obersten Sowjet ausgeübt.

Sozialismus (lat. socius = Genosse), bis ins 20. Jh. oft synonym mit Kommunismus bezeichnete politische Theorie und Bewegung. Ursprüngliches Ziel der meisten sozialistischen Bewegungen war die Schaffung politischer und gesellschaftlicher Gleichheit und sozialer Gerechtigkeit. Weitergehende Forderungen waren die Aufhebung des Privateigentums an Produktionsmitteln, die Einführung einer Planwirtschaft und damit die Beseitigung der Klassenunterschiede. Ob die angestrebte Aufhebung der kapitalistischen Wirtschafts- und Gesellschaftsordnung durch eine Revolution oder durch Reform zu erreichen sei, war von Anfang an umstritten. Im Marxismus-Leninismus wurde Sozialismus als Vorstufe zum Kommunismus verstanden.

Stalinismus, das von Stalin (1878–1953) nach dem Tod Lenins (1924) geprägte Herrschaftssystem der Sowjetunion war eine Alleinherrschaft Stalins, die sich auf Partei und Staatsapparat sowie auf Geheimdienst und Militär stützte, abgesichert durch → Personenkult und → Terror.

Subsistenzwirtschaft, Subsistenz bedeutet Selbstversorgung. Subsistenzwirtschaft meint daher den Anbau von landwirtschaftlichen Produkten oder die Produktion von Gütern, die nicht für den Export bestimmt sind, sondern für den Eigenbedarf einer Familie oder einer kleinen Gemeinschaft.

Sueskanal, wurde zwischen 1859 und 1869 unter französischer Führung in Ägypten gebaut und verbindet das Mittelmeer mit dem Roten Meer. Er verkürzte die Fahrt nach Ostasien deutlich, da man sich die Umfahrung Afrikas sparen konnte.

Sultan (arab. sulṭān = Macht, Machthaber), seit dem
10. Jh. ein islamischer Herrschertitel, u. a. im Osmanischen
Reich und in Indien. Mit dem Amt des Sultans ist zwar
religiöse und moralische Autorität verbunden, die sich an
der Definition von Herrschaft auf Basis des Korans orientiert. Anders als der → Kalif gilt der Sultan aber nicht als
Nachfolger des Propheten Mohammed und daher auch
nicht als Führer der muslimischen Gemeinschaft. Theoretisch sind Sultane den Kalifen untergeordnet, tatsächlich herrschten und herrschen Sultane aber oft absolut.

Sunniten, größte Glaubensrichtung des Islam. Sie führt sich
zurück auf Abu Bakr, den Schwiegervater Mohammeds.
Die Sunniten stellen in den meisten Ländern die Mehrheit
der Muslime, z. B. in Saudi-Arabien und Ägypten. Salafis-
mus ist eine von vielen Auslegungen der Religion des sun-
nitischen Islam.

Supermacht, Staat, der globale Entwicklungen beeinflusst
und bestimmt. Merkmale einer Supermacht sind daher
notwendigerweise eine finanzielle, industrielle, militärische, technologische und wirtschaftliche Dominanz des
Staates. Supermächte setzen ihre politischen Interessen
mit Androhung oder Anwendung von Gewalt durch. Eine
Supermacht gilt zumeist auch als Seemacht und verfügt
über strategische Nuklearwaffen. Daher ist ihr Einflussgebiet auch global, also unabhängig von der eigenen geo-
grafischen Lage. Zu den potenziellen Supermächten des
21. Jh. zählen neben den USA vor allem China und Russland.

**supranationale Organisation (lat. supra = über + natio
= Volk, Staat = übernational, überstaatlich),** internationale Vereinigung, die sich dadurch auszeichnet, dass
die Staaten, die sich in ihr verbinden, freiwillig einen Teil
ihrer Selbstbestimmung (Souveränität) aufgeben. Die
Staaten verlagern also rechtliche Zuständigkeiten von der
nationalstaatlichen auf eine höherstehende Ebene, nämlich die überstaatliche Organisation. Davon versprechen
sich die Mitgliedsstaaten, dass sie mit der Staatengemein-
schaft zu besseren politischen Entscheidungen kommen,
als es ihnen auf nationaler Ebene möglich wäre. Man
spricht daher auch von Supranationalität. Beispiele für
supranationale Organisationen sind die Europäischen
Union (EU), die Afrikanischen Union (AU) oder die
Organisation Südostasiatischer Staaten (ASEAN).

T

Terror/Terrorismus (lat. terror = Schrecken), Verbreitung von Angst durch Gewalt oder ihre Androhung. Er
richtet sich gegen Personen oder Objekte, die einen Staat,
ein politisches System oder eine Religion repräsentieren.
Häufige Mittel sind Sprengstoffanschläge, Erpressungen,
Geiselnahmen, Hinrichtungen, Brandstiftungen und Flug-
zeugattentate. Terror zielt auf emotionale Reaktionen ab
und will politisch und wirtschaftlich schaden und damit
eine Veränderung der bekämpften Politik erzwingen. Terrorismus kann von Einzelnen, Gruppen oder Diktaturen
ausgeübt werden.

Tschetschenienkriege, zwei Kriege von 1994 bis 1996
und 1999 bis 2009. Nach dem Ende der Sowjetunion kam
es in verschiedenen Regionen zu Unabhängigkeitserklä-
rungen durch nationale Bewegungen, vor allem im Kaukasus. Gegen die tschetschenischen Unabhängigkeitsbestrebungen islamischer Separatisten marschierte 1994
die russische Armee ein und nahm nach zweimonatigem
Artilleriebeschuss mit 25 000 Toten die Hauptstadt
Grosny ein. Es folgte ein erbitterter Guerillakrieg der
Tschetschenen gegen die russische Armee, bei der islamische Kämpfer aus unterschiedlichen Ländern aufseiten
der Tschetschenen eingriffen. Bei Kriegsende 1996 zählte
man 80 000 Tote. Der ungeklärte politische Status Tschet-
scheniens führte zum zweiten Krieg (1999–2009). Tschet-
schenische Kämpfer verübten dabei auch Terrorangriffe
und Geiselnahmen in russischen Städten mit hunderten
Toten. Auch in diesem Krieg wurden auf beiden Seiten
schwere Menschenrechtsverletzungen begangen. Tschetschenien blieb im russischen Staatsverband.

V

Vielvölkerstaat, ein Land, dessen Staatsgebiet größere
Kultur- und Sprachräume von mehreren Völkern und
→ Ethnien umfasst. Als Gegensatz zum Vielvölkerstaat
galt der Nationalstaat, in dem (vermeintlich) nur „ein
Volk" eine Nation bildet. Moderne Nationalstaaten sind
inzwischen jedoch meistens von multikulturellen Gesellschaften geprägt, sodass die Abgrenzung zum Vielvölkerstaat weniger eindeutig geworden ist.

Völkermord, Bezeichnung für ein Verbrechen, bei dem
eine nationale, ethnische oder religiöse Gruppe ganz oder
teilweise vernichtet werden soll. Infolge der Verbrechen
der Nationalsozialisten verabschiedeten die Vereinten
Nationen 1948 ein „Übereinkommen über die Verhütung
und Bestrafung des Völkermordes".

Volkskommune, eine Form landwirtschaftlicher → Kollektivierung in China, um die Ernteerträge zu steigern. Die
Volkskommunen wurden ab 1957 im Zuge der Politik des
→ „Großen Sprungs nach vorn" gegründet. Es handelte
sich dabei um größere Produktionseinheiten, in denen
jeweils viele traditionelle Dörfer zusammengeschlossen
wurden. Es existierten 24 000 solcher Volkskommunen,
in denen je circa 5000 bäuerliche Haushalte zusammengefasst waren.

W

Warschauer Pakt, Militärbündnis des sozialistischen Ostblocks unter Führung der Sowjetunion 1955–1991, Ge-
genstück zur → NATO. Die Mitgliedsstaaten verpflichteten
sich zu gegenseitigem Beistand im Kriegsfall. Truppen des
Warschauer Paktes griffen auch im Inneren gegen Aufstände und Protestbewegungen ein, z. B. 1968 in Prag.

Wesir, u. a. im Osmanischen Reich Bezeichnung für den
höchsten Regierungsbeamten, der sowohl Helfer als auch
Repräsentant des → Sultans war. In der Türkei wurde der
Titel 1922 abgeschafft, wie zuvor schon das Sultanat.

Register

Die mit einem * versehenen Begriffe
werden im Lexikon näher erklärt.

Liste Aussprache

Bei der Frage nach der richtigen Aussprache von russischen, chinesischen, arabischen oder türkischen Begriffen könnt ihr bestimmt auch Mitschülerinnen und -schüler fragen, die eine dieser Sprachen beherrschen. Im Folgenden findet ihr trotzdem einen kleinen Überblick über Schreibweisen und Aussprache.

Russisch

Das Russische wird (wie auch einige andere slawische Sprachen) mit dem kyrillischen Alphabet geschrieben. Dessen Buchstaben werden unterschiedlich ins lateinische Alphabet übertragen. Im Buch benutzen die Autoren nicht die „wissenschaftliche Transkription", sondern die an der Lautung des Deutschen orientierte Übertragung, wie sie in den Medien vorwiegend genutzt wird.

Russische Begriffe und Namen	Ungefähre deutsche Aussprache
Chruschtschow	Ch = deutscher „Ach"- Laut, dann sch plus tsch
Breshnew	sh wie das zweite g in Garage, dann -new = njew
Stalin	s und t getrennt aussprechen (nicht: scht)
Ukraine	a-i trennen: Ukra – ine

Chinesisch

Schreibung und Aussprache von wichtigen chinesischen Namen im Kapitel. Es gibt zahlreiche Programme, mit denen du die richtige Aussprache anhören kannst.

Heutige Schreibung (Pinyin)	Frühere Schreibung (Wade-Giles)	Ungefähre Aussprache für Deutsche
Beijing (Stadt)	Peking	bei-dshing
Chang Jiang oder Yangzi Jiang („langer Fluss")	Jangtse oder Jangtsekiang	tchang-dshiang
Cixi (Kaiserinwitwe in der späten Qing-Dynastie))	Tzu-Hsi	si-ksi
Deng Xiaoping (Politiker)	Teng Hsiao Ping	deng-schiao-ping
Guangzhou	Kanton	guang-dschou
Huang He (Gelber Fluss)	Hwang Ho	hwang – he
Jiang Jieshi	Tschiang Kai Schek	dshiang dshieshi
Kong Fuzi (Konfuzius)	Kung Chiu	kong fju-si
Liu Shaoqi (Politiker)	Liu Schao-Tschi	Liu shao-tchi
Liu Xiaobo (Dissident und Nobelpreisträger)		li-ju siaobo
Mao Zedong (Politiker)	Mao Tse-Tung	mao-tse-dong
Qianlong (Kaiser)	Ch'ien-lung	tchi-en-long
Qin (Dynastie)	Ch'in	tchin
Qing (Dynastie)	Ch'ing	tching
Xi'an (Stadt)		chi-an
Xi Jinping (Politiker)		chi dshinping
Xinjiang (autonome Provinz)	Sinkiang	chin-dshiang
Yongle (Kaiser)	Yung-Lo	jung-le
Zheng-He (Flottenadmiral)	Cheng-Ho	dschang-he
Zhou Enlai (Politiker)	Chou En-Lai	Tschu-enlai

Arabisch/Türkisch

Da das Arabische eine ganz andere Schrift besitzt, werden arabische Wörter im Deutschen in einer Umschrift wiedergegeben. Diese ist eine Mischung aus buchstabengetreuer und lautgetreuer Wiedergabe. Im Türkischen gibt es neben den uns vertrauten Buchstaben noch weitere Buchstaben, deren Aussprache sich nicht direkt erschließt. Im Folgenden findest du arabische und türkische Begriffe und Namen aufgelistet, jeweils mit ihrer ungefähren Aussprache im Deutschen.

Arabische/Türkische Begriffe und Namen	Ungefähre deutsche Aussprache
Abdülmecid I. (Sultan)	Abdülmedschid
Ahdnâme (Schutzschreiben des Sultans)	Achdnahme (â = gedehntes, langes a)
Akçe (historische Währungseinheit, Silbermünze)	Aktsche
Şahin Alpay (türkischer Politikwissenschaftler)	Schachin Alpei
Askerî (Gruppe der Steuerbefreiten	Askerie
Celâl Bayar (türkischer Staatspräsident)	Dschelahl Bajar
Bey (türkischer Ehrentitel)	Bej
Cemal Bey (Mitglied des Dreierkomitees der Jungtürken)	Dschemal Bej
Devşirme (Knabenlese)	Devschirme
Dhimmīs („Schutzbefohlene", Nicht-Muslime)	Dhimmies
Can Dündar (türkischer Journalist)	Dschan Dündar
Recep Tayyip Erdoğan (türkischer Staatspräsident)	Redschep Tajip Erdoan
Fâtih (der Eroberer)	Fahtich
Fatwa (Rechtsgutachten eines islamischen Gelehrten)	Fatwua
Fez (türkische Kopfbedeckung)	Fes
al-kānūni (der Gesetzgeber, Beiname von Sultan Süleyman)	al-kahnuhnie
Kânûn-nâme (Sultansrecht)	Kahnuhn-nahme
Küçük Kaynarca (Stadt im heutigen Bulgarien, Friedensvertrag von 1774)	Kütschük Kainarka
Mahmud II. (Sultan)	Machmud II.
Mehmed II. (Sultan)	Mechmed II.
öğrenci andı (türkischer Schülereid)	örendschie andi
Osmanlı	Osmanli
Reâyâ	Reahjah
Tanẕīmāt	Tansihmaht
Tuğra	Tura
Türkiye cumhuriyet (Türkische Republik)	Türkije dschumhürijet
Yeñiçeri („neue Truppen")	Jenitscherie

Russland

Die Sowjetunion 1945 bis 1990

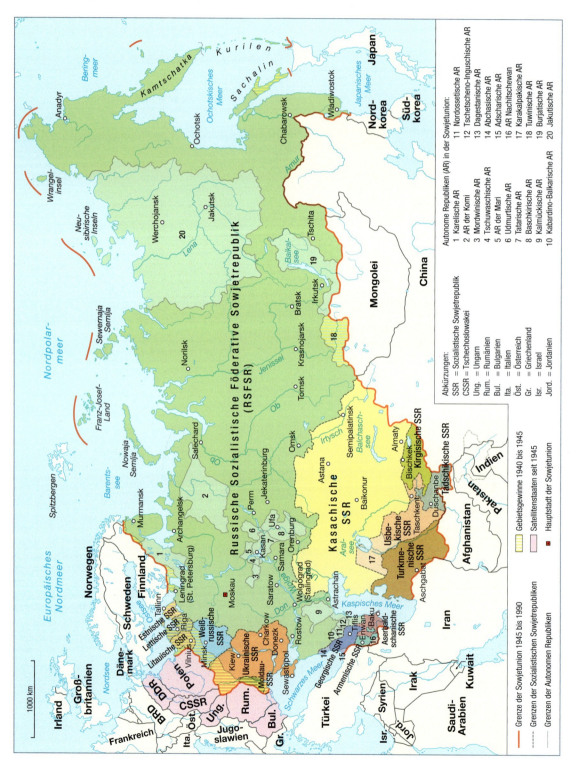

Die Völker in der GUS (1997)

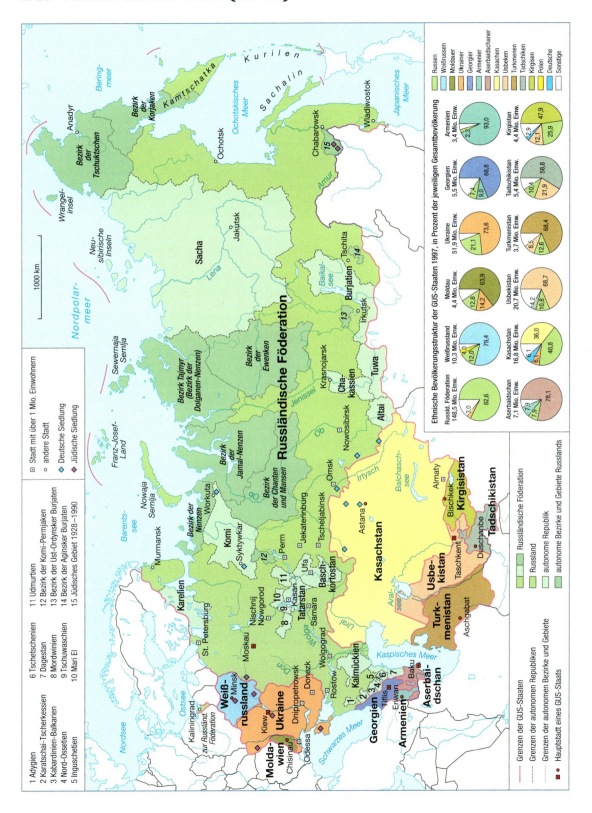

China

I. Die frühen Reiche von 221 v. Chr. bis 1644

a) Das Reich der Qin (221–206 v. Chr.) und das Reich der Han (206 v. Chr.–220 n. Chr.)

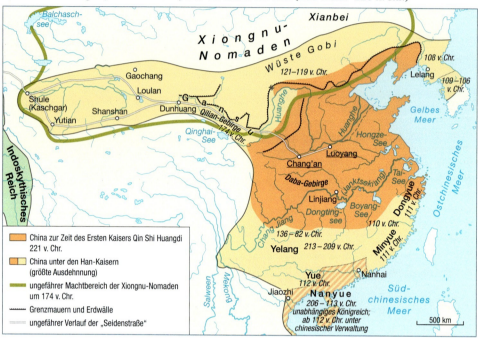

b) China zur Zeit der Ming-Dynastie (1368–1644)

II. Das Reich der Qing oder Mandschu 1644 bis 1911

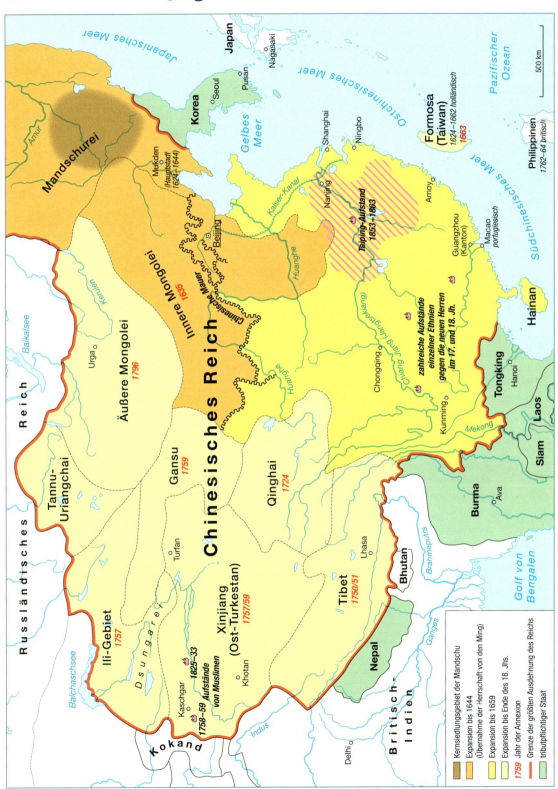

Japanisches Meer

Mandschurei

Amur

Mukden (Hauptstadt 1624–1644)

Korea

Seoul

Pusan

Japan

Nagasaki

Gelbes Meer

Shanghai

Ningbo

Ostchinesisches Meer

Formosa (Taiwan) 1624–1662 holländisch 1663

Pazifischer Ozean

500 km

Kaiser-Kanal

Beijing

Nanjing

Taiping-Aufstand 1853–1863

Amoy

Guangzhou (Kanton)

Macao portugiesisch

Philippinen 1762–64 britisch

Chinesische Mauer

Innere Mongolei 1635

Huanghe

Chinesisches Reich

Huanghe

zahlreiche Aufstände einzelner Ethnien gegen die neuen Herren im 17. und 18. Jh.

Qing Jiang (Jangtsekiang)

Südchinesisches Meer

Hainan

Baikalsee

Kerulen

Urga

Äußere Mongolei 1796

Gansu 1759

Qinghai 1724

Chongqing

Tongking

Hanoi

Laos

R e i c h

R u s s l ä n d i s c h e s

Tannu-Uriangchai

Turfan

Kunming

Mekong

Siam

Burma

Ava

Balchaschsee

D s u n g a r e i

Ili-Gebiet 1757

Xinjiang (Ost-Turkestan) 1757/59

Kaschgar

1825–33

1758–59 Aufstände von Muslimen

Khotan

Tibet 1750/51

Lhasa

Bhutan

Brahmaputra

Golf von Bengalen

Ganges

Nepal

Delhi

Indus

B r i t i s c h - I n d i e n

K o k a n d

Kernsiedlungsgebiet der Mandschu

Expansion bis 1644 (Übernahme der Herrschaft von den Ming)

Expansion bis 1659

Expansion bis Ende des 18. Jhs.

1759 Jahr der Annexion

Grenze der größten Ausdehnung des Reichs

tributpflichtiger Staat

III. China im 19. und 20. Jahrhundert

a) China und die Einflussgebiete ausländischer Mächte bis 1912

b) China 1912 bis 1945

Osmanisches Reich

Das Osmanische Reich 1326 bis 1683

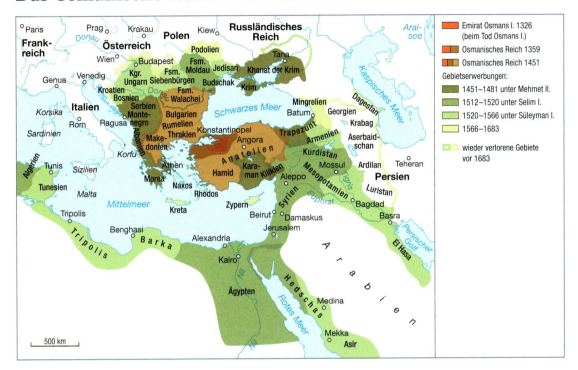

Emirat Osmans I. 1326 (beim Tod Osmans I.)	
Osmanisches Reich 1359	
Osmanisches Reich 1451	

Gebietserwerbungen:

1451–1481 unter Mehmet II.	
1512–1520 unter Selim I.	
1520–1566 unter Süleyman I.	
1566–1683	
wieder verlorene Gebiete vor 1683	

Der Zerfall des Osmanischen Reiches im 19./20. Jahrhundert

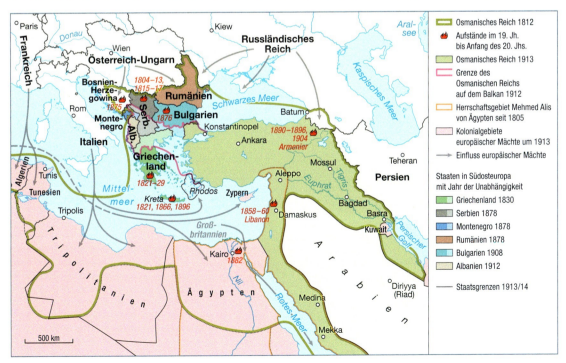

Osmanisches Reich 1812	
Aufstände im 19. Jh. bis Anfang des 20. Jhs.	
Osmanisches Reich 1913	
Grenze des Osmanischen Reichs auf dem Balkan 1912	
Herrschaftsgebiet Mehmed Alis von Ägypten seit 1805	
Kolonialgebiete europäischer Mächte um 1913	
Einfluss europäischer Mächte	

Staaten in Südosteuropa mit Jahr der Unabhängigkeit

Griechenland 1830	
Serbien 1878	
Montenegro 1878	
Rumänien 1878	
Bulgarien 1908	
Albanien 1912	
Staatsgrenzen 1913/14	

Bildquellen

Dein Online-Angebot –
passend zu Forum Geschichte

- **Selbsteinschätzungsbögen**
- **Linksammlungen**

Zu diesem Buch gibt es ein spannendes Online-Angebot. Du findest es mithilfe der Webcodes, die auf den Schulbuchseiten abgedruckt sind.

Ein **Webcode** sieht so aus: cornelsen.de/webcodes
Code: rawasi
Selbsteinschätzungsbogen

So geht es:
1. Gehe auf die Seite www.cornelsen.de/webcodes
2. Gib dort den Webcode ein, der auf der Schulbuchseite abgedruckt ist, und du findest ein passendes Online-Angebot.

Chinas Wirtschaftsentwicklung seit 1980

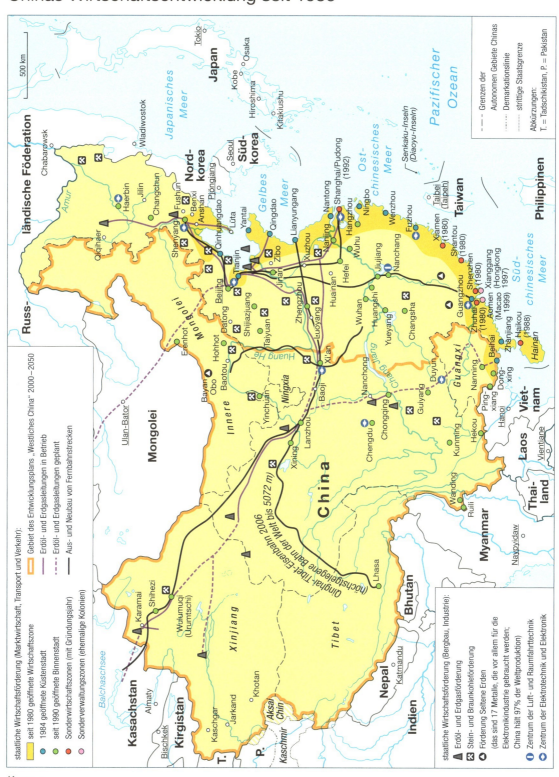

staatliche Wirtschaftsförderung (Marktwirtschaft, Transport und Verkehr):

🟨	Gebiet des Entwicklungsplans „Westliches China" 2000–2050
▯	Erdöl- und Erdgasleitungen in Betrieb
⋯	Erdöl- und Erdgasleitungen geplant
—	Aus- und Neubau von Fernbahnstrecken

- 🔵 seit 1980 geöffnete Wirtschaftszone
- 🔵 1984 geöffnete Küstenstadt
- 🟢 seit 1990 geöffnete Binnenstadt
- 🔴 Sonderwirtschaftszonen (mit Gründungsjahr)
- 🟣 Sonderverwaltungszonen (ehemalige Kolonien)

staatliche Wirtschaftsförderung (Bergbau, Industrie):

- ▲ Erdöl- und Erdgasförderung
- ▲ Stein- und Braunkohleförderung
- ◆ Förderung Seltene Erden
  (das sind 17 Metalle, die vor allem für die Elektronikindustrie gebraucht werden; China hält 97% der Weltproduktion)
- ● Zentrum der Luft- und Raumfahrttechnik
- ● Zentrum der Elektrotechnik und Elektronik

- --- Grenzen der Autonomen Gebiete Chinas
- ⋯⋯ Demarkationslinie
- ⋯⋯⋯ strittige Staatsgrenze

Abkürzungen:
T. = Tadschikistan, P. = Pakistan

Karte 4

So löst du die Arbeitsaufträge in diesem Buch:

(Fortsetzung der vorderen Umschlagklappe)

Arbeitsauftrag = Operator (alphabetisch) AFB	Das tust du:	Tipps und Formulierungsvorschläge:
deuten II, III	Du untersuchst eine Quelle (z. B. Text, Bild, Denkmal) hinsichtlich ihrer Aussage und erklärst, welchen Sinn du ihr beilegst. siehe **analysieren** und **herausarbeiten**	
diskutieren III	Du notierst zu einer bestimmten Fragestellung Argumente (pro und kontra) und gewichtest sie innerhalb einer schlüssigen Argumentationskette. Am Ende formulierst du ein begründetes Urteil (Sach- und/oder Werturteil).	*Gegen diese Argumentation spricht ...* *Am meisten/Am wenigsten überzeugt mich ...*
einordnen **zuordnen** II	Du setzt z. B. aus Materialien entnommene Informationen miteinander oder mit anderen Sachverhalten in Beziehung.	*Die hier beschriebene Herrschaftsform war eine ...*
entwickeln III	Du entwirfst zu einer Problemstellung selbstständig einen Lösungsvorschlag, den du mit Argumenten begründest.	
erklären II	Du stellst einen historischen Sachverhalt oder einen Fachbegriff in einen schlüssigen Zusammenhang.	*Besonders diese beiden Ereignisse führten zu ...* *Deshalb spricht man von ...*
erläutern II	Du verdeutlichst einen historischen Sachverhalt mithilfe von Beispielen oder Belegen aus einem Material.	*An dieser Stelle des Briefes wird deutlich ...* *Wie der letzte Satz der Rede zeigt, ...*
erörtern III	Du formulierst zu einer vorgegebenen These oder Problemstellung eine eigene Stellungnahme, nachdem du Pro- und Kontra-Argumente zueinander abgewogen hast.	*Dafür/Dagegen spricht ...* *Insgesamt gesehen ...*
erstellen II	Du stellst einen Sachverhalt dar, indem du Fachbegriffe verwendest und ihren Zusammenhang deutlich machst.	**Tipp:** Lege eine Mindmap, ein Schaubild oder eine Tabelle an.
gestalten III	Du versetzt dich in eine Person hinein, die in der Vergangenheit gelebt hat. Überlege, wie die Person in ihrer Zeit vermutlich gedacht, gehandelt, gefühlt oder gesprochen haben könnte. Erstelle aus ihrer Sicht z. B. einen Brief, eine Rede, ein Flugblatt. Gestaltet z. B. ein Streitgespräch oder ein Standbild.	**Tipp:** Berücksichtige die Lebensumstände der Person, in die du dich hineinversetzt (Geschlecht, Alter, Wohnort, Beruf, arm/reich, frei/unfrei, gebildet/ohne Schulbildung).
herausarbeiten II	Du entnimmst einem Material (Text, Abbildung) alle Informationen, die zu einer vorgegebenen Aufgabe passen. Manchmal musst du etwas berechnen.	*Zu den wichtigsten Ergebnissen gehörte ...* *Die Hauptaussage des Verfassers lässt sich so wiedergeben: ...*

Russländische Föderation und Staaten der GUS heute

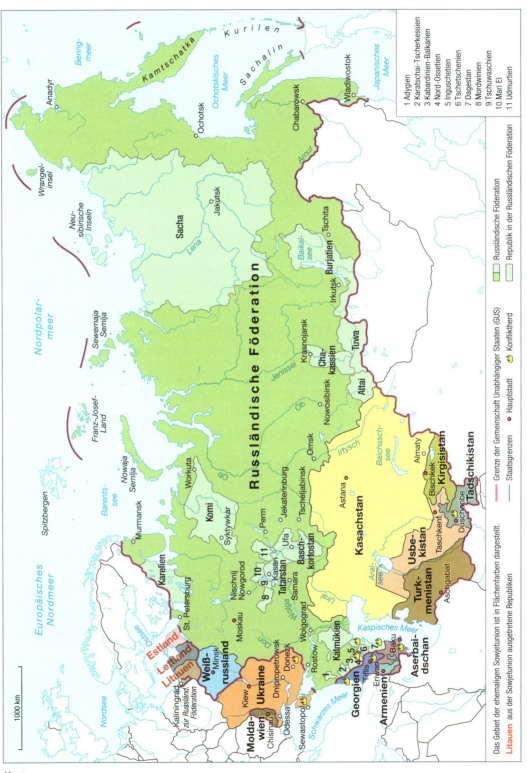

Karte 3

Arbeitsauftrag = Operator (alphabetisch) AFB	Das tust du:	Tipps und Formulierungsvorschläge:
nennen I	Du trägst in knapper Form und unkommentiert einzelne Begriffe und Informationen aus einem Material zusammen, z. B. als Liste oder in einer Tabelle.	*Folgende Gründe werden im Text genannt:* *– ...* *– ...*
recherchieren II	Du suchst gezielt nach Informationen über ein historisches Ereignis oder einen Sachverhalt (Schulbuch, Sachbücher, Internet).	**Tipp:** Nutze die Methodentabellen ab S. 244.
Stellung nehmen III	Du formulierst deine eigene Position zu einem historischen Sachverhalt. Siehe auch **beurteilen** und **bewerten**	*Ich finde, dass ... richtig/falsch gehandelt hat.* *Mich überzeugt (nicht), ...* *Meiner Meinung nach ...*
ein Streitgespräch gestalten III	Du versetzt dich in zwei historische Personen hinein, indem du ihre damaligen Möglichkeiten, Ziele, Rechte und Pflichten prüfst. Formuliere in direkter (= wörtlicher) Rede.	**Tipp:** Notiere zu Beginn die möglichen Argumente der Personen. *Was du sagst/was Sie sagen, überzeugt mich nicht, weil ....* *Da gebe ich dir/Ihnen Recht, aber ...*
überprüfen III	Du stellst anhand eines Materials oder aufgrund deines Wissens fest, ob eine Aussage oder eine Behauptung zu einem bestimmten historischen Sachverhalt passt oder nicht.	*Diese Behauptung widerspricht/ passt zu der Aussage im Darstellungstext.*
untersuchen II	siehe **analysieren**	
vergleichen II	Du stellst Gemeinsamkeiten und Unterschiede gegenüber und formulierst ein Ergebnis. Wichtig: Nenne die Gesichtspunkte, unter denen du vergleichst.	**Tipp:** Du kannst eine Tabelle anlegen. *Im Vergleich mit ...* *Die Entwicklung verlief ähnlich wie/anders als in ...*
wiedergeben I	Formuliere einen Sachtext oder eine Textquelle in deinen eigenen Worten. Berücksichtige alle wichtigen Textaussagen.	
zusammenfassen I	Du gibst die wesentlichen Informationen aus einem Text knapp und mit eigenen Worten wieder.	*In dem Text geht es um ...* *Die wichtigsten Gründe waren ...* *Der Verfasser/die Verfasserin nennt ...*